数字は書き順です。矢印の向きに注意して書きましょう。

わ	ら	や	ま	は
	り		み	ひ
を	る	ゆ	む	ふ
	れ		め	へ
ん	ろ	よ	も	ほ

すみっコぐらし™

はじめての漢字辞典

（かんじじてん）

主婦と生活社 学習参考書編集部 編

主婦と生活社

電車でもカフェでも、すみっこの席が落ち着く…。そんなこと、ありませんか？

さむがりの「しろくま」、自信のない「ぺんぎん？」、はずかしがりやの「ねこ」など、すみっこが大好きなすみっコたちがいっぱい！

ねこ

はずかしがりやで気が弱くよくすみっこをゆずってしまう。体型を気にしている。

とかげ

じつは、きょうりゅうの生き残り。つかまっちゃうのでとかげのふり。みんなにはひみつ。

ふろしき

しろくまのにもつ。すみっこのばしょとりや さむいときに使われる。

ブラックたぴおか

ふつうのたぴおかよりもっとひねくれている。

ほこり

すみっこによくたまるのうてんきなやつら。

すずめ

ただのすずめ。とんかつを気に入ってついばみにくる。

もぐら

地下のすみっこにくらしていた。上がさわがしくて気になってはじめて地上に出た。赤い長ぐつがお気に入り。

ぺんぎん（本物）

しろくまが北にいたころに出会ったともだち。とおい南からやってきて世界中を旅している。

とかげ（本物）

とかげのともだち。森でくらしている本物のとかげ。細かいことは気にしないのんきな性格。

すみっコぐらしのなかまたち

しろくま

北からにげてきたさむがりでひとみしりのくま。あったかいお茶をすみっこでのんでいる時がいちばんおちつく。

ぺんぎん？

自分はぺんぎん？自信がない。昔はあたまにおさらがあったような…。

とんかつ

とんかつのはじっこ。おにく1%、しぼう99%。あぶらっぽいからのこされちゃった…。

ざっそう

いつかあこがれのお花屋さんでブーケにしてもらう！という夢を持つポジティブな草。

えびふらいのしっぽ

かたいから食べ残された。とんかつとはこころつうじる友。

たぴおか

ミルクティーだけ先にのまれて吸いにくいから残されてしまった。ひねくれもの。

にせつむり

じつはからをかぶったなめくじ。うそついてすみません…。

おばけ

屋根裏のすみっこにすんでいる。こわがられたくないのでひっそりとしている。おそうじ好き。

やま

ふじさんにあこがれているちいさいやま。温泉に現れては ふじさんになりすましている。

この辞典の使い方

★この辞典には、小学校で習う漢字1026字がのっています。

★習う学年ごとに、漢字を部首順に示しました。部首は部首の画数順で並べています。同じ部首の中では、総画数順に並べています。

部首

●赤いところが、この漢字の部首です。部首は漢字を種類別に分けるときの基準になる部分です。部首は代表的なものを示しました。部首の一覧は30ページにあります。

総画数

●全部で何画で書けるかを示しています。

書き順

●漢字は書き順のとおりに書きましょう。

見出しの漢字

●数字は書き順です。

●→（矢印）は、向きに注意するところです。「とめ」「はね」「はらい」などをよく見ましょう。

習う学年

●学年ごとに色分けしています。

●調べた漢字、覚えたい漢字など、色鉛筆でぬって自分だけの辞典にしてみましょう。

読み方

●音読みはカタカナ、訓読みはひらがなで示しました。

●青色の文字は訓読みの送り仮名です。

●《　》は小学校で習わない読み方です。

注意するところ

●読み方や送り仮名の注意点などを示しています。

もくじ

各学年で習う漢字

部首

●このページにのっている漢字の部首と部首の名前です。

くわしくわかる

●その漢字を使った、四字熟語、ことわざ、慣用句、漢字の成り立ちなどの説明をしています。

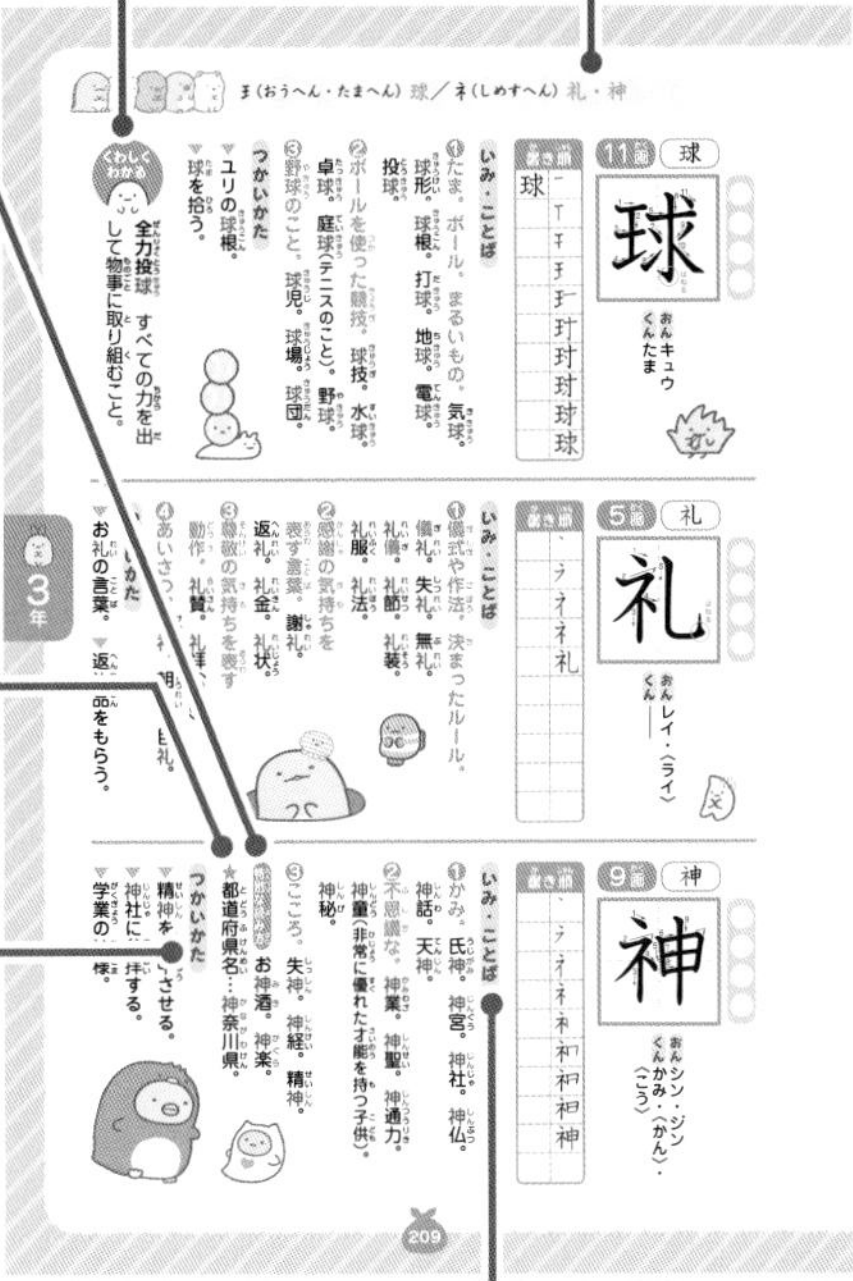

王（おうへん・たまへん）球／ネ（しめすへん）礼・神

11画　球
球
おん　キュウ
くん　たま
書き順　一 T 千 王 王 玎 玎 玏 球 球 球
いみ・ことば
①たま。ボール。まるいもの。気球。球形。球根。打球。地球。電球。投球。
②ボールを使った競技。球技。水球。卓球。庭球（テニスのこと）。野球。
③野球のこと。球児。球場。球団。
つかいかた
▼ユリの球根。
▼球を拾う。
くわしくわかる　全力投球　すべての力を出して物事に取り組むこと。

5画　礼
礼
おん　レイ・〈ライ〉
くん　——
書き順　` ラ ネ ネ 礼
いみ・ことば
①儀式や作法。決まったルール。儀礼。失礼。無礼。礼儀。礼節。礼装。礼服。礼法。
②感謝の気持ちを表す言葉。謝礼。返礼。礼金。礼状。
③尊敬の気持ちを表す動作。礼賛。礼拝。
④あいさつ。
つかいかた
▼お礼の言葉。
▼返□品をもらう。

9画　神
神
おん　シン・ジン
くん　かみ・〈かん〉・〈こう〉
書き順　` ラ ネ ネ 初 祁 祁 神 神
いみ・ことば
①かみ。氏神。神宮。神社。神仏。神話。天神。
②不思議な。神業。神聖。神通力。神童（非常に優れた才能を持つ子供）。神秘。
③こころ。失神。神経。精神。
特別な読み方　お神酒。神楽。
★都道府県名…神奈川県。
つかいかた
▼精神を□させる。
▼神社に□拝する。
▼学業の□様。

209

特別な読み方

●特別な読み方をする言葉です。特別な読み方をする言葉の一覧は300ページにあります。

都道府県名

●その漢字を使った都道府県名です。都道府県名の一覧は299ページにあります。

つかいかた

●日常で役立つ例文を示しました。

いみ・ことば

●漢字の意味と、その意味で使われる熟語を示しました。意味が複数ある場合は①、②、③…と分けてあります。

●読み方が複数ある熟語は、（　）の中に読み方を示しました。

●灰色の漢字は小学校で習わない漢字です。よく使われる熟語や覚えてほしい熟語は、小学校で習わない漢字が入っていても掲載しました。

●難しい熟語には（　）の中に意味を示しています。

漢字の探し方

・読み方が分かっているときは、「音訓さくいん」（6ページから）で探します。
・総画数が分かっているときは、「総画さくいん」（24ページから）で探します。
・部首が分かっているときは、「部首さくいん」（32ページから）で探します。

音訓さくいん

★この辞典にのっている漢字の読み方を五十音順に並べました。丸数字は習う学年、数字は漢字のページです。
★同じ読み方の場合は漢字の画数順に並んでいます。画数も同じ場合は辞典に出てくる順に並んでいます。
★音読みはカタカナ、訓読みはひらがなで示しています。

あ

読み	学年	漢字	ページ
アイ	④	愛	268
あい	③	相	214
あいだ	②	間	154
あう	②	会	86
	②	合	95
あお	①	青	79
あおい	①	青	79
あか	①	赤	76
あかい	①	赤	76
あかす	②	明	123
あからむ	①	赤	76
	②	明	123
あからめる	①	赤	76
あかり	②	明	123
あがる	①	上	42
	④	挙	269
あかるい	②	明	123
あかるむ	②	明	123
あき	②	秋	137
あきなう	③	商	176
あきらか	②	明	123
アク	③	悪	198
あく	①	空	72
	②	明	123
	③	開	227
あくる	②	明	123
あける	①	空	72
	②	明	123
	③	開	227
あげる	①	上	42
	④	挙	269
あさ	②	朝	126
あざ	①	字	55
あさい	④	浅	260
あし	①	足	77
あじ	③	味	176
あじわう	③	味	176
あずかる	⑥	預	431
あずける	⑥	預	431
あそぶ	③	遊	196
あたい	⑤	価	304
	⑥	値	370
あたたか	③	温	190
	⑥	暖	402
あたたかい	③	温	190
	⑥	暖	402
あたたまる	③	温	190
	⑥	暖	402
あたためる	③	温	190
	⑥	暖	402
あたま	②	頭	156
あたらしい	②	新	121
あたり	④	辺	264
あたる	②	当	106
アツ	⑤	圧	312
あつい	⑤	厚	309
	③	暑	202
	④	熱	281
あつまる	③	集	228
あつめる	③	集	228
あてる	②	当	106
あと	②	後	112
あな	⑥	穴	414
あに	②	兄	87
あね	②	姉	103
あばく	⑤	暴	336
あばれる	⑤	暴	336
あびせる	④	浴	261
あびる	④	浴	261
あぶない	⑥	危	374
あぶら	③	油	189
あま	①	天	53
	①	雨	78
あます	⑤	余	306
あまる	⑤	余	306
あむ	⑤	編	352
あめ	①	天	53
	①	雨	78
あやうい	⑥	危	374
あやつる	⑥	操	392
あやぶむ	⑥	危	374
あやまち	⑤	過	331
あやまつ	⑤	過	331
あやまる	⑥	誤	425
	⑤	謝	358
あゆむ	②	歩	129
あらう	⑥	洗	392
あらそう	④	争	232
あらた	②	新	121
あらたまる	④	改	269
あらためる	④	改	269
あらわす	③	表	222
	⑤	現	342
	⑥	著	395
あらわれる	③	表	222
	⑤	現	342
ある	③	有	203
	⑤	在	313
あるく	②	歩	129
あわす	②	合	95
あわせる	②	合	95
アン	②	行	145
	③	安	178
	④	案	274
	③	暗	203

い

読み	学年	漢字	ページ
イ	④	以	233
	④	衣	289
	③	医	172
	④	位	234
	⑤	囲	312
	③	委	177
	⑤	易	336
	⑥	胃	408
	⑤	移	347
	⑥	異	410
	③	意	199
	⑥	遺	396
い	④	井	232
いう	②	言	147
いえ	②	家	104

読み	学年	漢字	ページ
いかす	1	生	68
イキ	6	域	378
いき	3	息	198
いきおい	5	勢	309
いきる	1	生	68
イク	3	育	210
いく	2	行	145
いくさ	4	戦	268
いけ	2	池	113
いける	1	生	68
いさぎよい	5	潔	328
いさむ	4	勇	244
いし	1	石	72
いずみ	6	泉	406
いそぐ	3	急	198
いた	3	板	205
いたい	6	痛	411
いただき	6	頂	430
いただく	6	頂	430
いたむ	6	痛	411
	6	傷	371
いためる	6	痛	411
	6	傷	371
いたる	6	至	420
イチ	1	一	40
いち	2	市	107
いちじるしい	6	著	395
イツ	1	一	40
いつ	1	五	44
いつつ	1	五	44
いと	1	糸	74
いとなむ	5	営	322
いな	6	否	376
いぬ	1	犬	67
いのち	3	命	174
いばら	4	茨	264
いま	2	今	85
いもうと	2	妹	103
いる	1	入	46
	5	居	318
	4	要	289
	6	射	383
いれる	1	入	46
いろ	2	色	144
いわ	2	岩	106
いわう	4	祝	282
イン	2	引	111
	4	印	245
	5	因	311
	1	音	79
	3	員	175
	3	院	197
	3	飲	228
う			
ウ	1	右	50
	2	羽	142
	3	有	203
	6	宇	380
	1	雨	78
うい	4	初	241
うえ	1	上	42
うえる	3	植	206
うお	2	魚	159
うかる	3	受	173
うけたまわる	6	承	400
うける	3	受	173
うごかす	3	動	170
うごく	3	動	170
うし	2	牛	132
うじ	4	氏	278
うしなう	4	失	250
うしろ	2	後	112
うた	2	歌	128
うたう	2	歌	128
うたがう	6	疑	411
うち	2	内	88
うつ	3	打	186
	6	討	423
うつくしい	3	美	220
うつす	3	写	169
	6	映	401
うつる	5	移	347
	3	写	169
	6	映	401
	5	移	347
うつわ	4	器	247
うぶ	4	産	283
うま	2	馬	158
うまれる	1	生	68
	4	産	283
うみ	2	海	114
うむ	1	生	68
	4	産	283
うめ	4	梅	276
うやまう	6	敬	400
うら	6	裏	422
うる	2	売	100
	5	得	321
うれる	2	売	100
	6	熟	407
うわ	1	上	42
うわる	3	植	206
ウン	2	雲	155
	3	運	195
え			
エ	2	会	86
	2	回	96
	2	絵	141
え	3	重	226
エイ	5	永	340
	3	泳	188
	4	英	263
	4	栄	273
	6	映	401
	5	営	322
	5	衛	355
エキ	3	役	185
	5	易	336
	5	益	345
	5	液	326
	3	駅	229
えだ	5	枝	337
えむ	4	笑	285
えらぶ	4	選	265
える	5	得	321
エン	1	円	47
	6	延	388
	6	沿	392
	4	媛	251
	2	園	98
	2	遠	118
	4	塩	249
	5	演	328
お			
オ	3	和	175
	3	悪	198
お	1	小	56
おいる	4	老	282
オウ	1	王	67
	3	央	177

読み	学年	漢字	ページ
かかわる	4	関	295
かぎる	5	限	332
カク	4	各	246
	2	角	146
	2	画	134
	6	拡	389
	3	客	179
	6	革	430
	5	格	338
	4	覚	290
	6	閣	429
	5	確	346
かく	4	欠	277
	2	書	125
ガク	1	学	55
	2	楽	127
	5	額	366
かける	4	欠	277
かこう	5	囲	312
かこむ	5	囲	312
かざ	2	風	157
かさなる	3	重	226
かさねる	3	重	226
かしら	2	頭	156
かす	5	貸	360
かず	2	数	120
かぜ	2	風	157
かぞえる	2	数	120
かた	2	方	121
	6	片	407
	2	形	112
	5	型	313
	4	潟	262
かたい	4	固	248
	6	難	430
かたき	6	敵	401
かたち	2	形	112
かたな	2	刀	89
かたまる	4	固	248
かためる	4	固	248
かたらう	2	語	149
かたる	2	語	149
カッ	2	合	95
カツ	2	活	115
	6	割	373
かつ	3	勝	171
ガッ	2	合	95
ガツ	1	月	61
かつぐ	6	担	390
かど	2	角	146
	2	門	153
かな	1	金	78
かなしい	3	悲	199
かなしむ	3	悲	199
かなでる	6	奏	378
かなめ	4	要	289
かならず	4	必	267
かね	1	金	78
かぶ	6	株	404
かまう	5	構	338
かまえる	5	構	338
かみ	1	上	42
	3	神	209
	2	紙	139
かよう	2	通	116
から	1	空	72
からだ	2	体	85
かり	5	仮	302
かりる	4	借	236
かるい	3	軽	225
かろやか	3	軽	225
かわ	1	川	57
	3	皮	213
	5	河	326
	6	革	430
がわ	4	側	237
かわす	2	交	83
かわる	3	代	167
	4	変	249
カン	6	干	386
	5	刊	307
	4	完	252
	4	官	252
	6	巻	375
	6	看	412
	2	間	154
	3	寒	180
	3	漢	192
	3	感	199
	5	幹	320
	4	管	286
	4	関	295
	5	慣	323
	3	館	229
	4	観	290
	6	簡	416
かん	3	神	209
ガン	2	丸	82
	2	元	86
	2	岩	106
	3	岸	182
	5	眼	345
	2	顔	156
	4	願	297
かんがえる	2	考	133
き			
キ	6	己	386
	1	気	65
	6	危	374
	6	机	403
	2	汽	114
	4	岐	254
	4	希	255
	4	季	251
	5	紀	350
	2	帰	108
	2	記	148
	3	起	224
	5	基	313
	5	寄	317
	5	規	355
	3	期	204
	5	喜	311
	6	揮	391
	6	貴	427
	4	旗	270
	4	器	247
	4	機	277
き	1	木	62
	1	生	68
	2	黄	161
ギ	5	技	324
	5	義	353
	6	疑	411
	4	議	292
きえる	3	消	189
きく	4	利	241
	5	効	308
	2	聞	142
きこえる	2	聞	142

読み	学年	漢字	ページ
きざし	④	兆	239
きざす	④	兆	239
きざむ	⑥	刻	373
きし	③	岸	182
きず	⑥	傷	371
きずく	⑤	築	348
きせる	③	着	221
きそう	④	競	285
きた	②	北	91
きたす	②	来	126
きたる	②	来	126
きぬ	⑥	絹	418
きびしい	⑥	厳	389
きまる	③	決	187
きみ	③	君	174
きめる	③	決	187
キャク	③	客	179
ギャク	⑤	逆	330
キュウ	①	九	43
	②	弓	109
	⑤	久	302
	⑤	旧	335
	①	休	45
	⑥	吸	377
	③	究	216
	④	求	279
	④	泣	259
	③	急	198
	③	級	219
	③	宮	180
	③	球	209
	⑤	救	335
	④	給	287
ギュウ	②	牛	132
キョ	③	去	172
	⑤	居	318
	④	挙	269
	⑤	許	356
ギョ	②	魚	159
	④	漁	262
きよい	④	清	261
キョウ	②	兄	87
	④	共	239
	②	京	83
	④	協	244
	⑥	供	369
	④	香	298
	⑥	胸	409
	②	強	111
	②	教	120
	⑤	経	350
	⑥	郷	396
	⑤	境	315
	③	橋	207
	⑤	興	364
	④	鏡	295
	④	競	285
ギョウ	②	行	145
	②	形	112
	③	業	204
キョク	③	曲	203
	③	局	181
	④	極	276
ギョク	①	玉	68
きよまる	④	清	261
きよめる	④	清	261
きる	②	切	90
	③	着	221
きれる	②	切	90
きわ	⑤	際	332
きわまる	④	極	276
きわみ	④	極	276
きわめる	③	究	216
	④	極	276
キン	②	今	85
	②	近	116
	⑤	均	315
	①	金	78
	⑥	勤	374
	⑥	筋	416
	⑤	禁	346
ギン	③	銀	227
く			
ク	①	九	43
	①	口	50
	②	工	107
	⑤	久	302
	③	区	171
	④	功	243
	⑤	句	310
	③	苦	192
	⑥	供	369
	⑥	紅	417
	③	宮	180
	③	庫	184
グ	③	具	169
クウ	①	空	72
くう	②	食	157
グウ	③	宮	180
くさ	①	草	59
くすり	③	薬	193
くだ	④	管	286
くださる	①	下	41
くだす	①	下	41
くだる	①	下	41
くち	①	口	50
くに	②	国	97
くばる	③	配	226
くび	②	首	158
くま	④	熊	281
くみ	②	組	140
くむ	②	組	140
くも	②	雲	155
くら	④	倉	238
	⑥	蔵	395
くらい	③	暗	203
くらい	④	位	234
くらう	②	食	157
くらす	⑥	暮	401
くらべる	⑤	比	340
くる	②	来	126
くるしい	③	苦	192
くるしむ	③	苦	192
くるしめる	③	苦	192
くるま	①	車	77
くれない	⑥	紅	417
くれる	⑥	暮	401
くろ	②	黒	161
くろい	②	黒	161
くわえる	④	加	242
くわわる	④	加	242
クン	③	君	174
	④	訓	290
グン	④	軍	293
	④	郡	266
	④	群	288
け			
ケ	③	化	171
	①	気	65
	⑤	仮	302

家 2 104
け
毛 2 130
ゲ
下 1 41
外 2 101
夏 2 100
解 5 356
ケイ
兄 2 87
形 2 112
系 6 417
京 2 83
径 4 257
計 2 147
係 3 168
型 5 313
経 5 350
軽 3 225
景 4 271
敬 6 400
境 5 315
警 6 423
競 4 285
ゲイ
芸 4 263
ゲキ
劇 6 374
激 6 394
けす
消 3 189
ケツ
欠 4 277
穴 6 414
血 3 221
決 3 187
結 4 287
潔 5 328
ゲツ
月 1 61
けわしい
険 5 332
ケン
犬 1 67
件 5 303
見 1 75
券 6 372
県 3 214
研 3 215
建 4 257
健 4 237
険 5 332
間 2 154
検 5 338
絹 6 418
権 6 405
憲 6 399
験 4 298
ゲン
元 2 86
言 2 147
限 5 332
原 2 93
現 5 342
眼 5 345
減 5 327
源 6 393
厳 6 389
験 4 298

こ

コ
己 6 386
戸 2 119
古 2 94
去 3 172
固 4 248
呼 6 377
故 5 334
庫 3 184
個 5 304
湖 3 191
こ
子 1 54
小 1 56
木 1 62
粉 5 349
黄 2 161
ゴ
五 1 44
午 2 92
後 2 112
期 3 204
語 2 149
誤 6 425
護 5 358

コウ
口 1 50
工 2 107
公 2 88
広 2 108
功 4 243
交 2 83
光 2 87
考 2 133
行 2 145
向 3 174
好 4 250
后 6 376
孝 6 380
幸 3 183
効 5 308
後 2 112
香 4 298
厚 5 309
皇 6 411
紅 6 417
校 1 64
高 2 159
候 4 236
航 5 354
格 5 338
耕 5 353
降 6 397
黄 2 161
康 4 256
港 3 191
鉱 5 364
構 5 338
興 5 364
鋼 6 429
講 5 357
こう
神 3 209
ゴウ
号 3 173
合 2 95
強 2 111
郷 6 396
業 3 204
こえ
声 2 99
肥 5 343
こえる
肥 5 343
こおり
氷 3 208
コク
石 1 72
谷 2 150
告 5 311
国 2 97
刻 6 373
黒 2 161
穀 6 414
ゴク
極 4 276
ここの
九 1 43
ここのつ
九 1 43
こころ
心 2 118
こころざし
志 5 333
こころざす
志 5 333
こころみる
試 4 291

読み	学年	漢字	ページ
	1	糸	74
	2	自	143
	3	次	207
	3	死	207
	6	至	420
	5	志	333
	6	私	413
	2	姉	103
	3	使	167
	3	始	178
	5	枝	337
	2	思	119
	3	指	186
	6	姿	379
	2	紙	139
	5	師	319
	6	視	422
	3	歯	230
	6	詞	424
	3	詩	222
	4	試	291
	5	資	361
	5	飼	365
	6	誌	425
ジ	3	仕	166
	5	示	346
	1	字	55
	1	耳	74
	2	地	98
	2	寺	105
	2	自	143
	3	次	207
	4	児	239
	5	似	303
	3	事	166
	4	治	260
	3	持	187
	2	時	124
	6	除	397
	4	滋	261
	4	辞	293
	6	磁	413
じ	3	路	224
しあわせ	3	幸	183
しいる	2	強	111
しお	4	塩	249
	6	潮	394
しか	4	鹿	299
シキ	2	色	144
	3	式	185
	5	織	352
	5	識	358
ジキ	2	直	135
	2	食	157
しず	4	静	296
しずか	4	静	296
しずまる	4	静	296
しずめる	4	静	296
した	1	下	41
	6	舌	420
したがう	6	従	388
したがえる	6	従	388
したしい	2	親	146
したしむ	2	親	146
シチ	1	七	40
	5	質	362
シツ	4	失	250
	2	室	104
	5	質	362
ジッ	1	十	49
ジツ	1	日	60
	3	実	179
しな	3	品	175
しぬ	3	死	207
しま	3	島	182
しまる	6	閉	429
しみ	6	染	403
しみる	6	染	403
しめす	5	示	346
しめる	6	閉	429
しも	1	下	41
シャ	3	写	169
	1	車	77
	2	社	133
	3	者	210
	5	舎	354
	6	砂	413
	6	射	383
	6	捨	390
	5	謝	358
シャク	6	尺	384
	1	石	72
	1	赤	76
	3	昔	202
	4	借	236
ジャク	6	若	394
	2	弱	110
	3	着	221
シュ	1	手	59
	3	主	165
	3	守	178
	3	取	173
	2	首	158
	3	酒	226
	5	修	305
	6	衆	421
	4	種	284
ジュ	3	受	173
	6	従	388
	6	就	384
	6	樹	405
シュウ	6	収	375
	3	州	182
	4	周	247
	6	宗	381
	2	秋	137
	3	拾	187
	4	祝	282
	5	修	305
	2	週	117
	3	終	219
	3	習	221
	3	集	228
	6	就	384
	6	衆	421
ジュウ	1	十	49
	1	中	42
	3	住	167
	3	拾	187
	3	重	226
	6	従	388
	6	縦	419
シュク	4	祝	282
	3	宿	180
	6	縮	419
ジュク	6	熟	407
シュツ	1	出	48
ジュツ	5	述	329
	5	術	354

読み	漢字	学年	ページ
シュン	春	2	122
ジュン	純	6	418
	順	4	296
	準	5	328
ショ	処	6	372
	初	4	241
	所	3	200
	書	2	125
	暑	3	202
	署	6	415
	諸	6	426
ジョ	女	1	54
	助	3	170
	序	5	320
	除	6	397
ショウ	上	1	42
	小	1	56
	少	2	105
	井	4	232
	正	1	65
	生	1	68
	声	2	99
	青	1	79
	松	4	275
	性	5	323
	招	5	324
	承	6	400
	星	2	122
	昭	3	202
	相	3	214
	省	4	283
	政	5	334
	消	3	189
	笑	4	285
	将	6	383
	従	6	388
	商	3	176
	章	3	216
	唱	4	247
	清	4	261
	勝	3	171
	焼	4	279
	証	5	357
	象	5	359
	装	6	422
	照	4	280
	傷	6	371
	精	5	349
	障	6	398
	賞	5	362
ジョウ	上	1	42
	成	4	268
	条	5	336
	状	5	342
	定	3	179
	乗	3	165
	城	4	248
	常	5	319
	情	5	323
	盛	6	412
	場	2	99
	蒸	6	395
	静	4	296
	縄	4	288
ショク	色	2	144
	食	2	157
	植	3	206
	織	5	352
	職	5	353
しら	白	1	70
しらべる	調	3	223
しりぞく	退	6	396
しりぞける	退	6	396
しる	知	2	136
しるし	印	4	245
しるす	記	2	148
しろ	白	1	70
	代	3	167
	城	4	248
しろい	白	1	70
シン	心	2	118
	申	3	211
	身	3	224
	臣	4	294
	神	3	209
	信	4	235
	真	3	214
	針	6	428
	深	3	190
	進	3	195
	森	1	63
	新	2	121
	親	2	146
ジン	人	1	44
	仁	6	369
	臣	4	294
	神	3	209

す

読み	漢字	学年	ページ
ス	子	1	54
	主	3	165
	守	3	178
	素	5	349
	数	2	120
す	州	3	182
	巣	4	258
ズ	図	2	97
	豆	3	223
	事	3	166
	頭	2	156
スイ	水	1	66
	出	1	48
	垂	6	378
	推	6	391
すい	酸	5	363
スウ	数	2	120
すう	吸	6	377
すえ	末	4	272
すがた	姿	6	379
すぎる	過	5	331
すく	好	4	250
すくう	救	5	335
すくない	少	2	105
すぐれる	優	6	371
すけ	助	3	170
すこし	少	2	105
すごす	過	5	331
すこやか	健	4	237
すじ	筋	6	416
すすむ	進	3	195
すすめる	進	3	195
すてる	捨	6	390
すな	砂	6	413
すべて	全	3	168
すべる	統	5	351
すまう	住	3	167
すます	済	6	393
すみ	炭	3	208
すみやか	速	3	195
すむ	住	3	167
	済	6	393

- する ④刷 242
- すわる ⑥座 387
- スン ⑥寸 382

せ

- セ ③世 164
- せ ⑥背 408
- セイ ④井 232　①正 65　①生 68　③世 164　②西 145　④成 268　②声 99　①青 79　⑤制 308　⑤性 323　②星 122　④省 283　⑤政 334　④清 261　⑤情 323　⑥盛 412　②晴 124　⑤勢 309　⑥聖 420　⑥誠 425　④静 296　⑤精 349　⑤製 355　③整 201
- せい ⑥背 408
- ゼイ ⑤税 347　④説 291
- セキ ①夕 52　①石 72　①赤 76　③昔 202　④席 255　⑤責 359　④積 284　⑤績 352
- せき ④関 295
- セチ ④節 286
- セツ ②切 90　④折 259　⑤殺 339　②雪 154　⑤接 325　⑤設 356　④節 286　④説 291
- ゼツ ⑥舌 420　⑤絶 350
- ぜに ⑥銭 428
- せめる ⑤責 359
- せる ④競 285
- セン ①千 49　①川 57　①先 45　④浅 260　⑥宣 382　⑥専 383　⑥洗 392　⑥染 403　⑥泉 406　②船 144　④戦 268　⑥銭 428　②線 141　④選 265
- ゼン ③全 168　②前 91　④然 280　⑥善 376

そ

- ソ ⑤祖 342　⑤素 349　②組 140　③想 200
- ソウ ①早 61　④争 232　②走 151　⑥宗 381　①草 59　③送 194　③相 214　⑥奏 378　④倉 238　④巣 258　⑥窓 415　⑥創 373　⑥装 422　③想 200　⑤総 351　⑥層 385　⑥操 392
- そう ⑥沿 392
- ゾウ ⑤造 330　⑤象 359　⑤像 306　⑤増 315　⑤雑 365　⑥蔵 395　⑥臓 410
- そうろう ④候 236
- ソク ①足 77　④束 273　⑤則 308　③速 195　③息 198　④側 237　⑤測 327
- ゾク ③族 201　⑤属 318　④続 287
- そこ ④底 256
- そこなう ⑤損 326
- そこねる ⑤損 326
- そそぐ ③注 188
- そだつ ③育 210
- そだてる ③育 210
- ソツ ④卒 245　⑤率 344
- そと ②外 101
- そなえる ⑥供 369　⑤備 305
- そなわる ⑤備 305
- その ②園 98
- そまる ⑥染 403
- そむく ⑥背 408
- そむける ⑥背 408
- そめる ④初 241　⑥染 403
- そら ①空 72
- そらす ③反 172
- そる ③反 172
- ソン ⑥存 379　①村 63　④孫 251　⑥尊 384

- ソン　⑤損 326
- ゾン　⑥存 379

た

- タ　②太 102　③他 166　②多 101
- た　①手 59　①田 69
- ダ　③打 186
- タイ　①大 53　②太 102　②台 95　③代 167　②体 85　③対 181　③待 185　⑥退 396　④帯 255　④隊 267　⑤貸 360　⑤態 333
- ダイ　①大 53　②内 88　②台 95　③代 167　②弟 110　③第 217　③題 229
- たいら　③平 183
- たえる　⑤絶 350
- たか　②高 159
- たかい　②高 159
- たかまる　②高 159
- たかめる　②高 159
- たがやす　⑤耕 353
- たから　⑥宝 381
- タク　⑥宅 380　③度 184
- たぐい　④類 297
- たけ　①竹 73
- たしか　⑤確 346
- たしかめる　⑤確 346
- たす　①足 77
- だす　①出 48
- たすかる　③助 170
- たすける　③助 170
- たずねる　⑥訪 424
- たたかう　④戦 268
- ただしい　①正 65
- ただす　①正 65
- ただちに　②直 135
- タツ　④達 265
- たつ　①立 73　④建 257　⑤断 335　⑤絶 350
- たっとい　⑥尊 384　⑥貴 427
- たっとぶ　⑥尊 384　⑥貴 427
- たて　⑥縦 419
- たてる　①立 73　④建 257
- たとえる　④例 235
- たに　②谷 150
- たね　④種 284
- たのしい　②楽 127
- たのしむ　②楽 127
- たば　④束 273
- たび　③度 184　③旅 201
- たべる　②食 157
- たま　①玉 68　③球 209
- たまご　⑥卵 375
- たみ　④民 278
- ためす　④試 291
- たもつ　⑤保 304
- たやす　⑤絶 350
- たより　④便 236
- たらす　⑥垂 378
- たりる　①足 77
- たる　①足 77
- たれる　⑥垂 378
- たわら　⑥俵 370
- タン　③反 172　⑥担 390　③炭 208　④単 258　⑥探 391　③短 215　⑥誕 426
- ダン　⑤団 312　①男 69　⑥段 406　⑤断 335　⑥暖 402　③談 222

ち

- チ　②地 98　②池 113　②知 136　④治 260　⑥値 370　④置 285　⑤質 362
- ち　①千 49　③血 221　⑥乳 368
- ちいさい　①小 56
- ちかい　②近 116
- ちから　①力 48
- チク　①竹 73　⑤築 348
- ちち　②父 131　⑥乳 368
- ちぢまる　⑥縮 419
- ちぢむ　⑥縮 419
- ちぢめる　⑥縮 419
- ちぢらす　⑥縮 419
- ちぢれる　⑥縮 419
- チャ　②茶 115
- チャク　③着 221
- チュウ　①中 42　①虫 75　④仲 233　④沖 259　③注 188　⑥宙 381　⑥忠 399　②昼 123　③柱 205
- チョ　⑥著 395　⑤貯 363
- チョウ　③丁 164　⑥庁 387　④兆 239　①町 70　②長 153

読み	学年	漢字	ページ
	3	重	226
	2	鳥	160
	3	帳	183
	5	張	321
	6	頂	430
	2	朝	126
	6	腸	409
	3	調	223
	6	潮	394
チョク	2	直	135
ちらかす	4	散	270
ちらかる	4	散	270
ちらす	4	散	270
ちる	4	散	270
チン	6	賃	427
つ			
ツ	2	通	116
	3	都	196
ツイ	3	対	181
	3	追	194
ついえる	5	費	360
ついやす	5	費	360
ツウ	2	通	116
	6	痛	411
つかう	3	使	167
つかえる	3	仕	166
つき	1	月	61
つぎ	3	次	207
つく	4	付	233
	3	着	221
	6	就	384
つぐ	3	次	207
	5	接	325
つくえ	6	机	403
つくる	2	作	84
	5	造	330
	6	創	373
つける	4	付	233
	3	着	221
	6	就	384
つげる	5	告	311
つたう	4	伝	234
つたえる	4	伝	234
つたわる	4	伝	234
つち	1	土	52
つづく	4	続	287
つづける	4	続	287
つつむ	4	包	244
つどう	3	集	228
つとまる	5	務	309
	6	勤	374
つとめる	4	努	243
	5	務	309
	6	勤	374
つね	5	常	319
つの	2	角	146
つま	5	妻	316
つみ	5	罪	348
つむ	4	積	284
つめたい	4	冷	240
つもる	4	積	284
つよい	2	強	111
つよまる	2	強	111
つよめる	2	強	111
つら	3	面	228
つらなる	4	連	265
つらねる	4	連	265
つれる	4	連	265
て			
て	1	手	59
デ	2	弟	110
テイ	3	丁	164
	2	体	85
	2	弟	110
	4	低	235
	3	定	179
	4	底	256
	3	庭	184
	5	停	305
	5	提	325
	5	程	347
テキ	4	的	283
	3	笛	217
	5	適	331
	6	敵	401
テツ	3	鉄	227
てら	2	寺	105
てらす	4	照	280
てる	4	照	280
でる	1	出	48
てれる	4	照	280
テン	1	天	53
	2	店	109
	4	典	240
	2	点	131
	6	展	385
	3	転	225
デン	1	田	69
	4	伝	234
	2	電	155
と			
ト	1	土	52
	2	図	97
	3	度	184
	4	徒	257
	3	都	196
	3	登	213
	2	頭	156
と	1	十	49
	2	戸	119
ド	1	土	52
	4	努	243
	3	度	184
とい	3	問	176
トウ	2	刀	89
	2	冬	89
	2	当	106
	4	灯	279
	3	投	186
	3	豆	223
	2	東	127
	3	島	182
	6	党	371
	6	納	418
	6	討	423
	2	道	117
	2	答	138
	3	湯	191
	3	登	213
	3	等	218
	5	統	351
	2	読	149
	2	頭	156
	6	糖	417
とう	3	問	176
ドウ	2	同	96
	3	動	170
	5	堂	314
	2	道	117
	3	童	217

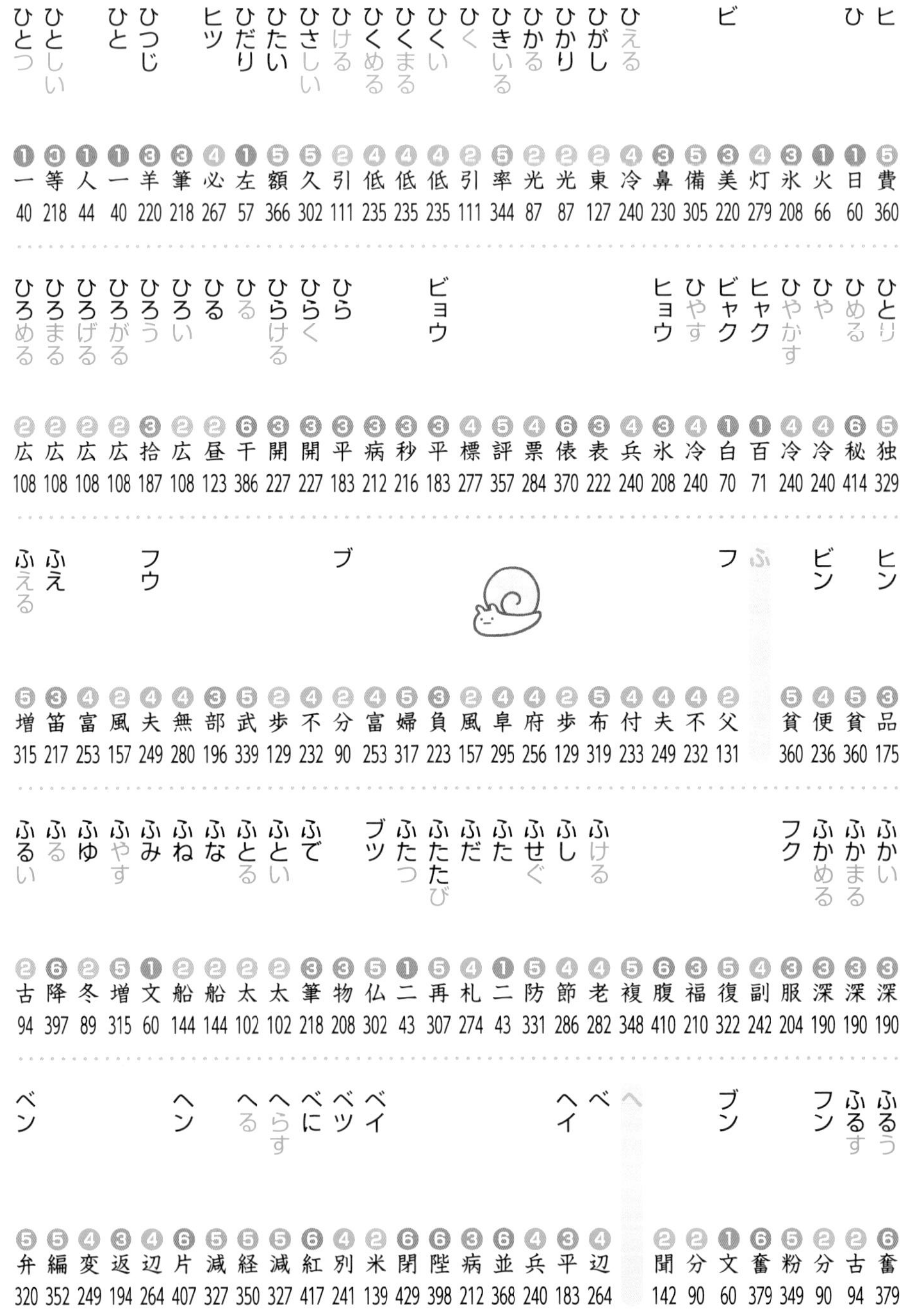

読み	漢字	学年	ページ
ヒ	費	5	360
ひ	日	1	60
	火	1	66
	氷	3	208
	灯	4	279
ビ	美	3	220
	備	5	305
	鼻	3	230
ひえる	冷	4	240
ひがし	東	2	127
ひかり	光	2	87
ひかる	光	2	87
ひきいる	率	5	344
ひく	引	2	111
ひくい	低	4	235
ひくまる	低	4	235
ひくめる	低	4	235
ひける	引	2	111
ひさしい	久	5	302
ひたい	額	5	366
ひだり	左	1	57
ヒツ	必	4	267
	筆	3	218
ひつじ	羊	3	220
ひと	一	1	40
	人	1	44
ひとしい	等	3	218
ひとつ	一	1	40
ひとり	独	5	329
ひめる	秘	6	414
ひや	冷	4	240
ひやかす	冷	4	240
ヒャク	百	1	71
ビャク	白	1	70
ひやす	冷	4	240
ヒョウ	氷	3	208
	兵	4	240
	表	3	222
	俵	6	370
	票	4	284
	評	5	357
	標	4	277
ビョウ	平	3	183
	秒	3	216
	病	3	212
ひら	平	3	183
ひらく	開	3	227
ひらける	開	3	227
ひる	干	6	386
ひる	昼	2	123
ひろい	広	2	108
ひろう	拾	3	187
ひろがる	広	2	108
ひろげる	広	2	108
ひろまる	広	2	108
ひろめる	広	2	108
ヒン	品	3	175
	貧	5	360
ビン	便	4	236
	貧	5	360
ふ			
フ	父	2	131
	不	4	232
	夫	4	249
	付	4	233
	布	5	319
	歩	2	129
	府	4	256
	阜	4	295
	風	2	157
	負	3	223
	婦	5	317
	富	4	253
ブ	分	2	90
	不	4	232
	歩	2	129
	武	5	339
	部	3	196
	無	4	280
フウ	夫	4	249
	風	2	157
	富	4	253
ふえ	笛	3	217
ふえる	増	5	315
ふかい	深	3	190
ふかまる	深	3	190
ふかめる	深	3	190
フク	服	3	204
	副	4	242
	復	5	322
	福	3	210
	腹	6	410
	複	5	348
ふける	老	4	282
ふし	節	4	286
ふせぐ	防	5	331
ふた	二	1	43
ふだ	札	4	274
ふたたび	再	5	307
ふたつ	二	1	43
ブツ	仏	5	302
	物	3	208
ふで	筆	3	218
ふとい	太	2	102
ふとる	太	2	102
ふな	船	2	144
ふね	船	2	144
ふみ	文	1	60
ふやす	増	5	315
ふゆ	冬	2	89
ふる	降	6	397
ふるい	古	2	94
ふるう	奮	6	379
ふるす	古	2	94
フン	分	2	90
	粉	5	349
	奮	6	379
ブン	文	1	60
	分	2	90
	聞	2	142
へ			
べ	辺	4	264
ヘイ	平	3	183
	兵	4	240
	並	6	368
	病	3	212
	陛	6	398
	閉	6	429
	米	2	139
ベイ	米	2	139
ベツ	別	4	241
べに	紅	6	417
へらす	減	5	327
へる	経	5	350
	減	5	327
ヘン	片	6	407
	辺	4	264
	返	3	194
	変	4	249
	編	5	352
ベン	弁	5	320

よみ	学年	漢字	ページ
	4	便	236
	3	勉	170
ほ			
ホ	2	歩	129
	5	保	304
	6	補	415
ほ	1	火	66
ボ	2	母	129
	5	墓	314
	6	暮	401
	6	模	404
ホウ	2	方	121
	4	包	244
	3	放	200
	4	法	260
	6	宝	381
	6	訪	424
	5	報	314
	5	豊	359
ボウ	6	亡	369
	5	防	331
	6	忘	398
	4	望	272
	5	貿	361
	6	棒	404
	5	暴	336
ほうる	3	放	200
ほか	2	外	101
	3	他	166
ほがらか	6	朗	402
ホク	2	北	91
ボク	1	木	62
	1	目	71
	4	牧	281
ほし	2	星	122
ほしい	6	欲	405
ほす	6	干	386
ほそい	2	細	140
ほそる	2	細	140
ホツ	3	発	212
ホッ	4	法	260
ほっする	6	欲	405
ほど	5	程	347
ほとけ	5	仏	302
ほね	6	骨	431
ホン	3	反	172
	1	本	62
ま			
ま	1	目	71
	2	馬	158
	3	真	214
	2	間	154
マイ	2	毎	130
	2	米	139
	2	妹	103
	6	枚	403
まいる	4	参	246
まえ	2	前	91
まかす	3	負	223
まかす	5	任	303
まかせる	5	任	303
まがる	3	曲	203
まき	4	牧	281
	6	巻	375
マク	6	幕	386
まく	6	巻	375
まける	3	負	223
まげる	3	曲	203
まご	4	孫	251
まこと	6	誠	425
まさ	1	正	65
まさる	3	勝	171
まざる	2	交	83
	5	混	327
まじえる	2	交	83
まじる	2	交	83
	5	混	327
まじわる	2	交	83
ます	5	増	315
まずしい	5	貧	360
まぜる	2	交	83
	5	混	327
まち	1	町	70
	4	街	289
マツ	4	末	272
まつ	3	待	185
まつ	4	松	275
まったく	3	全	168
まつり	3	祭	215
まつりごと	5	政	334
まつる	3	祭	215
まと	4	的	283
まど	6	窓	415
まなこ	5	眼	345
まなぶ	1	学	55
まねく	5	招	324
まめ	3	豆	223
まもる	3	守	178
まよう	5	迷	330
まる	2	丸	82
まるい	2	丸	82
	1	円	47
まるめる	2	丸	82
まわす	2	回	96
まわり	4	周	247
まわる	2	回	96
マン	2	万	82
	4	満	262
み			
ミ	4	未	272
	3	味	176
み	1	三	41
	3	身	224
	3	実	179
みえる	1	見	75
みき	5	幹	320
みぎ	1	右	50
みさお	6	操	392
みじかい	3	短	215
みず	1	水	66
みずうみ	3	湖	191
みずから	2	自	143
みせ	2	店	109
みせる	1	見	75
みたす	4	満	262
みだす	6	乱	368
みだれる	6	乱	368
みち	2	道	117
みちびく	5	導	318
みちる	4	満	262
ミツ	6	密	382
みつ	1	三	41
みっつ	1	三	41
みとめる	6	認	426
みどり	3	緑	219
みなと	3	港	191
みなみ	2	南	93
みなもと	6	源	393
みのる	3	実	179
みみ	1	耳	74

読み	学年	漢字	ページ
みや	❸	宮	180
ミャク	❺	脈	343
みやこ	❸	都	196
ミョウ	❶	名	51
	❷	明	123
	❸	命	174
みる	❶	見	75
ミン	❹	民	278
む			
ム	❺	武	339
	❺	務	309
	❹	無	280
	❺	夢	316
む	❶	六	47
むい	❶	六	47
むかう	❸	向	174
むかし	❸	昔	202
むぎ	❷	麦	152
むく	❸	向	174
むくいる	❺	報	314
むける	❸	向	174
むこう	❸	向	174
むし	❶	虫	75
むす	❻	蒸	395
むずかしい	❻	難	430
むすぶ	❹	結	287
むつ	❶	六	47
むっつ	❶	六	47
むな	❻	胸	409
むね	❻	胸	409
むら	❶	村	63
	❹	群	288
むらす	❻	蒸	395
むれ	❹	群	288
むれる	❹	群	288
	❻	蒸	395
むろ	❷	室	104
め			
め	❶	女	54
	❶	目	71
	❹	芽	263
メイ	❶	名	51
	❷	明	123
	❸	命	174
	❺	迷	330
	❻	盟	412
	❷	鳴	160
めし	❹	飯	296
メン	❸	面	228
	❺	綿	351
も			
モ	❻	模	404
モウ	❻	亡	369
	❷	毛	130
	❹	望	272
もうける	❺	設	356
もうす	❸	申	211
もえる	❺	燃	341
モク	❶	木	62
	❶	目	71
もしくは	❻	若	394
もす	❺	燃	341
もちいる	❷	用	134
モツ	❸	物	208
もつ	❸	持	187
もっとも	❹	最	271
もっぱら	❻	専	383
もと	❶	下	41
	❷	元	86
	❶	本	62
	❺	基	313
もとい	❺	基	313
もとめる	❹	求	279
もの	❸	物	208
	❸	者	210
もやす	❺	燃	341
もり	❸	守	178
もり	❶	森	63
もる	❻	盛	412
モン	❶	文	60
	❷	門	153
	❸	問	176
	❷	聞	142
や			
ヤ	❷	夜	102
	❷	野	152
や	❶	八	46
	❷	矢	136
	❸	屋	181
	❷	家	104
やかた	❸	館	229
ヤク	❸	役	185
	❹	約	286
	❺	益	345
	❻	訳	424
	❸	薬	193
やく	❹	焼	279
やける	❹	焼	279
やさしい	❺	易	336
	❻	優	371
やしなう	❹	養	298
やしろ	❷	社	133
やすい	❸	安	178
やすまる	❶	休	45
やすむ	❶	休	45
やすめる	❶	休	45
やつ	❶	八	46
やっつ	❶	八	46
やど	❸	宿	180
やどす	❸	宿	180
やどる	❸	宿	180
やぶる	❺	破	345
やぶれる	❺	破	345
	❹	敗	269
やま	❶	山	56
やまい	❸	病	212
やむ	❸	病	212
やめる	❹	辞	293
やわらぐ	❸	和	175
やわらげる	❸	和	175
ゆ			
ユ	❸	由	211
	❸	油	189
	❸	遊	196
	❺	輸	363
ゆ	❸	湯	191
ユイ	❸	由	211
	❻	遺	396
ユウ	❷	友	94
	❶	右	50
	❸	由	211
	❸	有	203
	❹	勇	244
	❻	郵	397
	❸	遊	196
	❻	優	371
ゆう	❹	結	287
ゆう	❶	夕	52
ゆえ	❺	故	334

読み	学年	漢字	ページ
ゆき	②	雪	154
ゆく	②	行	145
ゆたか	⑤	豊	359
ゆだねる	③	委	177
ゆび	③	指	186
ゆみ	②	弓	109
ゆめ	⑤	夢	316
ゆるす	⑤	許	356
ゆわえる	④	結	287

よ

読み	学年	漢字	ページ
ヨ	③	予	165
	⑤	余	306
	⑥	預	431
よ	①	四	51
	③	世	164
	③	代	167
	②	夜	102
よい	④	良	288
	⑥	善	376
ヨウ	②	用	134
	⑥	幼	387
	③	羊	220
	③	洋	189
	④	要	289
	⑤	容	317
	③	葉	193
	③	陽	197
	③	様	206
	④	養	298
	②	曜	125
よう	①	八	46
ヨク	④	浴	261
	⑥	欲	405
	⑥	翌	419
よこ	③	横	206
よし	③	由	211
よせる	⑤	寄	317
よそおう	⑥	装	422
よつ	①	四	51
よっつ	①	四	51
よぶ	⑥	呼	377
よむ	②	読	149
よる	⑤	因	311
	⑤	寄	317
よる	②	夜	102
よろこぶ	⑤	喜	311
よわい	②	弱	110
よわまる	②	弱	110
よわめる	②	弱	110
よわる	②	弱	110
よん	①	四	51

ら

読み	学年	漢字	ページ
ライ	③	礼	209
	②	来	126
ラク	③	落	193
	②	楽	127
ラン	⑥	乱	368
	⑥	卵	375
	⑥	覧	423

り

読み	学年	漢字	ページ
リ	②	里	151
	④	利	241
	②	理	132
	⑥	裏	422
リキ	①	力	48
リク	④	陸	266
リチ	⑥	律	388
リツ	①	立	73
	⑥	律	388
	⑤	率	344
リャク	⑤	略	344
リュウ	①	立	73
	③	流	190
	⑤	留	344
リョ	③	旅	201
リョウ	③	両	164
	④	良	288
	④	料	270
	④	量	294
	④	漁	262
	⑤	領	366
リョク	①	力	48
	③	緑	219
リン	①	林	64
	④	輪	293
	⑥	臨	428

る

読み	学年	漢字	ページ
ル	③	流	190
	⑤	留	344
ルイ	④	類	297

れ

読み	学年	漢字	ページ
レイ	③	礼	209
	④	令	238
	④	冷	240
	④	例	235
レキ	⑤	歴	339
レツ	③	列	169
レン	④	連	265
	③	練	220

ろ

読み	学年	漢字	ページ
ロ	③	路	224
ロウ	④	老	282
	④	労	243
	⑥	朗	402
ロク	①	六	47
	③	緑	219
	④	録	294
ロン	⑥	論	427

わ

読み	学年	漢字	ページ
ワ	③	和	175
	②	話	148
わ	⑥	我	400
	④	輪	293
わかい	⑥	若	394
わかつ	②	分	90
わかる	②	分	90
わかれる	②	分	90
わかれる	④	別	241
わけ	⑥	訳	424
わける	②	分	90
わざ	⑤	技	324
	③	業	204
わざわい	⑤	災	341
わすれる	⑥	忘	398
わた	⑤	綿	351
わたくし	⑥	私	413
わたし	⑥	私	413
わらう	④	笑	285
わらべ	③	童	217
わり	⑥	割	373
わる	⑥	割	373
わるい	③	悪	198
われ	⑥	我	400
われる	⑥	割	373

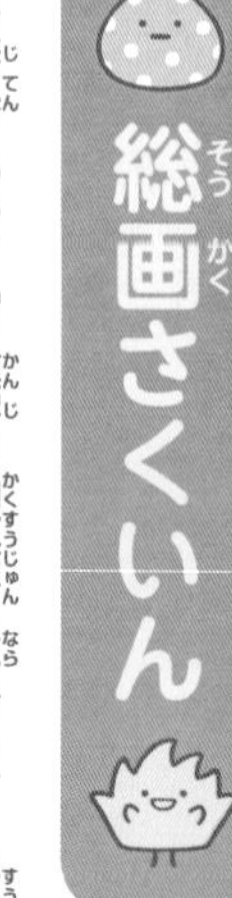

総画さくいん

★この辞典にのっている漢字を画数順に並べてページ数を示しました。
★同じ画数の漢字は、習う学年順に並べています。習う学年も同じ場合は、辞典の中に出てくる順に並べています。

1画
1 一 40

2画
1 七 40
1 九 43
1 二 43
1 人 44
1 入 46
1 八 46
1 力 48
1 十 49
2 刀 89
3 丁 164

3画
1 下 41
1 三 41
1 上 42
1 千 49
1 口 50
1 土 52
1 夕 52
1 大 53
1 女 54
1 子 54
1 小 56
1 山 56
1 川 57
2 万 82
2 丸 82
2 工 107
2 弓 109
2 才 113
5 久 302
5 士 316
6 亡 369
6 寸 382
6 己 386
6 干 386

4画
1 中 42
1 五 44
1 六 47
1 円 47
1 天 53
1 手 59
1 文 60
1 日 60
1 月 61
1 木 62
1 水 66
1 火 66
1 犬 67
1 王 67
2 今 85
2 元 86
2 内 88
2 公 88
2 切 90
2 分 90
2 午 92
2 友 94
2 太 102
2 少 105
2 引 111
2 心 118
2 戸 119
2 方 121
2 止 128
2 毛 130
2 父 131
2 牛 132
3 予 165
3 化 171
3 区 171
3 反 172
4 不 232
4 井 232
4 夫 249
4 欠 277
4 氏 278
5 仏 302
5 支 334
5 比 340
6 仁 369
6 収 375
6 尺 384
6 片 407

5画
1 出 48
1 右 50
1 四 51
1 左 57
1 本 62
1 正 65
1 玉 68
1 生 68
1 田 69
1 白 70
1 目 71
1 石 72
1 立 73
2 兄 87
2 冬 89
2 北 91
2 半 92
2 古 94
2 台 95
2 外 101
2 市 107
2 広 108
2 母 129
2 用 134
2 矢 136
3 世 164
3 主 165
3 仕 166
3 他 166
3 代 167
3 写 169
3 去 172
3 号 173
3 央 177
3 平 183
3 打 186
3 氷 208
3 礼 209
3 申 211
3 由 211
3 皮 213
3 皿 213
4 以 233
4 付 233
4 令 238
4 加 242
4 功 243
4 包 244
4 司 246
4 失 250
4 辺 264
4 必 267
4 末 272
4 未 272
4 札 274
4 民 278
5 刊 307
5 可 310
5 句 310
5 史 310
5 圧 312
5 布 319
5 弁 320
5 犯 329
5 旧 335
5 永 340
5 示 346
6 冊 372
6 処 372
6 幼 387
6 庁 387
6 穴 414

6画
1 休 45

漢字	学年	ページ
先	①	45
名	①	51
字	①	55
年	①	58
早	①	61
気	①	65
百	①	71
竹	①	73
糸	①	74
耳	①	74
虫	①	75
交	②	83
会	②	86
光	②	87
合	②	95
同	②	96
回	②	96
地	②	98
多	②	101
寺	②	105
当	②	106
池	②	113
毎	②	130
考	②	133
米	②	139
羽	②	142
肉	②	143
自	②	143
色	②	144
行	②	145
西	②	145
両	③	164
全	③	168
列	③	169
向	③	174
安	③	178
守	③	178
州	③	182
式	③	185
曲	③	203
有	③	203
次	③	207
死	③	207
羊	③	220
血	③	221
争	④	232
仲	④	233
伝	④	234
兆	④	239
共	④	239
印	④	245
各	④	246
好	④	250
成	④	268
灯	④	279
老	④	282
衣	④	289
仮	⑤	302
件	⑤	303
任	⑤	303
再	⑤	307
因	⑤	311
団	⑤	312
在	⑤	313
危	⑥	374
后	⑥	376
吸	⑥	377
存	⑥	379
宇	⑥	380
宅	⑥	380
机	⑥	403
灰	⑥	406
至	⑥	420
舌	⑥	420

7画（かく）

漢字	学年	ページ
花	①	58
村	①	63
男	①	69
町	①	70
見	①	75
貝	①	76
赤	①	76
足	①	77
車	①	77
何	②	84
作	②	84
体	②	85
図	②	97
声	②	99
売	②	100
弟	②	110
形	②	112
汽	②	114
近	②	116
来	②	126
社	②	133
角	②	146
言	②	147
谷	②	150
走	②	151
里	②	151
麦	②	152
住	③	167
助	③	170
医	③	172
君	③	174
坂	③	177
対	③	181
局	③	181
役	③	185
投	③	186
決	③	187
返	③	194
究	③	216
豆	③	223
身	③	224
位	④	234
佐	④	234
低	④	235
児	④	239
兵	④	240
冷	④	240
初	④	241
別	④	241
利	④	241
努	④	243
労	④	243
完	④	252
岐	④	254
希	④	255
折	④	259
沖	④	259
芸	④	263
阪	④	266
改	④	269
束	④	273
材	④	275
求	④	279
良	④	288
臣	④	294
似	⑤	303
余	⑤	306
判	⑤	307
告	⑤	311
囲	⑤	312
均	⑤	315
序	⑤	320
快	⑤	322
技	⑤	324
防	⑤	331
応	⑤	333
志	⑤	333
条	⑤	336
災	⑤	341
状	⑤	342
乱	⑥	368
卵	⑥	375
否	⑥	376
困	⑥	377
孝	⑥	380
批	⑥	389
忘	⑥	398
我	⑥	400
私	⑥	413
系	⑥	417

8画（かく）

漢字	学年	ページ
学	①	55
林	①	64
空	①	72
金	①	78
雨	①	78
青	①	79
京	②	83
国	②	97
夜	②	102
姉	②	103
妹	②	103
岩	②	106
店	②	109
明	②	123
東	②	127
歩	②	129
画	②	134
直	②	135
知	②	136
長	②	153
門	②	153
事	③	166
使	③	167

9画

部首一覧

★この辞典に出てくる漢字の部首を実際に書く画数順に示しています。

★部首にはいろいろな説があり、辞典によって部首や名前がちがう場合があります。この辞典では、代表的な部首のみをのせています。

1画

- 一　いち
- 丨　ぼう・たてぼう
- 丶　てん
- ノ　の・はらいぼう
- 乙・乚　おつ
- 亅　はねぼう

2画

- 二　に
- 亠　なべぶた・けいさんかんむり
- 人　ひと
- 亻　にんべん
- 𠆢　ひとやね
- 儿・儿　ひとあし・にんにょう
- 入　いる
- 八　はち
- ハ　は
- 冂　どうがまえ・けいがまえ・まきがまえ
- 冖　わかんむり・ひらかんむり
- 冫　にすい
- 几　つくえ
- 凵　うけばこ・かんがまえ
- 刀　かたな
- 刂　りっとう
- 力　ちから
- 勹　つつみがまえ
- 匕　ひ
- 匚　かくしがまえ
- 十　じゅう
- 卩・㔾　わりふ・ふしづくり
- 厂　がんだれ
- 厶　む
- 又　また

3画

- 口　くち
- 口　くちへん
- 囗　くにがまえ
- 土　つち
- 土　つちへん・どへん
- 士　さむらい
- 夂　ふゆがしら・ち
- 夕　た・ゆうべ
- 大　だい
- 女　おんな
- 女　おんなへん
- 子　こ
- 子　こへん
- 宀　うかんむり
- 寸　すん
- 小・⺌　しょう
- 尢　だいのまげあし
- 尸　かばね・しかばね
- 山　やま
- 山　やまへん
- 川　かわ
- 工　え・たくみ
- 己　おのれ
- 巾　はば
- 巾　はばへん・きんべん
- 干　かん・いちじゅう
- 幺　よう・いとがしら
- 广　まだれ
- 廴　えんにょう・いんにょう
- 廾　こまぬき・にじゅうあし
- 弋　しきがまえ
- 弓　ゆみ
- 弓　ゆみへん
- 彡　さんづくり
- 彳　ぎょうにんべん
- ⺍　つかんむり
- 忄　りっしんべん
- 扌　てへん
- 氵　さんずい
- 犭　けものへん
- 艹　くさかんむり
- 辶　しんにょう・しんにゅう
- 阝　おおざと
- 阝　こざとへん

4画

- 心　こころ
- 戈　ほこ・ほこづくり・ほこがまえ
- 戸　と
- 手　て
- 支　し・えだにょう
- 攵　のぶん
- 文　ぶん
- 斗　とます
- 斤　おのづくり
- 方　ほう
- 方　ほうへん・かたへん
- 日　ひ
- 日　ひへん・にちへん
- 曰　ひらび・いわく
- 月　つき
- 月　つきへん
- 木　き
- 木　きへん
- 欠　あくび・かける
- 止　とめる
- 歹　かばねへん・いちたへん・がつへん
- 殳　るまた・ほこづくり
- 毋　なかれ・ははのかん
- 比　ならびひ・くらべる
- 毛　け
- 氏　うじ
- 气　きがまえ
- 水　みず
- 火　ひ
- 火　ひへん
- 灬　れんが・れっか
- 父　ちち

片 かた
片 かたへん
牛 うし
牜 うしへん
犬 いぬ
王 おう
王 おうへん・たまへん
礻 しめすへん
耂 おいかんむり・おいがしら
月（肉） にく
月 にくづき

5画

玄 げん
玉 たま
生 うまれる
用 もちいる
田 た
田 たへん
疋 ひき
疒 やまいだれ
癶 はつがしら
白 しろ
皮 けがわ・ひのかわ
皿 さら

目 め
目 めへん
矢 や
矢 やへん
石 いし
石 いしへん
示 しめす
禾 のぎへん
穴 あな
穴 あなかんむり
立 たつ
罒 あみがしら・あみめ・よこめ

6画

衤 ころもへん
竹 たけ
⺮ たけかんむり
米 こめ
米 こめへん
糸 いと
糸 いとへん
羊 ひつじ
羽 はね
耒 すきへん・らいすき
耳 みみ
耳 みみへん
肉 にく
自 みずから
至 いたる
舌 した
舟 ふねへん
艮 ねづくり・こんづくり
色 いろ
虫 むし
血 ち
行 ぎょう
行 ぎょうがまえ・ゆきがまえ
衣 ころも
西 にし
覀 おおいかんむり
★臼（臼）→7画

7画

見 みる
角 かく・つの
角 つのへん
言 げん
言 ごんべん
谷 たに
豆 まめ
豕 ぶた・いのこ
貝 かい・こがい
貝 かいへん
赤 あか
走 はしる
走 そうにょう
足 あし
⻊ あしへん
身 み
車 くるま
車 くるまへん
辛 からい
辰 しんのたつ
酉 ひよみのとり・こよみのとり
酉 とりへん
里 さと
里 さとへん
臣 しん
麦 むぎ
臼（臼） うす

8画

金 かね
釒 かねへん
長 ながい
門 もん・もんがまえ
阜 おか
隹 ふるとり

雨 あめ
⻗ あめかんむり・あまかんむり
青 あお
非 あらず・ひ
飠 しょくへん

9画

面 めん
革 かくのかわ
音 おと
頁 おおがい
風 かぜ
飛 とぶ
食 しょく
首 くび
香 か・かおり

10画

馬 うま
馬 うまへん
骨 ほね
高 たかい

11画

魚 うお
鳥 とり
鹿 しか
黄 き
黒 くろ

12画

歯 は

14画

鼻 はな

部首さくいん

★この辞典にのっている漢字を部首の画数順に並べて、ページ数を示しました。
★部首は1画から14画まで、画数順に並んでいます。
★丸数字は、習う学年を示しています。
★部首をまちがえやすい漢字は、正しい部首を示しました。

判 ⑤ 307
制 ⑤ 308
則 ⑤ 308
刻 ⑥ 373
割 ⑥ 373
創 ⑥ 373
劇 ⑥ 374
◆側 → イ
◆測 → 氵

力 ちから
力 ① 48
助 ③ 170
勉 ③ 170
動 ③ 170
勝 ③ 171
加 ④ 242
功 ④ 243
努 ④ 243
労 ④ 243
勇 ④ 244
効 ⑤ 308
務 ⑤ 309
勢 ⑤ 309
勤 ⑥ 374
◆幼 → 幺
◆男 → 田
◆協 → 十

◆働 → イ

勹 つつみがまえ
包 ④ 244

匕 ひ
北 ② 91
化 ③ 171

匚 かくしがまえ
区 ③ 171
医 ③ 172

十 じゅう
十 ① 49
千 ① 49
午 ② 92
半 ② 92
南 ② 93
協 ④ 244
卒 ④ 245
博 ④ 245
◆干 → 干
◆古 → 口
◆早 → 日
◆直 → 目
◆阜 → 阜
◆単 → ⺍
◆章 → 立
◆率 → 玄
◆準 → 氵

卩・㔾 わりふ・ふしづくり
印 ④ 245
危 ⑥ 374
卵 ⑥ 375
巻 ⑥ 375

厂 がんだれ
原 ② 93
厚 ⑤ 309
◆反 → 又
◆灰 → 火
◆歴 → 止

厶 む
去 ③ 172
参 ④ 246
◆台 → 口
◆弁 → 廾
◆能 → 月(肉)

又 また
友 ② 94
反 ③ 172
取 ③ 173
受 ③ 173
収 ⑥ 375

3画(かく)

口 くち
口 ① 50
右 ① 50
名 ① 51
古 ② 94
台 ② 95
合 ② 95
同 ② 96
号 ③ 173
向 ③ 174
君 ③ 174
命 ③ 174
和 ③ 175
品 ③ 175
員 ③ 175
商 ③ 176
問 ③ 176
司 ④ 246
各 ④ 246
周 ④ 247
器 ④ 247
可 ⑤ 310
句 ⑤ 310
史 ⑤ 310
告 ⑤ 311
喜 ⑤ 311
后 ⑥ 376
否 ⑥ 376
善 ⑥ 376
◆兄 → 儿
◆回 → 囗

口 くちへん
味 ③ 176
唱 ④ 247
吸 ⑥ 377
呼 ⑥ 377
◆鳴 → 鳥

囗 くにがまえ
四 ① 51
回 ② 96
図 ② 97
国 ② 97
園 ② 98
固 ④ 248
因 ⑤ 311
団 ⑤ 312
囲 ⑤ 312
困 ⑥ 377
◆田 → 田

土 つち
土 ① 52
圧 ⑤ 312
在 ⑤ 313
型 ⑤ 313
基 ⑤ 313
堂 ⑤ 314
報 ⑤ 314
墓 ⑤ 314
垂 ⑥ 378
◆去 → 厶
◆寺 → 寸
◆幸 → 干

土 つちへん・どへん
地 ② 98
場 ② 99
坂 ③ 177
城 ④ 248
埼 ④ 248
塩 ④ 249
均 ⑤ 315
境 ⑤ 315
増 ⑤ 315
域 ⑥ 378

士 さむらい
声 ② 99
売 ② 100
士 ⑤ 316
◆志 → 心

夂 ふゆがしら・ち
夏 ② 100
変 ④ 249
◆冬 → 冫
◆各 → 口

◆条 → 木

夕 た・ゆうべ
夕 ① 52
外 ② 101
多 ② 101
夜 ② 102
夢 ⑤ 316
◆死 → 歹
◆名 → 口

大 だい
大 ① 53
天 ① 53
太 ② 102
央 ③ 177
夫 ④ 249
失 ④ 250
奈 ④ 250
奏 ⑥ 378
奮 ⑥ 379
◆犬 → 犬
◆春 → 日

女 おんな
女 ① 54
委 ③ 177
妻 ⑤ 316
姿 ⑥ 379
◆努 → 力

◆要 → 覀

女 おんなへん
姉 ② 103
妹 ② 103
始 ③ 178
好 ④ 250
媛 ④ 251
婦 ⑤ 317

子 こ
子 ① 54
字 ① 55
学 ① 55
季 ④ 251
存 ⑥ 379
孝 ⑥ 380
◆乳 → 乚

子 こへん
孫 ④ 251

宀 うかんむり
室 ② 104
家 ② 104
安 ③ 178
守 ③ 178
実 ③ 179
定 ③ 179
客 ③ 179
宮 ③ 180

Sumikko

一年生で習う漢字 80字

1年

1画
一 40

2画
七 40
九 43
二 43
人 44
入 46
八 46
力 48
十 49

3画
下 41
三 41
上 42
千 49
口 50
土 52
夕 52
大 53
女 54
子 54
小 56
山 56
川 57

4画
中 42
五 44
六 47
円 47
天 53
手 59
文 60
日 60
月 61
木 62
水 66
火 66
犬 67
王 67

5画
出 48
右 50
四 51
左 57
本 62
正 65
玉 68
生 68
田 69
白 70
目 71
石 72
立 73

6画
休 45
先 45
名 51
字 55
年 58
早 61
気 65
百 71
竹 73
糸 74
耳 74
虫 75

7画
花 58
村 63
男 69
町 70
見 75
貝 76
赤 76
足 77
車 77

8画
学 55
林 64
空 72
金 78
雨 78
青 79

9画
草 59
音 79

10画
校 64

12画
森 63

1年

1画 一

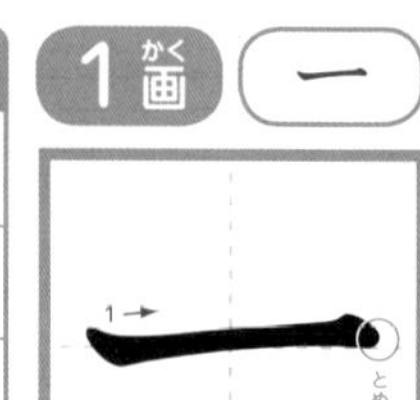

おん イチ・イツ
くん ひと・ひとつ

書き順 一

いみ・ことば

①ひとつ。数の1。一日。一年。一個。一本。
②最初。はじめ。いちばんめ。一位。一学期。一番。一着。一等。世界一。
③みんな。全部。一同。一家。一切。一式。一生。統一。
④少しの。一口。一休み。

特別な読み方 一日（ついたち）。一人（ひとり）。

つかいかた
▼一本の木。
▼りんごが一つ。

2画 七

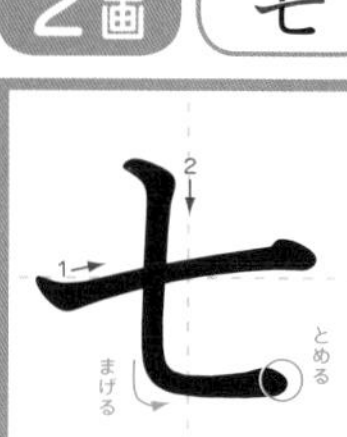

おん シチ
くん なな・ななつ・なの

書き順 一 七

いみ・ことば

①ななつ。数の7。七五三。七番目（しちばんめ・ななばんめ）。七福神（福をもたらす七体の神様）。七日。
②回数が多い。たくさん。七転び八起き。

特別な読み方 七夕。

つかいかた
▼七月七日。
▼七色のクレヨン。

くわしくわかる
七転び八起き　何度転んでも、そのたびに起き上がってがんばること。

下

3画

おん カ・ゲ
くん した・しも・《もと》・さげる・さがる・くだる・くだす・くださる・おろす・おりる

書き順 一 丅 下

いみ・ことば

❶した。下段。上下（じょうげ・うえした）。地下。天下。見下ろす。
❷終わりのほう。川下。下巻。下旬（月の二十一日から月末までの間）。
❸くだる。おりる。下校。下山。下車。落下。
❹地位や程度などが低い。おとっている。下位。下級生。下品。年下。部下。
❺前もってすること。下書き。下調べ。下見。
❻表に出ないところ。下着。下地。

特別な読み方 下手。

つかいかた
▼地下鉄に乗る。▼机の下。▼坂を下る。

三

3画

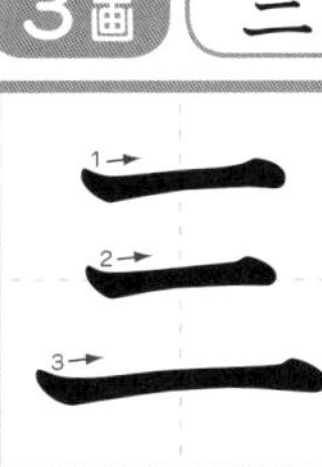

おん サン
くん み・みつ・みっつ

書き順 一 二 三

いみ・ことば

❶みっつ。数の3。三回。三角形。三本。三輪車。七五三。三日月。三毛猫。三日。三つ子。三つ葉。
❷回数が多い。たくさん。再三。

特別な読み方 三味線。

★都道府県名…三重県。

つかいかた
▼三人で遊ぶ。▼三つ数える。

くわしくわかる
三つ子の魂百まで　小さいころの性格は、大人になっても変わらないことのたとえ。

1年

3画 上

おん ジョウ・《ショウ》
くん うえ・うわ・かみ・あげる・あがる・のぼる・《のぼせる》・《のぼす》

書き順：丨 ト 上

いみ・ことば

❶うえ。屋上。海上。上空。上下(じょうげ・うえした)。頂上。真上。
❷はじめのほう。川上。上巻。上旬(月の一日から十日までの十日間)。
❸あがる。のぼる。上達。上陸。上り坂。
❹地位や程度などが高い。優れている。最上。上位。上級生。上品。年上。
❺表。外側。上着。上塗り。上辺。

特別な読み方 上手。

つかいかた

▼ビルの屋上。
▼机の上。
▼花火が上がる。

4画 中

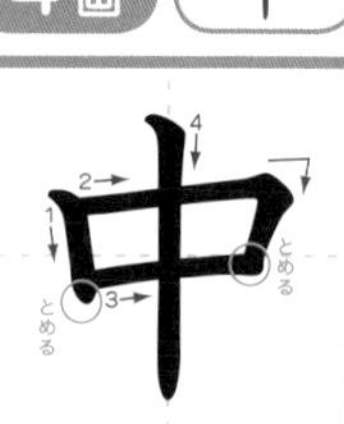

おん チュウ・ジュウ
くん なか

書き順：丨 口 口 中

いみ・ことば

❶まんなか。なかほど。中央。中学年。中学校。中級。中心。中年。中指。真ん中。
❷なか。内側。空気中。車中。船中。
❸とちゅう。間。一日中。中間。中休み。夜中。
❹あたる。的中。命中。
❺中国のこと。日中友好。

つかいかた

▼中学生の兄。
▼日本中の子供。
▼箱の中をのぞく。

2画 九

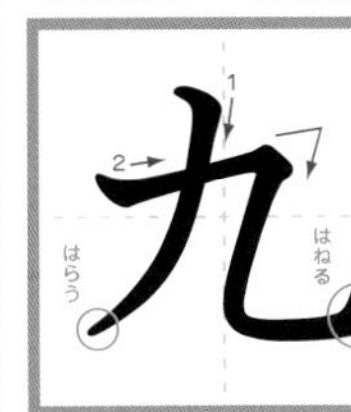

おん キュウ・ク
くん ここの・ここのつ

書き順

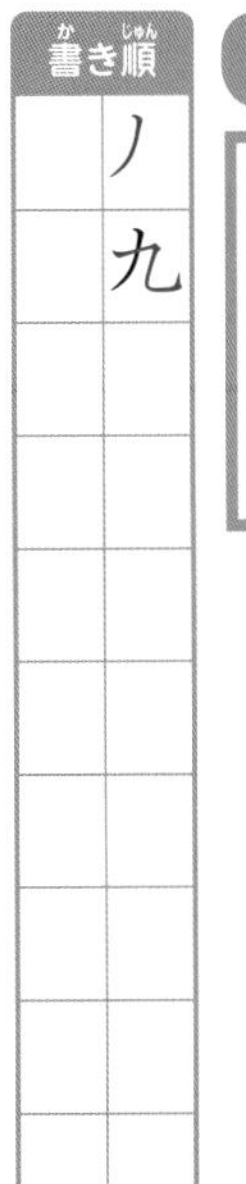
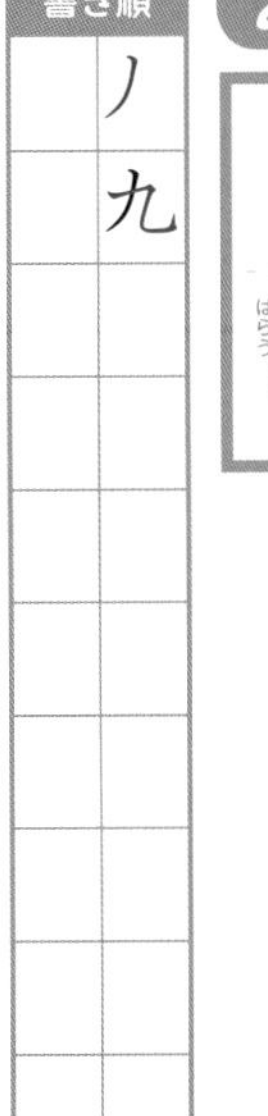

いみ・ことば

①ここのつ。数の9。九人。九本。九九。九時。九日。

②回数が多い。たくさん。三拝九拝（何度もおじぎをすること）。

つかいかた

▼本を九冊読む。　▼九月九日。

くわしくわかる

九死に一生を得る　ほとんど助からない状態から、どうにか助かる。

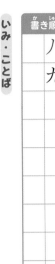

2画 二

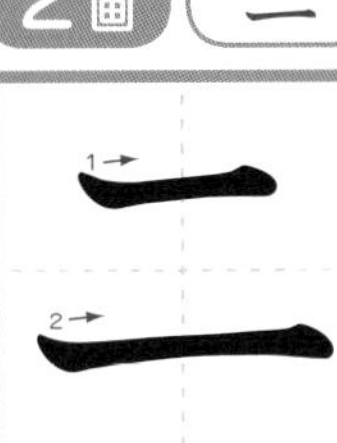

おん ニ
くん ふた・ふたつ

書き順

一
二

いみ・ことば

①ふたつ。数の2。二時。二重（にじゅう・ふたえ）。二本。二葉。

②次。にばんめ。二回。二階。二学期。

③ふたたび。二度。二毛作。

特別な読み方　十重二十重。二十・二十歳。二十日。二人。二日。

つかいかた

▼二階建ての家。

▼二重まぶた。

▼星が二つ。

4画 五

おん ゴ
くん いつ・いつつ

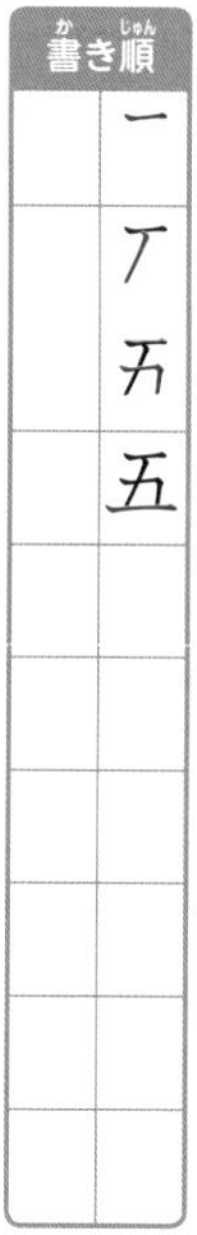

書き順
一 丆 万 五

いみ・ことば

❶いつつ。数の5。五日。五円。五月。五十音。五人。五輪（オリンピックのこと）。七五三。十五夜（九月中ごろの満月の夜）。

特別な読み方 五月。五月雨。

つかいかた
▼五本の糸。▼五月五日。
▼みかんが五つ。

くわしくわかる
五十歩百歩　少しのちがいはあっても、どちらも同じくらいで大きな差がないこと。

2画 人

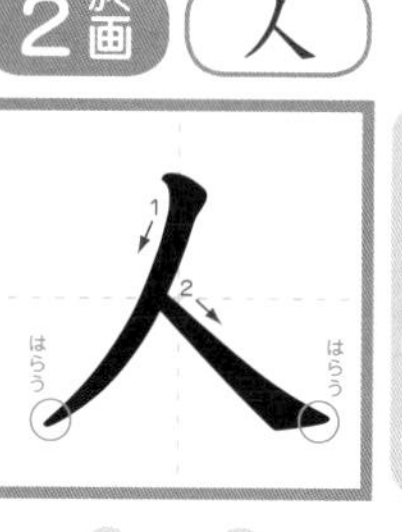

おん ジン・ニン
くん ひと

書き順
ノ 人

いみ・ことば

❶ひと。人口（住んでいる人の数）。人生。旅人。日本人。人形。人間。人数。美人。人通り。人前。本人。名人。

❷ひとを数えることば。数人。何人。

特別な読み方 大人。玄人。素人。仲人。一人。二人。若人。

つかいかた
▼人口が多い国。
▼人間の体。
▼人前で歌う。

1年

6画 休

書き順 ノ 亻 仁 什 付 休

おん キュウ
くん やすむ・やすまる・やすめる

いみ・ことば

❶やすむ。やすみ。運休。気休め。休学。休業。休校。休日。休養。定休日。夏休み。昼休み。休み時間。連休。

❷しばらくやめる。休止。休戦。

つかいかた

▼五月の連休。 ▼ゆっくり休む。

くわしくわかる

万事休す やるべき対策がなくなり、どうにもならない。

6画 先

書き順 ノ 𠂉 什 生 牛 先

おん セン
くん さき

いみ・ことば

❶位置のさき。前のほう。先頭。先導。指先。

❷時間や順序のさき。早いほう。先攻。先着。先発。

❸今よりも前。昔。先月。先日。先週。先祖。

❹今よりも後。将来。老い先。生い先。二年先。

❺行く場所。相手。宛先。行(い)(ゆ)き先。先方。旅先。訪問先。

つかいかた

▼先生の話。
▼先に行く。

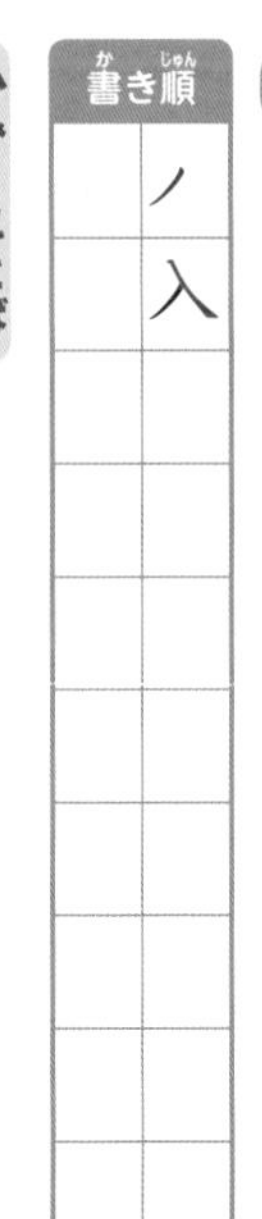

2画 入

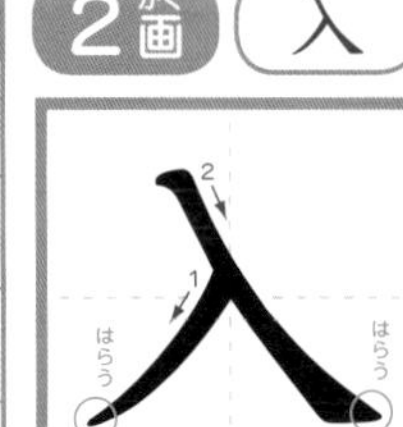

おん ニュウ
くん いる・いれる・はいる

書き順 ノ 入

いみ・ことば

❶いれる。中へはいる。入り口。入れ物。押し入れ。記入。入院。入学。入室。入手。入賞。入場。入選。入浴。入力。

❷必要である。入り用。入用。物入り（費用がかかること）。

つかいかた

▼入学する。▼プールに入る。

くわしくわかる
単刀直入　前置きなしですぐに本題に入ること。

2画 八

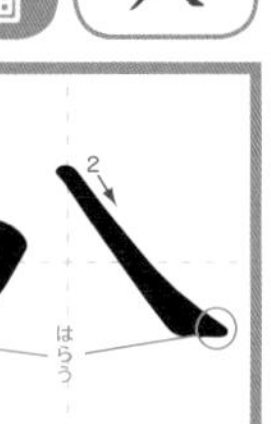

おん ハチ
くん や・やつ・やっつ・よう

書き順 ノ 八

いみ・ことば

❶やっつ。数の8。八月。八時。八人。八分目。八日。

❷数が多い。四方八方。八重桜。八重歯。

特別な読み方 八百長（試合などで前もって勝ち負けを決めておき、真剣に戦っているように見せかけること）。八百屋。

つかいかた

▼折り紙が八枚。
▼八月八日。
▼ミニトマトが八つ。

1年

4画 六

おん ロク
くん む・むつ・むっつ・むい

書き順

いみ・ことば

❶むっつ。数の6。
六日。六月。六歳。六人。六年生。六角形。

つかいかた

▼六冊の本。
▼六月六日。
▼小石が六つ。

4画 円

おん エン
くん まるい

書き順

いみ・ことば

❶まるい。まる。円形。円周。
円周率。円柱。円盤。
半円。円いお皿。
❷お金の単位。千円。百円玉。
❸欠けたところがない。円滑。
円熟(多くの経験から、知識などが豊かになること)。円満。
❹そのあたり。関東一円。

つかいかた

▼千円の本を買う。
▼円いテーブル。

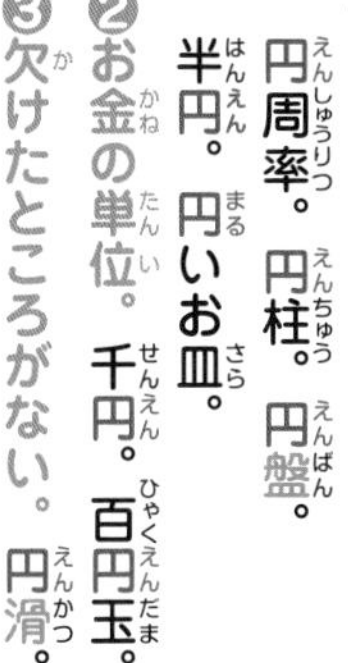

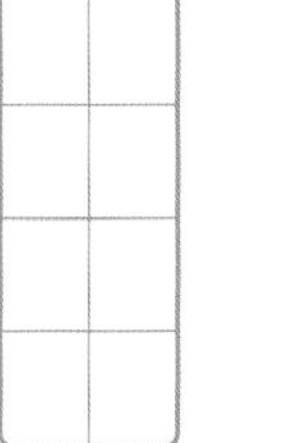

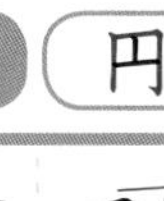

出

5画

おん シュツ・《スイ》
くん でる・だす

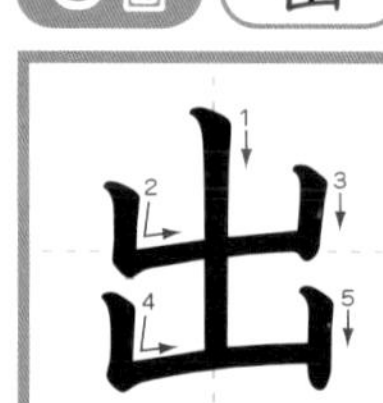

書き順
丨 屮 屮 出 出

いみ・ことば

❶外にでる。だす。外出。出血。出港。出航。出国。出発。提出。出口。出窓。放出。
❷あらわれる。出現。出土。
❸その場に行く。参加する。出場。出席。出張。出動。
❹生まれ。よりどころ。出生（しゅっしょう／しゅっせい）。出身。出典。

つかいかた

▼母と外出する。 ▼月が出る。

くわしくわかる

出るくいは打たれる 目立つと、他の人からにくまれてじゃまされがちである。

力

2画

おん リョク・リキ
くん ちから

書き順
フ 力

いみ・ことば

❶ちから。引力。学力。火力。強力。実力。視力。底力。体力。力仕事。力持ち。電力。馬力。風力。
❷はげむ。努める。努力。力作（力をこめた作品）。力説（力をこめて説明すること）。力走。労力。
❸はたらき。ききめ。効力。

つかいかた

▼体力がある。
▼力作を発表する。
▼力持ちの先生。

1年

十

2画

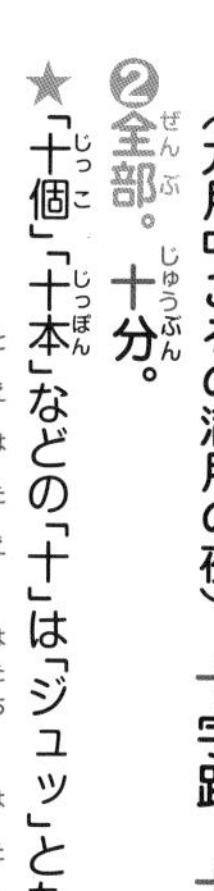

おん ジュウ・ジッ
くん とお・と

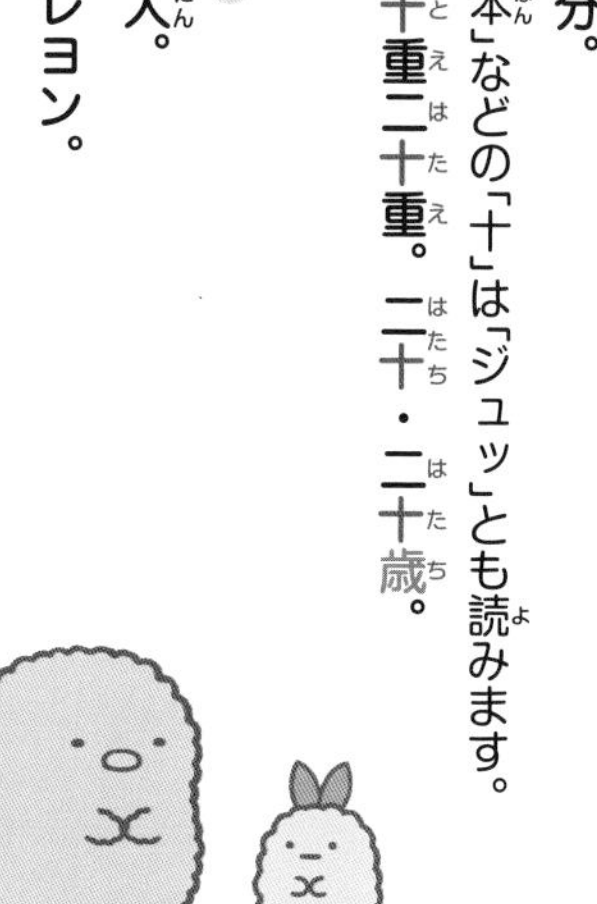

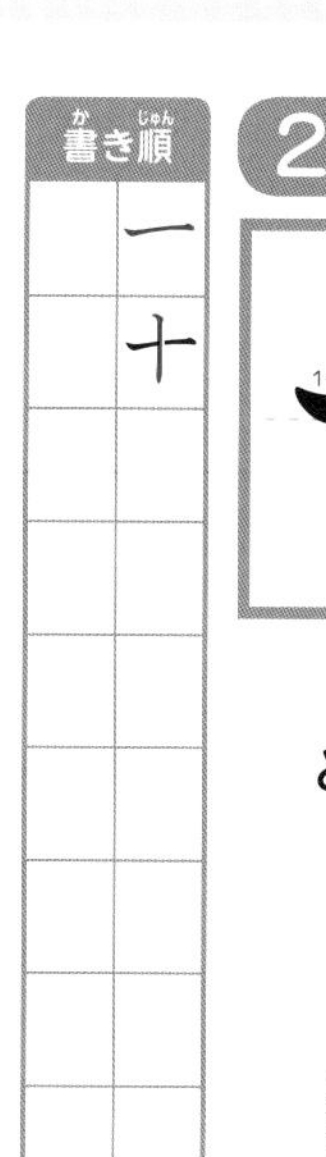

書き順
一 十

いみ・ことば

❶とお。数の10。五十音。十個。十本。十月。十五夜（九月中ごろの満月の夜）。十字路。十二支。十日。

❷全部。十分。

★「十個」「十本」などの「十」は「ジュッ」とも読みます。

特別な読み方 十重二十重。二十・二十歳。二十日。

つかいかた

▼女子が十人。

▼十本のクレヨン。

▼十月十日。

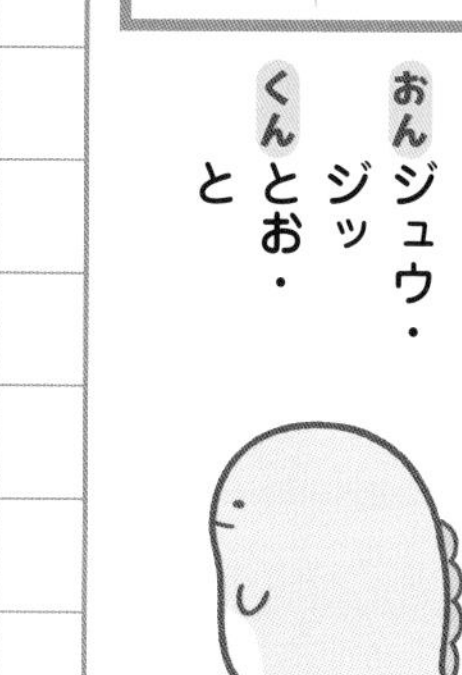

千

3画

おん セン
くん ち

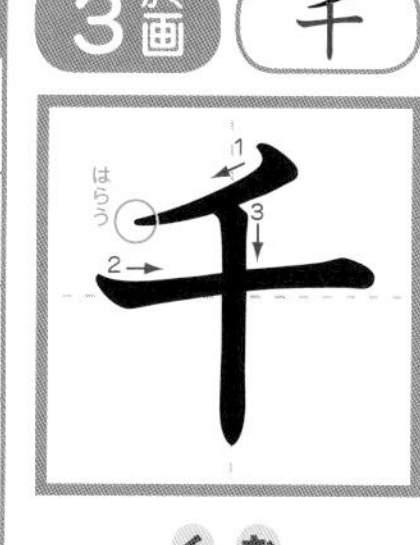

書き順
ノ 二 千

いみ・ことば

❶せん。数の1000。千円。千人。千年。千本。

❷数がとても多いこと。千羽鶴。千歳あめ。千代紙（色や模様のついたきれいな紙）。

★都道府県名…千葉県。

つかいかた

▼千円札で買い物をする。

▼千代紙を折る。

1年

口 3画

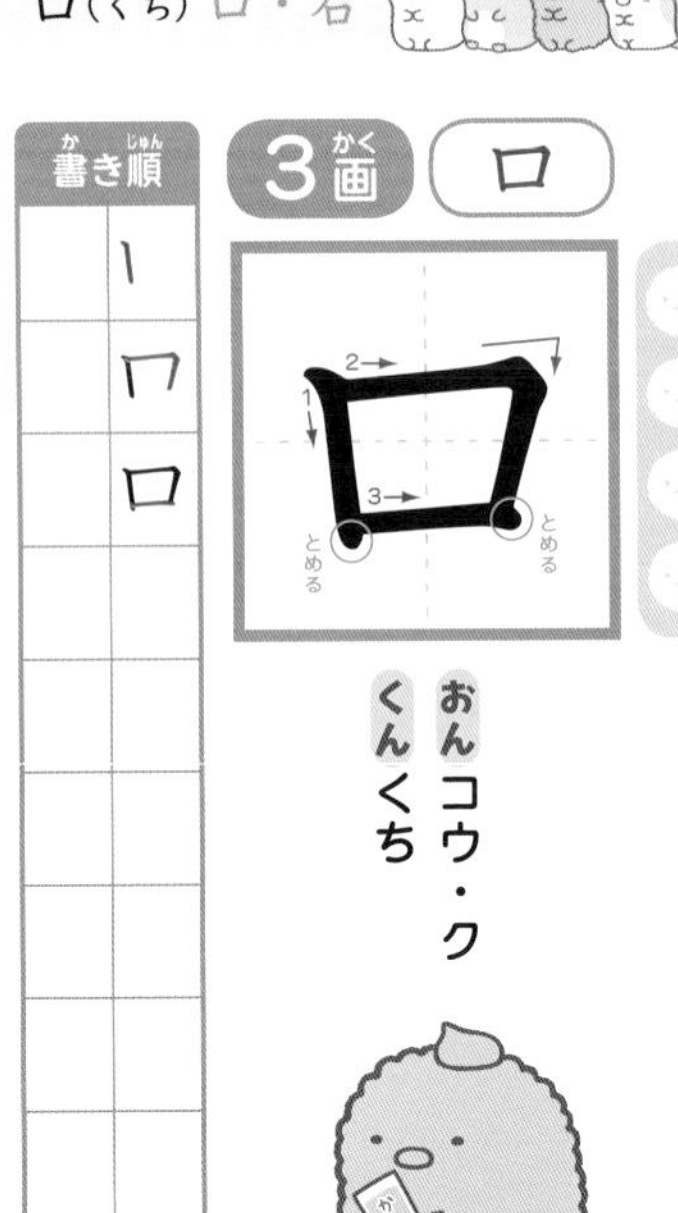

おん コウ・ク
くん くち

書き順

いみ・ことば

❶くち。口笛。口紅。口元。
❷言葉。口数。口調（話し方の様子）。口論。早口。
❸出入りする場所。入り口。河口。火口。出口。非常口。
❹人数。人口（住んでいる人の数）。
❺はじまり。糸口。口絵。序の口。
★都道府県名…山口県。

つかいかた

▼日本の人口。▼早口言葉。

くわしくわかる
口は災いのもと うっかり言ったことで不運を招くことがあるので、言葉には気をつけたほうが良い。

右 5画

おん ウ・ユウ
くん みぎ

書き順
ノ ナ ナ 右 右

いみ・ことば

❶みぎ。右手。右折。左右。右足。右腕。右側。右利き。
❷古いやり方を守ろうとする考え。右派。

つかいかた

▼交差点を右折する。▼左右の確認。▼右側の席。

くわしくわかる
右往左往 混乱して、あっちへ行ったりこっちへ行ったりする。**右に出る者がいない** その人より優れた人がいない。**右腕** 「いちばん信頼している部下」という意味もあります。

1年

6画 名

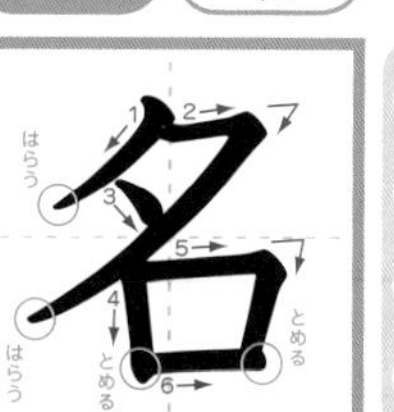

おん メイ・ミョウ
くん な

書き順（かきじゅん）
ノ ク タ タ 名 名

いみ・ことば

①な。なまえ。宛名（あてな）。氏名（しめい）。題名（だいめい）。地名（ちめい）。名札（なふだ）。名前（なまえ）。本名（ほんみょう）。名字（みょうじ）。

②なだかい。優（すぐ）れている。名案（めいあん）。名画（めいが）。名曲（めいきょく）。名言（めいげん）。名作（めいさく）。名手（めいしゅ）。名所（めいしょ）。名人（めいじん）。名物（めいぶつ）。有名（ゆうめい）。

③人（ひと）を数（かぞ）える言葉（ことば）。三名（さんめい）。数名（すうめい）。

特別（とくべつ）な読（よ）み方（かた） 仮名（かな）。名残（なごり）。

つかいかた

▼ゲームの名人（めいじん）。▼名字（みょうじ）を書（か）く。

▼私（わたし）の名前（なまえ）。

5画 四

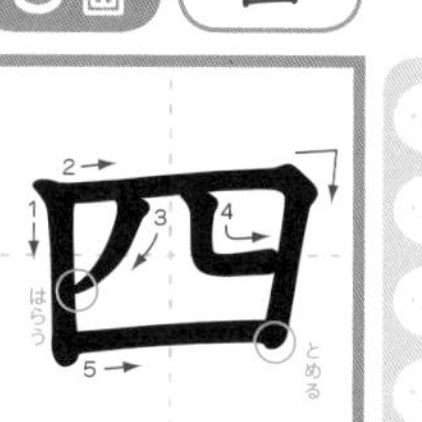

おん シ
くん よ・よつ・よっつ・よん

書き順（かきじゅん）
丨 冂 冂 四 四

いみ・ことば

①よっつ。数（かず）の4。四角形（しかくけい）。四月（しがつ）。四季（しき）。平行四辺形（へいこうしへんけい）。四日（よっか）。四（よ）つ角（かど）。四（よ）つ葉（ば）。四人（よにん）。四色（よんしょく）。四本（よんほん）。

②まわり。あっちこっち。四散（しさん）。四方（しほう）。四方八方（しほうはっぽう）。四面（しめん）。四隅（よすみ）。

つかいかた

▼四月生（しがつう）まれ。

▼四時（よじ）に始（はじ）まる。▼四枚（よんまい）のカード。

3画 土

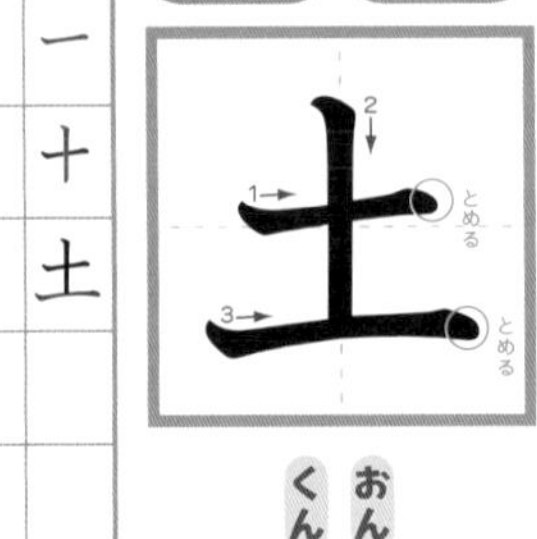

書き順：一　十　土

おん　ド・ト
くん　つち

いみ・ことば

❶つち。赤土。土いじり。土煙。土器。土足。土台。土手（川があふれないように土を高く積み上げたところ）。土俵。土木。粘土。

❷人が生活するところ。郷土。国土。全土。土地。風土。本土。

❸土曜日のこと。土日。土曜日。

特別な読み方　土産。

つかいかた

▼土手で遊ぶ。　▼広い土地。

▼土を耕す。

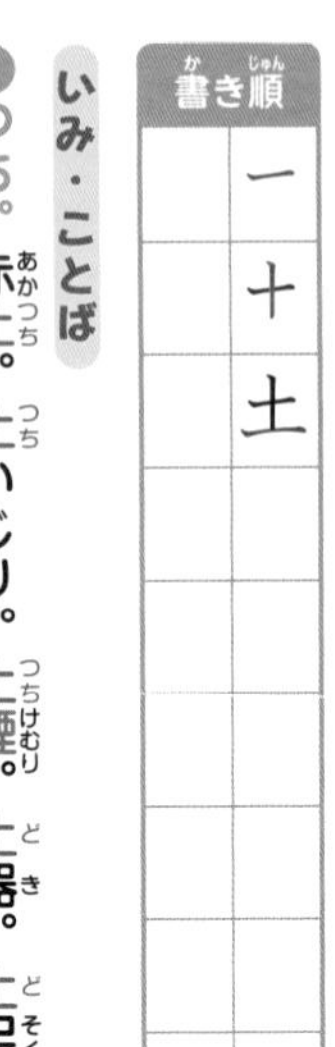
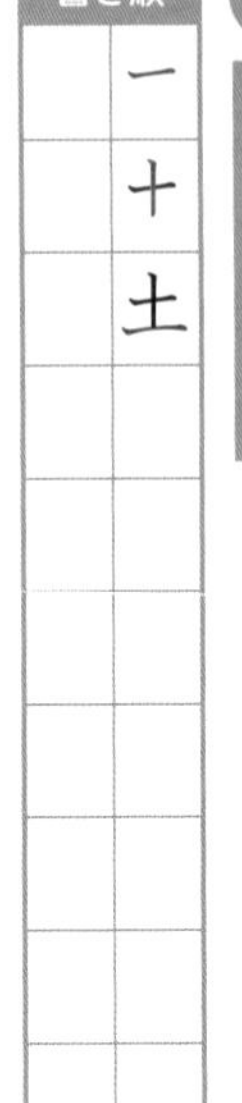

3画 夕

書き順：ノ　ク　夕

おん　《セキ》
くん　ゆう

いみ・ことば

❶ゆう。日が暮れるころ。朝夕。夕方。夕刊。夕暮れ。夕食。夕立。夕飯（ゆうはん／ゆうめし）。夕日。夕べ。夕焼け。夕闇。

特別な読み方　七夕。

つかいかた

▼夕方まで遊ぶ。

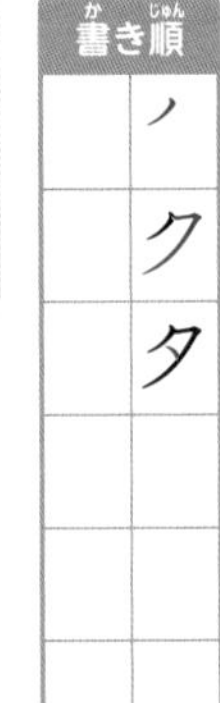

1年

3画 大

書き順：一 ナ 大

おん：ダイ・タイ
くん：おお・おおきい・おおいに

いみ・ことば

❶おおきい。最大。大会。大形。大型。大声。大空。拡大。広大。大自然。大小。大地。
❷多い。大雨。大人数。大金。大軍。大漁。大量。
❸立派。重要。程度がはなはだしいようす。大王。大家。大作。大切。大変。大役。大当たり。
❹おおよそ。たいてい。大体。大多数。大半。

★特別な読み方　大人。大和。
都道府県名…大分県。大阪府。

つかいかた

▼大好きなアニメ。▼大切な命。▼大きなスイカ。

4画 天

書き順：一 二 チ 天

おん：テン
くん：《あめ》・あま

いみ・ことば

❶空。空の様子。天の川。雨天。好天。晴天。天気。天候。
天体（月や星など宇宙にあるもの）。天地。天文。
❷神。天国。天使。天罰。天命。
❸自然の。天災。天然。
❹生まれつき。天才。天職。天性。

つかいかた

▼良い天気。▼天の川が見える。

3画 女

おん ジョ・《ニョ》・《ニョウ》
くん おんな・《め》

書き順 く 女 女

いみ・ことば

❶おんな。女の子。才女。女医。少女。女王。女子。女性。女優。女流。男女。年女(その年の「えと」にあたる女性)。美女。雪女。

❷むすめ。王女。次女。長女。

特別な読み方 海女。乙女。早乙女。

つかいかた

▼女子のグループ。
▼女の子と遊ぶ。

3画 子

おん シ・ス
くん こ

書き順 ㇇ 了 子

いみ・ことば

❶こ。こども。王子。男の子。親子。女の子。子供。子猫。子孫。女子。末っ子。男子。父子。母子。

❷小さいもの。原子。種子。電子。分子。粒子。

❸他の言葉の下につける言葉。金子(お金のこと)。扇子。調子。様子。

❹立派な男の人。君子。才子。

特別な読み方 迷子。息子。

つかいかた

▼子孫を残す。▼外の様子。
▼かわいい子供。

字　6画

おん　ジ
くん　《あざ》

書き順：丶 丷 宀 宀 字 字

いみ・ことば

❶じ。もじ。漢字。漢数字。誤字。字画。字形。字数。字体。字典。習字。数字。点字。名字。文字（もじ・もんじ）。ローマ字。

❷あざ。町や村の中の小さな区分。大字。小字。

つかいかた

▼漢字を書く。▼字の練習。

くわしくわかる

「赤字」は、赤色の字という意味のほかに、お金がマイナスになるという意味でも使われます。お金がプラスになるのは「黒字」といいます。

学　8画

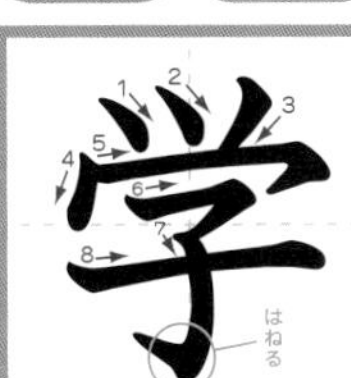

おん　ガク
くん　まな**ぶ**

書き順：丶 丷 ⺍ ⺍ 𰀁 学 学 学

いみ・ことば

❶まなぶ。勉強する。学者。学習。学生。学童。学年。学費。学力。見学。勉学。留学。

❷がっこう。まなぶところ。学園。学歴。学級。学校。小学校。進学。通学。入学。学びや（学校のこと）。

❸がくもん。医学。学部。学問。語学。史学。文学。

つかいかた

▼低学年の教室。▼学校に行く。▼英語を学ぶ。

3画 小

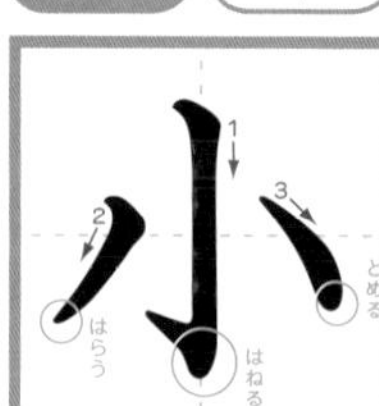

おん ショウ
くん ちいさい・こ・お

書き順 亅 小 小

いみ・ことば

①ちいさい。小川。小形。小型。小声。小鳥。小道。小文字。弱小(力が弱くて小さいこと)。小学生。小学校。小数。大小。

②少し。小口。小言。小雨。小出し。小遣い。

③つまらない。小物。小事。小人物。

④幼い。小児科。小人。

特別な読み方 小豆。

くわしくわかる 大は小をかねる 大きいものは小さいものの代わりにもなる。

つかいかた

▼小学生になった。

▼小さい花。▼小声で話す。

3画 山

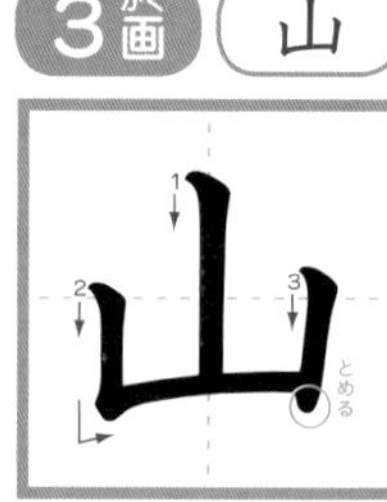

おん サン
くん やま

書き順 丨 山 山

いみ・ことば

①やま。火山。山菜。山地。山頂。山道(さんどう やまみち)。山脈。山林。砂山。登山。氷山。富士山。山火事。山小屋。山積み。山登り。山びこ。雪山。

②ものごとのいちばん重要なところ。山場。

③寺。山門。本山。

特別な読み方 山車。築山。

★都道府県名…岡山県。富山県。山形県。山口県。山梨県。和歌山県。

つかいかた

▼山頂で休む。▼高い山。

3画　川

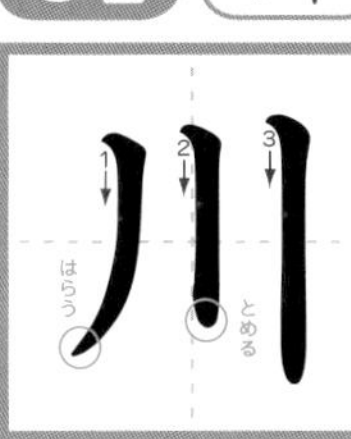

おん《セン》
くん かわ

書き順

丿　川　川

いみ・ことば

❶かわ。天の川。小川。河川。川遊び。川魚（かわうお／かわざかな）。川上。川岸。川下。川底。川辺。

特別な読み方

川原。

★都道府県名…石川県。香川県。神奈川県。

つかいかた

▼川で遊ぶ。▼川岸を歩く。

くわしくわかる

かっぱの川流れ　どんな名人でも、時には失敗することがあるというたとえ。同じ意味で「猿も木から落ちる」「弘法も筆の誤り」があります。

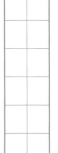

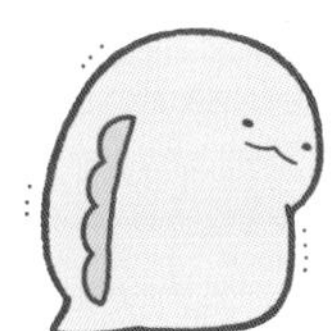

5画　左

おん サ
くん ひだり

書き順

一　ナ　ナ　左　左

いみ・ことば

❶ひだり。左折。左右。左足。左側。左利き。左手。

❷新しいやり方に進んで変えようとする考え。左派。

つかいかた

▼左右を見る。

▼左の手。

6画 年

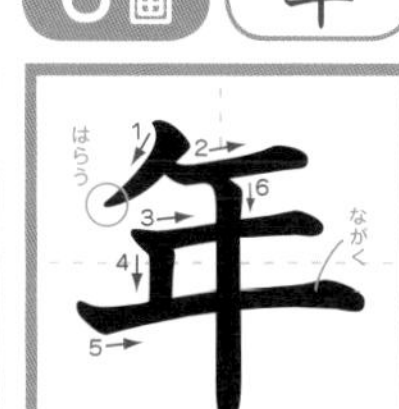

おん ネン
くん とし

書き順 ノ 𠂉 𠂉 乍 乍 年

いみ・ことば

①いちねん。十二か月。としを数える単位。お年玉。学年。去年。今年度。新年。年越し。年号。年始。年表。年末。半年。来年。

②生まれてからのとし。ねんれい。少年。青年。中年。年上。年下。年少。年長。

③とき。長年。年期。年月(ねんげつ・としつき)。年代。

特別な読み方 今年。

つかいかた

▼一年生のドリル。

▼年下と遊ぶ。

7画 花

おん カ
くん はな

書き順 一 十 艹 艹 芢 芲 花

いみ・ことば

①はな。生け花。開花。花だん。花びん。花粉。草花。造花。花束。花畑。花びら。花見。花輪。

②はなのような。花形。花火。花道。

つかいかた

▼桜が開花した。

▼お花見をする。

くわしくわかる

花を持たせる 相手を喜ばせるために、手がらや名誉などをゆずる。相手を立てる。**花より団子** 見た目よりも、実際に役に立つもののほうが良いというたとえ。

1年

草　9画

おん　ソウ
くん　くさ

書き順：一 十 廾 艹 芇 苩 苩 苴 草

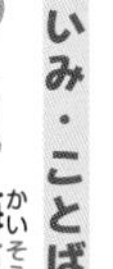

いみ・ことば

❶くさ。海草。草取り。草花。草むら。雑草。水草（すいそう）（みずくさ）。草原（そうげん）（くさはら）。草食。草木（そうもく）（くさき）。七草。牧草。

❷文章の下書き。起草。草案。

❸本格的でない。草競馬。草野球。

特別な読み方

草履。

つかいかた

▼草原の風。

▼庭の草花。

▼春の七草。

手　4画

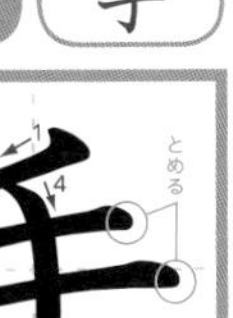

おん　シュ
くん　て・《た》

書き順：一 二 三 手

いみ・ことば

❶て。てのひら。手足。手書き。手紙。拍手。左手。右手。

❷人。相手。歌手。助手。選手。話し手。

❸自分の手でする。手製。手作り。手料理。

❹やり方。手段。手法。手口。手順。手配。手本。手分け。

特別な読み方

上手。手伝う。下手。

★都道府県名…岩手県。

つかいかた

▼リレーの選手。

▼手と足を動かす。

4画 文

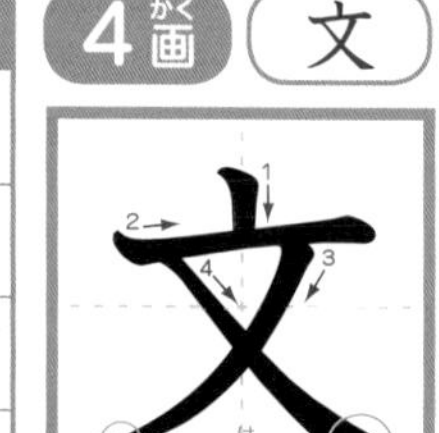

おん ブン・モン
くん 《ふみ》

書き順

いみ・ことば

❶もじ。ぶんしょう。漢文。古文。作文。文学。文庫。文集。文章。文法。文房具。本文(ほんぶん ほんもん)。文字(もじ もんじ)。

❷人が生み出したもの。文化。文明。

❸もよう。縄文時代。文様。

つかいかた

▼学級文庫。

▼つぼの文様。

▼きれいな文字。

4画 日

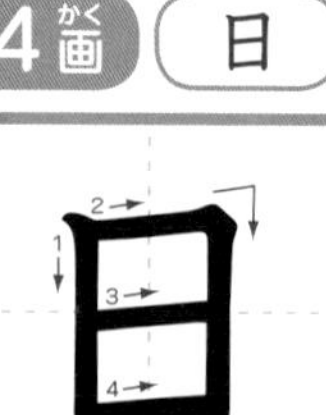

おん ニチ・ジツ
くん ひ・か

書き順

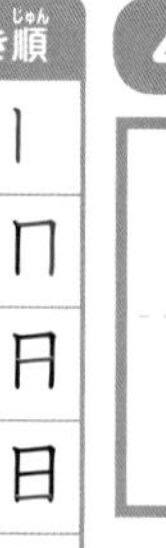

いみ・ことば

❶ひ。太陽。日光。日食。日暮れ。日焼け。夕日。

❷昼間。日夜。日中。

❸いちにち。休日。誕生日。日直。平日。

❹まいにちの。日常。日記。連日。

❺日曜日のこと。土日。日曜。

❻日本のこと。日米。来日。

特別な読み方 明日。昨日。今日。一日。二十日。日和。二日。

つかいかた

▼毎日歯をみがく。

▼きれいな夕日。

1年

早

6画

おん ソウ・《サッ》
くん はやい・はやまる・はやめる

書き順
丨 口 日 日 旦 早

いみ・ことば

❶時間や時期がはやい。早春。早退（終わる時間より早く帰ること）。早朝。早起き。

❷速度がはやい。早速。早足。早口。

特別な読み方　早乙女。早苗。

つかいかた

▼学校を早退する。　▼朝早く起きる。

くわしくわかる　**早起きは三文の徳（得）**　朝早く起きると健康にも良く、何か良いことが起こるというたとえ。

月

4画

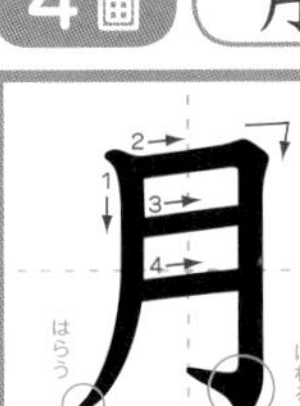

おん ゲツ・ガツ
くん つき

書き順
丿 刀 月 月

いみ・ことば

❶つき。月光。月食。月面。月明かり。月見。月夜。半月。満月。三日月。名月。

❷ひとつき。一年を十二に分けた一つ。月間。月末。今月。正月。月日。半月。毎月（まいげつ・まいつき）。

❸月曜日のこと。月曜日。

特別な読み方　五月。五月雨。

つかいかた

▼来月会う。
▼月が出る。

くわしくわかる　**日進月歩**　絶えず進歩すること。
月とすっぽん　二つの間に大きなちがいがあることのたとえ。

4画 木

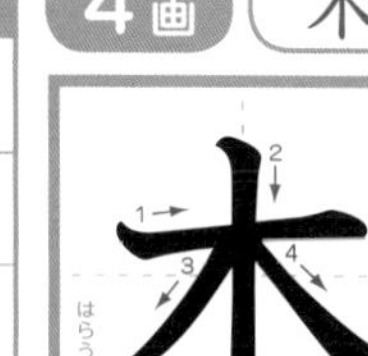

おん ボク・モク
くん き・こ

書き順
一 十 才 木

いみ・ことば

❶き。植木。雑木林。木(き)の葉。木(こ)の実。木かげ。木立。樹木。草木(そうもく・くさき)。大木。並木。

❷きでできている。ざいもく。材木。積み木。土木(土や木を使って道路や橋などを作る仕事)。木刀。木材。木製。木造。木目。木管楽器。

❸木曜日のこと。木曜日。

特別な読み方 木綿。

★都道府県名…栃木県。

つかいかた

▼大木を切る。▼木造の家。▼木かげで休む。

5画 本

おん ホン
くん もと

書き順
一 十 才 木 本

いみ・ことば

❶もと。おおもと。基本。根本(こんぽん・ねもと)。本館。本家。本社。本州。本体。本店。本土。本部。本文(ほんぶん・ほんもん)。

❷もともとある。本質。本心。本当。本能。本物。

❸話題にしているそのもの。本件。本日。本題。本人。本年。

❹ほん。書物。絵本。製本。古本。本棚。本屋。

❺細長いものを数える言葉。一本。数本。

★都道府県名…熊本県。

つかいかた

▼本屋さんに寄る。▼大本からやり直す。

森

12画

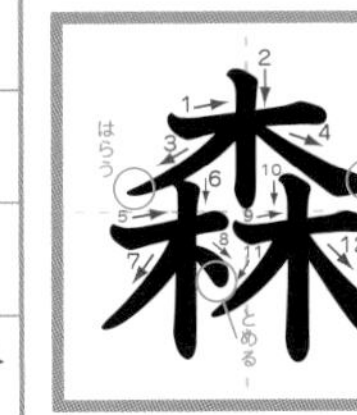

おん シン
くん もり

書き順：一 十 オ 木 木 本 杢 杢 森 森 森 森

いみ・ことば

❶もり。森林。森林浴(森の空気を吸って気分がさわやかになること)。

❷ひっそりとして静かである。森厳。

★都道府県名…青森県。

つかいかた

▼森林公園。 ▼森を歩く。

くわしくわかる

木を見て森を見ず 小さいことに気を取られて、全体を見ないことのたとえ。

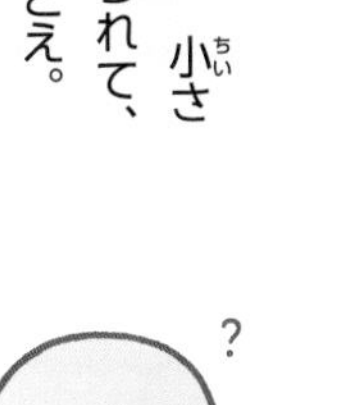

村

7画

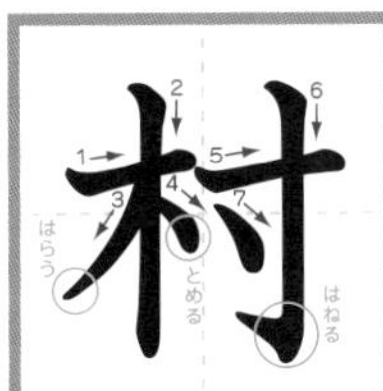

おん ソン
くん むら

書き順：一 十 オ 木 木 村 村

いみ・ことば

❶むら。地方公共団体の一つ。漁村。山村。市町村。村長。農村。村里。村人。村祭り。

❷人が集まっているところ。選手村(スポーツ大会で選手たちが泊まる場所)。

つかいかた

▼村長さんと話す。
▼農村で暮らす。
▼村のお祭り。

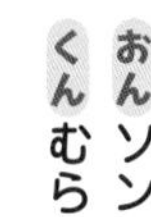

林

8画

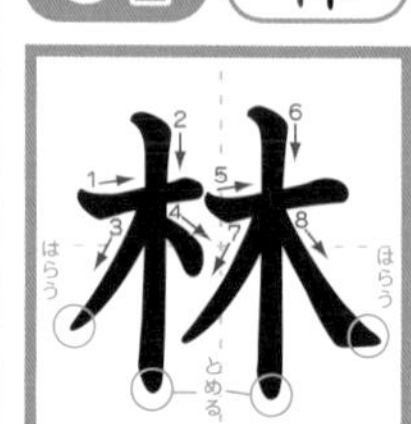

おん　リン
くん　はやし

書き順：一　十　オ　木　木　村　材　林

いみ・ことば

❶はやし。山林。樹林。植林。森林。雑木林。竹林。農林。林間学校。林業（木を育てて切って売る仕事）。林道。

❷物が多く集まっている。林立。

つかいかた

▼広葉樹林。▼林道を歩く。▼林の中の道。

校

10画

おん　コウ
くん　―

書き順：一　十　オ　木　木　木　木　木　校　校

いみ・ことば

❶勉強するところ。学校。休校。下校。校歌。校舎。校章。校則。校長。校庭。校門。在校生。全校。転校。登校。

❷調べる。比べる。校正（本などを作るときに文字や内容のまちがいを直すこと）。

つかいかた

▼古い校舎。▼校庭に集まる。

5画 正

おん セイ・ショウ
くん ただしい・ただす・まさ

書き順 一 丅 下 正 正

いみ・ことば

1. ただしい。ただす。修正。正直。正解。正確。正義。
2. ちょうど。正午。正面。正三角形。正反対。正方形。
3. 本当の。本来の。正気。正体。正規。正式。正統。正門。正夢(夢で見たことが本当に起こること)。
4. 年のはじめ。賀正。正月。

つかいかた

- 正確な地図。
- 正直な人。
- 正しい答え。
- まちがいを正す。

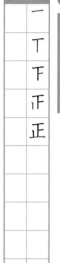

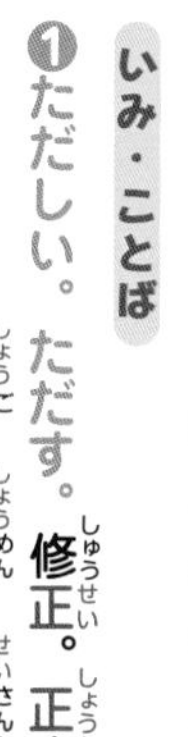

6画 気

おん キ・ケ
くん ―

書き順 ノ 𠂉 𠂉 気 気 気

いみ・ことば

1. くうき。ガス。気温。気体。気流。空気。湯気。
2. いき。気管。気管支。語気。
3. 自然の現象。気候。気象。天気。電気。
4. きもち。気性。気分。気持ち。元気。勇気。
5. ようす。景気。気配。人気(にんき・ひとけ)。雰囲気。

特別な読み方 意気地。浮気。

つかいかた

- 気が弱い。
- 景気が良い。
- 人の気配。

1年

水

4画

おん スイ
くん みず

書き順

いみ・ことば

①みず。雨水（うすい・あまみず）。塩水（えんすい・しおみず）。海水。水泳。水害。水産。水車。水槽。水中。水筒。水道。水分。水面。水力。地下水。飲み水。防水。水遊び。水色。水着。水たまり。

②水曜日のこと。水曜日。

特別な読み方 清水。

つかいかた

▼水車が回る。

▼水色のリボン。

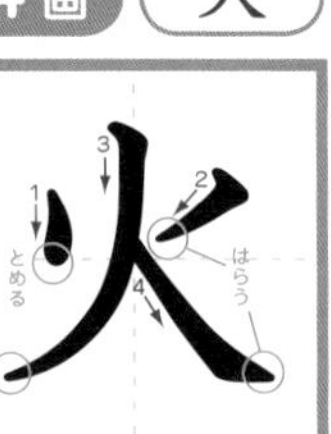

くわしくわかる

水と油 両方の性質が調和しないこと。**水に流す** もめごとなどを、全てなかったことにする。**水を差す** 物事がうまくいっているときにじゃまをする。

火

4画

おん カ
くん ひ・《ほ》

書き順

いみ・ことば

①ほのお。ひ。火口。火災。火山。火事。火星。火薬。火力。消火。点火。花火。火花。噴火（山から火や石が噴き出すこと）。防火。

②火曜日のこと。火曜日。

つかいかた

▼火山の火口。

▼火の用心。

くわしくわかる

火に油を注ぐ 勢いのあるものにさらに勢いをつけるたとえ。悪い状態にするときに使います。

1年

4画 犬

おん ケン
くん いぬ

書き順：一 ナ 大 犬

いみ・ことば

❶いぬ。愛犬。犬かき。犬小屋。犬ぞり。飼い犬。介助犬。警察犬。子犬。忠犬。番犬。名犬。野犬。老犬。

❷むだなこと。値打ちがないこと。犬死に。

くわしくわかる

犬猿の仲 非常に仲が悪いこと。

犬も歩けば棒に当たる 何かをしようとすれば、思いがけない災難や幸運にあうことも多いというたとえ。

つかいかた

▼番犬を飼う。
▼犬のぬいぐるみ。
▼かわいい子犬。

4画 王

おん オウ
くん ―

書き順：一 T 干 王

いみ・ことば

❶国を治める人。君主。王位。王国。王座。王様。王子。王室。王者。王女。王朝。国王。女王。親王。大王。内親王。

❷最も力のある人。クイズ王。得点王。発明王。

❸将棋の駒の名前。王将。王手。

❹仏教を守る神。四天王。仁王。

★「親王」「内親王」「四天王」などの「王」は、「のう」と読みます。

つかいかた

▼王様のマント。
▼王手をかける。

1年

5画　玉

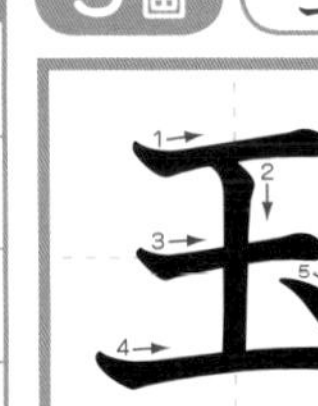

おん　ギョク
くん　たま

書き順：一　丅　干　王　玉

いみ・ことば

①宝石。宝石のように美しいもの。玉露（日本茶の種類）。玉手箱。宝玉（宝石のこと）。

②丸いもの。あめ玉。お手玉。玉入れ。水玉。目玉。

★都道府県名…埼玉県。

つかいかた

▼王家に伝わる宝玉。　▼水玉模様の服。

くわしくわかる

玉にきず　ほとんど完全なのに、ほんの少しの欠点があること。**玉石混交**　良いものと悪いものが入り交じっていること。

5画　生

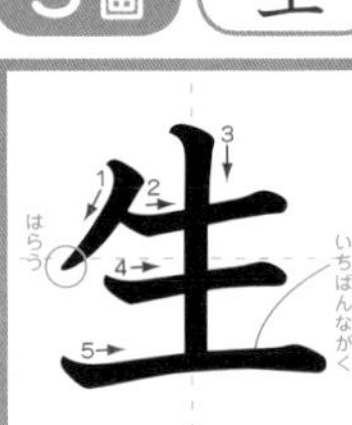

おん　セイ・ショウ
くん　いきる・いかす・いける・うまれる・うむ・《おう》・はえる・はやす・《き》・なま

書き順：ノ　𠂉　⺧　牛　生

いみ・ことば

①うまれる。生後。生産。生年月日。誕生日。発生。

②いきる。育つ。生き物。一生。自生。人生。生活。生計。生死。生存。生命。野生。

③なまの。完成していない。生食（せいしょく・なましょく）。生意気。生菓子。生傷。生卵。生返事。生水。生野菜。

④学ぶ人。一年生。小学生。生徒。

特別な読み方　芝生。弥生。

つかいかた

▼担任の先生。　▼一生に一度。　▼海の生き物。

▼草が生える。　▼生卵を食べる。

5画 田

おん デン
くん た

書き順：丨 冂 冊 田 田

いみ・ことば

❶たんぼ。新田（しんでん）。水田（すいでん）。田植（たう）え。田（た）んぼ。田園（でんえん）（田（た）んぼが広（ひろ）がるところ）。田畑（でんぱた・たはた）。

❷物（もの）がとれる場所（ばしょ）。塩田（えんでん）。炭田（たんでん）。油田（ゆでん）。

特別（とくべつ）な読（よ）み方（かた）　田舎（いなか）。

★都道府県名（とどうふけんめい）…秋田県（あきたけん）。

つかいかた

▼田園風景（でんえんふうけい）が広（ひろ）がる。

▼田植（たう）えの季節（きせつ）。

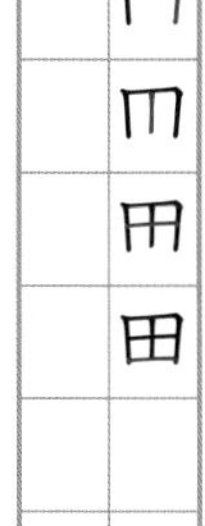

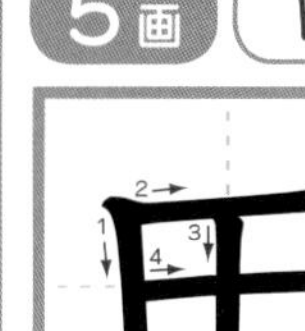

7画 男

おん ダン・ナン
くん おとこ

書き順：丨 冂 冊 田 田 男 男

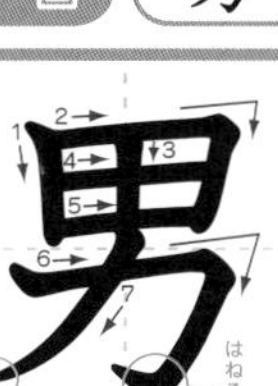

いみ・ことば

❶おとこ。大男（おおおとこ）。男手（おとこで）。男泣（おとこな）き。男（おとこ）の子（こ）。男前（おとこまえ）。男子（だんし）。男児（だんじ）。男女（だんじょ）。男性（だんせい）。年男（としおとこ）（その年（とし）の「えと」にあたる男性（だんせい））。美男（びなん）。雪男（ゆきおとこ）。

❷むすこ。三男（さんなん）。二男（じなん）。次男（じなん）。長男（ちょうなん）。

つかいかた

▼男子（だんし）チーム。　▼ぼくは長男（ちょうなん）だ。　▼男（おとこ）の赤（あか）ちゃん。

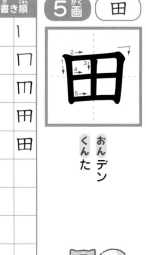

7画 町

おん チョウ
くん まち

書き順
丨 ⺆ 𠀃 ⺆ 田 田一 町

いみ・ことば
❶まち。地方公共団体の一つ。
市町村。町長。町内。町立。
❷家がたくさん集まるところ。
下町。町角。町工場。
町並み。町外れ。港町。

つかいかた
▼町長の仕事。
▼町内会のお祭り。
▼町外れの公園。
▼昔の町並み。

5画 白

おん ハク・《ビャク》
くん しろ・しら・しろい

書き順
丿 ⺈ 𠂎 白 白

いみ・ことば
❶しろ。しろい。紅白（赤と白）。白玉。白組。白黒。
白身。白衣。白鳥。
❷明るい。明らか。白昼。明白。
❸何もない。空白。白紙。
白地図。余白。
❹言う。告白。自白。白状。
特別な読み方 白髪。

つかいかた
▼空白の時間。
▼真っ白な雪。

1年

百

6画

おん ヒャク
くん ——

書き順 一 丆 丆 百 百 百

いみ・ことば

❶ひゃく。数の100。数百。百円。百点。百人。百人一首。

❷数が多い。百人力。百科事典。百貨店。

特別な読み方 八百長（試合などで前もって勝ち負けを決めておき、真剣に戦っているように見せかけること）。八百屋。

つかいかた

▼百まで数える。

くわしくわかる

百聞は一見にしかず 何度も人の話を聞くよりも、一度、自分の目で実際に見たほうが確実だということ。

目

5画

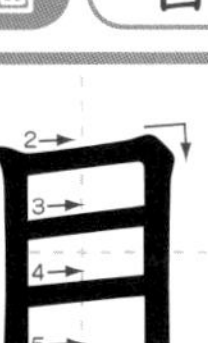

おん モク・《ボク》
くん め・《ま》

書き順 丨 冂 月 月 目

いみ・ことば

❶め。見る。黒目。白目。着目。注目。目頭。目薬。目覚まし。目玉。目つき。目元。目前。

❷めじるし。めあて。目印。目星。目安。目的。目標。

❸小さく区切ったもの。科目。細目。題目。目次。

❹順番を表す言葉。一時間目。五人目。二番目。

特別な読み方 真面目。

つかいかた

▼黒板に注目する。

▼目印をつける。

▼目を覚ます。

1年

5画 石

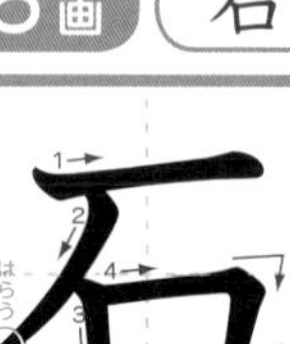

おん セキ・シャク・《コク》
くん いし

書き順 一 ア 不 石 石

いみ・ことば

❶いし。石頭(がんこなこと)。石ころ。石段。化石。岩石。小石。鉱石。磁石。石像。石炭。石油。宝石。墓石(ぼせき はかいし)。

❷昔の容積の単位。石高。百万石。

★都道府県名…石川県。

つかいかた

▼きれいな宝石。▼磁石を使う。▼石段を上る。

くわしくわかる

石の上にも三年 我慢してやりぬけば、良い結果が出るということのたとえ。

8画 空

おん クウ
くん そら・あく・あける・から

書き順 丶 丶丶 宀 宂 穴 空 空 空

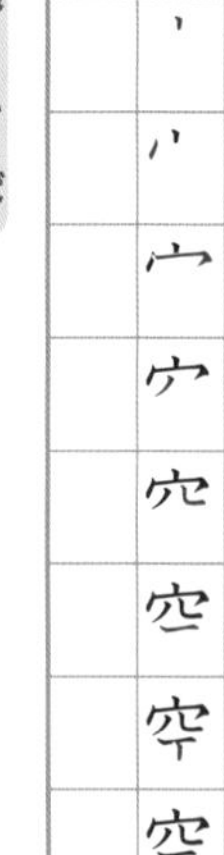

いみ・ことば

❶そら。青空。大空。空気。空港。空中。空色。夜空。

❷から。中身がない。空き缶。空き地。空元気。空っぽ。空箱。空間。空席。空白。空腹。真空。空耳(声や音を聞いたように思うこと)。

❸むだなこと。役に立たない。空回り。空想。空転。空論。

つかいかた

▼きれいな空気。▼夕焼けの空。▼座席が空く。▼空の箱。

5画 立

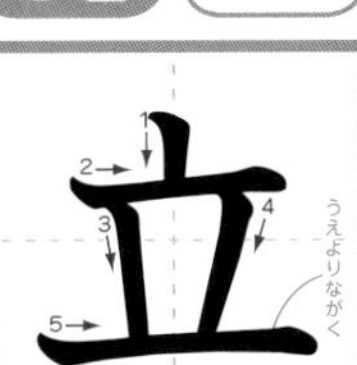

おん リツ・《リュウ》
くん たつ・たてる

書き順：丶 亠 亣 立 立

いみ・ことば

❶たつ。たてる。
立ち話。立て札。中立。立候補。立食。立体。立派。起立。逆立ち。創立。対立。立場。

❷つくる。もうける。
公立。国立。自立（自分一人でやること）。成立。設立。

❸季節が始まる。
立秋。立春。立案。両立。

特別な読み方 立ち退く。

つかいかた
▼立派な人。 ▼立ち上がる。

6画 竹

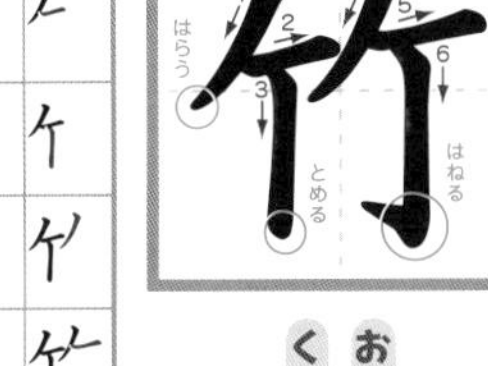

おん チク
くん たけ

書き順：ノ 𠂉 𠃋 竹 竹 竹

いみ・ことば

❶たけ。
青竹。松竹梅。竹細工。竹とんぼ。竹の子。竹やぶ。竹馬（ちくば・たけうま）。竹林。竹輪。爆竹。

特別な読み方 竹刀。

つかいかた
▼裏山の竹林。 ▼竹の子を食べる。

くわしくわかる
竹馬の友 幼なじみのこと。**破竹の勢い** 激しい勢いで進んで行くこと。**竹を割ったよう** 性格がさっぱりしていることのたとえ。**木に竹をつぐ** 前後の筋が通らず、不自然なことのたとえ。

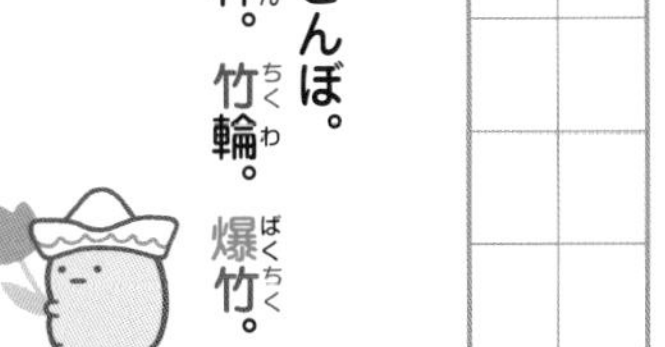

6画 糸

おん シ
くん いと

書き順：く 幺 幺 糸 糸 糸

いみ・ことば

①いと。いとのように細いもの。糸口。糸車。糸電話。毛糸。絹糸（けんし・きぬいと）。製糸。縦糸。釣り糸。抜糸（傷口をぬった糸を取り除くこと）。横糸。

つかいかた

▼製糸工場を見学する。 ▼毛糸のセーター。

6画 耳

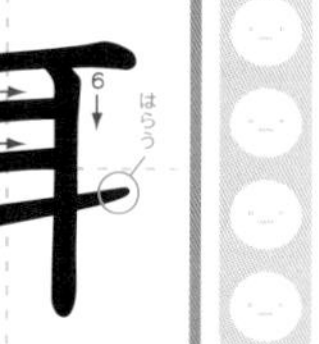

おん《ジ》
くん みみ

書き順：一 丅 F F 王 耳

いみ・ことば

①みみ。耳鼻科。空耳（声や音を聞いたように思うこと）。初耳（初めて聞くこと）。耳打ち。耳かき。耳たぶ。耳鳴り。耳元。

②はしの部分。パンの耳。

つかいかた

▼耳をすます。

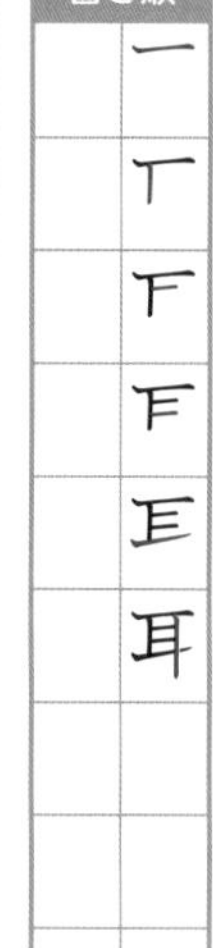

くわしくわかる

耳が痛い　聞くのがつらい。**耳に入れる**　知っておいてもらうために話す。また、聞いて知る。

耳を貸す　人の意見を聞く。

1年

6画 虫

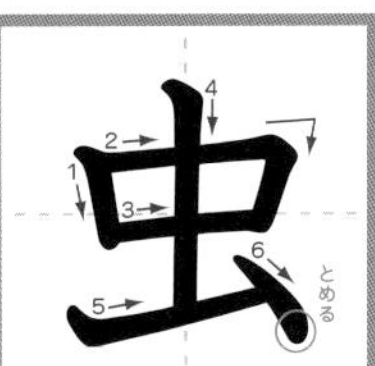

おん チュウ
くん むし

書き順

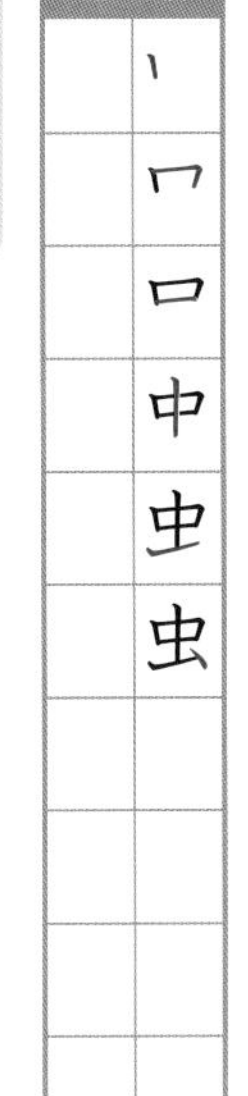

いみ・ことば

❶むし。青虫(あおむし)。いも虫(むし)。害虫(がいちゅう)。毛虫(けむし)。昆虫(こんちゅう)。成虫(せいちゅう)。虫食(むしく)い。虫歯(むしば)。幼虫(ようちゅう)。

❷人(ひと)をむしにたとえていう言葉(ことば)。泣(な)き虫(むし)。本(ほん)の虫(むし)。弱虫(よわむし)。

つかいかた

▼幼虫(ようちゅう)を育(そだ)てる。
▼虫歯(むしば)になる。

くわしくわかる

虫(むし)がいい 自分勝手(じぶんかって)でずうずうしい。**虫(むし)が好(す)かない** 気(き)に入(い)らない。**虫(むし)の居所(いどころ)が悪(わる)い** いつもより機嫌(きげん)が悪(わる)い。

7画 見

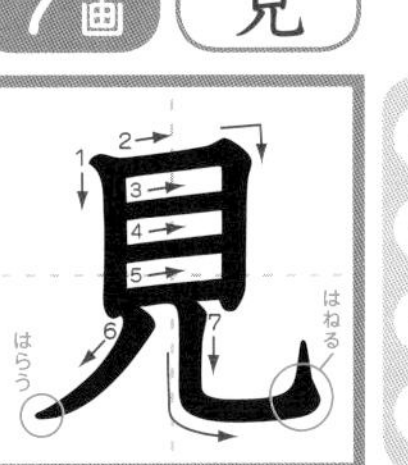

おん ケン
くん みる・みえる・みせる

書き順

丨
冂
冃
月
目
旦
見

いみ・ことば

❶みる。みえる。外見(がいけん)。見学(けんがく)。見当(けんとう)。見物(けんぶつ)。見聞(けんぶん)。下見(したみ)。拝見(はいけん)。見方(みかた)。見通(みとお)し。見晴(みは)らし。見本(みほん)。

❷あらわれる。発見(はっけん)。

❸考(かんが)え。意見(いけん)。見解(けんかい)。見識(けんしき)。政見(せいけん)。

❹人(ひと)に会(あ)う。会見(かいけん)。

つかいかた

▼花火見物(はなびけんぶつ)。
▼テレビを見(み)る。

貝　7画

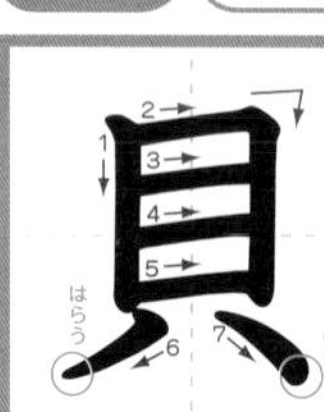

おん　―
くん　かい

書き順：丨 冂 冃 月 目 貝 貝

いみ・ことば

❶かい。貝殻。貝細工。貝柱。二枚貝。ホタテ貝。ホラ貝。巻き貝。

つかいかた

▼きれいな貝を見つける。

くわしくわかる

美しい貝は、昔はお金としても使われていたため、「貝」がついている漢字は、お金に関わる意味を持つことが多くあります。「買」（2年）、「貨」（4年）、「財」「貧」「貸」「貯」「費」「貿」「資」「賞」（5年）、「貴」「賃」（6年）などがそうです。

赤　7画

おん　セキ・《シャク》
くん　あか・あかい・あからむ・あからめる

書き順：一 十 土 屰 赤 赤 赤

いみ・ことば

❶あか。あかい。赤組。赤字。赤信号。赤ちゃん。赤外線。赤道（地球を北と南に分ける線）。赤飯。赤面。赤血球。

❷まったくの。むきだしの。赤の他人。赤貧（とても貧しいこと）。

特別な読み方　真っ赤。

つかいかた

▼赤飯を食べる。
▼赤いランドセル。
▼顔を赤らめる。

足

7画

おん ソク
くん あし・たりる・たる・たす

書き順：丨 口 口 ⻊ 早 𧾷 足

いみ・ことば

❶あし。足首。足腰。足跡(そくせき・あしあと)。手足。土足。
❷歩く。足音。遠足。
❸たりる。十分である。不足。満足。
❹たす。加える。足し算。補足。
❺はきものを数える言葉。二足。

特別な読み方
足袋。

つかいかた
▼スリッパが二足。
▼足が痛い。
▼砂糖を足す。

車

7画

おん シャ
くん くるま

書き順：一 ㄒ 戸 百 亘 亘 車

いみ・ことば

❶くるま。じくを中心に回るもの。
風車(かざぐるま・ふうしゃ)。車輪。水車。
❷くるまのついた乗りもの。
観覧車。機関車。汽車。
救急車。下車。自転車。自動車。
車庫。車道。車内。車両。乗車。
電車。馬車。発車。列車。

特別な読み方
山車。

つかいかた
▼電車に乗る。
▼車が走る。

8画 金

おん　キン・コン
くん　かね・かな

書き順　ノ　八　𠆢　今　全　全　金　金

いみ・ことば

❶きん。きんいろ。黄金。金貨。金魚。金メダル。金色（こんじき／きんいろ）。純金。

❷かなもの。金具。金づち。金棒。金属。針金。

❸お金。金額。金庫。金銭。現金。借金。代金。貯金。返金。

❹金曜日のこと。金曜日。

つかいかた

▼金色の紙。▼黄金のかんむり。
▼大切なお金。▼バッグの金具。

8画 雨

おん　ウ
くん　あめ・あま

書き順　一　丅　冂　帀　雨　雨　雨　雨

いみ・ことば

❶あめ。あめふり。雨音。雨具。雨雲。雨宿り。雨上がり。雨水（うすい／あまみず）。大雨。小雨。梅雨。春雨。風雨。

特別な読み方

★「小雨」「春雨」などの「雨」は「さめ」と読みます。
五月雨。時雨。梅雨。

つかいかた

▼雨量を計測する。▼大雨が降る。

くわしくわかる

雨降って地固まる　もめごとが解決したあと、前よりも良い状態になる。

1年

青

8画

おん セイ・《ショウ》
くん あお・あおい

書き順
一 十 キ 主 丰 青 青 青

いみ・ことば

①あお。あおい。青々。青信号。
青空。青菜。青葉。青虫。
青天（晴れた空）。青銅器。
②若い。青二才。青春。
青少年。青年。

特別な読み方 真っ青。
★都道府県名…青森県。

つかいかた

▼立派な青年。
▼青虫を見つけた。

くわしくわかる
青菜に塩 人が、元気をなくしてうなだれていることのたとえ。

音

9画

おん オン・《イン》
くん おと・ね

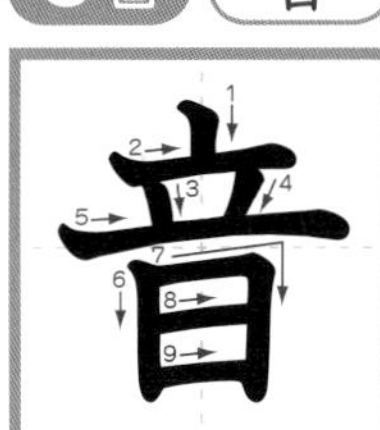

書き順
丶 亠 亠 ⽴ 立 产 音 音 音

いみ・ことば

①おと。声。足音。雨音。音色（ねいろ）（おんしょく）。音楽。音読。
音符。音量。五十音。雑音。騒音。発音。防音。
本音。物音。弱音。録音。和音。
②漢字のおん。音訓。音読み。
③便り。音信。

つかいかた

▼音楽の時間。▼ピアノの音。▼美しい音色。

くわしくわかる
音を上げる 我慢しきれず、弱音をはいたり、降参したりする。

体のことわざ・慣用句

【からだ】

悪銭身に付かず　ぬすみやかけ事など、不正な手段で手に入れたお金は、むだに使って、すぐなくなってしまう。

身が縮む思い　おそろしさや緊張で、体が丸く、小さくなったように感じること。

胸が痛む　悲しく思う。

胸がすく　せいせいする。

胸を打つ　感動する。

胸を借りる　実力が上の人に相手をしてもらう。

胸をなで下ろす　ほっとする。

腹が黒い　ずるい。

腹を決める　決心する。

背に腹はかえられない　大切なことのためには多少の損害は仕方がない。

背を向ける　後ろを向く。また、逆らう。

肩を並べる　実力や立場が対等である。

断腸の思い　非常に悲しくつらい気持ち。

【あたま】

頭角を現す　才能が優れて目立つ。

【かお】ひたい・め・はな・くち・した・は・いき・みみ

顔が売れる　有名になる。

顔が広い　つき合いが広い。

顔を出す　出席する。

目を皿のようにする　目を見開いて、おどろいたり、何かを探したりする様子。

目を細める　ほほえみをうかべる。

弱り目にたたり目　困ったときに、さらに悪いことが起こること。

鼻が高い　自慢に思う。

鼻で笑う　ばかにして笑う。

口は災いのもと　うっかり言ったことで不運を招くことがあるので、言葉には気をつけたほうが良いこと。

減らず口をたたく　負けおしみを言う。

良薬口に苦し　効果のある薬は苦いもので忠告はありがたいが聞くのがつらい。

舌が回る　うまく話すことができる。

舌を巻く　非常に感心する。

歯が浮く　お世辞を聞いて不快になる。

歯が立たない　とてもかなわない。

歯に衣を着せない　思ったことを気にせずに言う。

息が合う　気分や調子がぴったり合う。

息を殺す　息を止めるようにしてじっとしている。

猫の額　場所がせまいことのたとえ。

耳が痛い　聞くのがつらい。

耳を貸す　人の意見を聞く。

【て・ゆび】

手に職をつける　専門的な職業の能力を身につける。

指を折る　指を折り曲げながら数える。

指をくわえる　うらやましいが、手を出せない。

【あし】

足を洗う　悪い仲間とはなれる。悪い行いをやめる。

後足で砂をかける　去り際に迷惑をかけたり、裏切ることのたとえ。

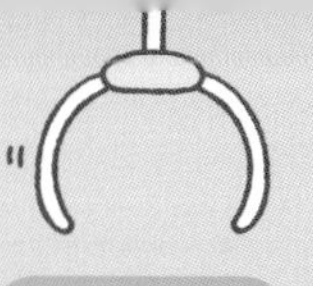

二年生で習う漢字 160字

分 90	切 90	公 88	内 88	元 86	今 85	4画	才 113	弓 109	工 107	丸 82	万 82	3画	刀 89	2画
冬 89	兄 87	5画	牛 132	父 131	毛 130	止 128	方 121	戸 119	心 118	引 111	少 105	太 102	友 94	午 92
合 95	光 87	会 86	交 83	6画	矢 136	用 134	母 129	広 108	市 107	外 101	台 95	古 94	半 92	北 91
行 145	色 144	自 143	肉 143	羽 142	米 139	考 133	毎 130	池 113	当 106	寺 105	多 101	地 98	回 96	同 96
角 146	社 133	来 126	近 116	汽 114	形 112	弟 110	売 100	声 99	図 97	体 85	作 84	何 84	7画	西 145
東 127	明 123	店 109	岩 106	妹 103	姉 103	夜 102	国 97	京 83	8画	麦 152	里 151	走 151	谷 150	言 147
思 119	茶 115	活 115	海 114	後 112	室 104	南 93	前 91	9画	門 153	長 153	知 136	直 135	画 134	歩 129
帰 108	家 104	夏 100	原 93	10画	首 158	食 157	風 157	計 147	秋 137	科 137	点 131	昼 123	星 122	春 122
組 140	細 140	理 132	教 120	週 117	強 111	11画	高 159	馬 158	記 148	紙 139	書 125	時 124	通 116	弱 110
絵 141	答 138	番 135	朝 126	晴 124	道 117	場 99	12画	黒 161	黄 161	鳥 160	魚 159	雪 154	野 152	船 144
聞 142	算 138	歌 128	14画	電 155	話 148	楽 127	新 121	数 120	遠 118	園 98	13画	雲 155	間 154	買 150
				顔 156	曜 125	18画	頭 156	親 146	16画	線 141	15画	鳴 160	読 149	語 149

万 3画

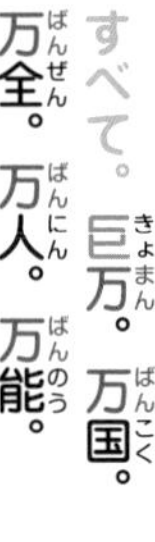

おん マン・《バン》

くん ―

書き順 一 ㇇ 万

いみ・ことば

❶まん。数の10000。千の十倍。一万円。五万人。百万円。万一(もしもの時)。

❷たいへん多い。すべて。巨万。万国。万国旗。万事。万全。万人。万能。万物。万年筆。万年雪。万病。

つかいかた

▼万一に備える。

くわしくわかる

万に一つも 少しも。まったく。「万に一つも可能性がない」というように使います。

丸 3画

おん ガン

くん まる・まるい・まるめる

書き順 ノ 九 丸

いみ・ことば

❶まるい。丸薬。日の丸(日本の国の旗)。砲丸投げ。丸顔。丸太(皮を取っただけの木材)。真ん丸。

❷全部。すっかり。丸暗記。丸一年。丸かじり。丸ごと。丸飲み。丸見え。丸焼き。

❸船の名前などにつける言葉。日本丸。

つかいかた

▼丸薬を飲む。 ▼地球は丸い。 ▼丸ごと食べる。

くわしくわかる

一丸となる あることをするために、多くの人が心を一つにして力を合わせる。

6画 交

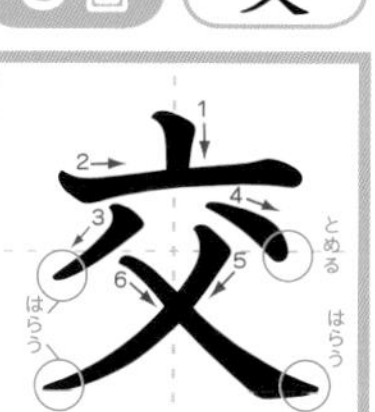

おん コウ
くん まじわる・まじえる・まじる・まざる・まぜる・《かう》・《かわす》

書き順
丶 亠 亠 六 亣 交

いみ・ことば

①まじわる。 交差。交差点。
②つき合う。行き来する。 交通。交友。交流。国交。外交。絶交。交際。
③代わる。取りかえる。 交換。交代。交番。

つかいかた

▼交通事故。 ▼道路が交わる。

くわしくわかる

朱に交われば赤くなる 人は付き合う人しだいで良くも悪くもなる。

8画 京

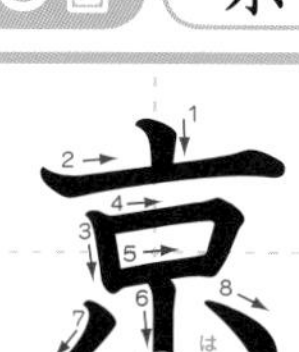

おん キョウ・《ケイ》
くん ――

書き順
丶 亠 亠 亣 古 亨 京 京

いみ・ことば

①みやこ。 帰京（地方から東京へ帰ること）。京都。在京。上京（地方から東京に行くこと）。東京。平安京。平城京。
②「東京」の略。 京浜工業地帯（浜は横浜）。京葉工業地域（葉は千葉）。
③「京都」の略。 京野菜。京阪（阪は大阪）。
★都道府県名…京都府。東京都。

つかいかた

▼仕事で上京する。
▼東京のお土産。

何

7画

おん《カ》
くん なに・なん

書き順
ノ 亻 亻 仃 何 何 何

いみ・ことば

❶なに。分からないことを人にたずねる言葉。
何事。何者。何回。何月。何時。何点。何度。
何日。何人。何年。何曜日。

つかいかた

▼何もしたくない。　▼今日は何日ですか。

くわしくわかる
何が何でも　どんなことがあっても。**何はともあれ**　ほかのことはどうでも。**何をおいても**　ほかのことは後回しにしても。**何食わぬ顔**　何も知らない、関係ないという顔つき。

作

7画

おん サク・サ
くん つくる

書き順
ノ 亻 亻 𠆢 竹 作 作

いみ・ことば

❶つくる。つくったもの。
作品。作文。作家。作曲。工作。作者。作成。作戦。
物作り。力作。作り話。手作り。名作。
❷する。はたらき。作業。作動。作用。
❸ふるまい。作法。動作。
❹田畑で米や野菜などをつくる。
稲作。作物。農作物。不作。豊作。

つかいかた

▼宿題の作文。▼細かい作業。
▼米を作る。

2年

体 7画

おん タイ・《テイ》
くん からだ

書き順
ノ 亻 仁 什 休 休 体

いみ・ことば

❶からだ。体つき。身体。
人体。体育。体温。体格。
体感。体形。体験。体質。
体重。体操。体調。体力。

❷形。様子。液体。気体。
固体。体積。天体。物体。立体。

つかいかた

▼身体測定。
▼体育の時間。
▼体を洗う。

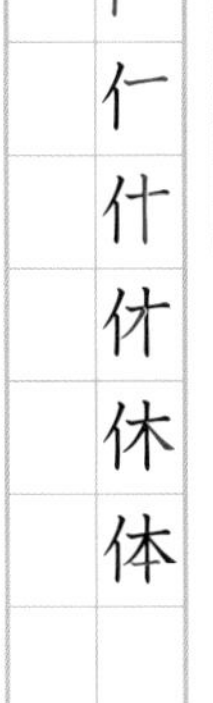

今 4画

おん コン・《キン》
くん いま

書き順
ノ 人 亼 今

いみ・ことば

❶いま。現在。今頃。今時。今風。今後。今日。

❷この。このたび。今回。今月。今週。
今度。今年。今晩。今夜。

特別な読み方 今日。今朝。今年。

つかいかた

▼今週の予定。
▼今、三時です。
▼今日のニュース。

くわしくわかる

「今日」は、「今日」のていねいな言い方ですが、「今日の世界情勢」というように「最近、現在」という意味もあります。「今年」は、「今年」のていねいな言い方です。

会

6画

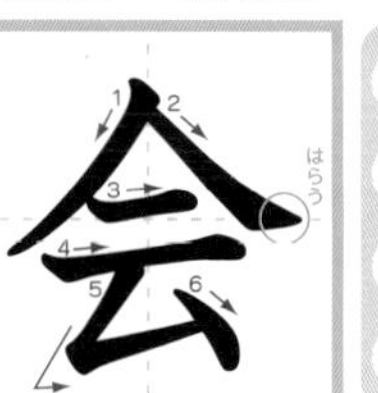
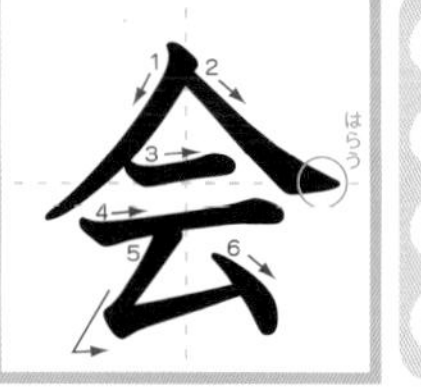

おん カイ・《エ》
くん あう

書き順 ノ 人 亼 亼 会 会

いみ・ことば

❶あう。めぐり合わせ。会見。会談。会話。機会。社会。出会い。面会。
❷集まり。運動会。会員。会館。会議。会合。会社。会場。会費。集会。大会。展覧会。発表会。
❸よくできる。会心。
❹合わせる。数える。会計。

つかいかた

▼会話を楽しむ。
▼友達と会う。

元

4画

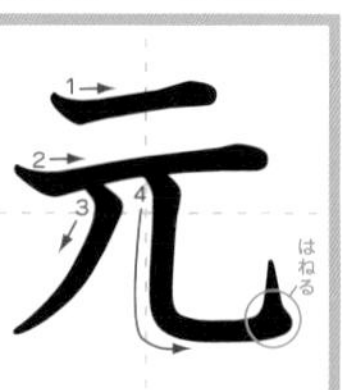

おん ゲン・ガン
くん もと

書き順 一 二 テ 元

いみ・ことば

❶もと。はじめ。元日(一月一日)。元祖。元年。元来。元気。元素。根元(こんげん)(ねもと)。地元。復元。元栓。元手。元通り。
❷いちばん。上に立つ人。頭。家元。元首。
❸年号。改元。紀元。元号。

つかいかた

▼元気な子供。
▼元日の朝。
▼元通りに直す。

くわしくわかる

元も子もない 何もかも失うこと。「元」は元金(元になるお金)、「子」は利子のことを指します。

2年

5画 兄

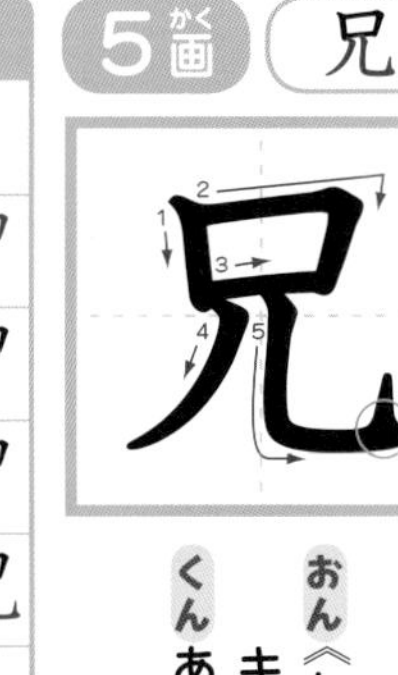

おん《ケイ》・キョウ
くん あに

書き順

丨 ロ ロ 尸 兄

いみ・ことば

1. あに。年上の男のきょうだい。
兄上。兄貴。兄弟（きょうだい・けいてい）。
2. 友達や目上の人を敬う言い方。
兄弟子。貴兄。

特別な読み方

兄さん。

つかいかた

▼兄弟げんか。
▼兄のお下がり。
▼友達のお兄さん。

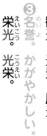

6画 光

おん コウ
くん ひかる・ひかり

書き順

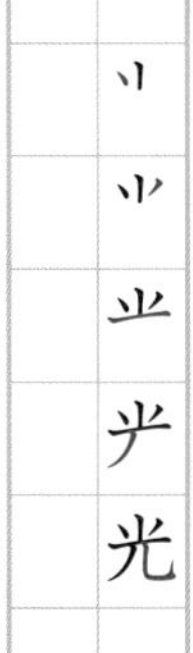

丨 丷 业 业 光 光

いみ・ことば

1. ひかる。ひかり。稲光。眼光。月光。
光源。光合成。光線。光沢。日光。
2. 景色。様子。
観光。光景。風光。
3. 名誉。かがやかしい。
栄光。光栄。

つかいかた

▼日光がまぶしい。
▼星が光る。
▼月の光。

内

4画

おん　ナイ・《ダイ》
くん　うち

書き順　丨 冂 内 内

いみ・ことば

❶うち。中。案内。内側。屋内。校内。国内。室内。体内。内心。内臓。内部。内面。内容。内陸。年内。身内。

❷外に出さない。こっそりと。内祝い。内気。内輪。内情。内定。内密。

つかいかた

▼国内旅行。
▼内陸の気候。
▼ドアの内側。

公

4画

おん　コウ
くん　《おおやけ》

書き順　丿 八 公 公

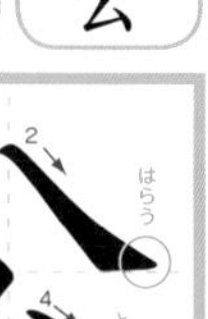
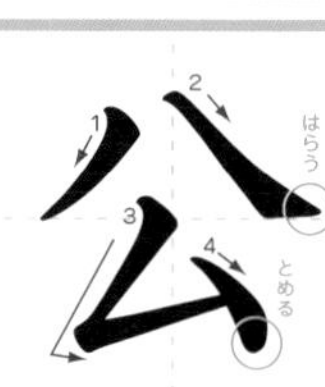

いみ・ことば

❶おおやけ。社会全体に関わること。公園。公演。公開。公害。公共。公衆。公的。公認。公表。公布。公民館。公務員。公立。

❷かたよりがない。公正。公平。

❸広く当てはまる。公式。公倍数。公約数。

❹人を敬って呼ぶときの言葉。主人公。

つかいかた

▼公開授業。
▼物語の主人公。

冬　5画

おん　トウ
くん　ふゆ

書き順：ノ　ク　夂　冬　冬

いみ・ことば

①ふゆ。四季の一つ。春夏秋冬。初冬。暖冬。冬季。冬至（一年でもっとも昼の短い日）。冬眠。冬将軍（寒さの厳しい冬のこと）。冬空。冬物。冬休み。冬山。立冬（暦のうえで、冬が始まる日）。

つかいかた

▼冬季オリンピック。▼冬晴れの朝。

くわしくわかる

「冬」のもとの字は「冬」で、「冫」は、氷という意味があります。この辞典では「冬」の部首を「冫（にすい）」としていますが、「夂（ふゆがしら）」に分類している辞典もあります。

刀　2画

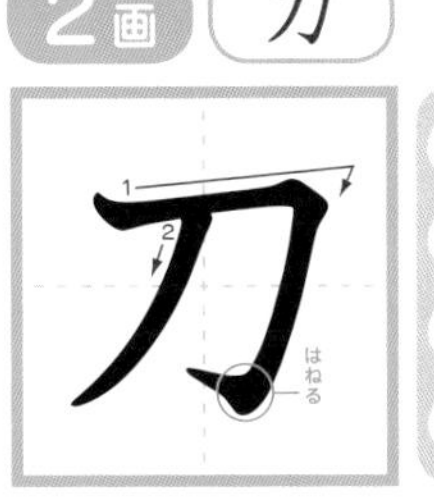

おん　トウ
くん　かたな

書き順：フ　刀

いみ・ことば

①かたな。はもの。刀傷。小刀。短刀。彫刻刀。刀剣。日本刀。宝刀。木刀。名刀。

特別な読み方

竹刀。太刀。

つかいかた

▼博物館の日本刀。▼小刀で切る。

4画 切

おん セツ・《サイ》
くん きる・きれる

書き順
一 七 切 切

いみ・ことば
❶きる。切り傷。切り口。切り身。切れ目。切断。
❷なくなる。売り切れ。時間切れ。品切れ。
❸心から。このうえなく。親切。切実。切望。大切。
❹すべて。一切。
❺ぴったりあう。適切。

つかいかた
▼大切な人。
▼はさみで切る。
▼時間切れになる。
▼切手を買う。

4画 分

おん ブン・フン・ブ
くん わける・わかれる・わかる・わかつ

書き順
ノ 八 分 分

いみ・ことば
❶わける。わけたもの。水分。成分。等分。半分。部分。分解。分数。分布。分別。分類。
❷身のほど。立場。自分。性分。分際。分相応。
❸様子。頃合い。気分。十分。存分。多分。当分。
❹わかる。早分かり。分別。物分かり。
❺時間や角度などの単位。一分。分速。分度器。毎分（一分ごと）。
★都道府県名…大分県。

つかいかた
▼自分の名前。
▼二つに分ける。
▼答えが分かる。

前

9画

おん ゼン
くん まえ

書き順：丶 丷 䒑 广 广 前 前 前 前

いみ・ことば

❶ある場所よりまえ。
駅前。前後。前進。前方。前面。前例。人前。前書き。前歯。前向き。目前。

❷ある時よりまえ。
前半。前夜（前の日の夜）。以前。午前。食前。前回。前日。前祝い。前売り券。

❸割り当て。
一人前。自前。名前。分け前。

つかいかた

▼クリスマスの前夜。
▼名前を呼ぶ。

くわしくわかる

「前半（前半分）」「前後（前と後ろ）」は、場所と時間の両方の場合で使います。

2年

北

5画

おん ホク
くん きた

書き順：丨 丬 丬 北 北

いみ・ことば

❶方角のきた。
北風。北半球。南北。北限。北上（北へ進むこと）。北西。北東。北部。北極。北極星。北国（ほっこく・きたぐに）。北方。

❷にげる。
敗北（負けること）。

★都道府県名…北海道。

つかいかた

▼北極と南極。
▼北風が強い。

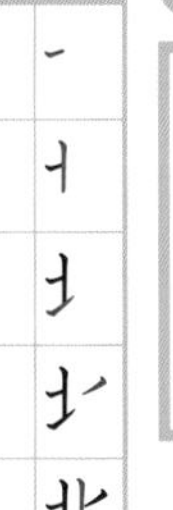

くわしくわかる

南船北馬　あちこち旅行や移動をすること。南は川を船で、北は野山を馬で、の意味。

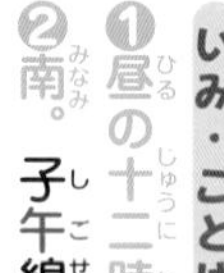

4画 午

おん ゴ
くん ―

書き順 ノ 𠂉 𠂇 午

いみ・ことば

①昼の十二時。午前。午後。正午。
②南。子午線。

つかいかた

▼正午は昼の十二時。
▼午前中に勉強する。
▼午後に出かける。

くわしくわかる

「子午線」とは、北極と南極を結ぶ線のことです。昔の時計は、真上の十二時が「子」で、真下の六時が「午」だったことに由来します。

5画 半

おん ハン
くん なかば

書き順 丶 丷 䒑 兰 半

いみ・ことば

①二つに分けた一つ。二分の一。過半数。後半。前半。大半。半ば。半円。半額。半径。半月(はんげつ)(はんつき)。半減。半数。半袖。半年。半日。半人前。半分。夜半。
②完全でない。中途半端。半熟。

つかいかた

▼半分ずつ食べる。
▼九月の半ば。

くわしくわかる

半信半疑 本当かうそかが、よく分からず、判断に迷うこと。

南

9画

おん ナン・《ナ》
くん みなみ

書き順：一 十 十 冂 冂 冇 冇 南 南

いみ・ことば

❶方角のみなみ。
南下（南へ進むこと）。南極。南国。
南中（太陽や月が真南にくること）。
南部。南北。南風。
南十字星。南半球。
南向き。

つかいかた

▼南極大陸。
▼暖かい南の島。
▼南向きの部屋。

原

10画

おん ゲン
くん はら

書き順：一 厂 厂 厂 斦 盾 盾 厡 原 原

いみ・ことば

❶はら。広々としたところ。
高原。雪原。草原（そうげん・くさはら）。
野原。原っぱ。平原。

❷おおもと。もともとの。
原案。原因。原価。原形。
原稿。原材料。原作。原則。原点。原動力。
原油。原料。

特別な読み方
海原。河原・川原。

つかいかた

▼事故の原因。
▼野原を走り回る。
▼川原で遊ぶ。

4画 友

おん ユウ
くん とも

書き順：一 ナ 方 友

いみ・ことば

❶ともだち。仲間。悪友。学友。旧友。級友。交友。親友。友好。友情。友人。

特別な読み方　友達。

つかいかた

▼親友に話す。▼学校の友達。

くわしくわかる

類は友を呼ぶ　似た者同士は気が合って、自然と集まるものである。

5画 古

おん コ
くん ふるい・ふるす

書き順：一 十 十 古 古

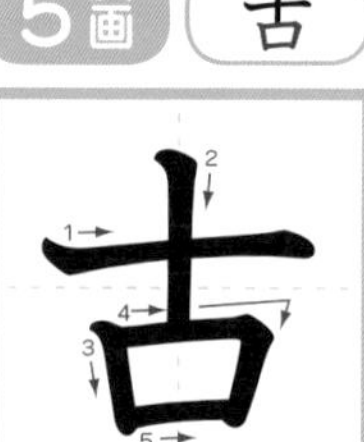

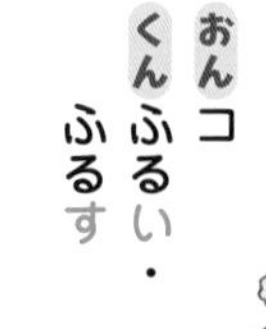

いみ・ことば

❶ふるい。ふるくなる。古紙。古書。古城。古風。古米（前年の米）。中古。古着。古道具。古本。古めかしい。

❷昔。古代。古典。古都。古文。古来（ずっと昔から）。太古（大昔）。

❸ふるくする。着古す。使い古す。

つかいかた

▼中古の車。▼古い建物。▼着古した服。

くわしくわかる

古今東西　昔から今まで、さらに東洋から西洋までの世界中の意味。いつでもどこでも。

5画 台

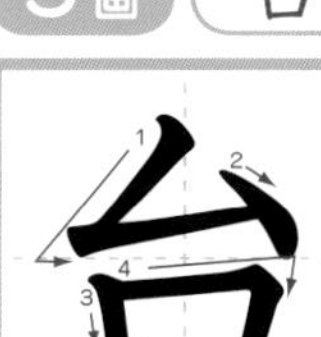

おん ダイ・タイ
くん ―

書き順 ㇜ 厶 㕣 台 台

いみ・ことば

❶物をのせるもの。洗面台。台形。台座。台紙。台車。台所。荷台。屋台。
❷高くて平らなところ。台地。高台（高く平らな土地）。
❸高い建物。展望台。天文台。灯台。
❹もとになるもの。台帳。台本。土台。
❺車などを数える言葉。五台。台数。
❻数や量のおよその範囲。大台。百円台。
●その他の言葉。台風。

つかいかた

▼高台の家に住む。▼台風に備える。

6画 合

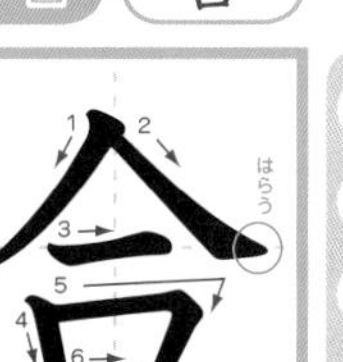

おん ゴウ・ガッ・カッ
くん あう・あわす・あわせる

書き順 ノ 入 亼 今 合 合

いみ・ことば

❶あう。あわせる。合い言葉。合図。合宿。合唱。合戦（戦いのこと）。合奏。組み合わせ。結合。合計。合成。合同。合流。集合。照合。総合。統合。連合。
❷当てはまる。合格。合法。適合。
❸容積の単位。米一合。
❹山の高さを十に分けた一つ。五合目。

つかいかた

▼合格のお祝い。▼アメリカ合衆国。
▼話を合わせる。

同　6画

おん　ドウ
くん　おなじ

書き順　丨 冂 冂 同 同 同

いみ・ことば

❶おなじ。等しい。
同音異義語。同義語。同級生。同時。同点。同様。同い年。同意語。同一。

❷いっしょにする。
賛同。同意（賛成すること）。一同（みんな）。共同。合同。混同。同志。同情。同席。同盟。同感。同居。同行。同士。

つかいかた

▼同点になる。▼同じクラスになる。

くわしくわかる

付和雷同　自分の考えがなく、まわりの意見にむやみに同調すること。

回　6画

おん　カイ・《エ》
くん　まわる・まわす

書き順　丨 冂 冂 回 回 回

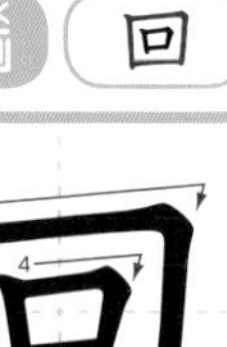
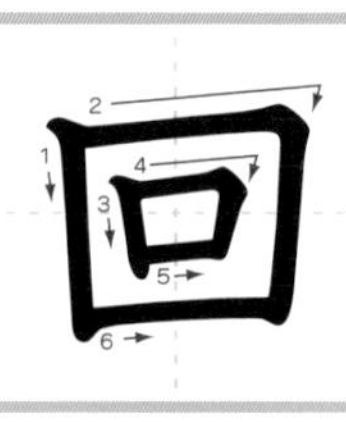

いみ・ことば

❶まわる。まわす。
回転。回覧。遠回り。一回り。回り道。身の回り。見回り。

❷もどす。もどる。
回収。回想。回答。回復。

❸物事の度数を数える言葉。
一回。回数。今回。最終回。前回。何回。

つかいかた

▼回数を数える。▼夜の見回り。

くわしくわかる

急がば回れ　急ぐよりも、時間がかかっても確実にやるほうが、かえって得策である。

図

7画

おん ズ・ト
くん《はかる》

書き順

いみ・ことば

❶ず。形をえがいたもの。図案。図画。図解。図鑑。
図形。図工。図式。図説。図版。図表。図面。
設計図。地図。天気図。

❷書物。文字や図表が記載された紙をまとめた冊子。
図書。図書館。

❸計画する。くわだてる。意図。

つかいかた

▼地図で探す。
▼図書室の本。

国

8画

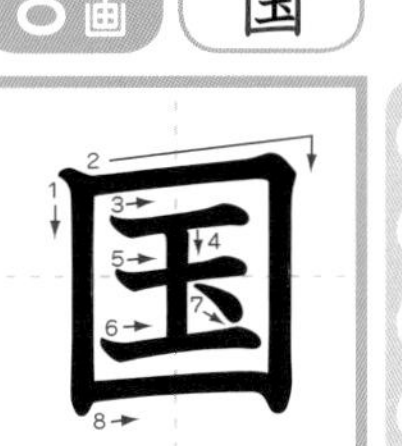

おん コク
くん くに

書き順

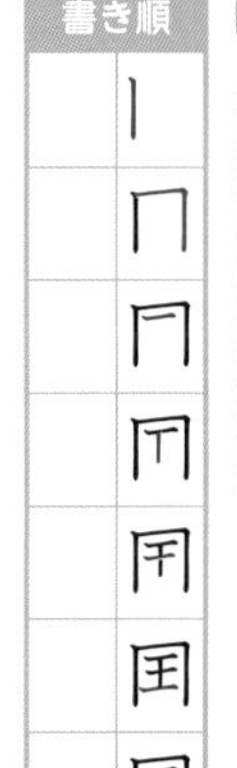

いみ・ことば

❶くに。王国。外国。帰国。国王。
国際。国土。国道。国宝。国民。
国立。国家。国歌。国会。国旗。
国境（こっきょう／くにざかい）。全国。祖国。

❷日本の。国語。国産。国文学。

❸地域。南国。北国（ほっこく／きたぐに）。雪国。

❹ふるさと。お国言葉。国元。

つかいかた

▼国語の授業。
▼北国で育つ。

13画 園

おん エン
くん 《その》

書き順：丨 冂 冂 冂 冂 冂 冂 冂 冂 冂 園 園 園

いみ・ことば

❶畑や庭。園芸。菜園。田園。農園。

❷目的のために区切られた場所。学園。公園。植物園。庭園。動物園。遊園地。

❸保育園や幼稚園。園児。園長。卒園。入園。保育園。幼稚園。

つかいかた

▼遊園地で遊ぶ。▼卒園式に出席する。

くわしくわかる

漢字の成り立ち「袁（ゆったりしたところ）」を「囗」で囲んで、広い庭を意味する字に。

6画 地

おん チ・ジ
くん ——

書き順：一 十 土 圠 地 地

いみ・ことば

❶つち。地面。陸。地震。地面。地下。地球。地上。地図。大地。地平線。天地。土地。陸地。

❷ある場所。各地。地元。地域。地区。地方。地名。

❸立場。境地。地位。

❹ありのまま。もともとの。地金。地声（自然に出した声）。地道。地力。

❺織物の布。生地。白地。布地。

特別な読み方　意気地。心地。

つかいかた

▼日本地図。▼平らな地面。

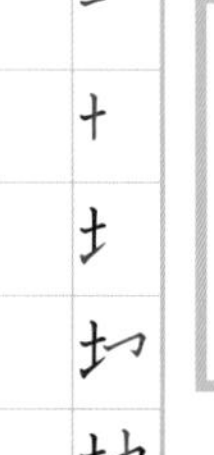

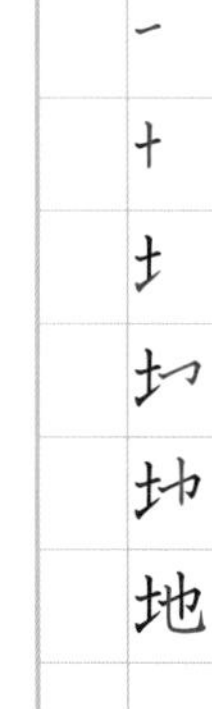

場

12画

おん　ジョウ
くん　ば

書き順
一　十　土　…　場

いみ・ことば

①ば。ところ。売り場。運動場。会場。劇場。現場。工場（こうば）。式場。市場（いちば）。出場。砂場。退場。登場。入場。農場。場所。場面。広場。牧場。

②そのとき。その折。急場。場合。山場。

特別な読み方　波止場（船着き場のこと）。

つかいかた

▼場外ホームラン。
▼広場を走り回る。

声

7画

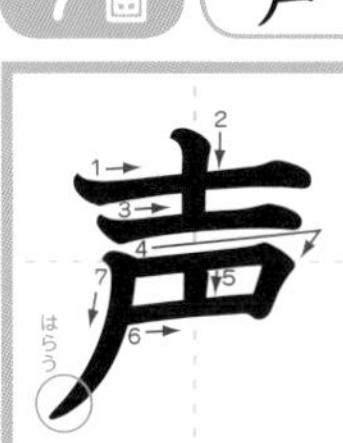

おん　セイ・《ショウ》
くん　こえ・《こわ》

書き順
一　十　士　…　声

いみ・ことば

①こえ。口から出す音。歌声。大声。音声。掛け声。小声。声色。地声（自然に出した声）。声優。鳴き声。発声。鼻声。呼び声。

②言葉を出す。声援（声に出して応援すること）。声明。

③世間の評判。声価。声望。名声。

つかいかた

▼声優になりたい。
▼明るい声。

売

7画

おん バイ
くん うる・うれる

書き順：一 十 士 𠮟 声 壳 売

いみ・ことば

❶うる。物をうる。売り上げ。売上高。売り切れ。売値。売り場。売れ行き。大売り出し。商売。特売。売店。売買。発売。販売。非売品。前売り。

★「売上高」「売値」は送り仮名をつけません。

つかいかた

▼公園にある売店。▼本が売れる。

くわしくわかる

油を売る 仕事をなまけること。**売り言葉に買い言葉** 相手の暴言に対して、同じような暴言でやり返すこと。

夏

10画

おん カ・《ゲ》
くん なつ

書き順：一 丆 丆 丙 丙 百 百 頁 夏 夏

いみ・ことば

❶なつ。四季の一つ。夏季。夏期。夏至(一年でもっとも昼の長い日)。初夏(夏の初めごろ)。夏場。夏ばて。夏服。夏祭り。夏物。夏休み。真夏。立夏。冷夏。

つかいかた

▼初夏の日差し。▼夏休みの宿題。

くわしくわかる

飛んで火に入る夏の虫 それと気づかずに、または自分から進んで、危険に飛びこむことのたとえ。

外（5画）

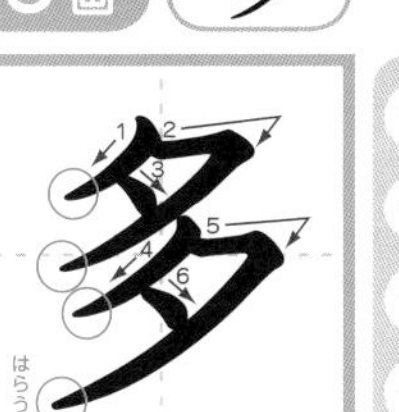

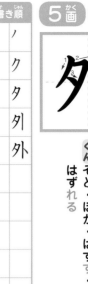

おん　ガイ・《ゲ》
くん　そと・ほか・はずす・はずれる

書き順：ノ　ク　タ　夕ト　外

いみ・ことば

❶そと。以外。屋外。海外。外観。外見。外国。外出。外食（レストランなどで食事をすること）。外部。国外。場外。外側。野外。例外。

❷はずす。はずれる。案外。意外。思いの外。期待外れ。除外。予想外。

❸よそ。外国の。外貨。外交。外車。外来語。

つかいかた

▼外国の映画を見る。
▼外で遊ぶ。
▼眼鏡を外す。

多（6画）

おん　タ
くん　おおい

書き順：ノ　ク　タ　多　多　多

いみ・ことば

❶おおい。たくさん。最多。雑多。多額。多角形。多感（少しのことにも感じやすいこと）。多芸。多才。多少。多数。多数決（賛成する人が多いほうに決めること）。多分。多量。

つかいかた

▼多数決で決める。
▼人数が多い。

くわしくわかる

多勢に無勢　大勢に対して少ない数で立ち向かっても、勝ち目がないこと。多種多様　種類が多く、さまざまに異なっていること。

夜

8画

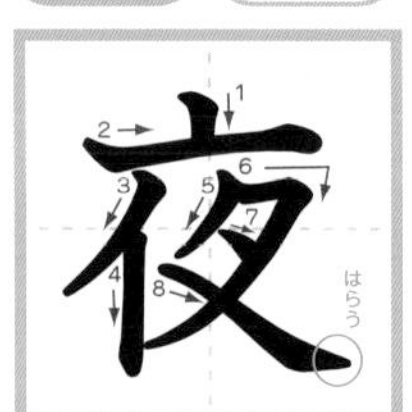

おん ヤ
くん よ・よる

書き順
丶 亠 广 疒 疒 夜 夜 夜

いみ・ことば

❶よる。太陽がしずんでいる間。今夜。昨夜。十五夜(九月中ごろの満月の夜)。深夜。前夜(前の日の夜)。昼夜。月夜。真夜中。夜間。夜景。夜行列車。夜食。夜明け。夜空。夜中。夜更かし。夜店。夜道。

つかいかた

▼十五夜のお月見。
▼暗い夜道。
▼夜になる。

太

4画

おん タイ・タ
くん ふとい・ふとる

書き順
一 ナ 大 太

いみ・ことば

❶ふとい。大きい。図太い。太陽。太字。太っ腹(度量が大きいこと)。気前がよいこと)。骨太。丸太(皮を取っただけの木材)。
❷とても。非常に。太古(大昔)。太平。
❸とうとい。皇太子。太子。

特別な読み方 太刀。

つかいかた

▼太陽がのぼる。
▼丸太小屋。
▼太い柱。

2年

姉　8画

おん《シ》
くん　あね

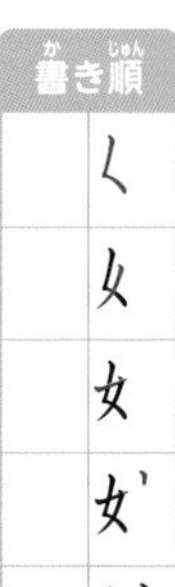

書き順

く　 ⼥　女　女˙　女亠　女亡　女市　姉

いみ・ことば

❶あね。年上の女のきょうだい。姉上。姉貴。姉妹。

❷若い女の人。アルバイトのお姉さん。

特別な読み方　姉さん。

つかいかた

▼姉のリボン。▼近所のお姉さん。

くわしくわかる

女のきょうだいのことを「姉妹」といいます。「姉」を「シ」、「妹」を「マイ」と読むことを習うのは、中学校ですが、今から覚えておくと良いでしょう。

妹　8画

おん《マイ》
くん　いもうと

書き順

く　 ⼥　女　女一　女二　女キ　女未　妹

いみ・ことば

❶いもうと。年下の女のきょうだい。妹分。姉妹。

つかいかた

▼一つ下の妹。▼妹思いの姉。

くわしくわかる

いとこは、自分と比べて年上か年下かで男の子は「従兄」「従弟」、女の子は「従姉」「従妹」と書きますが、まとめて「従兄弟」「従姉妹」と書いても「いとこ」と読みます。おもしろいですね。

2年

室

9画

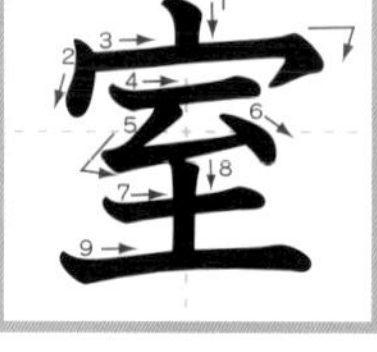

おん シツ
くん 《むろ》

書き順: 丶 丷 宀 宀 宀 宀 宀 宀 室

いみ・ことば

① 部屋。暗室。応接室。音楽室。温室。客室。教室。個室。室温。室外。室内。職員室。寝室。茶室。図書室。入室。病室。保健室。洋室。浴室。和室。

② 一族。家族。王室。皇室。

つかいかた

▼教室の黒板。

▼室外に出る。

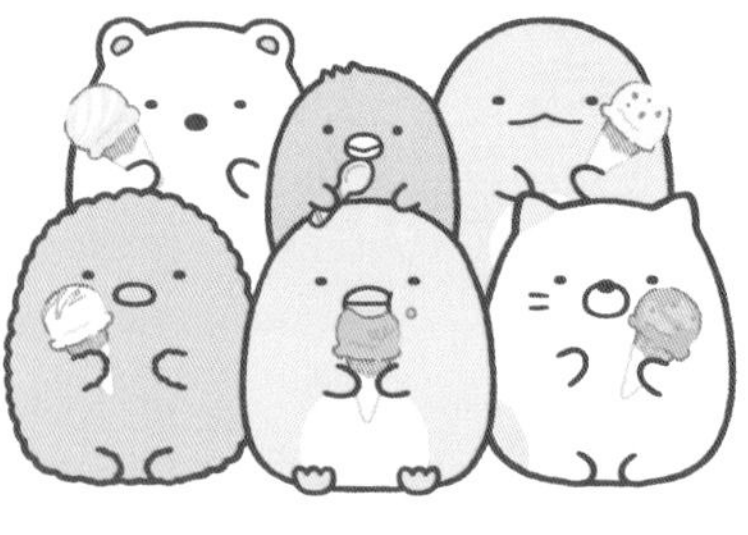

家

10画

おん カ・ケ
くん いえ・や

書き順: 丶 丷 宀 宀 宀 宀 宀 宀 宀 家

いみ・ことば

① いえ。建物。家路。家出。家具。民家。家賃。

② 親子などの集まり。一家。王家。家計。家事。家族。家庭。国家。実家。農家。

③ その分野のことを仕事にしている人。音楽家。画家。芸術家。建築家。作家。書道家。

④ そのような性質を持っている人。専門家。努力家。

特別な読み方 母家(家の中で中心となる建物)。

つかいかた

▼家族と外出する。　▼王家の宝。

▼友達の家に行く。

寺

6画

おん ジ
くん てら

書き順
一 十 土 去 寺 寺

いみ・ことば

❶てら。古寺（こじ・ふるてら）。寺院。寺社。寺子屋（江戸時代、子供に読み書きやそろばんを教えていたところ）。寺参り。寺町。山寺。

つかいかた

▼古い寺院。 ▼お寺にお参りする。

くわしくわかる

牛に引かれて善光寺参り 思ってもいなかったことや他人のさそいで、良いほうに導かれることのたとえ。

2年

少

4画

おん ショウ
くん すくない・すこし

書き順
丨 小 小 少

いみ・ことば

❶すくない。すこし。減少。最少。少額。少々。少食。少数。少量。多少。

❷若い。少女。少年。青少年。年少。幼少。

つかいかた

▼少年野球。 ▼人数が少ない。

くわしくわかる

「少々」の「々」は、前の漢字をくり返すことを示す記号です。正式な文字ではありませんが、一般的に使われています。

当

6画

おん トウ
くん あたる・あてる

書き順
| 丨 | ⺌ | 当 |

いみ・ことば

❶あたる。あてる。 手当て。当選。正当。適当。当然。本当。

❷正しい。そうである。

❸割りあてる。割りふる。 担当。当直。当番。

❹その。この。 当時。当日。当初。当人。当年。当分。当方。当面。

つかいかた

▼弁当を食べる。

▼的に当たる。

岩

8画

おん ガン
くん いわ

書き順
| 丨 | 山 | 岩 |

いみ・ことば

❶いわ。大きな石。 岩穴。岩場。岩山。火山岩。岩石。石灰岩。溶岩。

★都道府県名…岩手県。

つかいかた

▼大きな岩石。

▼岩山を登る。

くわしくわかる

一念岩をも通す どんなことでも強い信念を持って行えば、成しとげることができる。

工

3画

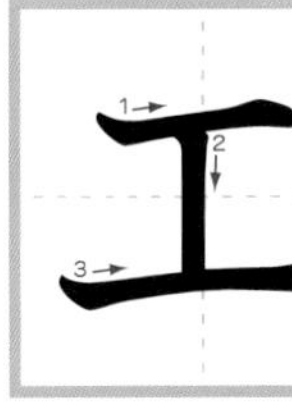

おん　コウ・ク

くん　―

書き順　一　丅　工

いみ・ことば

①物をつくる。
加工。工業。工具。工芸。工作。工事。工場（こうじょう）（こうば）。工程。細工。人工。図画工作。図工。着工。木工。

②物をつくる人。
石工。工員。大工。名工。

③くふうする。
工夫。工面。

つかいかた

▼工作をする。▼大工の親方。

くわしくわかる

同工異曲　見た目は異なるけれど、内容はあまりちがわないこと。

市

5画

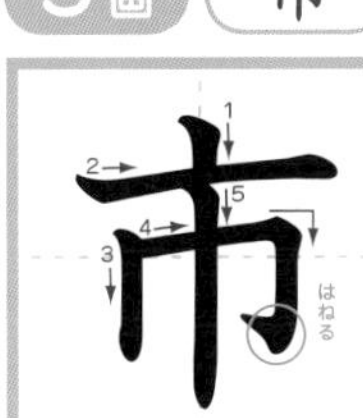

おん　シ

くん　いち

書き順　丶　亠　亡　市　市

いみ・ことば

①いち。いちば。
品物を売り買いするところ。
朝市。魚市場。市場（しじょう）（いちば）。

②人が集まるところ。
市街。都市。

③し。地方公共団体の一つ。
市営。市外。市長。市町村。市内。市民。市役所。

つかいかた

▼市営バスに乗る。
▼魚市場に行く。

10画 帰

おん キ
くん かえる・かえす

書き順

いみ・ことば

❶かえる。もどる。 帰り道。帰京（地方から東京へ帰ること）。帰郷。帰国。帰省。帰宅。帰路。里帰り。日帰り。復帰。

❷落ち着く。おさまる。 帰結。帰属（団体の一員として従うこと）。帰着。

つかいかた

▼選手が帰国する。
▼家に帰る。 ▼帰路につく。

5画 広

おん コウ
くん ひろい・ひろまる・ひろめる・ひろがる・ひろげる

書き順

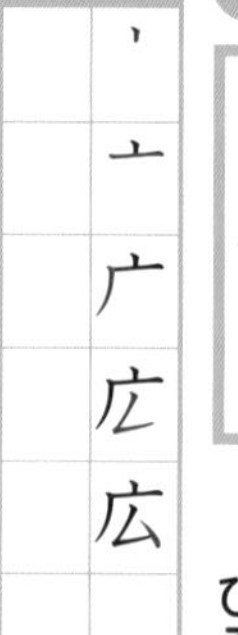

いみ・ことば

❶ひろい。 広域。広大。広野。広葉樹。広場。広々。広間。

❷ひろめる。 広言（大げさなことや、えらそうなことを言うこと）。広告。広報。

★都道府県名…広島県。

つかいかた

▼広大な宇宙。 ▼庭が広い家。

くわしくわかる

広大無辺 果てしなく広々としている様子。「無辺」は、限りがない、果てがないという意味。

8画 店

おん　テン
くん　みせ

書き順：丶 亠 广 广 庐 庐 店 店

いみ・ことば

❶みせ。飲食店。開店。出店（しゅってん・でみせ）。商店。書店。店員。店主。店長。店頭。店屋物。売店。百貨店。閉店。店先。店じまい。店番。名店。夜店。来店。料理店。

つかいかた

▼親切な店員さん。▼店番をする。

くわしくわかる

店をたたむ　商売やお店をやめる。**開店休業**　お店を開けていても、お客が来なくて休業しているのと同じ状態であること。

3画 弓

おん　《キュウ》
くん　ゆみ

書き順：ㄱ コ 弓

いみ・ことば

❶ゆみ。ゆみの形をしたもの。弓術。弓道。弓形。弓なり（しなやかに曲がっていること）。弓張り月（半月のこと）。弓矢。

つかいかた

▼弓を引く。▼バイオリンの弓。

くわしくわかる

「弓を引く」には、力の強い人に逆らうという意味もあります。「弓道」は、弓矢で的を射る武道です。「弓術」ともいいます。

弟　7画

おん《テイ》・ダイ・《デ》
くん おとうと

書き順：丶 丷 𠂉 当 肖 弟 弟

いみ・ことば

①おとうと。年下の男のきょうだい。兄弟（きょうだい・けいてい）。

②教えを受ける人。弟分。師弟（先生と教え子のこと）。弟子。門弟（弟子のこと）。

つかいかた

▼三人兄弟。▼やんちゃな弟。

くわしくわかる

四海兄弟　世界中の人々は、みんな兄弟のように仲よくなるべきであるということ。「四海」は四方の海のことで、世界中という意味。

弱　10画

おん ジャク
くん よわい・よわる・よわまる・よわめる

書き順：⁻ ㇆ 弓 弓 弓 弓⁻ 弓㇆ 弱 弱 弱

いみ・ことば

①よわい。力や勢いがない。強弱。気弱。弱者。弱小。弱点。軟弱。病弱。貧弱。弱気。弱音。弱み。弱虫。

②年が若い。弱年。弱冠。

③それよりも少ない。1メートル弱。

つかいかた

▼弱点を補う。▼体が弱い。▼火を弱める。

くわしくわかる

弱り目にたたり目　困ったときに、さらに悪いことが起こること。

引　4画

おん　イン
くん　ひく・ひける

書き順：コ　コ　弓　引

いみ・ことば

❶ひく。ひっぱる。
引き金。引き算。引き出し。割引。引用。引力。くじ引き。綱引き。

❷連れていく。導く。
索引。引率（多くの人を連れていくこと）。

❸身をひく。退く。ひっこむ。
引退。引き潮。

★「割引」は送り仮名をつけません。

つかいかた

▼引退する歌手。
▼おみくじを引く。
▼気が引ける。

強　11画

おん　キョウ・《ゴウ》
くん　つよい・つよまる・つよめる・《しいる》

書き順：強　コ　コ　弓　弓　弘　弘　弘　弘　弘　弘　強

いみ・ことば

❶つよい。力や勢いがある。
強調。強敵。強風。強力。最強。力強い。強がり。強運。強化。強弱。強大。強気。強み。補強。

❷しいる。無理にする。
強行。強制。強要。勉強。

❸それよりも多い。
1メートル強。

つかいかた

▼勉強をする。
▼力が強い。
▼風が強まる。

くわしくわかる

弱肉強食　強いものが弱いものをえじきにしてほろぼし、栄えること。

形

7画

おん ケイ・ギョウ
くん かた・かたち

書き順: 一 二 チ 开 开 形 形 形

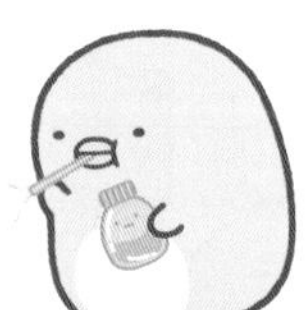

いみ・ことば

❶かたち。物の姿。円形。大形。形見（死んだ人の思い出となるもの）。形式。原形。小形。三角形。図形。正方形。長方形。人形。変形。

❷ありさま。形相。形容。

❸かたどる。かたちにする。形成。成形。整形。

★都道府県名…山形県。

つかいかた

▼三角形の頂点。▼人形で遊ぶ。
▼祖父の形見。
▼形が変わる。

後

9画

おん ゴ・コウ
くん のち・うしろ・あと・《おくれる》

書き順: ノ ク 彳 彳 彳 彳 後 後 後

いみ・ことば

❶うしろ。後書き。後戻り。後ろ姿。後ろ向き。後続。後退。後方。前後。背後。真後ろ。

❷のち。あと。後始末。後回し。後発。後半。午後。後日。今後。最後。食後。直後。後ほど。

❸おくれる。気後れ。流行後れ。

つかいかた

▼午後三時。▼後ろを向く。▼後で行く。

くわしくわかる

後を引く 終わってからも影響が残る。**後ろ指を指される** かげで悪口を言われる。

2年

3画 才

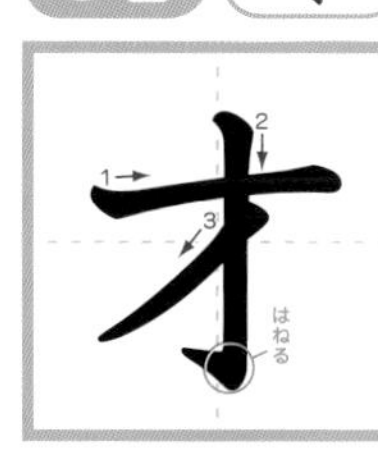

おん サイ
くん ―

書き順

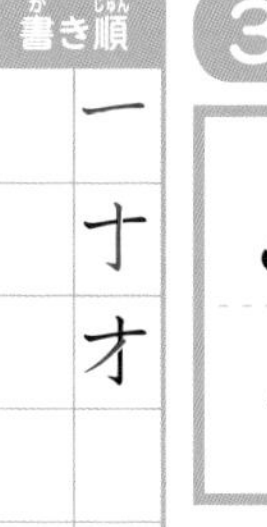

一 十 才

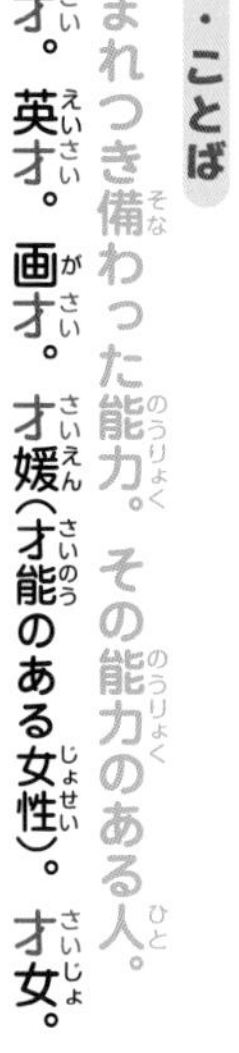

いみ・ことば

①生まれつき備わった能力。その能力のある人。
異才。英才。画才。才媛(才能のある女性)。才女。才能。多才。天才。文才。

②年齢を数える言葉。「歳」の代用。八才。満十才。

つかいかた

▼才能が光る。

くわしくわかる 年齢を数える「歳」は、小学校で習わない漢字です。画数も多いので「才」で代用することもあります。

6画 池

おん チ
くん いけ

書き順

丶 冫 氵 汀 汁 池

いみ・ことば

①いけ。水などをためておくところ。
貯水池。電池。古池。遊水池。用水池(ようすいち・ようすいいけ)。ため池。

つかいかた

▼電池が切れた。▼近くの池。

くわしくわかる 「電池」の「池」は、「電気をためておくところ」という意味です。「電地」と書きまちがえやすいので、注意しましょう。

汽 7画

おん キ
くん ―

書き順
丶 氵 氵 氵 汽 汽 汽

いみ・ことば

❶水蒸気。ゆげ。汽車。汽船。汽笛（蒸気を噴き出させて鳴らす笛）。

つかいかた

▼汽車に乗る。
▼アメリカ行きの汽船。
▼汽笛が鳴る。

くわしくわかる

漢字の成り立ち 「氵（水）」と「气（息）」を組み合わせて、勢いよく出る水蒸気を表しました。「気」「汽」の使い分けに注意して。

海 9画

おん カイ
くん うみ

書き順
丶 氵 氵 氵 氵 汇 海 海 海

いみ・ことば

❶うみ。海鳴り。海の家。海開き。海辺。海外。海岸。海水。海草。海鳥（かいちょう）（うみどり）。海底。海面。海流。航海。深海。領海。臨海。
❷うみのように広くて大きなもの。雲海。樹海。火の海。

特別な読み方 海女・海士。海原。
★都道府県名…北海道。

つかいかた

▼臨海学校に行く。
▼海辺で遊ぶ。

2年

9画 活

おん カツ
くん ―

書き順

いみ・ことば

①いきる。いかす。活用。活力。活路。死活。

②いきいき動く。快活。活火山。活気。活動。活発。活躍。復活。

③暮らす。自活。生活。

つかいかた

▼規則正しい生活。

▼活気のある授業。

くわしくわかる

活を入れる 気力のない人を元気づける。**死活問題** 生きるか死ぬかの重要な問題のこと。

9画 茶

おん チャ・《サ》
くん ―

書き順

いみ・ことば

①おちゃ。紅茶。新茶。茶摘み。茶柱。茶畑。茶わん。ほうじ茶。麦茶。緑茶。

②茶道のこと。茶道。茶会。茶室。茶席。茶の湯。

③おちゃの色。ちゃいろ。こげ茶。茶色。茶褐色。

④こっけい。お茶目。茶化す。茶番。

つかいかた

▼ほうじ茶を飲む。

▼お茶目な子供。

くわしくわかる

お茶をにごす いいかげんに、その場をごまかす。**お茶の子さいさい** 簡単にできること。

近

7画

おん　キン
くん　ちかい

書き順　ノ　厂　斤　斤　䜣　䜣　近

いみ・ことば

❶ちかい。きょりがちかい。
遠近。近海。近眼。
近視。近所。接近。近道。手近。付近。

❷ちかごろ。日時がちかい。
近々（きんきん・ちかぢか）。近日。近世。近代。
近年。最近。近頃。

❸親しい。関係がちかい。
近親。側近。身近。

つかいかた

▼近海にすむ魚。
▼正月が近い。

通

10画

おん　ツウ・《ツ》
くん　とおる・とおす・かよう

書き順　マ　マ　丆　丙　丙　甬　甬　涌　涌　通

いみ・ことば

❶とおる。とおす。
開通。風通し。直通。通過。通路。
通り雨。通りすがり。通り抜け。

❷かよう。
交通。通学。通行。通信。

❸知らせる。伝える。
通告。通知。通報。

❹広く行きわたる。
共通。通貨。通常。通用。流通。

❺最初から最後まで。
通算。通読。一通り。夜通し。

❻よく知っている。
音楽通。精通。

❼手紙などを数える言葉。
一通。

つかいかた

▼交通安全。▼駅前を通る。▼学校に通う。

週　11画

おん　シュウ
くん　―

書き順

いみ・ことば

❶月曜日から日曜日までの七日間。一週間。今週。再来週。週刊誌。週休。週番。週末。先週。毎週。翌週。来週。

つかいかた

▼先週の話。▼週末の発表会。

くわしくわかる

「今週」を基準に、二週前の週を「先々週」、前の週を「先週」、次の週を「来週」または「翌週」、二週後の週を「再来週」といいます。

道　12画

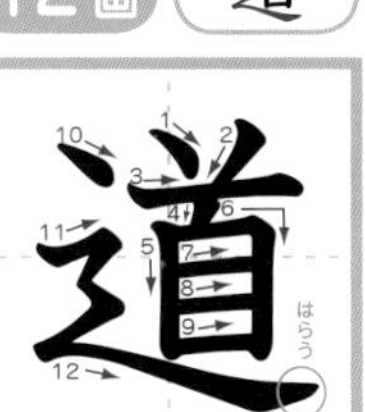

おん　ドウ・《トウ》
くん　みち

書き順

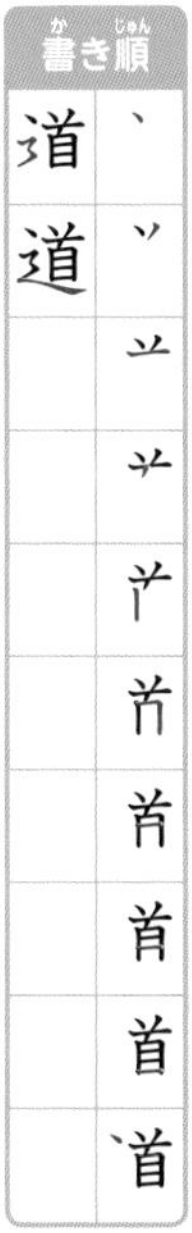

いみ・ことば

❶みち。通り道。帰り道。国道。坂道。山道（さんどう・やまみち）。水道。近道。鉄道。道路。歩道。道順。横道。夜道。
❷人の守るべきこと。道義。道徳。道理。
❸学問や芸事のやり方。華道。弓道。剣道。茶道。柔道。書道。道場。
❹言う。伝える。報道。
❺北海道のこと。道内。道立。
★都道府県名…北海道。

つかいかた

▼歩道を歩く。▼坂道を下る。

遠 13画

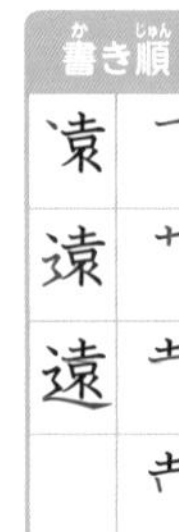

おん エン・《オン》
くん とおい

書き順：一 十 土 圭 吉 吉 声 声 声 袁 袁 遠 遠 遠

いみ・ことば

❶とおい。きょりがはなれている。遠泳。遠視。遠足。遠方。遠浅(岸から遠くまで水が浅いこと)。遠出。遠巻き(遠くからまわりを囲むこと)。遠回り。遠目。望遠鏡。

❷長い。時間がはなれている。永遠。

❸とおざける。遠心力。敬遠。遠回し。

つかいかた

▼楽しい遠足。
▼駅までは遠い。
▼遠浅の海。

くわしくわかる
犬の遠ぼえ 臆病なものが、かげでいばって悪口を言うことのたとえ。

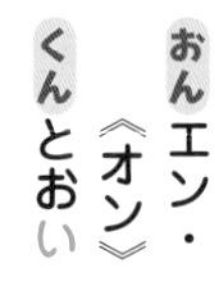

心 4画

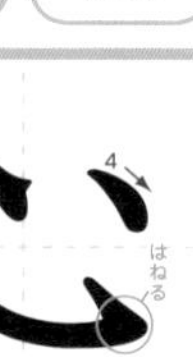

おん シン
くん こころ

書き順：心 心 心 心

いみ・ことば

❶こころ。安心。親心。感心。気心。苦心。決心。心当たり。心得。心強い。心残り。心細い。心情。心身。心配。心理。熱心。本心。真心。用心。

❷真ん中。遠心力。核心。重心。中心。都心。

❸しんぞう。右心室。左心室。心音。心臓。心電図。

特別な読み方 心地。

つかいかた

▼心臓が強い。
▼用心深い。
▼心温まる話。

思　9画

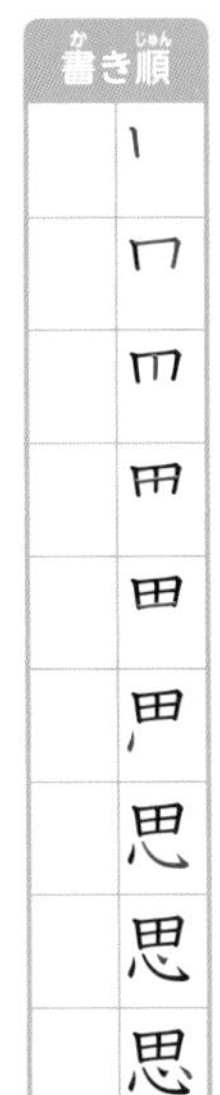

おん　シ
くん　おもう

いみ・ことば

❶おもう。考える。意思。思い切り。思い出。思いやり。片思い。思案。思考。思春期。思想。不思議。

つかいかた

▼本人の意思を尊重する。▼夏の思い出。

くわしくわかる

思いの外　自分の予想とちがって。**思う存分**　したいと思っていることを十分に。思い切り。

戸　4画

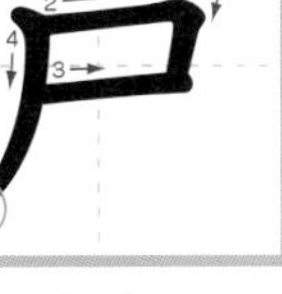

おん　コ
くん　と

いみ・ことば

❶と。とびら。出入り口。雨戸。網戸。井戸。ガラス戸。木戸。戸口。戸締まり。門戸（家の門ととびら）。
❷家。家を数える言葉。一戸建て。戸外。戸数。戸籍。戸別。

つかいかた

▼一戸建てに住む。▼雨戸を開ける。

くわしくわかる

門戸を開く　規制をしないで出入りを自由にすること。反対は「門戸を閉ざす」。

教　11画

おん　キョウ
くん　おしえる・おそわる

書き順：一 十 土 耂 考 考 孝 孝 孝 孝 教

いみ・ことば

①おしえる。教え子。教育。教員。教科。教科書。教訓。教材。教師。教室。教授。教頭。教養。説教。

②神や仏のおしえ。教会。教祖。教団。教徒。宗教。布教。仏教。

つかいかた

▼得意の教科。　▼ピアノを教える。

くわしくわかる　いつも使っている教科書は「教科用図書」の略です。教科書には社会科の地図帳などもふくまれます。

数　13画

おん　スウ・《ス》
くん　かず・かぞえる

書き順：丶 丷 䒑 半 米 米 米 米 类 娄 娄 数 数 数

いみ・ことば

①かず。かぞえる。回数。画数。数々。数え歌。口数。個数。算数。小数。少数。数学。数字。数直線。整数。多数。点数。日数。人数。複数。分数。無数。有数。

②いくつかの。数回。数日。数人。数年。

特別な読み方　数珠。数寄屋・数奇屋。

つかいかた

▼算数のノート。　▼数を数える。　▼数え歌を歌う。

2年

13画 新

おん シン
くん あたらしい・あらた・にい

書き順

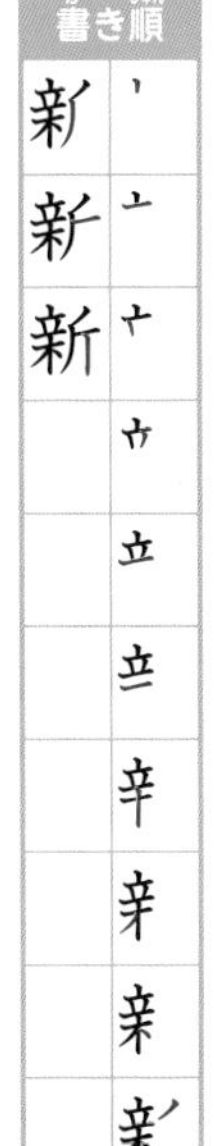

いみ・ことば

❶あたらしい。あたらしくする。
一新。革新。新規。最新。新型。
新学期。新幹線。新旧。新記録。
新作。新春。新人。新鮮。新入生。
新年。新品。新聞。新緑。
★都道府県名…新潟県。

つかいかた

▼新一年生の弟。
▼新しいノート。
▼新たな計画。

2年

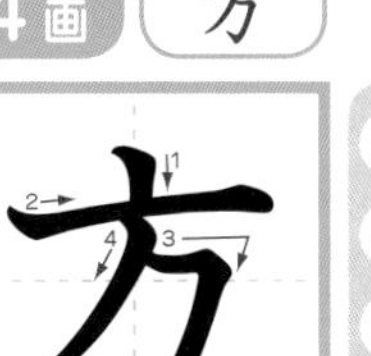

4画 方

おん ホウ
くん かた

書き順

いみ・ことば

❶向き。ほうこう。遠方。四方。方位。方角。方向。
❷いくつかに分けたうちの一つ。一方。裏方（表に出ないで仕事をする人）。片方。両方。
❸やりかた。書き方。作り方。方式。方針。方法。
❹四角。正方形。長方形。方眼紙。立方体。
❺人を敬っていう言葉。あの方。男の方。
❻ある地域。地方。方言。

特別な読み方 行方。

つかいかた

▼よい方法を考える。
▼カレーの作り方。

9画 春

おん シュン
くん はる

書き順
一 二 三 夫 夫 夫 春 春 春

いみ・ことば

❶はる。四季の一つ。春夏秋冬。春期。
春風（しゅんぷう）（はるかぜ）。春分。早春（春の初めごろ）。
春一番。春先。春休み。立春。
❷年の初め。新年。賀春。迎春。
初春（しょしゅん）（はつはる）。新春。
❸若いころ。思春期。青春。

つかいかた

▼春分の日。
▼待ち遠しい春。
▼春休みに旅行する。

9画 星

おん セイ・《ショウ》
くん ほし

書き順
丨 冂 日 日 尸 旦 旦 星 星

いみ・ことば

❶ほし。一番星。人工衛星。星雲。星座。流れ星。
星明かり。星空。星月夜（ほしづきよ）（ほしづくよ）（星が月のように明るい夜）。北極星。惑星。
❷目当て。ねらったところ。
図星。目星（心当たりのこと）。
❸試合などの勝ち負けの印。
黒星（負けのこと）。
白星（勝ちのこと）。

つかいかた

▼冬の星座。▼星が光る。

昼

9画

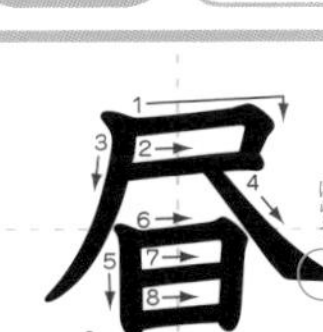

おん チュウ
くん ひる

書き順
¬ ヨ 尸 尺 尽 昼 昼 昼 昼

いみ・ことば

①ひる。太陽の出ている間。昼夜。白昼。昼下がり。昼間。真昼。

②ひるの十二時頃。昼食。昼ご飯。昼過ぎ。昼時。昼休み。

つかいかた

▼昼食をとる。 ▼昼休みの時間。

くわしくわかる

「昼夜」は、「昼と夜」のほか、「いつも」という意味もあります。「昼間」を強めた言い方に「昼日中」「真っ昼間」があります。

明

8画

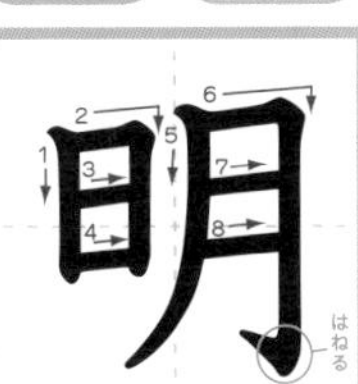

おん メイ・ミョウ
くん あかり・あかるい・あかるむ・あからむ・あきらか・あける・あく・あくる・あかす

書き順
丨 冂 月 日 旫 明 明 明

いみ・ことば

①あかるい。あかり。照明。明星。明暗。明月。

②あきらかにする。はっきりさせる。解明。証明。説明。種明かし。判明。明確。明記。明言。明細。

③かしこい。賢明。明君(賢い君主)。

④次の時期になる。夜があける。明くる日(次の日)。明け方。明朝(次の日の朝)。夜明け。

特別な読み方

明日。

つかいかた

▼説明を聞く。 ▼明るい部屋。
▼明日は雨。

2年

時

10画

おん　ジ
くん　とき

書き順：丨　冂　月　日　日一　日十　日土　日圭　時　時

いみ・ことば

❶とき。じかん。三時。時間。時刻。時差。時速。時報。同時。時々。日時。

❷そのとき。機会。今時。潮時。時期。時代。当時。臨時。

特別な読み方

時雨。時計。

つかいかた

▼遠足の日時。
▼時々、雨が降る。
▼時計が止まる。

くわしくわかる

時は金なり　時間はお金と同じように貴重なものなので、むだにしてはいけないということ。**書き入れ時**　商売がもうかる時期のこと。

晴

12画

おん　セイ
くん　はれる・はらす

書き順：丨　冂　月　日　日一　日十　日丰　日圭　日青　晴　晴　晴

いみ・ことば

❶はれる。はれ。秋晴れ。快晴。晴雨。晴天。日本晴れ。晴れ間。

❷心がさっぱりする。晴れ晴れ。晴れやか。

❸はれがましい。晴れ着。晴れ姿。晴れ舞台。

つかいかた

▼晴天が続く。　▼よく晴れた空。

くわしくわかる

「日本晴れ」は、雲一つなく、よく晴れた空のこと。

曜 18画

おん ヨウ
くん ―

書き順

いみ・ことば

❶ようび。月曜日。火曜日。水曜日。木曜日。金曜日。土曜日。日曜日。七曜。何曜日。曜日。

❷光る。かがやく。黒曜石（黒く艶がある火山岩）。

つかいかた

▼日曜日の天気。

くわしくわかる

「七曜」は、太陽（日）、月、火星、水星、木星、金星、土星のこと。一週間に当てはめて、曜日の名前になりました。「日曜大工」は、日曜などの休日にする簡単な大工仕事。

2年

書 10画

おん ショ
くん かく

書き順

いみ・ことば

❶字をかく。かき記す。書き方。書き取り。下書き。書記。清書。板書（黒板に文字などを書くこと）。

❷文字。文字のかき方。書写。書体。書道。

❸かかれたもの。覚え書き。書き置き。書類。投書。文書。落書き。

❹本。教科書。古書。辞書。書店。書物。読書。図書。

つかいかた

▼書道を習う。

▼名前を書く。

12画 朝

おん チョウ
くん あさ

書き順：一 十 𠂇 古 吉 吉 直 卓 卓 朝 朝 朝

いみ・ことば

❶あさ。朝顔（あさがお）。朝晩（あさばん）。朝日（あさひ）。朝飯前（あさめしまえ）（簡単（かんたん）なこと）。早朝（そうちょう）。朝食（ちょうしょく）。朝礼（ちょうれい）。毎朝（まいあさ）。明朝（みょうちょう）（次（つぎ）の日（ひ）の朝（あさ））。翌朝（よくちょう・よくあさ）。

❷天皇（てんのう）や王（おう）が政治（せいじ）をすること。王朝（おうちょう）。朝廷（ちょうてい）。平安朝（へいあんちょう）。

特別（とくべつ）な読（よ）み方（かた） 今朝（けさ）。

つかいかた

▼朝食（ちょうしょく）はパン。
▼朝早（あさはや）く目覚（めざ）める。

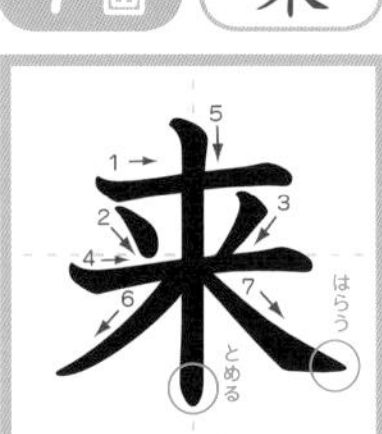

7画 来

おん ライ
くん くる・《きたる》・《きたす》

書き順：一 一 𠃍 平 平 来 来

いみ・ことば

❶くる。往来（おうらい）。外来語（がいらいご）。伝来（でんらい）。来客（らいきゃく）。来校（らいこう）。来場（らいじょう）。来店（らいてん）。

❷これから先（さき）。次（つぎ）の。将来（しょうらい）。未来（みらい）。来学期（らいがっき）。来月（らいげつ）。来週（らいしゅう）。来年（らいねん）。

❸そのときからずっと。以来（いらい）。元来（がんらい）。古来（こらい）（ずっと昔（むかし）から）。従来（じゅうらい）。本来（ほんらい）。由来（ゆらい）。

つかいかた

▼来年（らいねん）は三年生（さんねんせい）。
▼春（はる）が来（く）る。

東　8画

おん トウ
くん ひがし

書き順：一 丅 丙 両 百 申 東 東

いみ・ことば

①方角のひがし。太陽がのぼる方角。関東地方。極東。東海。東西南北。東南。東部。東風（とうふう／ひがしかぜ）。東北。東洋。東側。東日本。

★都道府県名…東京都。

つかいかた

▼東京の大学。　▼東の空が明るい。

くわしくわかる

馬耳東風　他人の注意や意見を聞き流すこと。**東奔西走**　いそがしく走り回ること。

楽　13画

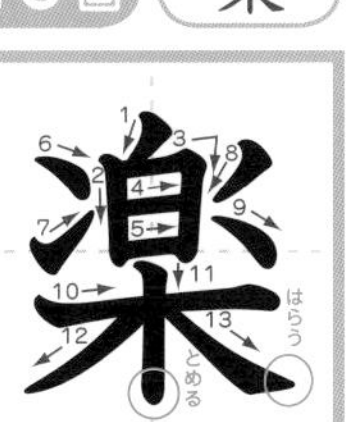

おん ガク・ラク
くん たのしい・たのしむ

書き順：′ 丨 白 白 白 泊 泊 泊′ 泊ˊ 泊ˋ 楽 楽 楽

いみ・ことば

①たのしい。苦楽。行楽。極楽。楽園。

②おんがく。音楽。楽団。楽譜。楽屋（出演者が準備をしたり休んだりする部屋）。楽器。声楽。

③たやすい。楽勝。楽々。

④心身が安らか。安楽。気楽。楽観。

特別な読み方　神楽（神を祭るときの歌やおどり）。

つかいかた

▼音楽が流れる。　▼楽な姿勢。　▼楽しい夕食。

2年

歌　14画

おん　カ
くん　うた・うたう

書き順：一 ｢ 冂 可 可 可 哥 哥 哥 哥 哥' 哥' 歌' 歌

いみ・ことば

❶うた。うたう。
歌声。歌詞。歌手。歌唱力。校歌。国歌。鼻歌。

❷日本古来の詩歌。わか。
歌会。歌人。歌集。短歌。和歌。

★都道府県名…和歌山県。

つかいかた

▼歌手になる夢。　▼元気が出る歌。

くわしくわかる

日本に古くからある和歌のうち五七五七七の三十一字で作られた詩を、短歌といいます。

止　4画

おん　シ
くん　とまる・とめる

書き順：丨 ト 屮 止

いみ・ことば

❶とまる。
行(ゆ)き止まり。静止。停止。

❷とめる。やめる。
休止。禁止。止血。制止。中止。通行止め。廃止。防止。

特別な読み方

波止場(船着き場のこと)。

つかいかた

▼雨で中止になる。　▼自転車を止める。

くわしくわかる

「止める」は、動いているものを止める、「留める」は、固定して動かないようにする、「泊める」は、宿泊させるという意味で使います。

8画 歩

おん ホ・《ブ》・《フ》
くん あるく・あゆむ

書き順

いみ・ことば

1 あるく。歩み寄る。歩き回る。一歩。横断歩道。散歩。徒歩。歩行。歩数。歩道。歩道橋。山歩き。

2 物事の進み具合。初歩。進歩。退歩。

3 割合。歩合。

つかいかた

▼歩道を通る。

▼歩いて五分。

くわしくわかる

千里の道も一歩より始まる 身近なことから着実に実行すれば、大きな計画も成功する。

5画 母

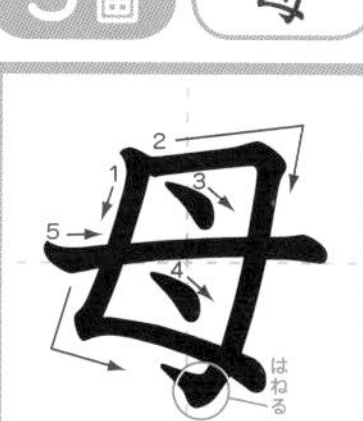

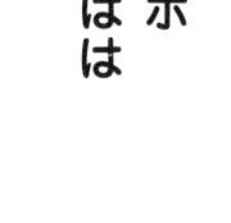

おん ボ
くん はは

書き順

いみ・ことば

1 はは。女親。祖母。母親。母方。父母（ちちはは）。母子（ぼし・ははこ）。母性。母乳。

2 もとになるもの。分母。母音。母校（卒業した学校）。母国。母体。

特別な読み方 乳母。叔母・伯母。母屋・母家（家の中で中心となる建物）。母さん。

つかいかた

▼祖母を訪ねる。

▼母と出かける。

▼お母さんのバッグ。

2年

6画　毎

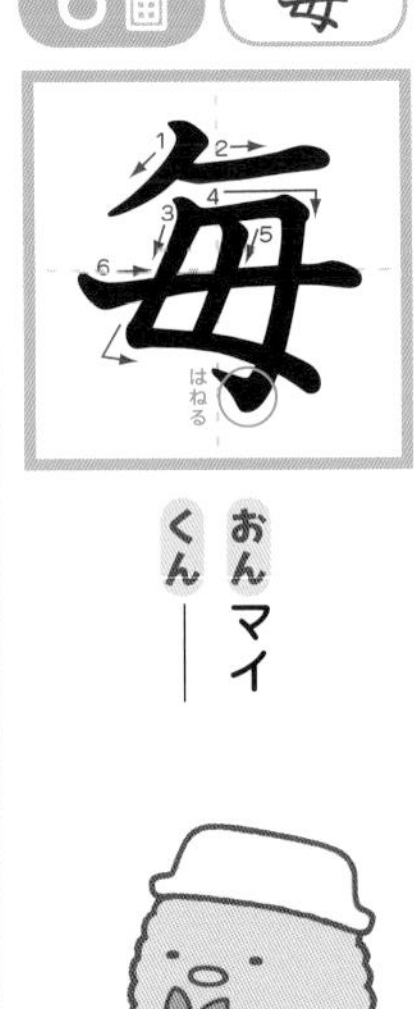

おん　マイ
くん　―

書き順：ノ　𠂉　仁　勾　⺟　毎

いみ・ことば

❶そのたびに。いつも。
毎朝。毎回。毎月（まいげつ・まいつき）。
毎時（一時間ごと）。
毎週。毎度。毎日。
毎年（まいねん・まいとし）。毎晩。
毎秒（一秒ごと）。
毎分（一分ごと）。

つかいかた

▼毎日、本を読む。
▼毎朝の習慣。

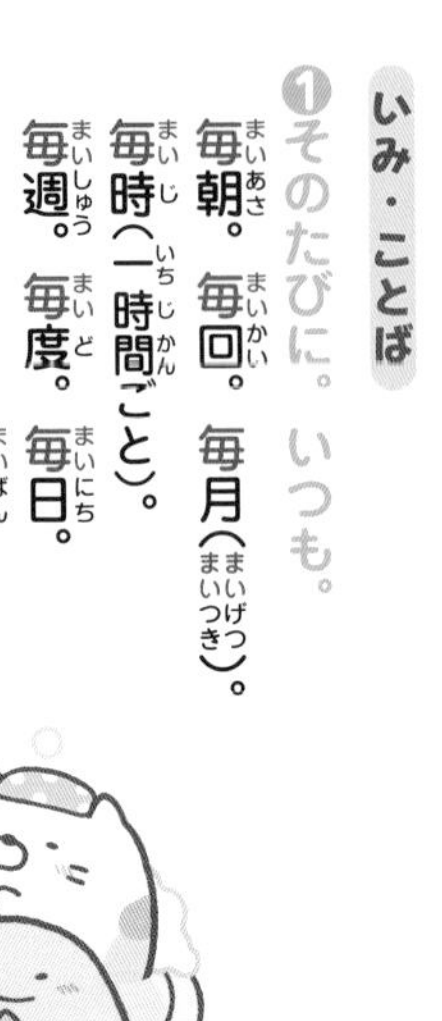

4画　毛

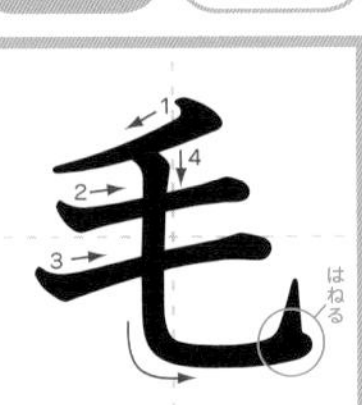

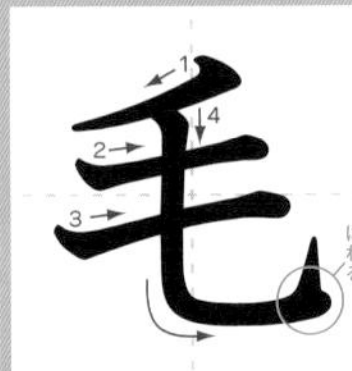

おん　モウ
くん　け

書き順：一　二　三　毛

いみ・ことば

❶生き物の体の表面に生えているけ。
羽毛。毛穴。毛糸。毛織物。毛皮。毛玉。毛虫。
毛髪。毛筆。毛布。羊毛。綿毛。
❷細かい。毛細血管。
❸草木が生える。実る。
二毛作。不毛。

つかいかた

▼暖かい毛布。
▼毛糸のマフラー。
▼タンポポの綿毛。

点

9画

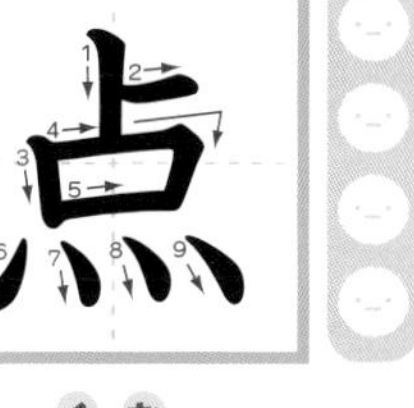

おん　テン
くん　―

書き順
丨 ⺊ ⺊ 占 占 占 点 点 点

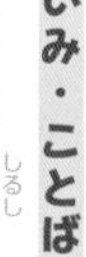

いみ・ことば

❶てん。印。句点。句読点。点字。点線。読点。
❷事がらや場所。欠点。交差点。終点。地点。要点。
❸成績などを表した数。点数。同点。得点。百点。平均点。満点。
❹火や明かりをつける。点火。点灯。点滅。
❺調べる。点検。点呼。
❻品物などを数える言葉。三点セット。

つかいかた

▼点線で結ぶ。 ▼ゴール地点。

父

4画

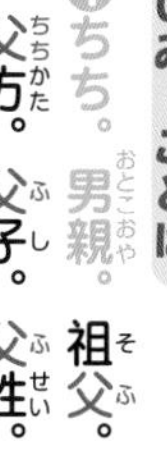
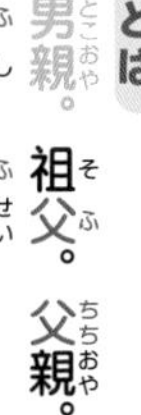

おん　フ
くん　ちち

書き順
丿 八 父 父

いみ・ことば

❶ちち。男親。祖父。父親。父方。父子。父性。父母（ちちはは）。
❷新しいことを始めた人。近代医学の父。

特別な読み方　叔父・伯父。父さん。

つかいかた

▼祖父の眼鏡。
▼スポーツマンの父。
▼お父さんと遊ぶ。

4画　牛

おん　ギュウ
くん　うし

書き順(かきじゅん)：ノ　𠂉　⺧　牛

いみ・ことば

❶うし。親牛(おやうし)。牛舎(ぎゅうしゃ)。牛肉(ぎゅうにく)。牛乳(ぎゅうにゅう)。子牛(こうし)。水牛(すいぎゅう)。肉牛(にくぎゅう)。乳牛(にゅうぎゅう)。和牛(わぎゅう)。

つかいかた

▼冷(つめ)たい牛乳(ぎゅうにゅう)。
▼子牛(こうし)が産(う)まれた。

くわしくわかる

牛耳(ぎゅうじ)る　集団(しゅうだん)の中心(ちゅうしん)になって支配(しはい)すること。**牛飲馬食(ぎゅういんばしょく)**　牛(うし)や馬(うま)のように、たらふく飲(の)み食(く)いすること。

11画　理

おん　リ
くん　―

書き順(かきじゅん)：理　一　丅　干　王　王𠃌　玎　珂　珅　理　理　理

いみ・ことば

❶ことわり。物事(ものごと)の筋道(すじみち)。義理(ぎり)。原理(げんり)。合理(ごうり)。心理(しんり)。推理(すいり)。道理(どうり)。無理(むり)。理解(りかい)。理想(りそう)。理由(りゆう)。理論(りろん)。論理(ろんり)。
❷整(ととの)える。管理(かんり)。修理(しゅうり)。処理(しょり)。整理(せいり)。代理(だいり)。理容(りよう)。料理(りょうり)。
❸自然科学(しぜんかがく)。物理(ぶつり)。理科(りか)。理系(りけい)。

つかいかた

▼理由(りゆう)を聞(き)く。
▼代理(だいり)で出席(しゅっせき)する。
▼理科(りか)の実験(じっけん)。

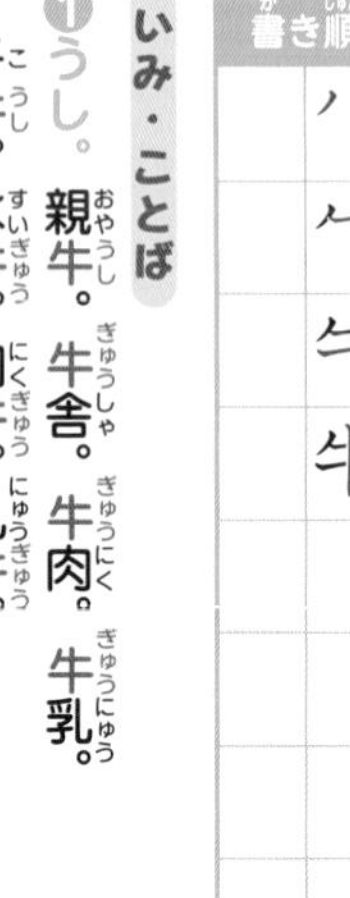

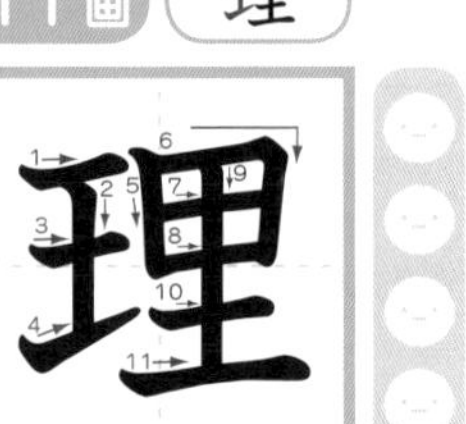

7画　社

おん　シャ
くん　やしろ

書き順　丶　ラ　ネ　ネ　ネ一　社　社

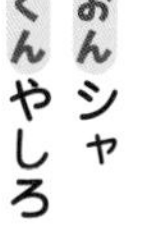

いみ・ことば

①やしろ。お宮。お社(神社のこと)。寺社。社寺。社務所。神社。

②人々の集まり。世の中。会社。社会。社会人。社交。

③会社のこと。社員。社長。社用。出社。新聞社。退社。入社。来社。

つかいかた

▼父の勤めている会社。

▼古いお社。

6画　考

おん　コウ
くん　かんがえる

書き順　一　十　土　耂　耂　考

いみ・ことば

①かんがえる。考え事。考え深い。再考。参考。参考書。思考。備考。

②調べる。考古学。考証。選考。

つかいかた

▼友達の意見を参考にする。

▼答えを考える。

くわしくわかる

「考」の部首は「耂」(おいかんむり・おいがしら)です。似ている字の「孝」の部首は「子(こ)」です。漢字の意味を考えるとおもしろいですね。

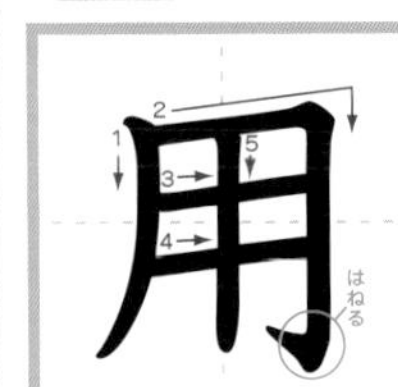

5画 用

おん　ヨウ
くん　もちいる

書き順　丿 冂 月 月 用

いみ・ことば

❶もちいる。使う。愛用。応用。学用品。活用。使用。日用品。費用。用意。用具。用語。用紙。用心。利用。

❷仕事。やるべきこと。急用。雑用。用件。用事。

❸働き。効き目。器用。効用。作用。有用。

❹使い道などを表す言葉。非常用。勉強用。

つかいかた

▼火の用心。

▼ペンを用いる。

8画 画

おん　ガ・カク
くん　―

書き順　一 丅 丆 帀 帀 亩 画 画

いみ・ことば

❶絵。えがく。映画。絵画。画家。画像。画板。画面。画用紙。図画。動画。版画。

❷区切る。画一的。画期的。区画。

❸くわだてる。画策。企画。計画。

❹漢字を組み立てている点や線。一画目。画数。字画。総画。

つかいかた

▼有名な画家。

▼計画を紙に書く。

くわしくわかる

一線を画する　ちがいをはっきりとさせる。区切りをつけて区別する。

番　12画

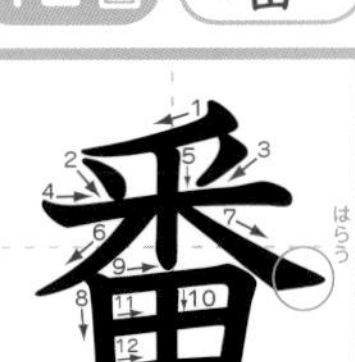

おん　バン
くん　―

書き順：一 丆 丆 立 平 平 采 采 番 番 番 番

いみ・ことば

❶順序。一番。出番。番組。番号。番地。本番。
❷交代で順にすること。交番。週番。順番。当番。
❸見張り。番犬。番人。店番。門番。留守番。

つかいかた

▼交番に届ける。
▼背の高い順番。
▼そうじ当番。

くわしくわかる

十八番　もっとも得意とする芸や技のこと。特別に「おはこ」とも読みます。

直　8画

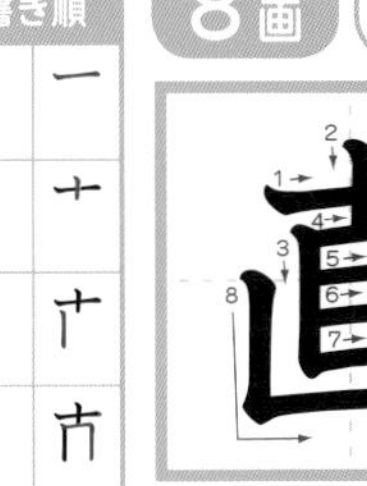

おん　チョク・ジキ
くん　ただちに・なおす・なおる

書き順：一 十 十 冇 冇 有 直 直

いみ・ことば

❶まっすぐ。垂直。直進。直線。直立。直角。直径。
❷すなお。実直。正直。素直。
❸すぐに。じかに。直伝。直ちに(すぐに)。直後。直射日光。直接。直前。直感。
❹つとめ。宿直。当直。日直。
❺なおす。元通りにする。仲直り。

つかいかた

▼直線を引く。▼正直に答える。
▼友達と仲直りする。

5画 矢

おん《シ》
くん や

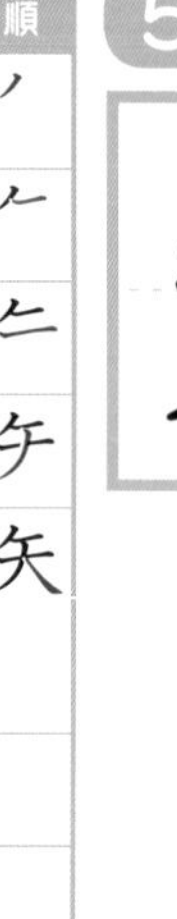

書き順

ノ　𠂉　午　矢　矢

いみ・ことば

❶や。弓で飛ばす武器。毒矢。吹き矢。矢先。矢尻（矢の先の部分。矢先）。矢印。弓矢。

つかいかた

▼三本の矢。▼矢が当たる。
▼矢印をつける。

くわしくわかる
一矢を報いる　相手の攻撃に反撃する。矢継ぎ早　続けざまに行う様子。

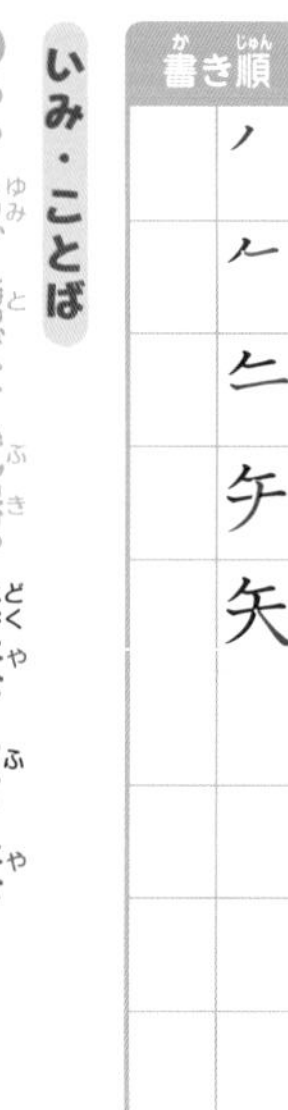

8画 知

おん チ
くん しる

書き順

ノ　𠂉　午　矢　矢　知　知　知

いみ・ことば

❶しる。承知。知識。未知。無知。物知り。予知。
❷しらせる。周知。通知。報知。
❸しりあい。顔見知り。知人。
❹ちえ。英知。知恵。知性。知能。
❺治める。知事。
★都道府県名…愛知県。高知県。

つかいかた

▼知人に会う。
▼何でも知っている。

科

9画

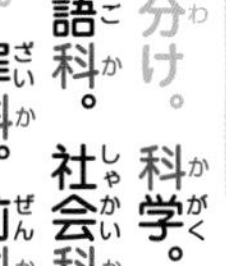

おん カ
くん ―

書き順：丿 二 千 千 禾 禾 禾 禾 科

いみ・ことば

①区分け。科学。科目。教科。教科書。外科。国語科。社会科。内科。百科事典。理科。

②罪。罪科。前科。

つかいかた

▼科学の進歩。　▼得意な教科。

くわしくわかる

金科玉条　金や玉（宝石）のように、もっとも大切な決まりや法律のこと。

秋

9画

おん シュウ
くん あき

書き順：丿 二 千 千 禾 禾 禾 秒 秋

いみ・ことば

①あき。四季の一つ。秋空。秋晴れ。秋祭り。秋季。秋期。秋風（しゅうふう）（あきかぜ）。秋分の日。春秋（春と秋）。中秋。立秋。

②年月。春秋（年月。一年）。千秋楽（演劇などの最終日）。

★都道府県名…秋田県。

つかいかた

▼中秋の名月。

▼食欲の秋。

答 12画

おん トウ
くん こたえる・こたえ

書き順 ノ ⺧ ⺮ …

いみ・ことば

①こたえる。こたえ。 受け答え。応答。回答。解答。口答え。口答。答え合わせ。正答。即答。答案。返答。

つかいかた

▼テストの答案。 ▼答えを出す。

くわしくわかる
問答無用 議論に意味がないこと。話し合いを打ち切るときに言う言葉。

算 14画

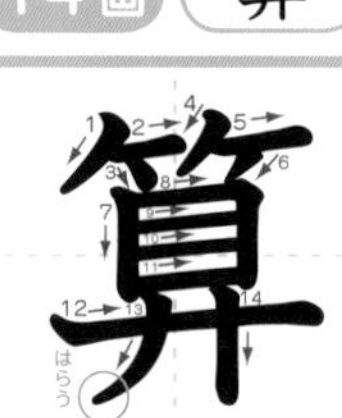

おん サン
くん ―

書き順 ノ ⺧ ⺮ …

いみ・ことば

①数える。暗算。合算。計算。決算。検算。算出。算数。清算。精算。通算。筆算。

②見こみ。見通し。誤算。算段。勝算。打算。予算。

つかいかた

▼算数は得意だ。
▼借金を清算する。
▼経費を精算する。

くわしくわかる
「清算」は貸し借りなど、ことがらに結末をつけること、「精算」はくわしく計算することです。

2年

米 6画

おん ベイ・マイ
くん こめ

書き順：丶 丷 半 米 米 米

いみ・ことば

❶こめ。玄米。古米（前年の米）。米倉。米蔵。米俵。米粒。米所。新米。精米。白米。もち米。

❷アメリカのこと。欧米。渡米（アメリカに行くこと）。南米。日米。米国。北米。

つかいかた

▼日米の貿易。
▼新米のご飯。
▼米をたく。

紙 10画

おん シ
くん かみ

書き順：く 幺 幺 糸 糸 糸 紅 紅 紙 紙

いみ・ことば

❶かみ。厚紙。折り紙。紙切れ。紙くず。紙飛行機。画用紙。色紙（しきし・いろがみ）。新聞紙。台紙。千代紙（色や模様のついたきれいな紙）。包み紙。手紙。半紙。表紙。用紙。和紙。

❷新聞。紙上。紙面。スポーツ紙。全国紙。地方紙。

つかいかた

▼新聞紙に包む。
▼手紙をもらう。

2年

11画 細

おん　サイ
くん　ほそい・ほそる・こまか・こまかい

書き順　細

いみ・ことば

①ほそい。
細身。細道。細字。細長い。

②こまかい。小さい。
細切れ。細菌。細工。細心。
細部。細胞。細密。

③くわしい。詳細。明細。

つかいかた

▼木に細工する。
▼細いリボン。
▼字が細かい。

11画 組

おん　ソ
くん　くむ・くみ

書き順　組

いみ・ことば

①くむ。くみ立てる。組み合わせ。仕組み。
組織。組成(組み立てること。
組み立てている要素)。
取り組み。番組。骨組み。

②仲間。赤組。組合。組曲。白組。

★「番組」「組合」は送り仮名をつけません。

つかいかた

▼会社の組織。
▼二年二組。
▼自由研究に取り組む。

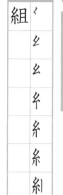

絵

12画

おん　カイ・エ
くん　―

書き順：く　幺　幺　糸　糸　糸　糸　糸　糸　絵　絵　絵

いみ・ことば

❶え。ものの形を色や線で表したもの。
油絵。絵日記。絵の具。絵筆。絵本。
絵馬。絵画。似顔絵。塗り絵。

つかいかた

▼絵画教室。▼絵本を読む。

くわしくわかる

絵空事　うそや大げさなこと。
絵に描いたもち　計画だけで実現しないこと、何の役にも立たないこと。

線

15画

おん　セン
くん　―

書き順：く　幺　幺　糸　糸　糸　糸　糸　約　約　約　約　綿　線　線

いみ・ことば

❶せん。細長いもの。　線香。鉄線。
電線。無線。

❷細い筋。曲線。光線。視線。
水平線。直線。点線。白線。

❸交通機関の道筋。沿線。新幹線。
線路。脱線。路線。

特別な読み方　三味線。

つかいかた

▼私鉄の沿線に住む。
▼線を引く。

2年

羽　6画

おん《ウ》
くん　は・はね

書き順

いみ・ことば

①鳥や虫などのはね。つばさ。羽毛。白羽。羽音。羽子板。羽衣。羽根つき。

②鳥やウサギなどを数える言葉。一羽。三羽。六羽。十羽。

つかいかた

▼虫の羽音。▼トンボの羽。

くわしくわかる

羽目を外す　調子に乗って限度をこえてしまう。

羽をのばす　押さえつけるものがなくなって、のびのびと自由にふるまう。

聞　14画

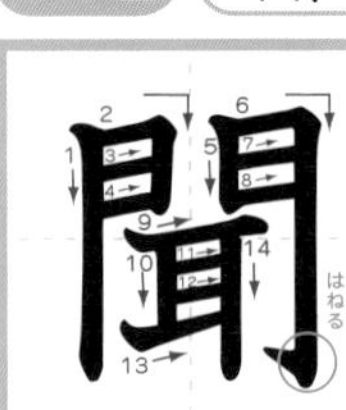

おん　ブン・《モン》
くん　きく・きこえる

書き順

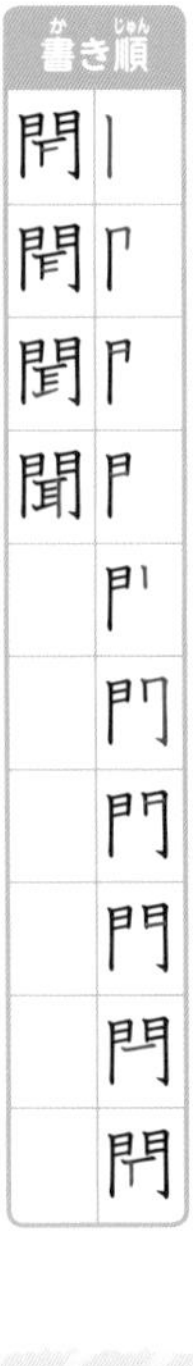

いみ・ことば

①きく。きこえる。聞き手。聞き耳。見聞（実際に見たり聞いたりすること）。立ち聞き。伝聞（他の人から聞くこと）。又聞き（本人以外から聞くこと）。

②うわさ。評判。外聞（世間の評判）。新聞。風聞（うわさ）。

つかいかた

▼子供新聞。
▼鳥の声を聞く。
▼風の音が聞こえる。

2年

肉 6画

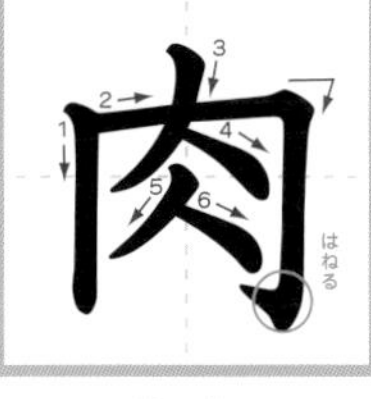

おん ニク
くん ―

書き順 丨 冂 内 内 肉 肉

いみ・ことば

❶にく。にくのようなもの。果肉。牛肉。魚肉。筋肉。精肉。鳥肉。肉厚。肉食（動物の肉を食べること）。肉付き。肉類。

❷直接の。近い。肉眼。肉親（親子・兄弟・姉妹など血のつながりのある人）。肉声。肉筆。

❸人間の体。肉体。

つかいかた

▼牛肉を食べる。

▼肉眼で観察する。

自 6画

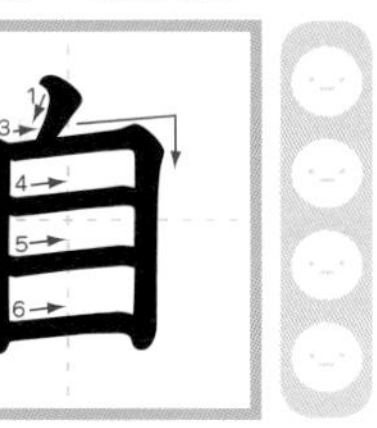

おん ジ・シ
くん みずから

書き順 ′ ľ 白 白 自 自

いみ・ことば

❶みずから。じぶん。各自。自衛。自覚。自画像。自己。自習。自身。自信。自他（自分と他人）。自分。自力。自立。独自。

❷ひとりでに。しぜんに。自生。自然。自転車。自動。自動車。自由。

つかいかた

▼自由に行動する。

▼自ら名乗る。

2年

船　11画

おん　セン
くん　ふね・ふな

書き順

丿 丿 力 力 舟 舟 舟 舟 舟 舟 船

いみ・ことば

❶ふね。　貨物船。汽船。客船。漁船。黒船。乗船。船長。宝船。飛行船。風船。船旅。船着き場。

特別な読み方　船出。船乗り。伝馬船（荷物を運ぶ小さな木の船）。

つかいかた

▼風船で遊ぶ。▼大きな船。▼船旅に出る。

くわしくわかる　**乗りかかった船**　始めてしまったからには、途中でやめられないことのたとえ。

色　6画

おん　ショク・シキ
くん　いろ

書き順

ノ ク 夕 各 各 色

いみ・ことば

❶いろ。　色合い。色鉛筆。色分け。原色。金色（こんじき・きんいろ）。着色。配色。無色。

❷表情。　顔色（がんしょく・かおいろ）。気色（きしょく・けしき）。喜色。難色。

❸ようす。ありさま。　異色。音色（おんしょく・ねいろ）。国際色。特色。

特別な読み方　景色。

つかいかた

▼三色のボールペン。▼洋服の色。▼山頂からの景色。

くわしくわかる　**色眼鏡で見る**　最初から決めつけた、かたよった見方をする。

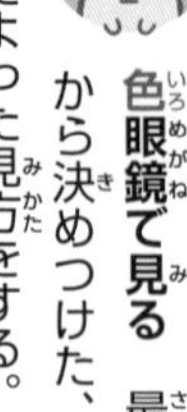

行

6画

書き順：ノ ⺅ 彳 彳 行 行 行

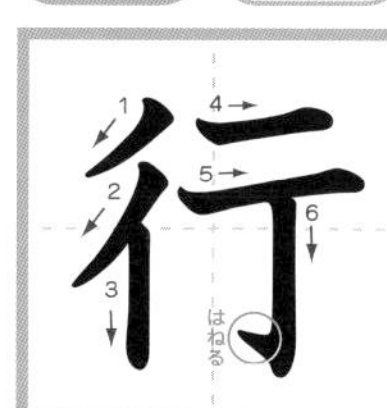

おん コウ・ギョウ・《アン》
くん いく・ゆく・おこなう

いみ・ことば

①いく。ゆく。進む。行き方。行き先。
行き止まり。急行。行進。通行。飛行機。旅行。
②おこなう。する。行事。決行。行動。実行。修行。
③人や文字の並び。改行。行間。行数。行列。
④店。銀行。

特別な読み方 行方。

つかいかた

▼旅行かばん。
▼アリの行列。
▼図書館に行く。

西

6画

書き順：一 丆 丙 丙 西 西

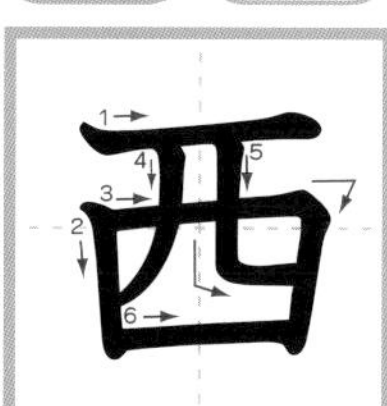

おん セイ・サイ
くん にし

いみ・ことば

①方角のにし。関西地方。西方（さいほう・せいほう）。
西部。大西洋。東西南北。
南西。西側。西日本。西日。北西。
②ヨーロッパやアメリカのこと。
西洋。西暦（キリストの生まれたとされる年を元年とする暦）。

つかいかた

▼西洋の歴史。
▼関西地方に旅行する。
▼西日が当たる。

16画 親

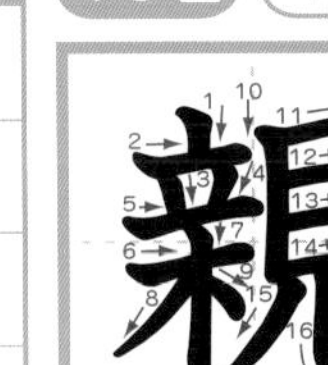

おん シン
くん おや・したしい・したしむ

書き順：丶 亠 亣 立 立 辛 辛 亲 亲 新 新 新 親 親 親 親

いみ・ことば

①おや。親子。親孝行。親心。父親。母親。両親。

②身内。近親。親戚。親類。肉親（親子・兄弟・姉妹など血のつながりのある人）。

③したしい。親愛。親近感。親交。親切。親身。親密。親友。

④中心にある人。親方。親玉。親分。

つかいかた

▼親切にする。

▼親子の写真。

▼親しい友達。

7画 角

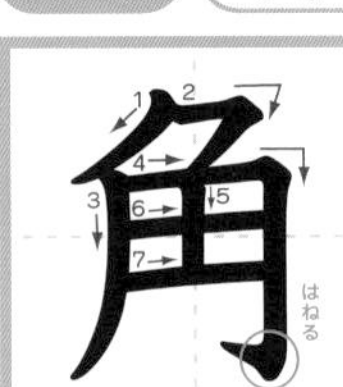

おん カク
くん かど・つの

書き順：ノ ⺈ ⺈ 角 角 角 角

いみ・ことば

①つの。触角。角笛。

②かど。とがったところ。外角。角砂糖。角度。三角形。四角形。対角線。直角。内角。方角。曲がり角。街角。四つ角。

③しかくい。角材。角柱。

つかいかた

▼角度を測る。

▼街角のお店。

▼鹿の角。

くわしくわかる

角が立つ　関係がとげとげしくなる。

言

7画

おん ゲン・ゴン
くん い（う）・こと

書き順：丶 亠 亠 亖 亖 言 言

いみ・ことば

❶いう。のべる。言い方。言い訳。一言（いちげん・いちごん／ひとこと）。他言（他の人に話すこと）。言動。言論。宣言。断言。無言。予言。

❷ことば。言語。言葉。格言。伝言。発言。方言。名言。

つかいかた

▼先生に言う。▼無言で立ち去る。▼発言をする。

くわしくわかる
言語道断　言葉で言い表すことができないほどひどいこと。もってのほか。

計

9画

おん ケイ
くん はか（る）・はか（らう）

書き順：丶 亠 亠 亖 言 言 言 言一 計

いみ・ことば

❶数える。会計。家計。計算。計測。計量。合計。集計。

❷何かをはかる機器。温度計。寒暖計。体温計。体重計。

❸考える。くわだてる。計画。計略。設計。

特別な読み方　時計。

つかいかた

▼時間を見計らう。▼計算をまちがう。

記

10画

おん キ
くん しるす

書き順
丶 亠 亠 言 言 言 言 訁 訂 記

いみ・ことば

①しるす。書き留める。記事。記者。記述。記帳。記入。記名。記録。速記。筆記。表記。明記。

②書いたもの。手記。伝記。日記。旅行記。

③覚える。暗記。記憶。記念。

④印。記号。

つかいかた

▼結果を記録する。

▼住所を記す。

話

13画

おん ワ
くん はなす・はなし

書き順
丶 亠 亠 言 言 言 言 訁 訁 訏 話 話 話

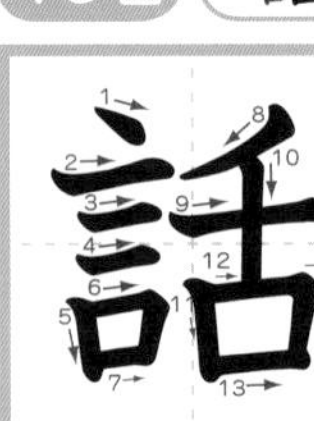

いみ・ことば

①はなす。会話。通話。電話。話し合い。話し言葉。話し手。話術。話題。

②はなし。物語。おとぎ話。神話。童話。民話。昔話。笑い話。

つかいかた

▼電話をかける。

▼みんなで話し合う。

▼話が長い。

くわしくわかる

話がつく 話がまとまる。**話がはずむ** 話題が広がって、楽しい会話が続く。**話にならない** 程度がちがいすぎて比べられない。

語

14画

おん　ゴ

くん　かたる・かたらう

書き順

いみ・ことば

①かたる。はなす。語り口。語り手。私語。物語。

②言葉。英語。外国語。外来語。敬語。言語。語学。語句。国語。修飾語。熟語。主語。述語。単語。日本語。

つかいかた

▼英語を話す。▼体験を語る。▼友達と語らう。

くわしくわかる

語るに落ちる　自分から話しているうちに、うっかり本当のことを言ってしまう。

読

14画

おん　ドク・トク・トウ

くん　よむ

書き順

いみ・ことば

①よむ。愛読。音読。音読み。句読点（文章の「。」と「、」のこと）。訓読み。通読。読点（文章の「、」のこと）。読者。読書。読解。秒読み。読み書き。読み仮名。読み手。読み物。朗読。

特別な読み方　読経。

つかいかた

▼読書の秋。▼新聞を読む。▼音読の宿題。

くわしくわかる

さばを読む　実際とはちがう数を言ってごまかす。

2年

谷　7画

おん《コク》
くん　たに

書き順：丿 八 八 穴 谷 谷 谷

いみ・ことば

❶たに。山と山の間の低くなったところ。
谷風。谷川。谷底。谷間。

つかいかた

▼谷にかかる橋。　▼谷川の魚。

くわしくわかる

「谷」は、「高いものに囲まれた低いところ」という意味でも使われます。「ビルの谷間」「気圧の谷（高気圧にはさまれた気圧の低い部分）」などです。

買　12画

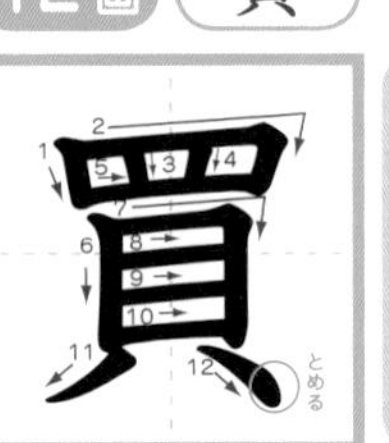

おん　バイ
くん　かう

書き順：丶 冂 冂 冊 罒 罒 罒 罒 罒 買 買 買

いみ・ことば

❶かう。物をかう。買い置き。買い食い。
買い出し。買いだめ。
買い手。買い物。
購買。売買。

つかいかた

▼土地の売買。　▼野菜を買う。

くわしくわかる

うらみを買う　うらみを受ける。**買って出る**　自分から進み出る。**けんかを買う**　しかけられたけんかの相手をする。

走

7画

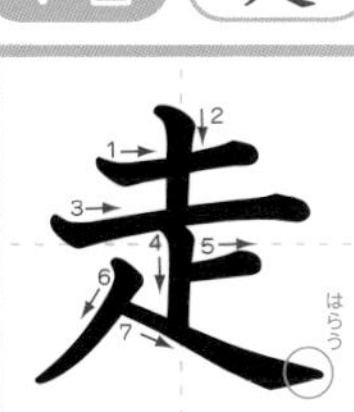

おん ソウ
くん はしる

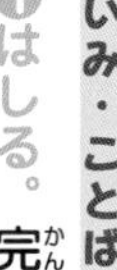

書き順：一 十 土 キ 丰 赱 走

いみ・ことば

①はしる。完走。小走り。助走。走者。徒競走。暴走。力走。

②にげる。脱走。逃走。敗走。

③いそぐ。走り書き（急いで文字を書くこと）。

特別な読み方　師走（しわす）（十二月のこと）。

つかいかた

▼マラソンで完走する。　▼学校まで走る。

くわしくわかる　**悪事千里を走る**　悪い行いは、すぐに世間に広まる。

里

7画

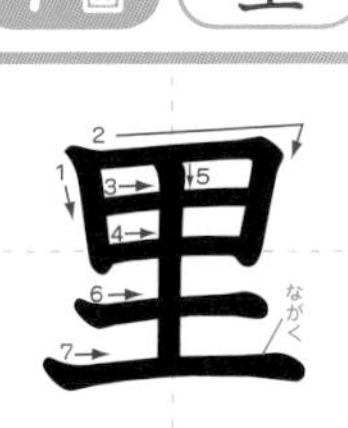

おん リ
くん さと

書き順：丨 冂 日 日 甲 甲 里

いみ・ことば

①さと。人の住むところ。里芋。里山。人里。村里。山里。

②ふるさと。生まれ育ったところ。郷里。里帰り。里心。

③昔の道のりの単位。一里（約4キロメートル）。海里。千里眼。

つかいかた

▼郷里に帰る。

▼静かな山里。

▼母のふる里。

2年

野（11画）

おん ヤ
くん の

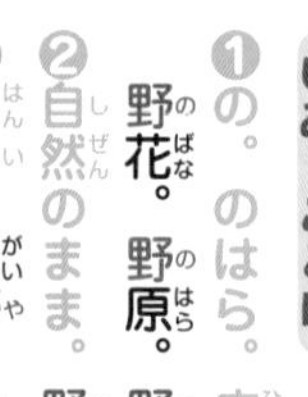

書き順：丨 ㄇ 日 日 甲 甲 里 野 野 野 野

いみ・ことば

❶の。のはら。広々とした土地。山野。野いちご。野花。野原。野道。野山。平野。野球。野菜。
❷自然のまま。野生。野草。野鳥。
❸範囲。外野。視野。内野。分野。
❹大きな。身のほど知らずな。野心。野望。

特別な読み方 野良。

★都道府県名…長野県。

つかいかた

▼野菜サラダ。
▼春の野山。

麦（7画）

おん《バク》
くん むぎ

書き順：一 十 キ 丰 丰 麦 麦

いみ・ことば

❶むぎ。大麦。小麦。小麦粉。麦茶。麦畑。麦わら帽子。

つかいかた

▼冷たい麦茶。
▼麦が実る。
▼小麦粉をまぶす。

長 8画

おん チョウ
くん ながい

書き順

いみ・ことば

①ながい。のびる。延長。気長。成長。長期。長寿。長身。長短。長生き。長年。長話。

②ながさ。身長。全長。体長。波長。

③優れている。長所。特長。

④年上。上に立つ人。委員長。校長。市長。社長。長女。長男。長老。

特別な読み方 八百長。

★都道府県名…長崎県。長野県。

つかいかた

▼校長先生。▼長い紙テープ。

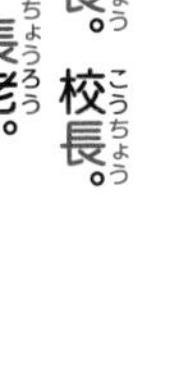

門 8画

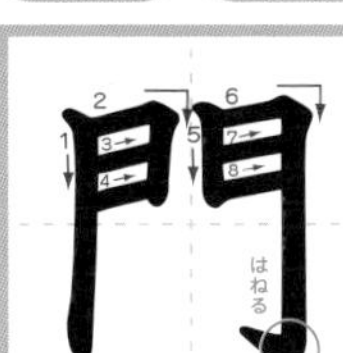

おん モン
くん《かど》

書き順

いみ・ことば

①もん。出入り口。開門。校門。水門。正門。閉門。門戸(家の門とびら)。門番。

②一族。仲間。一門。同門。破門。名門。

③学問などに進む通り道。関門。入門。

④区分け。専門。部門。

つかいかた

▼正門から入る。

くわしくわかる

門外不出 貴重なものを外に出さないこと。

門前払い 訪ねて来た人に会わずに追い返すこと。

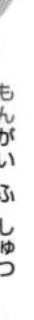

2年

間 12画

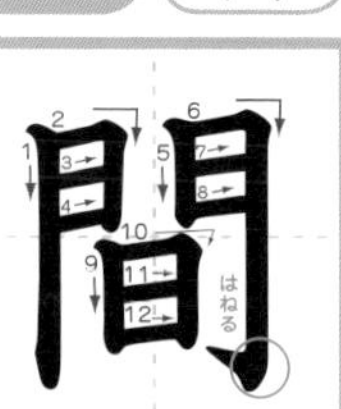

おん カン・ケン
くん あいだ・ま

書き順

いみ・ことば

①あいだ。ある範囲の中。合間。一週間。間食。期間。空間。月間。時間。週間。世間。谷間。中間。仲間。人間。年間。昼間。夜間。林間。

②部屋。板の間。居間。応接間。客間。茶の間。広間。間取り。

つかいかた

▼時間を守る。▼人間の体。

▼冬休みの間。▼電車に間に合う。

2年

雪 11画

おん セツ
くん ゆき

書き順

いみ・ことば

①ゆき。大雪。降雪。粉雪。除雪。積雪（積もった雪）。雪原。初雪。雪かき。雪合戦。雪国。雪景色。雪だるま。雪解け。雪山。

②すすぐ。ぬぐう。雪辱（前に受けたはじを消すこと）。

特別な読み方 雪崩。吹雪。

つかいかた

▼除雪作業をする。▼大雪が降る。▼雪が解ける。

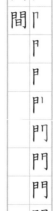

2年

雲　12画

おん　ウン
くん　くも

書き順

いみ・ことば

①くも。雨雲。暗雲。雲海。雲行き。積乱雲。入道雲。飛行機雲。綿雲。

②くものようにもやもやしたもの。星雲。

つかいかた

▼雲海が広がる。▼真っ白な雲。

くわしくわかる

雲の上の人　手が届かないところにいる立派な人。**雲をつかむよう**　ぼんやりとしてとらえどころがなく、はっきりしないこと。

電　13画

おん　デン
くん　―

書き順

いみ・ことば

①でんき。節電。停電。電気。電球。電源。電車。電池。電柱。電灯。電報。電流。電力。電話。発電。

②いなずま。電光。雷電。

③「電報」「電話」の略。祝電。留守電。

④「電車」の略。市電。終電。

つかいかた

▼電車に乗る。

くわしくわかる

電光石火　非常に短い時間や、非常にすばやい動作のこと。

頭（16画）

おん　トウ・ズ・《ト》
くん　あたま・《かしら》

書き順：一 𠃌 亓 㐄 ...

いみ・ことば

❶あたま。石頭（がんこなこと）。
頭上。頭痛。頭脳。頭部。
❷上に立つ人。かしら。教頭。
船頭。頭目。頭領。
❸初め。頭文字。巻頭。先頭。
年頭。目頭。
❹辺り。付近。街頭。店頭。路頭。
❺大きな動物などを数える言葉。頭数。二頭。

つかいかた

▼二頭の牛。▼頭上を見る。▼頭が痛い。

顔（18画）

おん　ガン
くん　かお

いみ・ことば

❶かお。かおのようす。顔合わせ。顔立ち。
顔色（がんしょく・かおいろ）。顔面。新顔。素顔。洗顔。得意顔。
泣き顔。似顔絵。真顔。丸顔。横顔。

特別な読み方　笑顔。

つかいかた

▼洗顔用の石けん。▼顔を見合わせる。

くわしくわかる

顔が売れる　有名になる。**顔が広い**　付き合いが広い。**顔から火が出る**　はずかしくて顔が赤くなる。**顔を出す**　出席する。

風

9画

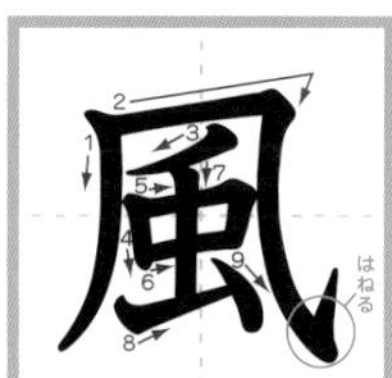

おん　フウ・《フ》
くん　かぜ・かざ

書き順
丿 几 凡 凡 凧 凨 凬 風 風

いみ・ことば

❶かぜ。風向き。風通し。北風。強風。台風。風車（ふうしゃ・かざぐるま）。風船。風力。南風。
❷うわさ。風説。風評。風聞（うわさ）。
❸習わし。しきたり。校風。風紀。風習。風土。
❹おもむき。様子。芸風。古風。作風。風格。風景。風物。風味。風流。洋風。和風。

特別な読み方　風邪。

つかいかた
▼台風が近づく。
▼風が強い。
▼風下に立つ。

食

9画

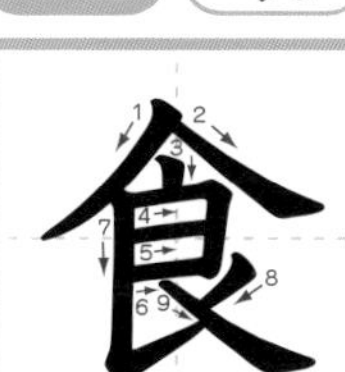

おん　ショク・《ジキ》
くん　くう・《くらう》・たべる

書き順
ノ 𠆢 𠆢 今 今 今 食 食 食

いみ・ことば

❶たべる。たべもの。飲食。大食い。外食（レストランなどで食事をすること）。給食。主食。食育。食後。食事。食前。食堂。食品。食物。食欲。食料。食器。食べ物。朝食。昼食。夜食。夕食。
❷少しずつ欠ける。月食。浸食。日食。

つかいかた
▼外食をする。
▼食いしんぼう。
▼リンゴを食べる。

首

9画

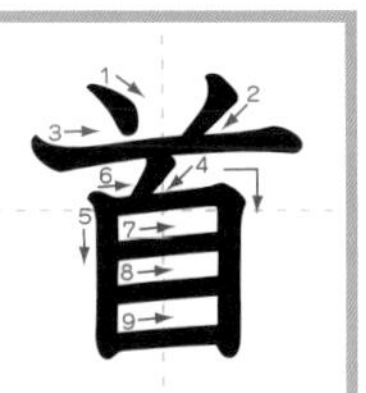

おん シュ
くん くび

書き順：丶 丷 䒑 丷 产 首 首 首 首

いみ・ことば

❶くび。足首。首筋。首輪。手首。
❷はじめ。順位のいちばん上。首位（一位のこと）。首席。首尾。
❸頭。代表となるもの。首相（内閣総理大臣）。首都（国の中心となる都市）。
❹申し出る。自首。首領。党首。部首。
❺短歌などを数える言葉。百人一首。

つかいかた

▼日本の首都は東京。 ▼首をかしげる。

馬

10画

おん バ
くん うま・ま

書き順：丨 冂 冂 冃 甲 馬 馬 馬 馬 馬

いみ・ことば

❶うま。馬小屋。馬とび。馬乗り。絵馬。競馬。子馬。乗馬。竹馬（ちくば・たけうま）。馬車。馬術。馬力。木馬。伝馬船（荷物を運ぶ小さな木の船）。

★特別な読み方 都道府県名…群馬県。

つかいかた

▼カボチャの馬車。 ▼かわいい子馬。

くわしくわかる

馬が合う 気が合う。**野次馬** 自分に関係のないことで、おもしろ半分にさわぐ人。

高　10画

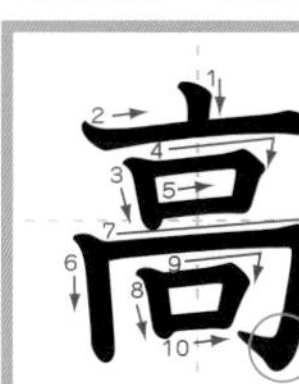

おん　コウ
くん　たかい・たか・たかまる・たかめる

書き順

いみ・ことば

①位置がたかい。高原。高山。高層。高地。高度。高台（高く平らな土地）。標高。
②程度がたかい。高温。高価。高額。高学年。高級。高校。高速。高熱。最高。高値。
③えらそうにする。高圧的。高慢。高飛車。
④かず。金額。売上高。残高。
★都道府県名…高知県。

つかいかた

▼高原の風。
▼値段が高い。

2年

魚　11画

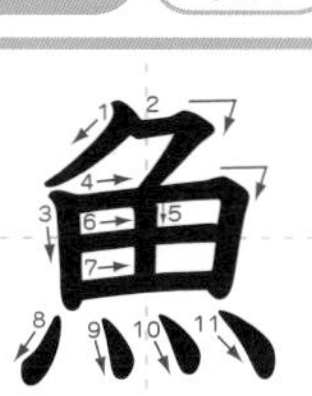

おん　ギョ
くん　うお・さかな

書き順

いみ・ことば

①さかな。魚市場。魚河岸。川魚（かわうお・かわざかな）。魚肉。魚類。金魚。小魚。魚屋。深海魚。人魚。熱帯魚。焼き魚。
②さかなの形をしたもの。木魚。

特別な読み方　雑魚。

つかいかた

▼金魚を飼う。
▼魚市場の見学。
▼小さな魚。

くわしくわかる

魚心あれば水心　相手が好意を示せば、こちらも好意を持って対応するものだ。

鳥

11画

おん　チョウ
くん　とり

書き順：ノ　丫　户　户　户　自　鳥　鳥　鳥　鳥　鳥

いみ・ことば

❶とり。親鳥（おやどり）。小鳥（ことり）。鳥類（ちょうるい）。鳥（とり）かご。鳥小屋（とりごや）。鳥肉（とりにく）。白鳥（はくちょう）。文鳥（ぶんちょう）。水鳥（みずとり）。野鳥（やちょう）。渡（わた）り鳥（どり）。

★都道府県名（とどうふけんめい）…鳥取県（とっとりけん）。

つかいかた

▼湖（みずうみ）の白鳥（はくちょう）。
▼小鳥（ことり）を飼（か）う。

くわしくわかる

立（た）つ鳥跡（とりあと）を濁（にご）さず　立（た）ち去（さ）るものは後始末（あとしまつ）をしていくべきである。

鳴

14画

おん　メイ
くん　なく・なる・ならす

書き順：丨　口　口　口'　口'　口'　口'　口'　口'　口'　鳴　鳴　鳴　鳴

いみ・ことば

❶なく。声（こえ）を出（だ）す。鳴（な）き声（ごえ）。悲鳴（ひめい）。
❷なる。音（おと）がする。海鳴（うみな）り（大波（おおなみ）がくずれて起（お）こる音（おと））。共鳴（きょうめい）。地鳴（じな）り。耳鳴（みみな）り。雷鳴（らいめい）。

つかいかた

▼悲鳴（ひめい）を上（あ）げる。
▼ひよこが鳴（な）く。
▼ベルが鳴（な）る。

くわしくわかる

鳴（な）かず飛（と）ばず　これといった行動（こうどう）や活躍（かつやく）をしていない様子（ようす）。**閑古鳥（かんこどり）が鳴（な）く**　人（ひと）が集（あつ）まらず、さびしい様子（ようす）。

2年

11画 黄

おん《コウ》・オウ
くん き・《こ》

書き順：一 十 廿 廾 共 芇 苗 苗 菁 蕃 黄

いみ・ことば

①き。きいろ。黄金（おうごん・こがね）。黄土色。黄色。**黄ばむ**。**黄身**。**黄緑色**。**卵黄**。

特別な読み方 硫黄。

つかいかた

▼黄土色の絵の具。
▼黄色いタンポポ。

くわしくわかる

黄色い声 子供や女の人のかん高い声。**くちばしが黄色い** 年が若く経験が足りないことを軽んじて言う言葉。

11画 黒

おん コク
くん くろ・くろい

書き順：丨 冂 冃 日 甲 甲 里 里 黒 黒 黒

いみ・ことば

①くろ。くろい。暗黒。黒字（お金がプラスになること）。黒板。黒潮。黒船。黒星（負けのこと）。真っ黒。

②悪い。黒幕。腹黒い。

つかいかた

▼黒板を見る。
▼黒豆を食べる。

くわしくわかる

黒山の人だかり 大勢の人が集まっている様子。
白黒をつける どちらが正しいか決着をつける。

数の四字熟語①

【一】

一意専心　わき目をふらずひたすら一つのことに集中すること。
一念発起　あることをやろうと決意して、熱心に打ちこむこと。
一部始終　物事の始めから終わりまで。
一利一害　良い点も悪い点もあること。
一挙一動　ふるまい。一つひとつの動作。
一挙両得　一つのことをして二つの利益を得ること。一石二鳥。
一件落着　問題となっていた物事が解決し、決着すること。
一刻千金　楽しい時間が、すぐに過ぎ去ってしまうのをおしんで言う言葉。
一切合財（一切合切）　残らずすべて。同じ意味の言葉を重ねて強調したもの。
一進一退　進んだり退いたりする。病状や情勢が良くなったり悪くなったりして、進展がないこと。
一心不乱　一つのことに集中して努力すること。
一致団結　目標に向かって協力すること。
一長一短　良いところもあれば、悪いところもあるということ。長所があれば短所もあるということ。
一刀両断　物事を素速く決断する様子。
開口一番　話し始めるとすぐに。
危機一髪　髪の毛一本ほどのわずかなちがいで危機におちいりそうな危ない状態。
終始一貫　考えや態度が最初から最後までずっと変わらないこと。
真実一路　真心を持ち、それをつらぬいて生きていくこと。
破顔一笑　顔をほころばせて笑うこと。

【二】

二束三文　数が多くても値段の安いもの。

【三】

再三再四　くり返し。何度も何度も。
三寒四温　寒い日が三日ほど、暖かい日が四日ほどくり返される、冬から春先にかけての気候。
三拝九拝　何度も頭を下げてたのむこと。お礼やおわびのときにも使います。
朝三暮四　言葉で人をうまくだますこと。

【四】

四苦八苦　非常に苦労すること。
四六時中　一日中。いつも。

【五】

五里霧中　物事の判断がつかず迷うこと。

【七】

七転八起　何度失敗してもあきらめないこと。七転び八起き。

【八】

岡目八目　当事者よりも、そばで見ている人のほうが正しく判断ができるものだ。

【九】

九死一生　危険な状態から助かること。九死に一生を得る。

三年生で習う漢字 200字

2画
丁 164

4画
予 165　化 171　区 171　反 172

5画
世 164　主 165　仕 166　他 166　代 167　写 169　去 172　号 173　央 177　平 183
打 186　氷 208　礼 209　申 211　由 211　皮 213　皿 213

6画
両 164　全 168　列 169　向 174　安 178　守 178　州 182　式 185　曲 203　有 203
次 207　死 207　羊 220　血 221

7画
住 167　助 170　医 172　君 174　坂 177　対 181　局 181　役 185　投 186　決 187　返 194　究 216　豆 223
身 224

8画
事 166　使 167　具 169　取 173　受 173　命 174　和 175　味 176　委 177　始 178　実 179　定 179　岸 182　幸 183　泳 188　注 188
波 188　油 189　苦 192　所 200　放 200　昔 202　服 204　板 205　物 208　者 210　育 210　表 222

9画
乗 165　係 168　品 175　客 179　屋 181
度 184　待 185　指 186　持 187　拾 187　洋 189　送 194　追 194　急 198　昭 202　柱 205　炭 208　神 209　界 211　畑 212　発 212　県 214　相 214
研 215　秒 216　級 219　美 220　負 223　重 226　面 228

10画
倍 168　勉 170　員 175　宮 180　島 182　庫 184　庭 184　消 189　流 190　荷 192
速 195　院 197　息 198　旅 201　根 205　病 212　真 214　起 224　酒 226　配 226

11画
動 170　商 176　問 176　宿 180　帳 183　深 190　進 195
都 196　部 196　悪 198　族 201　球 209　祭 215　章 216　第 217　笛 217　終 219　習 221　転 225

12画
勝 171　寒 180　温 190　湖 191　港 191
湯 191　葉 193　落 193　運 195　遊 196　階 197　陽 197　悲 199　暑 202　期 204　植 206　登 213　短 215　童 217　等 218　筆 218　着 221　軽 225
開 227　集 228　飲 228　歯 230

13画
漢 192　意 199　感 199　想 200　暗 203　業 204　福 210　詩 222　路 224　農 225　鉄 227

14画
様 206
緑 219　練 220　銀 227　駅 229　鼻 230

15画
横 206　箱 218　談 222　調 223

16画
薬 193　整 201　橋 207　館 229

18画
題 229

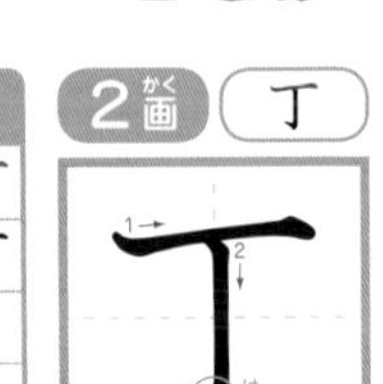

丁　2画

おん　チョウ・《テイ》
くん　―

書き順　一　丁

いみ・ことば

❶町や村の区分。丁目。横丁。
❷豆腐や道具などを数える言葉。一丁。半丁。
❸書物の紙。装丁。落丁。乱丁。
●その他の言葉。丁度。丁寧。包丁。

つかいかた

▼五丁目に住んでいる。
▼包丁で野菜を切る。

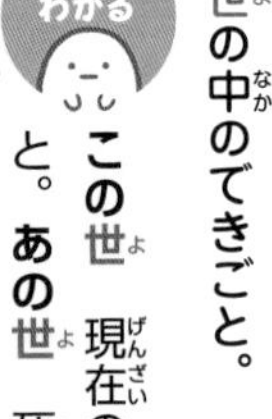

世　5画

おん　セイ・セ
くん　よ

書き順　一　十　廾　廿　世

いみ・ことば

❶よの中。出世。世界。世間。世情。世帯。世論（せろん・よろん）。世話。世渡り。
❷時代。近世。後世。世紀。中世。
❸人の一生。一世一代。世代。二世。

つかいかた

▼中世の歴史を学ぶ。
▼世界地図。
▼世の中のできごと。

くわしくわかる
この世　現在の世の中のこと。**あの世**　死んだ後の世界のこと。

両　6画

おん　リョウ
くん　―

書き順　一　ｰ　冂　帀　両　両

いみ・ことば

❶ふたつ。両側。両者。両親。両生類。両手。両方。両面。両立。
❷車を数える言葉。車両。八両編成。四両目。
❸昔のお金の単位。千両箱。両替。

つかいかた

▼両手に荷物を持つ。
▼十両編成の電車。

くわしくわかる
両手に花　二つのすばらしいものを同時に手に入れることのたとえ。

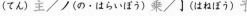

5画 主

おん シュ・《ス》
くん ぬし・おも

書き順 丶 亠 亍 主 主

いみ・ことば

❶あるじ。もちぬし。飼い主。主人。店主。持ち主。家主。
❷中心の。おもな。主演。主食。主人公。主題。主役。主要。
❸中心となって働きかけるもの。主観。主義。主体。主張。

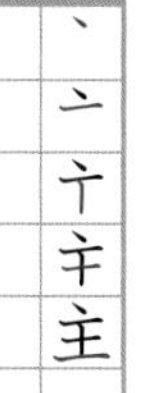

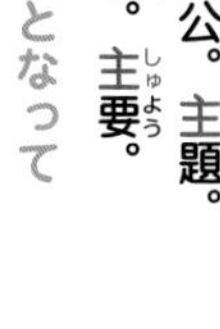

つかいかた

▼ドラマの主役。
▼犬の飼い主。
▼主な登場人物。

9画 乗

おん ジョウ
くん のる・のせる

書き順 一 二 三 丰 乒 乓 乖 乗 乗

いみ・ことば

❶のる。乗員。乗客。乗車。乗船。乗務員。乗用車。乗り気。乗り物。
❷かけ算。乗除（かけ算と割り算）。乗数。乗法。
❸うまく利用する。乗じる。便乗。

つかいかた

▼乗車券を買う。▼電車に乗る。
▼車に乗せる。

くわしくわかる

乗りかかった船　一度関わったら、途中ではやめられないことのたとえ。

4画 予

おん ヨ
くん ——

書き順 ㇇ マ 乛 予

いみ・ことば

❶あらかじめ。前もって。予感。予言。予告。予算。予習。予想。予測。予定。予備。予報。予防。予約。
❷ゆっくりする。ゆとりをおく。猶予（行う日時を先に延ばすこと）。

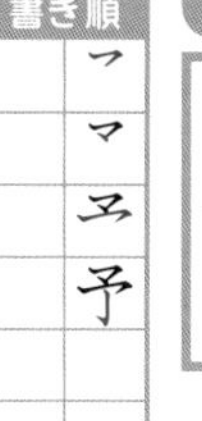

つかいかた

▼来週の予定。▼明日は雨の予報。

事

8画

おん ジ・《ズ》
くん こと

書き順：一 ㇐ ㇒ ㇓ 写 写 写 事

いみ・ことば

❶ことがら。できごと。
火事。行事。事柄。
事件。事故。事後。
事実。事情。事前。
事態。大事。無事。
返事。物事。用事。

❷しごと。家事。幹事。
工事。事業。仕事。
事務。知事。理事。

つかいかた
▼事件を解決する。
▼物事をよく考える。

仕

5画

おん シ・《ジ》
くん つかえる

書き順：ノ 亻 仁 什 仕

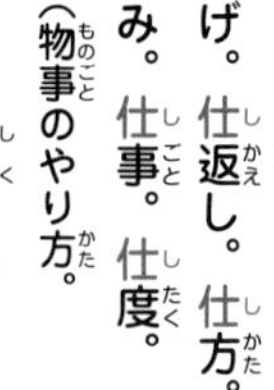

いみ・ことば

❶つかえる。給仕。
仕官（役人になること）。
奉仕。

❷する。おこなう。
仕上げ。仕返し。仕方。
仕組み。仕事。仕度。
仕様（物事のやり方。
製品などの仕組み）。
仕業。

つかいかた
▼日直の仕事をする。
▼王様に仕える。

他

5画

おん タ
くん ほか

書き順：ノ 亻 仂 仲 他

いみ・ことば

❶ほかの。別の。
自他。他意。他校。
他国。他言。他社。
他者。他人。他力。

つかいかた
▼他国の人。
▼他の車に乗る。

くわしくわかる

他山の石　他人の良くない行いや言葉も、自分をみがくのに役に立つというたとえ。

他言無用　他の人に言ってはいけないということ。

代

5画

代

おん ダイ・タイ
くん かわる・かえる・よ・《しろ》

書き順
ノ 亻 仁 代 代

いみ・ことば

❶かわる。かわり。入れかわる。交代。代筆。代表。代用。代理。身代わり。
❷かわりに渡すお金。代金。本代。
❸時の流れの決まった期間。時間の区切り。現代。古代。時代。年代。
❹ある人があるじでいる間。一代。初代。世代。先祖代々。先代。歴代。
❺年れいの区切り。十代。二十代。

つかいかた

▼平安時代の歴史。
▼当番を交代する。
▼母の代わりに料理をする。

住

7画

住

おん ジュウ
くん すむ・すまう

書き順
ノ 亻 亻 仁 仁 住 住

いみ・ことば

❶すむ。移住。衣食住。永住。住居。住所。住宅。住人。住民。住まい。住み心地。定住。

つかいかた

▼自宅の住所。
▼駅の近くに住む。
▼新しい住まい。

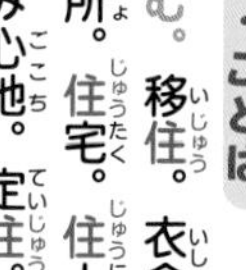

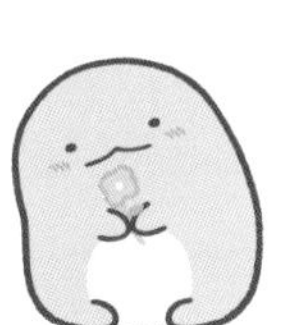

くわしくわかる
住めば都 どんな所でも、住んでいればそのうちに、都のように居心地良く感じられるものだ。

使

8画

使

おん シ
くん つかう

書き順
ノ 亻 仁 仁 佢 佢 使 使

いみ・ことば

❶つかう。用いる。行使。使用。使い道。
❷つかいの人。遣唐使。使者。使節。使命。大使。使い走り。天使。特使。

つかいかた

▼自転車を使用する。
▼ボールを使う。

係 9画

おん ケイ
くん かかる・かかり

書き順 ノ イ 仁 仫 伾 伛 俘 係 係

いみ・ことば

❶かかわる。関係。無関係。連係。

❷受け持ち。かかり。係員。係長。給食係。

つかいかた

▼連係プレー。
▼命に係る問題。
▼係の仕事をする。

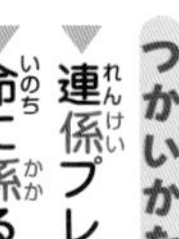

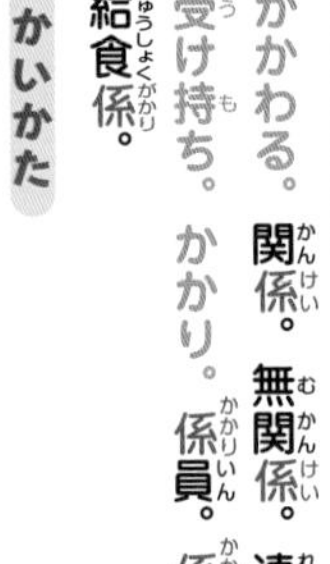

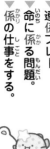

倍 10画

おん バイ
くん ―

書き順 ノ イ 亻 仁 仕 位 位 倍 倍 倍

いみ・ことば

❶ばい。もとの数を同じだけ増やす。倍加。倍返し。倍額。倍増。人一倍。

❷かける。増やす。三倍。倍数。倍率。

つかいかた

▼人一倍勉強する。
▼倍の大きさになる。
▼倍率が高い。

全 6画

おん ゼン
くん まったく・すべて

書き順 ノ 八 亼 今 全 全

いみ・ことば

❶まったく。すべて。安全。完全。健全。全域。全員。全額。全巻。全権。全校。全国。全集。全身。全然。全体。全長。全部。全面。全力。万全。

つかいかた

▼クラス全員。
▼全く同じ洋服。
▼朝食を全て食べる。

くわしくわかる

完全無欠 全く欠点や不足がない様子。

8画 具

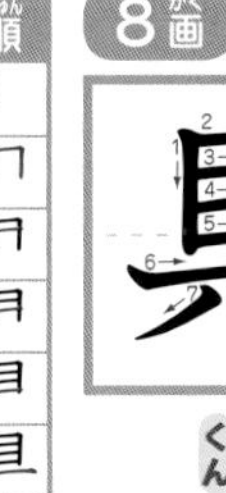

おん グ
くん ―

書き順：丨 冂 冃 月 目 且 具 具

いみ・ことば

❶どうぐ。雨具。家具。金具。器具。道具。文房具。用具。

❷そろっている。具体。具体的。具備。

❸料理で使う食材。カレーの具。具材。具だくさん。

●その他の言葉。具合。

つかいかた

▼道具を準備する。

▼具だくさんのカレー。

▼具合が良くなる。

5画 写

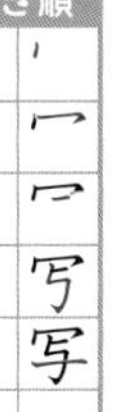

おん シャ
くん うつす・うつる

書き順：丶 冖 冖 写 写

いみ・ことば

❶文字や絵をかきうつす。写実。写生。写本。書写。転写。複写。模写。

❷写真や映画をとる。映写。写真。接写。連写。

つかいかた

▼家族の写真。

▼文字を書き写す。

くわしくわかる

「写す」は、写真など形をそのままうつし取るとき、「映す」は、映像など光や影をうつし出すときに使います。

6画 列

おん レツ
くん ―

書き順：一 ア 歹 歹 歹 列

いみ・ことば

❶れつ。ずらりとならぶ。連ねる。行列。後列。整列。前列。列記。列挙。列車。列島。

❷多くの。いくつかの。列強。列国。

❸参加する。参列。

❹順番。序列。列席。

つかいかた

▼三列に並ぶ。

▼列車が出発する。

▼日本列島。

3年

7画 助

おん ジョ
くん たすける・たすかる・《すけ》

書き順：丨 ⺆ 冂 月 目 助 助

いみ・ことば

①たすける。援助。介助。救助。助演。助言。助詞。助手。助走。助長（成長を助けること）。助動詞。助け船。手助け。補助。

つかいかた

▼けが人を救助する。
▼困っている人を助ける。

くわしくわかる

天は自ら助くる者を助く 人にたよらないで自分で努力する人には、天が力を貸し、幸福を授けてくれる。

10画 勉

おん ベン
くん ―

書き順：ノ ⺈ ⺈ 各 各 各 免 免 勉 勉

いみ・ことば

①つとめる。はげむ。勤勉（仕事や勉強にはげむこと）。勉学。勉強。

つかいかた

▼勤勉な役人。
▼国語の勉強をする。
▼勉学にはげむ。

くわしくわかる

漢字の成り立ち 力をこめて出すという意味の「免」と、「力」を合わせて、つとめる、はげむという意味になりました。

11画 動

おん ドウ
くん うごく・うごかす

書き順：一 二 千 台 旨 旨 重 重 重 重 動

いみ・ことば

①うごく。うごかす。移動。運動。活動。自動。手動。電動。動員。動画。動作。動物。動脈。動力。
②心のうごき。感動。動転。動揺。
③人のふるまい。言動。行動。動機。

つかいかた

▼大きな動物。
▼電車が動く。
▼机を動かす。

くわしくわかる

食指が動く 食欲が出る。何かをしたい気持ちになる。

3年

12画 勝

おん ショウ
くん かつ・《まさる》

書き順：丿 月 月 月 月' 月'' 胖 胖 胖 胖 勝 勝

いみ・ことば

❶かつ。圧勝。勝ち気。決勝。勝因。勝算。勝者。勝敗。勝負。勝利。勝率。全勝。必勝。優勝。楽勝。

❷すぐれている。景勝地。健勝。名勝。

つかいかた

▼勝利を収める。 ▼試合に勝つ。

くわしくわかる

勝負は時の運　その時の運もあるので、必ず実力のあるものが勝つとは限らないこと。

先手必勝　先に戦いをしかければ、必ず勝てるということ。

4画 化

おん カ・《ケ》
くん ばける・ばかす

書き順：ノ イ 亻' 化

いみ・ことば

❶かわる。別のものになる。悪化。温暖化。化学。化石。強化。近代化。消化。進化。変化（へんか・へんげ）。文化。

❷ばける。姿をかえる。お化け。化粧。化身。化け物。

❸教え導く。感化。教化。

つかいかた

▼気温が変化する。

▼お化けの話。

くわしくわかる

千変万化　さまざまに変化すること。

4画 区

書き順：一 フ ヌ 区

いみ・ことば

❶くぎる。くぎり。学区。区域。区画。区間。区切り。区分。区別。地区。

❷大きな都市を「区」に分けたもの。区長。区民。区役所。中央区。東京二十三区。

つかいかた

▼部屋を区切る。

▼大きさで区別する。

医　7画

おん　イ
くん　―

書き順　一 丆 匸 三 ⺕ 矢 医

いみ・ことば

❶病気を治す。
医院。医学。
医術。医薬品。
医療。

❷病気を治す人。
医師。医者。
外科医。校医。
主治医。内科医。
歯医者。名医。

つかいかた

▼医学を学ぶ。
▼医者になる。

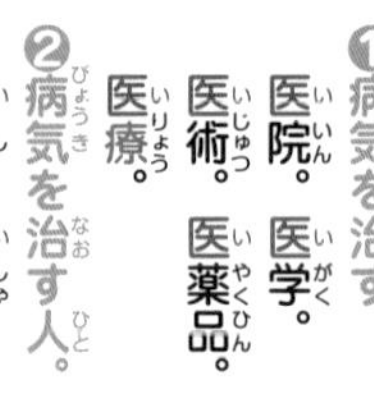

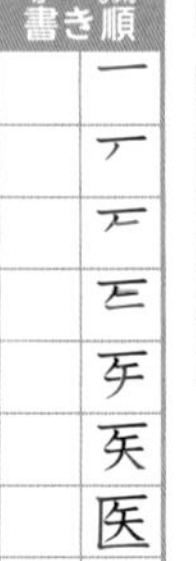

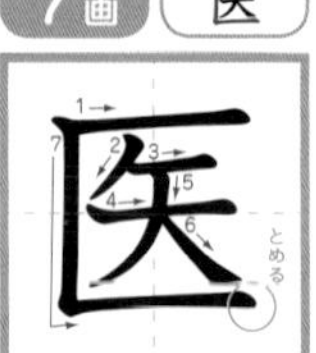

去　5画

おん　キョ・コ
くん　さる

書き順　一 十 土 去 去

いみ・ことば

❶さる。はなれる。死去。辞去。退去。

❷時が過ぎる。過去。去年。

❸取り除く。消去。除去。

つかいかた

▼データを消去する。
▼過去のできごと。
▼台風が過ぎ去る。

くわしくわかる
去る者は追わず　自分からはなれていく人は、無理に追いかけない。対のことわざに「来る者はこばまず」があります。

反　4画

おん　ハン・《ホン》・《タン》
くん　そる・そらす

書き順　一 厂 反 反

いみ・ことば

❶元にもどる。はね返る。反映。反射。
反省。反動。反応。反復。反論。

❷逆になる。ひっくり返る。反対。
反転。反面。

❸そむく。逆らう。違反。反感。反逆。
反抗。反骨。反社会。反戦。反則。
反発。反乱。

❹そる。そらす。反り身。

つかいかた

▼光が反射する。
▼板が反る。
▼体を反らす。

取　8画

おん　シュ
くん　とる

書き順：一 厂 F F E 耳 取 取

いみ・ことば

❶手にとる。自分のものにする。
受け取る。採取。取っ手。取材。取捨。取水。取得。

★都道府県名…鳥取県。

つかいかた

▼資格を取得する。
▼商品を手に取る。

くわしくわかる

取るに足らない　取り上げるだけの価値がない。**取捨選択**　必要なものを取り、不要なものを捨てて選ぶ。

受　8画

おん　ジュ
くん　うける・うかる

書き順：一 𠂉 ⺈ ⺤ ⺤ 爫 受 受

いみ・ことば

❶うけとる。もらう。
受け答え。受付。受け付ける。受取。受け取る。受験。受講。受信。受注。受理。受話器。

★「受付」「受取」は送り仮名をつけません。

つかいかた

▼メールを受信する。
▼手紙を受け取る。
▼受付で名前を書く。

号　5画

おん　ゴウ
くん　―

書き順：丨 口 口 旦 号

いみ・ことば

❶さけぶ。大声で呼ぶ。号泣。号令。
❷合図。しるし。暗号。記号。信号。等号。不等号。
❸呼び名。元号（平成、令和など、日本の時代の名前）。称号。年号。屋号。
❹乗り物などの名前につける言葉。のぞみ号。はやぶさ号。
❺順序を表す言葉。号外。号数。第一号。番号。

つかいかた

▼号令をかける。
▼自宅の電話番号。

6画 向

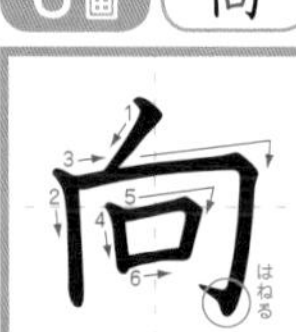

おん コウ
くん むく・むける・むかう・むこう

書き順 ノ 丿 冂 向 向 向

いみ・ことば

①むかう。進む方。向学。向上（より良くなること）。向かい風。

②考えや動きのむき。意向。傾向。動向。方向。

つかいかた

▼学力が向上する。
▼右を向く。
▼向かいの家。

くわしくわかる

向こう見ず 後先をよく考えずに行動する様子。また、その人。

7画 君

おん クン
くん きみ

書き順 フ ヨ ヨ 尹 尹 君 君

いみ・ことば

①友達や目下の人を親しんで呼ぶ言葉。諸君。鈴木君。

②国や領地を治める人。立派な人。君子。君主。名君。

③人を敬っていう言葉。父君。母君。若君。

つかいかた

▼主君に従う。
▼佐藤君と遊ぶ。
▼君の意見を聞く。

8画 命

おん メイ・《ミョウ》
くん いのち

書き順 ノ 人 亼 亼 合 合 命 命

いみ・ことば

①いのち。命がけ。命綱。救命。人命。生命。命日。余命。

②言いつける。使命。任命。命令。用命。

③名付ける。命名。

④めぐり合わせ。運命。宿命。命運。

つかいかた

▼王様が命令を下す。
▼命を大切にする。

くわしくわかる

絶体絶命 追いつめられて、にげられないこと。

和　8画

おん　ワ・《オ》
くん　《やわらぐ》・《やわらげる》・《なごむ》・《なごやか》

書き順　ノ 二 千 禾 禾 和 和 和

いみ・ことば

❶おだやか。やわらぐ。温和。平和。和親。和平。
❷仲良くする。不和。和解。和議。
❸合わせる。唱和。調和。和音。和声。
❹足し算の答え。三と五の和。総和。
❺日本。和歌。和語。和紙。和式。和室。和食。和風。和服。和訳。

特別な読み方　日和。大和。
★都道府県名…和歌山県。

つかいかた

▼平和を願う。
▼和食を食べる。

品　9画

おん　ヒン
くん　しな

書き順　丨 口 口 口 口 口 口 品 品

いみ・ことば

❶しなもの。景品。作品。品数。品切れ。品物。商品。食料品。新品。製品。品質。薬品。
❷種類。品詞。品種。品目。
❸人や物の値打ち。気品。下品。上品。品位。品格。品性。

つかいかた

▼作品を展示する。
▼品物を送る。

くわしくわかる
品行方正　行いが正しく、立派な様子。

員　10画

おん　イン
くん　——

書き順　丨 冂 口 尸 目 目 目 員 員 員

いみ・ことば

❶人や物の数。員数。欠員。乗員。全員。定員。満員。
❷仕事などについている人。メンバー。委員。駅員。会員。係員。議員。教員。職員。店員。役員。

つかいかた

▼プールが満員になる。
▼委員会の会議に出る。
▼クラス全員が集まる。

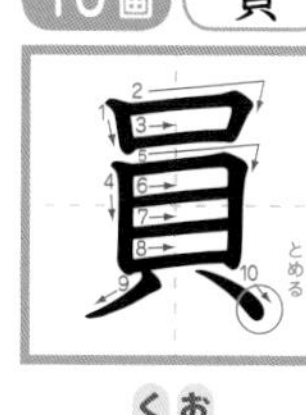

3年

11画 商

おん ショウ
くん《あきなう》

書き順：商　丶 亠 亣 产 产 产 产 商 商 商 商

いみ・ことば

❶物の売り買い。商家。商業。商社。商船。商談。商店。商店街。商人。商売。商標(商品のトレードマーク)。商品。商用。

❷割り算の答え。六割る二の商は三。

つかいかた

▼新しい商品を試す。

▼商店街で買い物する。

▼商を求める。

11画 問

おん モン
くん とう・とい・とん

書き順：問　丨 冂 冂 冂 門 門 門 門 問 問 問

いみ・ことば

❶とう。わからないことをたずねる。学問。疑問。質問。設問。問い合わせる。問いただす。難問。不問。問題。問答。

❷訪れる。慰問。弔問。訪問。

●その他の言葉。問屋。

つかいかた

▼難しい問題を解く。

▼やり方を問う。

▼原因を問いただす。

くわしくわかる

学問に王道なし　学問を身につける安易な方法はない。

8画 味

おん ミ
くん あじ・あじわう

書き順：丨 口 口 口 口 吽 味 味

いみ・ことば

❶あじ。舌で感じるあじわい。味付け。味見。後味。調味料。美味。風味。味覚。

❷おもむき。物事の内容。意味。興味。趣味。

❸感じとる。吟味。味読。

❹仲間。一味。味方。

特別な読み方　三味線。

つかいかた

▼ファッションに興味がある。

▼味見をする。

▼手料理を味わう。

7画 坂

おん《ハン》
くん さか

書き順：一 十 土 圡 圿 坂 坂

いみ・ことば

❶さか。かたむいている道。
下り坂。坂道。上り坂。

つかいかた

▼坂が多い町。
▼坂道を下る。

くわしくわかる 漢字の成り立ち　「土（つち）」と「反（そりかえる）」を組み合わせて、かたむいた地面である「坂」を表した漢字です。「大阪」は、昔は「大坂」と書いていました。

5画 央

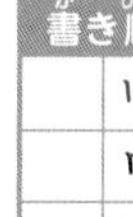

おん オウ
くん ―

書き順：丨 冂 口 央 央

いみ・ことば

❶真ん中。中心。県央（県の中央部）。震央（地震で震源の真上の地表の地点）。中央。

つかいかた

▼県央にある町。
▼校庭の中央に立つ。

8画 委

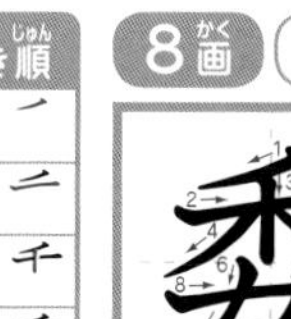

おん イ
くん ゆだねる

書き順：一 二 千 千 禾 秂 委 委

いみ・ことば

❶まかせる。委員。委託。委任。
❷くわしい。委細。

つかいかた

▼学級委員になる。
▼判断を委ねる。

くわしくわかる 委曲を尽くす　説明をくわしくして、細かい点まで明らかにすること。「委曲」とは、細かくくわしいこと。

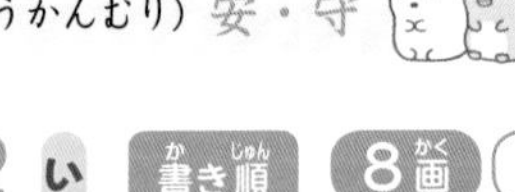

8画 始

おん シ
くん はじめる・はじまる

いみ・ことば

❶はじめる。はじまる。 開始。事始め。始球式。始業。始動。創始者。

❷はじまり。 原始。始終（いつも、絶えず）。始発。始末。終始（始めから終わりまで。ずっと）。年始。

つかいかた

▼始発の電車に乗る。
▼新学期が始まる。

くわしくわかる
一部始終 物事の始めから終わりまで。

6画 安

おん アン
くん やすい

いみ・ことば

❶おだやか。落ち着いている。 安心。安静。安全。安置。安定。安否。治安。不安。

❷簡単。 安易。安産。安直。

❸値段がやすい。 安価。円安。格安。安売り。安値。安物。割安。

●その他の言葉。 目安。

つかいかた

▼安全な場所。
▼安易な考え。
▼安らかな気持ち。
▼野菜が安い。

6画 守

おん シュ・ス
くん まもる・《もり》

いみ・ことば

❶まもる。防ぐ。 看守。厳守。固守。死守。守衛。守護。守備。保守。守り神。留守。

❷世話をする人。 子守。灯台守。墓守。

★「子守」「灯台守」「墓守」は送り仮名をつけません。

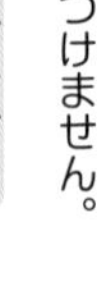

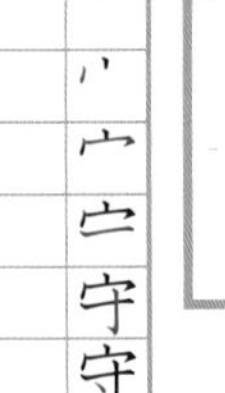
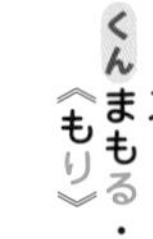

つかいかた

▼守備をかためる。
▼留守番をする。
▼ルールを守る。

8画　実

おん　ジツ
くん　み・みのる

書き順：丶 丷 宀 宀 宀 宣 実 実

いみ・ことば

①みのる。木や草のみ。果実。結実。
②本当のもの。確実。現実。事実。実演。実家。実感。実権。実験。実現。実行。実際。実在。実習。実体。実態。実物。実名。実用。実力。実話。真実。着実。無実。
③まごころ。実直。誠実。忠実。
④中身。正味。実質。名実。
⑤血のつながる。実子。実父。実母。

つかいかた

▼実際に起こったできごと。
▼たくさん実がなる。　▼実りの秋。

8画　定

おん　テイ・ジョウ
くん　さだめる・さだまる・《さだか》

書き順：丶 丷 宀 宀 宀 宇 定 定

いみ・ことば

①さだめる。さだまる。規定。決定。検定。限定。指定。設定。測定。断定。特定。未定。予定。
②落ち着く。安定。固定。定着。定番。定評。平定。
③決まっている。定規。定位置。定員。定価。定期。定休日。定食。
④変わらない。一定。定温。定理。

つかいかた

▼とんかつ定食。
▼定規を使う。
▼目標を定める。

9画　客

おん　キャク・《カク》
くん　——

書き順：丶 丷 宀 宀 ⺈ 客 客 客 客

いみ・ことば

①訪ねて来た人。客室。客人。客間。先客。来客。
②お金を払って何かをする人。買い物客。観客。客席。客船。乗客。
③自分とは別のもの。相対するもの。客観。

つかいかた

▼お客さんが来る。
▼劇場の客席。

くわしくわかる
千客万来　たくさんの客が次々と来ること。

3年

10画 宮

おん キュウ・《グウ》・《ク》
くん みや

書き順

いみ・ことば

①天皇や王の住まい。王宮。宮中。宮廷。宮殿。宮仕え。
②神社。宮司。宮大工。宮参り。
③皇族の呼び名。宮家。宮様。
★都道府県名…宮城県。宮崎県。

つかいかた

▼宮中の行事。
▼お宮参りに行く。

11画 宿

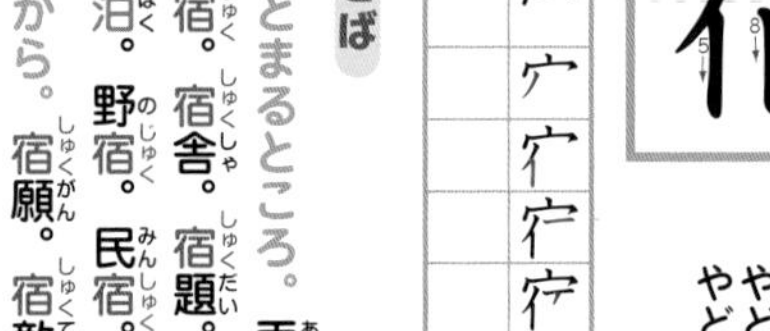

おん シュク
くん やど・やどる・やどす

書き順 宿

いみ・ことば

①とまる。とまるところ。雨宿り。合宿。下宿。宿舎。宿題。宿直。宿場。宿泊。野宿。民宿。宿屋。
②ずっと前から。宿願。宿敵。宿望。宿命。

つかいかた

▼宿題が多い。　▼雨宿りする。

くわしくわかる

漢字の成り立ち　「宀（家）」の下に、「亻（人）」と「丙（百）」（寝具）を組み合わせて、「とまる」を表しました。

12画 寒

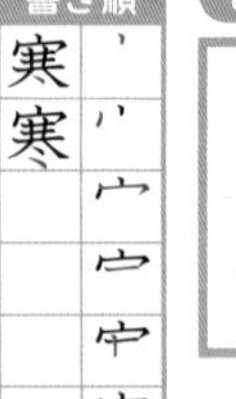

おん カン
くん さむい

書き順 寒 寒

いみ・ことば

①さむい。寒気。寒暑。寒暖。寒波。寒風。寒流。寒冷。極寒。寒空。防寒。
②さびしい。寒村。

つかいかた

▼防寒対策をする。
▼寒い日が続く。

くわしくわかる

三寒四温　寒い日が三日ほど、暖かい日が四日ほどくり返されながら、やがて春になるということ。

対　7画

おん　タイ・《ツイ》
くん　―

書き順　丶 亠 ナ 文 文 対 対

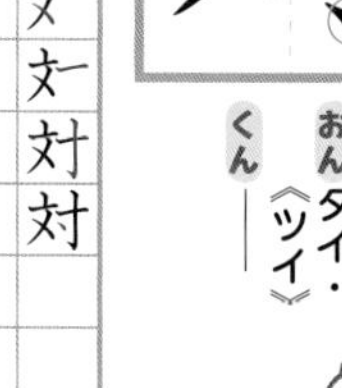

いみ・ことば

①向かい合う。対応。対外。対角線。対岸。対局。対決。対象。対戦。対談。対面。対立。対話。敵対。反対。

②並べて比べる。対策。対照。対等。対比。

③つい。二つで一組のもの。一対。対句。

つかいかた

▼ゲームで対戦する。
▼一対一で話し合う。

局　7画

おん　キョク
くん　―

書き順　㇕ コ 尸 局 局 局 局

いみ・ことば

①区切る。限られた場所。局限。局所。局地。局番。局部。

②仕事を区分してあつかう所。局員。局長。支局。事務局。水道局。テレビ局。薬局。郵便局。

③物事の成り行き。局面。結局。時局。政局。大局。難局。

④碁や将棋などの勝負。対局。

つかいかた

▼局地的に大雨が降る。
▼郵便局に行く。
▼結局、仲直りした。

屋　9画

おん　オク
くん　や

書き順　㇕ コ 尸 尸 层 层 屋 屖 屋

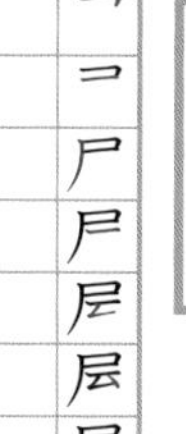

いみ・ことば

①家。建物。屋外。屋内。家屋。小屋。

②やね。屋上。屋根。屋根裏。

③仕事や店の呼び名。魚屋。問屋。本屋。

④人の性質を表すときにつける言葉。気分屋。はずかしがり屋。

特別な読み方　母屋（家の中で中心となる建物）。数寄屋・数奇屋。部屋。八百屋。

つかいかた

▼屋外で遊ぶ。
▼屋根を修理する。
▼本屋さんに行く。

3年

8画 岸

おん ガン
くん きし

書き順：丨 山 山 岂 岸 岸 岸 岸

いみ・ことば

①きし。水際。沿岸。海岸。川岸。岸辺。対岸。向こう岸。

特別な読み方 河岸。

つかいかた

▼海岸で遊ぶ。
▼向こう岸に行く。

くわしくわかる
対岸の火事 自分には関係がなく、何の苦痛もないことのたとえ。

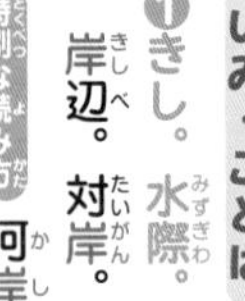

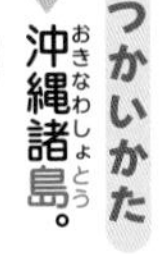

10画 島

おん トウ
くん しま

書き順：丿 亻 白 白 白 鳥 鳥 鳥 島 島

いみ・ことば

①しま。群島。島国。諸島。島民。半島。無人島。列島。

★都道府県名… 鹿児島県。島根県。徳島県。広島県。福島県。

つかいかた

▼沖縄諸島。
▼南の島。

くわしくわかる
取りつく島もない 相手の態度が冷たく、話を進めるきっかけが見つからない。

6画 州

おん シュウ
くん 《す》

書き順：丶 丿 少 州 州 州

いみ・ことば

①す。川や海に砂がたまって、島のようになっている所。三角州。中州。

②陸地。大陸。欧州(ヨーロッパのこと)。九州。本州。

③日本の昔の行政区画。奥州。信州。長州。

④アメリカなどの行政区画。州知事。ワシントン州。

つかいかた

▼九州を走る新幹線。
▼本州と四国を結ぶ橋。

11画 帳

おん チョウ
くん ——

書き順：丨 冂 巾 巾 巾 巾 帄 帐 帳 帳 帳

いみ・ことば

①ノート。
記帳。台帳。帳消し。帳面。通帳。手帳。日記帳。

②幕。カーテン。
開帳。どん帳。

特別な読み方 蚊帳。

つかいかた

▼銀行の通帳。
▼今年の手帳。

5画 平

おん ヘイ・ビョウ
くん たいら・ひら

書き順：一 丆 冖 ㇴ 平

いみ・ことば

①たいら。高低がない。
水平。平泳ぎ。平屋（一階建ての住宅）。平行。平地。平面。平野。

②おだやか。
平気。平静。平然。平和。太平。平安。

③等しい。かたよりがない。
公平。平等。平均。

④普段。普通。
平社員。平日。平常。

つかいかた

▼平和な暮らし。 ▼平等に分ける。
▼平らな地形。 ▼平泳ぎを練習する。

8画 幸

おん コウ
くん さいわい・《さち》・しあわせ

書き順：一 十 土 圡 幸 幸 幸 幸

いみ・ことば

①しあわせ。
幸運。幸福。多幸。不幸。

②天皇が出かけること。
行幸。巡幸。

つかいかた

▼幸運にめぐまれる。
▼幸せをつかむ。
▼幸い、けがをしなかった。

くわしくわかる

幸か不幸か 良いことか悪いことか分からないけれど。**不幸中の幸い** 不幸なできごとの中で、なぐさめとなるようなこと。

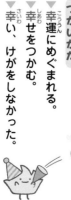

9画 度

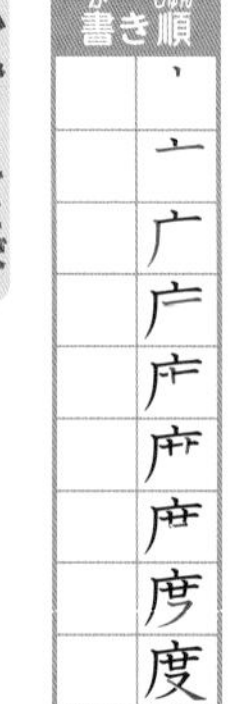

おん ド・《ト》・《タク》
くん 《たび》

書き順 ` 亠 广 户 庐 庐 庐 庐 度

いみ・ことば

❶はかる単位。温度。角度。速度。度数。密度。
❷決まり。規則。制度。
❸程合い。限度。進度。節度。程度。適度。度合い。
❹回数。今度。再度。
❺年度。毎度。
❺心の大きさ。態度。度胸。度量。

つかいかた

▼電車の速度。
▼温度を測る。

10画 庫

おん コ・《ク》
くん ―

書き順 ` 亠 广 户 庐 店 店 盾 直 庫

いみ・ことば

❶くら。物をしまっておく所。格納庫。金庫。在庫。車庫。出庫。書庫。倉庫。入庫。冷蔵庫。
★都道府県名…兵庫県。

つかいかた

▼倉庫にしまう。
▼冷蔵庫を開ける。

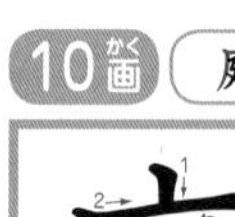

くわしくわかる

漢字の成り立ち　「广(家)」と「車」で、「車を入れておく建物」のことから、倉庫全般の意味を持つように。

10画 庭

おん テイ
くん にわ

書き順 ` 亠 广 户 庄 庄 庄 庭 庭 庭

いみ・ことば

❶にわ。裏庭。園庭。校庭。庭園。庭球(テニスのこと)。中庭。庭木。庭先。庭師。
❷家の中。家庭。家庭科。

つかいかた

▼校庭で遊ぶ。
▼家庭科の実習。
▼庭に花を植える。

6画 式

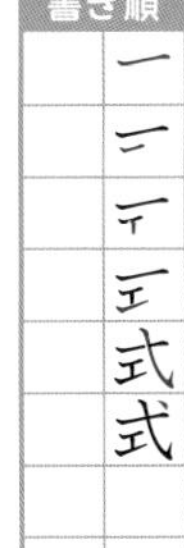

おん シキ
くん ―

書き順：一 二 三 丁 式 式

いみ・ことば

❶決まり。やり方。旧式。形式。正式。方式。洋式。和式。
❷行事。挙式。式場。式典。始球式。始業式。終業式。卒業式。入学式。
❸計算のやり方を数や記号で表したもの。公式。数式。

つかいかた

▼かけ算の式。
▼小学校の卒業式。

7画 役

おん ヤク・《エキ》
くん ―

書き順：ノ ク 彳 彳 彴 役 役

いみ・ことば

❶割り当てられた仕事。案内役。主役。大役。適役。役者。役目。役割。
❷特別な地位。重役。役員。役職。
❸おおやけの仕事。役所。役場。
❹働かせる。使役。服役。労役。

つかいかた

▼劇の主役になる。
▼役割を果たす。

くわしくわかる

役不足 自分の力量に比べて役目が簡単なこと。反対は「力不足」で、自分の力量が足りないことを言います。

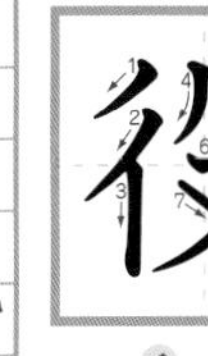

9画 待

おん タイ
くん まつ

書き順：ノ ク 彳 彳 彳 往 待 待 待

いみ・ことば

❶まつ。期待。待機。待望。待合室。待ち合わせ。待ちぶせ。
❷もてなす。招待。接待。優待。
★「待合室」は送り仮名をつけません。

つかいかた

▼自宅で待機する。
▼電車を待つ。
▼友達と待ち合わせる。

くわしくわかる

待てば海路の日和あり 今はうまく行かなくても、待っていればチャンスが訪れる。

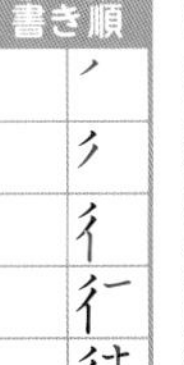

打　5画

おん　ダ
くん　うつ

書き順：一　十　扌　扌　打

いみ・ことば

①うつ。たたく。打ち上げ花火。打ち身。打楽器。打撃。

②動作を強める言葉。打開。打算。打倒。打破。

③野球で球をうつ。安打。打球。打者。打順。打席。打線。打点。打率。

つかいかた

▼打開策を見つける。

▼花火を打ち上げる。

くわしくわかる

水を打ったよう　大勢の人が静まり返る様子。

投　7画

おん　トウ
くん　なげる

書き順：一　十　扌　扌　扒　投　投

いみ・ことば

①なげる。なげ出す。投下。投石。輪投げ。

②つぎこむ。あたえる。投稿。投資。投書。投入。投票。投薬。

③合う。合わせる。投機。投合。

④野球で球をなげる。完投。投球。投手。暴投。

特別な読み方　投網。

つかいかた

▼新聞に投書する。

▼ボールを投げる。

指　9画

おん　シ
くん　ゆび・さす

書き順：一　十　扌　扌　扌　指　指　指　指

いみ・ことば

①ゆび。親指。小指。指先。指輪。

②さし示す。指図。指揮。指示。指針。指数。指定。指導。指南。指名。指令。

★「指図」には送り仮名をつけません。

つかいかた

▼指示に従う。

▼指先でつまむ。

▼先生に指される。

くわしくわかる

指折り　指を折り曲げながら数える。また、特に優れている。

指をくわえる　うらやましいが、手を出せない。

9画　持

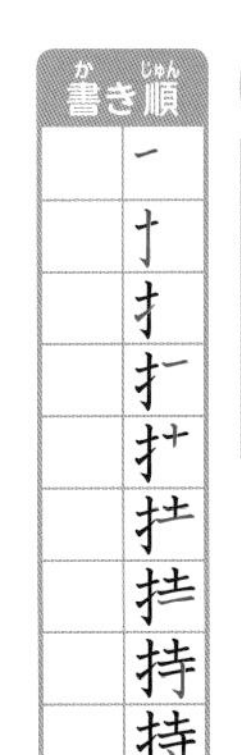

おん　ジ
くん　もつ

いみ・ことば

①もつ。身に着ける。金持ち。持参。所持。力持ち。持ち主。持ち物。

②もち続ける。保つ。持久。支持。持続。持病。持論。保持。

つかいかた

▼筆記用具を持参する。
▼遠足の持ち物。
▼バッグを持つ。

くわしくわかる
持ちつ持たれつ　おたがいに助けたり助けられたりする様子。

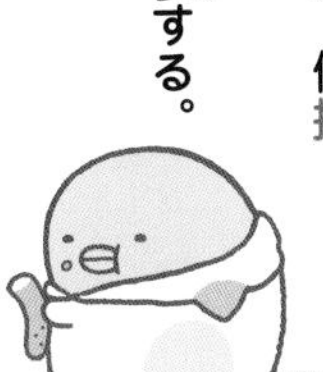

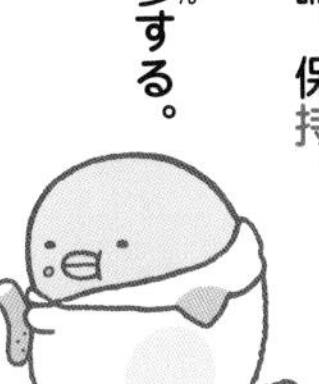

9画　拾

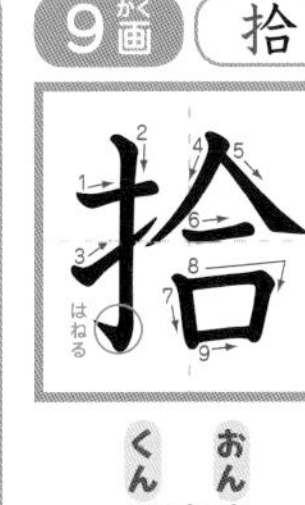

おん　《シュウ》・《ジュウ》
くん　ひろう

いみ・ことば

①ひろう。命拾い。収拾。拾得。拾得物。

つかいかた

▼拾得物を保管する。
▼ごみを拾う。

くわしくわかる
捨てる神あれば拾う神あり　見捨てられることがあっても、一方で親切に助けてくれる人もいるということのたとえ。

7画　決

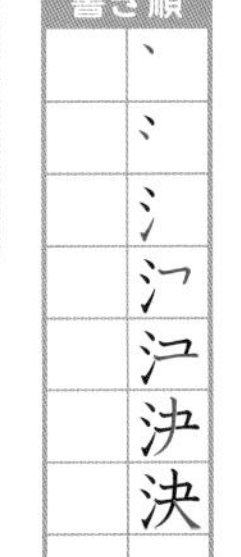

おん　ケツ
くん　きめる・きまる

いみ・ことば

①きめる。きまる。解決。可決。決め手。決意。決議。決済。決算。決勝。決心。決戦。決着。決定。採決。先決。対決。多数決。否決。

②思い切る。決行。決死。決断。決別。

③切れる。こわれる。決壊。決裂。

つかいかた

▼勝敗が決定する。
▼行き先を決める。
▼日にちが決まる。

くわしくわかる
即断即決　その場ですぐに判断して決めること。

3年

8画 泳

おん エイ
くん およぐ

書き順：丶 冫 氵 氵 汀 汈 汾 泳

いみ・ことば

❶およぐ。水泳。背泳ぎ。遠泳。競泳。平泳ぎ。遊泳。背泳。

つかいかた

▼水泳教室に通う。
▼プールで泳ぐ。
▼平泳ぎの練習。

くわしくわかる
漢字の成り立ち　「氵（水）」と「永（長い間続く）」を合わせて、水に長い時間いること、泳ぐことを表します。

8画 注

おん チュウ
くん そそぐ

書き順：丶 冫 氵 氵 氵 汁 汼 注

いみ・ことば

❶液体をそそぐ。つぐ。注入。注油。注射。注水。
❷一つのことに集中する。注意。注目。
❸説明を入れる。注記。注釈。補注。
❹「注文」の略。受注。注文。特注。発注。外注。

つかいかた

▼料理を注文する。　▼水を注ぐ。

くわしくわかる
火に油を注ぐ　勢いのあるものに、さらに勢いをつけて、悪い状態にする。

8画 波

おん ハ
くん なみ

書き順：丶 冫 氵 氵 汇 沪 波 波

いみ・ことば

❶なみ。荒波。高波。津波。波打ち際。波乗り。波間。波頭。余波。
❷なみのような形や動き。音波。寒波。電波。脳波。波長。波動。
❸もめごと。さわぎ。波風。波乱。

特別な読み方　波止場。

つかいかた

▼電波が届かない。
▼波が高い。

くわしくわかる
波に乗る　周りの状況が良く、勢いに乗って栄える。

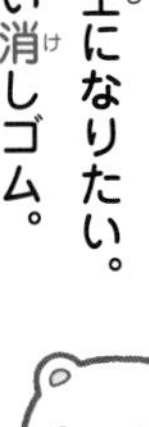

8画 油

おん ユ
くん あぶら

書き順

いみ・ことば

①あぶら。油絵。油紙。給油。軽油。原油。ごま油。サラダ油。重油。製油。石油。灯油。油性。油田。

つかいかた

▼油性のペン。
▼油であげる。
▼ごま油で料理する。

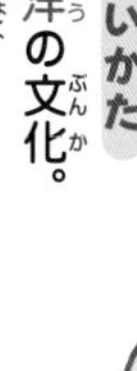
くわしくわかる

油を売る　むだ話をして仕事をなまける。**油をしぼる**　厳しくしかる。**油断大敵**　気を抜いていると思わぬ失敗をする。

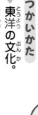

9画 洋

おん ヨウ
くん ―

書き順

いみ・ことば

①大きな海。遠洋。海洋。大西洋。太平洋。洋上。
②地球を西と東で分けた言い方。西洋。東洋。
③西洋のこと。洋画。洋楽。洋館。洋式。洋室。洋食。洋風。洋服。

つかいかた

▼東洋の文化。
▼洋食のレストラン。

10画 消

おん ショウ
くん きえる・けす

書き順

いみ・ことば

①きえる。けす。解消。消印。消しゴム。消化。消火。消去。消失。消息。消灯。消毒。消費。消防。
②ひかえめ。ひきさがる。消極的。
★「消印」は送り仮名をつけません。

つかいかた

▼消防士になりたい。
▼新しい消しゴム。

流（10画）

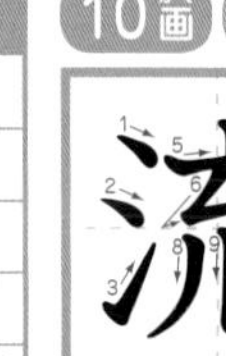

おん リュウ・《ル》
くん ながれる・ながす

書き順 … 流

いみ・ことば

❶ながれ。水や空気などの動き。海流。逆流。急流。気流。水流。電流。流れ星。放流。流域。流血。流出。流水。流星。流動。流氷。

❷さまよう。漂流。流転。流浪。

❸広まる。流言（うわさのこと）。流行。流通。流用。流布。

❹学問や芸術などの系統。自己流。流儀。流派。

つかいかた

▼暖かい気流。
▼流れるプール。
▼水を流す。

深（11画）

おん シン
くん ふかい・ふかまる・ふかめる

書き順 … 深

いみ・ことば

❶水がふかい。ふかさ。深海。深浅。深度。水深。

❷考えなどがふかい。おくぶかい。

❸程度が強い。深遠。深刻。深長。深紅。深呼吸。深夜。深手。深緑。

つかいかた

▼深海の生き物。
▼深いプール。
▼秋が深まる。

温（12画）

おん オン
くん あたたか・あたたかい・あたたまる・あたためる

書き順 … 温

いみ・ことば

❶あたたかい。温室。温水。温泉。温帯。温暖。温度。保温。

❷あたたかさの度合い。気温。高温。室温。水温。体温。低温。適温。

❸おだやか。温顔。温厚。温情。温和。

❹大切にする。温存。

つかいかた

▼温室で野菜を育てる。
▼温かいスープ。

くわしくわかる
温故知新 昔のことを調べて、新しい考えを得ること。

3年

湖

12画

おん コ
くん みずうみ

書き順：丶 冫 氵 汁 汁 沽 沽 沽 湖 湖 湖 湖

いみ・ことば

❶みずうみ。
火山湖。
湖岸。湖上。
湖水。湖底。
湖畔。湖面。

つかいかた

▼湖面に月が映る。
▼大きな湖。

港

12画

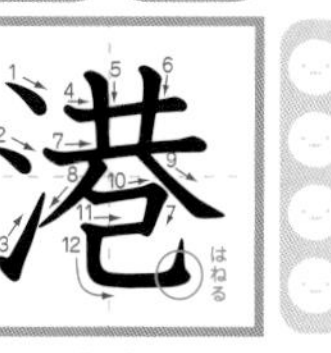

おん コウ
くん みなと

書き順：丶 冫 氵 氵 汁 洪 洪 洪 洪 洪 港 港

いみ・ことば

❶みなと。船や飛行機が発着する場所。
開港。寄港。帰港。漁港。空港。
出港。入港。貿易港。港町。

つかいかた

▼大きな船が出港する。
▼船が港に入る。

くわしくわかる

漢字の成り立ち　「氵（水）」と「巷（町や村の小道）」を合わせて、船が通る道を表しました。転じて「みなと」の意味になりました。

湯

12画

おん トウ
くん ゆ

書き順：丶 冫 氵 汩 汩 沪 沪 沪 渇 渇 湯 湯

いみ・ことば

❶ゆ。熱した水。
給湯。白湯。
ぬるま湯。熱湯。
湯気。湯水。
重湯（おかゆの上澄み）。
❷ふろ。温泉。
湯治。湯冷め。銭湯。湯船。

つかいかた

▼熱湯を注ぐ。
▼温かいお湯につかる。

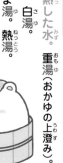

くわしくわかる

湯水のように使う　湯や水のように気軽に使う。

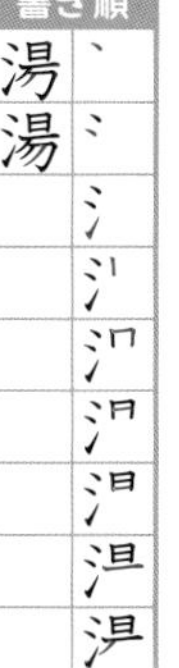

13画 漢

おん カン
くん ―

書き順：氵 氵 氵 氵 汁 洲 浩 浩 漠 漠 漢 漢 漢

いみ・ことば

❶中国。漢語。漢字。
漢数字。漢文。
漢方薬。

❷男の人。悪漢。
巨漢。好漢。
熱血漢(熱意がある男の人)。暴漢。
冷血漢(心の冷たい男の人)。

つかいかた

▼三年生で習う漢字。
▼漢数字で書く。

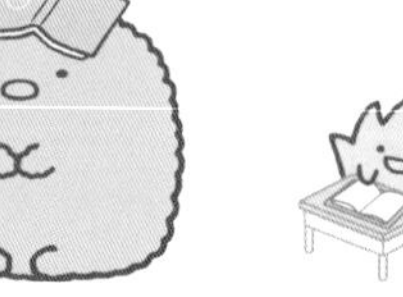

8画 苦

おん ク
くん くるしい・くるしむ・くるしめる・にがい・にがる

書き順：一 十 廾 艹 芏 苹 苦 苦

いみ・ことば

❶くるしい。苦境。苦行。苦戦。苦痛。
苦難。苦悩。苦楽。病苦。貧苦。

❷努力する。苦学。苦心。苦労。

❸にがい。苦味。

❹不快だ。苦言。苦笑。
苦情。苦手。苦笑い。

つかいかた

▼苦労が絶えない。 ▼息が苦しい。
▼苦い薬を飲む。 ▼苦手な野菜。

くわしくわかる

苦肉の策 苦しまぎれに考えた方法。

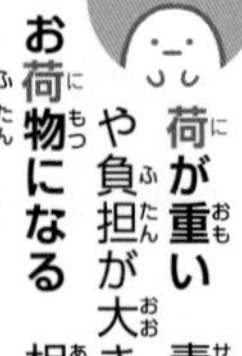

10画 荷

おん《カ》
くん に

書き順：一 十 廾 艹 芢 芢 芢 荷 荷 荷

いみ・ことば

❶に。にもつ。重荷。荷重。集荷。
出荷。積み荷。荷台。荷造り。荷札。
荷物。入荷。

❷かつぐ。になう。荷担。荷役。負荷。

つかいかた

▼引っこしの荷造り。
▼重たい荷物。

くわしくわかる

荷が重い 責任や負担が大きい。

お荷物になる 相手の負担になる。

葉（12画）

おん ヨウ
くん は

書き順	
一	萓
十	葉
艹	
艹	
艹	
芒	
芒	
苹	
苹	
華	

いみ・ことば

❶草や木のは。青葉。落ち葉。紅葉。葉桜。葉脈。葉緑素。若葉。
❷うすいもの。紙などを数える言葉。一葉。葉書。
❸脳や肺の一区切り。前頭葉。肺葉。
❹「千葉」の略。京葉工業地域（京は東京）。

特別な読み方 紅葉。
★都道府県名…千葉県。

つかいかた

▼山が紅葉する。
▼落ち葉を集める。

落（12画）

おん ラク
くん おちる・おとす

書き順	
一	落
十	落
艹	
艹	
艹	
艹	
茫	
茨	
茨	
落	

いみ・ことば

❶おちる。おとす。落ち度（失敗のこと）。落ち葉。落とし物。欠落。下落。転落。落差。落石。落選。落第。落葉。落雷。落下。
❷できあがる。おちつく。段落。落成。落着。
❸人が集まっている所。群落。集落。村落。

つかいかた

▼落石に注意する。
▼葉が落ちる。
▼ハンカチを落とす。

薬（16画）

おん ヤク
くん くすり

書き順	
一	苷
十	萍
艹	萍
艹	蕐
芇	薬
芇	薬
苷	
苷	
苷	
苷	

いみ・ことば

❶病気やけがを治すくすり。胃腸薬。医薬。丸薬。薬指。粉薬。製薬。投薬。目薬。薬学。薬草。薬用。薬局。薬効。
❷化学的にはたらく材料。火薬。毒薬。農薬。爆薬。薬品。

つかいかた

▼薬品を使った実験。
▼薬を飲む。

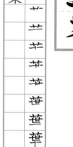

くわしくわかる
良薬口に苦し 効果のある薬は苦いもので、忠告はありがたいが聞くのがつらい。

7画　返

おん　ヘン
くん　かえす・かえる

書き順：一 厂 万 反 反 返 返

いみ・ことば

❶かえす。もどす。恩返し。仕返し。
返金。返済。返事。返上。返信。
返送。返答。返納。返品。返礼。
❷もとにもどる。宙返り。若返り。

つかいかた

▼メールに返信する。
▼図書館に本を返す。
▼手紙が返ってきた。

くわしくわかる
手のひらを返す　言葉や態度がそれまでとがらりと変わる。

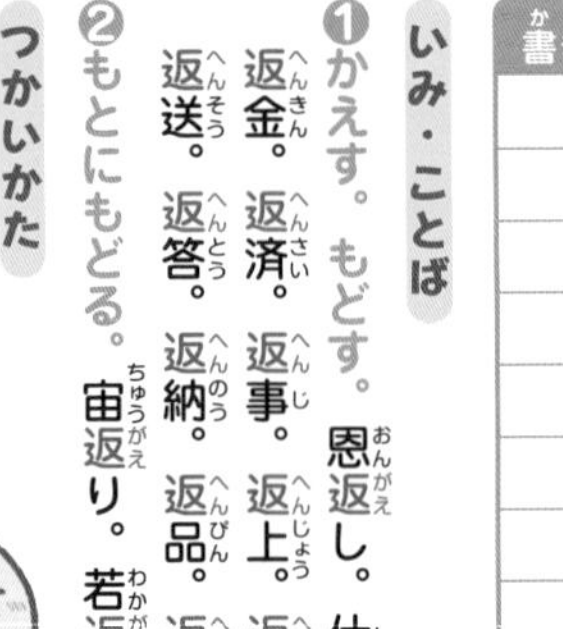

9画　送

おん　ソウ
くん　おくる

書き順：丶 丷 䒑 兰 关 关 关 送 送

いみ・ことば

❶人をおくる。歓送。送迎。送別。
見送り。
❷物をおくる。運送。送球。送金。
送信。送付。送料。配送。発送。
返送。放送。郵送。輸送。

つかいかた

▼手紙を郵送する。
▼家まで送る。

くわしくわかる
敵に塩を送る　困っている敵に、勝負に関係しないことで手助けすることのたとえ。

9画　追

おん　ツイ
くん　おう

書き順：丿 亻 ⺈ 户 㠯 自 𠂤 追 追

いみ・ことば

❶おう。おいかける。追い風。追っ手。
追求。追究。追跡。追体験。追突。
追放。
❷さかのぼる。過去をふり返る。
追憶。追想。
❸付け加える。追加。
追記。追試験。

つかいかた

▼利益を追求する。
▼友達を追いかける。

3年

10画 速

おん ソク
くん はやい・はやめる・はやまる・《すみやか》

書き順
一
厂
戸
㢆
申
束
束
凍
涑
速

いみ・ことば

❶はやい。動きがはやい。
快速。加速。急速。高速。失速。全速力。速達。速断。速報。速球。

❷はやさ。音速。
光速。時速。速度。秒速。風速。分速。

つかいかた

▼新幹線の速度。
▼足が速い。
▼スピードを速める。

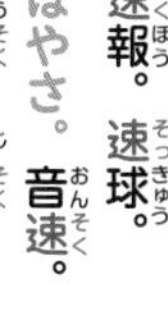

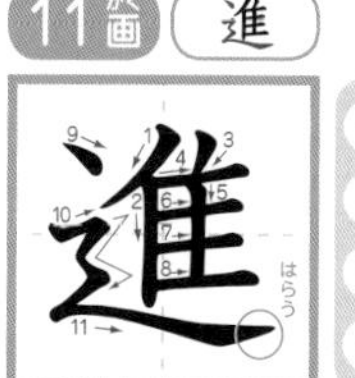

11画 進

おん シン
くん すすむ・すすめる

書き順	
進	ノ
	イ
	亻
	仁
	什
	件
	隹
	隹
	隹
	進

いみ・ことば

❶すすむ。前に行く。
進出。進水。進退。進展。進歩。進路。前進。行進。進行。進入。

❷良くなる。進化。

❸上の級にのぼる。
進学。進級。

❹差し上げる。
進言。進上。進物。

つかいかた

▼人類の進化。
▼前に進む。
▼勉強を進める。

12画 運

おん ウン
くん はこぶ

書き順	
運	丶
運	冖
	冖
	冖
	冐
	冐
	冒
	冒
	軍
	軍

いみ・ことば

❶はこぶ。運河。運送。運賃。運輸。

❷動かす。運休。運行。運転。運動。

❸働かせる。運営。運用。

❹めぐり合わせ。運勢。運命。開運。強運。幸運。不運。

つかいかた

▼運が良い。
▼自動車を運転する。
▼荷物を運ぶ。

くわしくわかる

運を天に任せる うまく行くかどうかは、成り行きに任せる。

3年

遊（12画）

おん　ユウ・〈ユ〉
くん　あそぶ

書き順

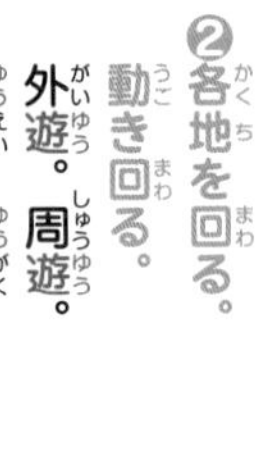

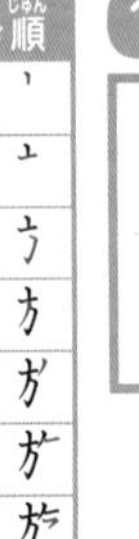

いみ・ことば

①あそぶ。楽しむ。交遊。
遊園地。遊技。
遊具。遊歩道。

②各地を回る。
動き回る。
外遊。周遊。
遊泳。遊学。
遊牧。遊覧。

つかいかた

▼公園の遊具。
▼友達と遊ぶ。
▼遊覧船に乗る。

都（11画）

おん　ト・ツ
くん　みやこ

書き順

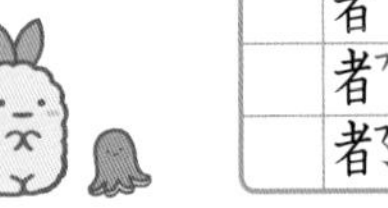

いみ・ことば

①みやこ。大きな町。古都。
首都。都会。都市。都心。

②すべて。都合。都度。

③「東京都」の略。
都営。都知事。
都庁。都道府県。
都民。都立。
★都道府県名…京都府。

つかいかた

▼東京都に住んでいる。
▼都合が悪い。
▼奈良の都。

部（11画）

おん　ブ
くん　―

書き順

いみ・ことば

①区分けされたもの。一部。全部。
頭部。内部。部位。部首。
部品。部分。本部。

②組織の中の区分け。幹部。部下。
部会。部署。部隊。部門。文学部。

③クラブ。テニス部。部員。部活動。

④本や新聞などを数える言葉。
一万部。部数。

特別な読み方　部屋。

つかいかた

▼漢字の部首を覚える。
▼美術部に入る。

3年

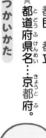

院

10画

おん イン
くん ―

書き順：⻖ ⻖ 阝 阝' 阝'' 阝宀 阝宀 院 院 院

いみ・ことば

❶囲いをめぐらせた大きな建物。
医院。院長。学院。参議院。寺院。衆議院。大学院。通院。入院。病院。

❷昔の上皇や法皇のこと。
院政。

つかいかた

▼病院に行く。
▼病気で入院する。
▼有名な寺院。

階

12画

おん カイ
くん ―

書き順：階 階 ⻖ ⻖ 阝 阝- 阝⺊ 阝比 阝比 阝比 阝皆 階

いみ・ことば

❶建物を上下に区切った一つ。
一階。階下。階上。階数。地階。

❷段の重なり。はしご。
階段。段階。

❸地位や身分などの上下。
音階。階級。階層。職階。

つかいかた

▼八階建てのビル。
▼階級が上がる。

くわしくわかる

二階から目薬　思うように行かず、もどかしい様子。

陽

12画

おん ヨウ
くん ―

書き順：陽 陽 ⻖ ⻖ 阝 阝⺆ 阝日 阝日 阝旦 阝昜 陽 陽

いみ・ことば

❶日。たいよう。
太陽。陽気。陽光。落陽。陽動。

❷明るい。目立つ。

❸二つで一組になっているもののうち、積極的なほう。
陽画(明暗や色が実物通りの写真。ポジ)。陽極。陽性。

つかいかた

▼太陽がのぼる。
▼陽気な性格。

9画 急

おん キュウ
くん いそぐ

書き順：ノ ク 𠂊 刍 刍 刍 急 急 急

いみ・ことば

❶いそぐ。さしせまっている。
急ぎ足。危急。救急。急行。急用。至急。特急。
❷突然。いきなり。急性。急転。急病。急変。
❸進むのが速い。急速。急流。
❹変化が大きい。急カーブ。急激。急降下。

つかいかた

▼急な坂道。
▼特急電車に乗る。
▼急いで宿題をする。

10画 息

おん ソク
くん いき

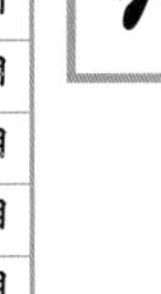

書き順：ノ 亻 白 白 自 自 自 息 息 息

いみ・ことば

❶いき。呼吸。息切れ。息づかい。ため息。鼻息。
❷生活をする。消息。生息。
❸休む。安息。休息。
❹子供。子息。息女。令息。
❺やめる。やむ。終息。息災。

特別な読み方　息吹。息子。

つかいかた

▼休息をとる。　▼息が切れる。

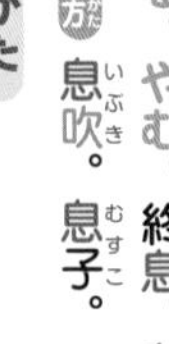

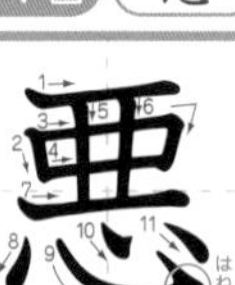

くわしくわかる
息を殺す　息を止めるようにしてじっとしている。

11画 悪

おん アク・〈オ〉
くん わるい

書き順：一 𠀆 𠀆 𠀆 亜 亜 亜 亜 亜 悪 悪

いみ・ことば

❶正しくない。悪事。悪党。悪徳。悪人。罪悪。善悪。悪者。
❷良くない。好ましくない。悪意。悪質。悪用。悪化。意地悪。険悪。最悪。悪気。悪口。
❸おとっている。悪筆。粗悪。

つかいかた

▼悪意を感じる。　▼天気が悪い。

くわしくわかる
悪事身に返る　自分のした悪い行いは、めぐりめぐって自分を苦しめる。

12画 悲

おん ヒ
くん かなしい・かなしむ

書き順：丿 ⺅ ヨ ヨ 刲 非 非 非 非 悲 悲 悲

いみ・ことば

❶かなしい。かなしむ。
悲運。悲観。悲劇。悲痛。悲報。悲鳴。悲話。

❷あわれみ。慈悲。
悲願（どうしてもかなえたい願い）。

つかいかた

▼戦争の悲劇。
▼悲鳴を上げる。
▼別れを悲しむ。

13画 意

おん イ
くん ―

書き順：丶 亠 ⺈ 立 立 产 音 音 音 意 意 意 意

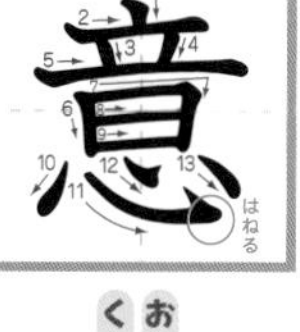

いみ・ことば

❶思っていること。意外。意気。意見。
意向。意志。意思。意地。意識。
意図。意欲。決意。好意。誠意。
注意。敵意。同意。得意。熱意。

❷内容。訳。意義。意味。大意。用意。

特別な読み方 意気地。

つかいかた

▼意欲がわく。
▼漢字の意味を調べる。

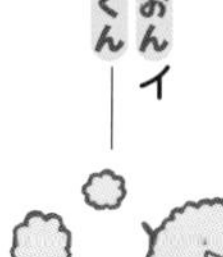

くわしくわかる
意を決する 重大なことを決心する。
意気投合 気持ちがぴったり合うこと。

13画 感

おん カン
くん ―

書き順：丿 厂 厂 斤 后 后 咸 咸 咸 咸 感 感 感

いみ・ことば

❶心にかんじる。快感。感化。感激。
感謝。感情。感心。感想。感動。
共感。好感。語感。
実感。直感。痛感。
同感。反感。予感。

❷体に受ける。音感。
感覚。感触。感染。
感知。感電。感度。
五感。色感。体感。

つかいかた

▼感動する映画。
▼寒さを感じる。

13画 想

おん ソウ・《ソ》
くん ―

書き順 一 十 オ 木 朩 机 相 相 相 相 想 想 想

いみ・ことば

❶思いうかべる。
回想。空想。想像。予想。連想。

❷考え。
感想。構想。思想。想定。着想。発想。理想。

つかいかた

▼読書感想文。
▼未来を予想する。

くわしくわかる
想像を絶する 想像できる範囲をこえている。

8画 所

おん ショ
くん ところ

書き順 一 ㇐ ㇐ 戸 戸 戸 所 所

いみ・ことば

❶ところ。ありか。
所在。場所。名所。居所。近所。住所。

❷ある目的のためにつくられたところ。
研究所。事務所。所長。停留所。便所。役所。

❸…するところ。…すること。…したこと。
所感。所持。所属。所定。所得。所有。所用。所要。

つかいかた

▼空いている場所。
▼所要時間。
▼道が曲がった所。

8画 放

おん ホウ
くん はなす・はなつ・はなれる・ほうる

書き順 丶 亠 方 方 方 方 於 放

いみ・ことば

❶はなす。はなつ。
放射線。放出。放水。放送。放電。追放。放映。放火。

❷ときはなつ。自由にする。
解放。開放。食べ放題。放し飼い。放課後。放牧。放流。

❸ほうる。ほうっておく。
放棄。放置。放任。

つかいかた

▼生放送のテレビ。
▼食べ放題に行く。
▼庭で犬を放つ。
▼ボールを放る。

16画 整

おん セイ
くん ととのえる・ととのう

書き順	
一	敕
𠃌	敕
一	敕
一	敕
申	整
申	整
東	
束	
束	
敕	

いみ・ことば

①ととのう。きちんとそろえる。均整。修整。整形。整合。整数。整然。整地。整備。整理。整列。調整。

つかいかた

▼時間を調整する。
▼身だしなみを整える。
▼準備が整う。

くわしくわかる

理路整然　物事や話が、筋道が通って、道理にあてはまっている様子。

10画 旅

おん リョ
くん たび

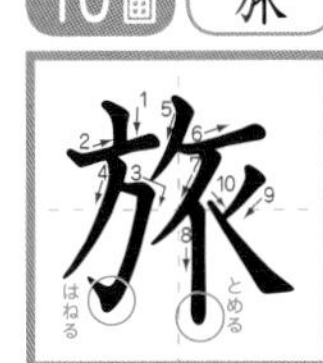

書き順
丶
亠
方
方
方
方
於
旅
旅
旅

いみ・ことば

①家をはなれて遠くへ行くこと。たび。旅先。旅路。旅人。長旅。一人旅。船旅。旅客。旅館。旅券（パスポートのこと）。旅行。旅費。

つかいかた

▼家族で旅行に行く。
▼旅の思い出を残す。

くわしくわかる

かわいい子には旅をさせよ　子供がかわいいなら、手元であまやかさず、旅をさせて苦労を経験させたほうが良い。

11画 族

おん ゾク
くん ──

書き順	
丶	族
亠	
方	
方	
方	
方	
方	
於	
旌	
族	

いみ・ことば

①身内。血のつながった人。一族。家族。血族。親族。
②同じ種類の仲間。貴族。種族。水族館。族長。転勤族。同族。部族。民族。

つかいかた

▼家族と出かける。
▼水族館に行く。

くわしくわかる

漢字の成り立ち　「方」（旗）の下に「矢」を組み合わせて、旗の下に集まる人々、同じ仲間を表しています。

3年

8画 昔

おん《セキ》・《シャク》
くん むかし

書き順：一 十 廾 廾 芔 苷 昔 昔

いみ・ことば

①むかし。ずっと前。
大昔。今昔。昔年。
一昔。昔かたぎ（古風でがんこな性質）。
昔なじみ。昔話。

つかいかた

▼昔話を読む。

くわしくわかる

十年一昔 十年もたてば昔のことに感じられるほど、世の中の変化が激しいことのたとえ。

12画 暑

おん ショ
くん あつい

書き順：丨 口 日 日 旦 早 星 星 星 暑 暑 暑

いみ・ことば

①気温が高くてあつい。
残暑。暑気。暑中。
大暑。避暑。猛暑。

つかいかた

▼暑気あたり。
▼暑い日が続く。

くわしくわかる

「暑い」は気温が高いこと、「熱い」はものの温度が高いこと、「厚い」はものの厚みがあること、心が温かいことを意味します。

9画 昭

おん ショウ
くん ―

書き順：丨 冂 日 日 日ㇷ 日刀 昭 昭 昭

いみ・ことば

①明らか。昭和。
昭和生まれ。
昭和時代。

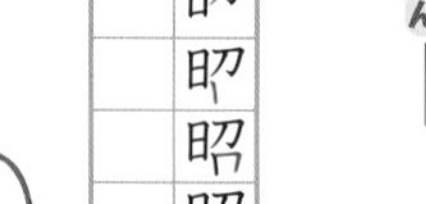

つかいかた

▼昭和生まれの人。
▼昭和時代の歴史。

くわしくわかる

「昭和」は日本の年号の一つです。1926年12月25日から1989年1月7日までが昭和時代です。そのあと、年号は「平成」「令和」と続きます。

暗

13画　暗

おん　アン
くん　くらい

書き順

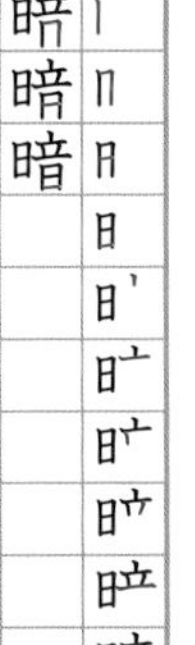

いみ・ことば

①くらい。光が弱い。暗雲。暗黒。暗室。暗転（真っ暗にして場面を変えること。物事が悪い方向に変わること）。暗幕。暗夜。暗闇。真っ暗。明暗。

②こっそりと。人に知られない。暗号。暗示。

③頭の中でする。そらんじる。暗記。暗算。暗唱。

つかいかた

▼窓に暗幕を張る。

▼暗算で答えを出す。

▼部屋の中が暗い。

▼暗い表情。

曲

6画　曲

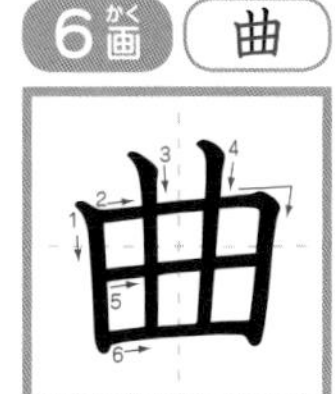
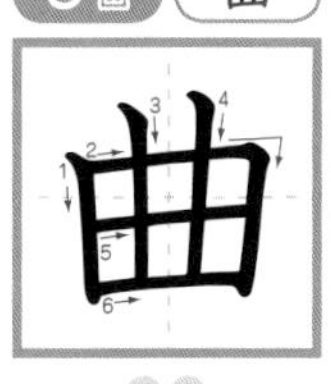

おん　キョク
くん　まがる・まげる

書き順

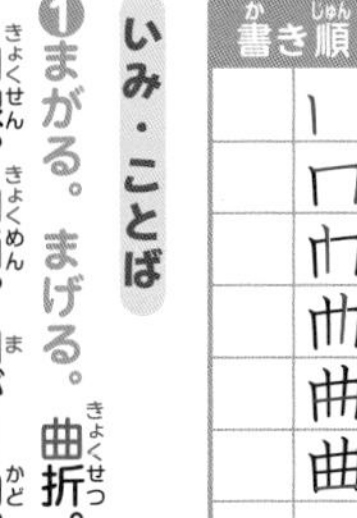

いみ・ことば

①まがる。まげる。曲折。曲線。曲面。曲がり角。

②正しくない。ゆがんでいる。曲直（曲がったこととまっすぐなこと）。曲解。

③変化がある。曲技。曲芸。

④音楽のきょく。歌曲。曲目。行進曲。作曲。新曲。名曲。

つかいかた

▼好きな曲目。

▼左に曲がる。

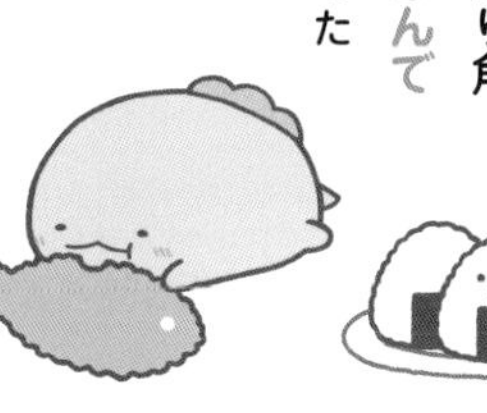

有

6画　有

おん　ユウ・《ウ》
くん　ある

書き順

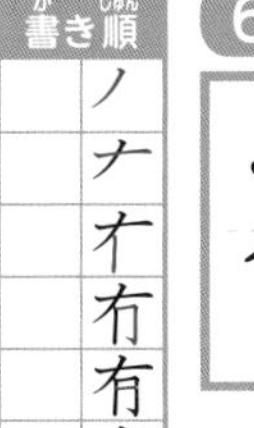

いみ・ことば

①ある。有り金。有無。固有。特有。有意義。有益。有害。有限。有効。有能。有望。有名。有利。

②ゆうする。持つ。共有。国有。私有。所有。保有。有力。

つかいかた

▼土地を所有している。

▼有り金をはたいて買う。

くわしくわかる

有象無象　世の中に数多くあるくだらないもの。

有頂天　喜んで夢中になること。

期

12画

おん　キ・《ゴ》
くん　―

書き順：一 十 廾 卄 甘 甘 其 其 其) 期) 期 期

いみ・ことば

❶決められた日時。区切られた時間。
延期。学期。期間。期限。期日。
期末。最期。時期。次期。周期。
初期。早期。
短期。長期。
定期。任期。
末期（まっき・まつご）。

❷あてにする。
期待。予期。

つかいかた

▼賞味期限。
▼期待が外れる。

服

8画

おん　フク
くん　―

書き順：丿 刀 月 月 月 肌 服 服

いみ・ことば

❶ふく。
服飾。服装。衣服。私服。洋服。制服。礼服。和服。服地。

❷従う。
服役。服従。感服。征服。
服務。不服。

❸飲む。
服毒。服用。一服。内服。

❹自分のものにする。
着服。

つかいかた

▼お気に入りの服。
▼薬を服用する。

業

13画

おん　ギョウ・《ゴウ》
くん　《わざ》

書き順：丨 丨丨 丨丨丨 丨丨丨丨 业 业 丵 丵 丵 丵 業 業 業

いみ・ことば

❶わざ。仕事。
営業。学業。休業。
業界。業者。業務。
漁業。工業。作業。
産業。始業。
終業。授業。
商業。職業。卒業。農業。

❷行い。
偉業。業績。

❸報いの原因となる行い。
悪業。業火。業苦。

つかいかた

▼国語の授業。

3年

板　8画

おん　ハン・バン
くん　いた

書き順：一　十　才　木　…　板

いみ・ことば

①いた。板の間。画板。看板。掲示板。黒板。鉄板。羽子板。板書（黒板に文字などを書くこと）。まな板。

②文字や絵をほったいた。板木。板本。

③変化がないこと。平板。

つかいかた

▼黒板に書く。　▼まな板を洗う。

くわしくわかる

立て板に水　話し方がうまく、すらすらとしゃべること。

柱　9画

おん　チュウ
くん　はしら

書き順：一　十　才　木　…　柱

いみ・ことば

①はしら。物を支えるもの。円柱。角柱。支柱。鉄柱。電柱。柱時計。

②はしらのようなもの。貝柱。茶柱。火柱。

つかいかた

▼電柱にぶつかる。
▼屋根を支える柱。

くわしくわかる

大黒柱　家の中心に立てる太い柱。転じて、家や国を支える中心人物のこと。

根　10画

おん　コン
くん　ね

書き順：一　十　才　木　…　根

いみ・ことば

①草木のね。球根。根毛。根元。

②物事の基本となるもの。根元。根源。根治（こんじ）（こんち）。根絶。根底。根本。

③精神力。気力。根気。根比べ。精根。

④もともとの性質。心根。根性。性根。

★都道府県名…島根県。

つかいかた

▼根気よく勉強する。　▼タンポポの根。

くわしくわかる

根が生える　長い間、動かないことのたとえ。**根に持つ**　うらみに思って忘れない。

12画 植

おん ショク
くん うえる・うわる

書き順
一 十 才 木 木一 木十 木ナ 朾 杮 植 植 植

いみ・ことば

❶草木などをうえる。 植樹。 植林。 田植え。 鉢植え。 移植。 植木。
❷草木のこと。 植物。
❸人々を移動させて、その土地に住み着かせること。 植民地。 入植。
❹活字を組むこと。 誤植。 写植。
★「植木」は送り仮名をつけません。

つかいかた

▼植物を観察する。
▼花を植える。
▼桜の木が植わっている庭。

14画 様

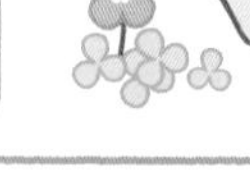

おん ヨウ
くん さま

書き順
一 十 才 木 木' 木'' 木丷 栏 栏 栏 样 样 様 様

いみ・ことば

❶形。姿。 一様。 異様。 多様。 同様。 様子。 様相。
❷図がら。 模様。 文様。
❸決まった形。やり方。 仕様。 様式。
❹名前などの下につけて、尊敬の気持ちを表す言葉。 王様。 お母様。 お父様。 神様。 仏様。 山田様。

つかいかた

▼水玉模様の洋服。 ▼仏様へのお花。

くわしくわかる

多種多様　種類が多く、さまざまに異なっていること。

15画 横

おん オウ
くん よこ

書き順
一 十 才 木 木一 木十 木卄 栱 栱 栱 横 横 横 横 横

いみ・ことば

❶よこ。 横断。 横転。 横顔。 横腹。 横道。 横目。 横文字（外国の文字）。
❷決まりに従わない。自分勝手。 横行（勝手なふるまい）。 横着。 横暴。 横領（不正に自分のものにすること）。 専横（わがままなふるまい）。

つかいかた

▼横断歩道。
▼ベッドで横になる。

くわしくわかる

下手の横好き　下手でもそのことが好きで熱心なこと。

16画 橋

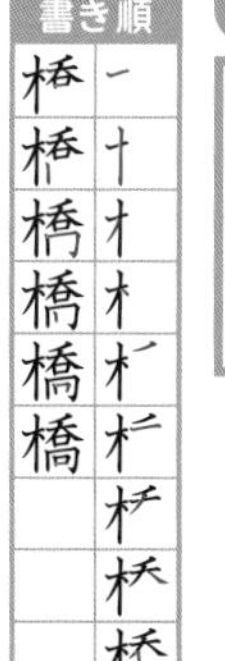

おん キョウ
くん はし

書き順：一 十 オ 木 木' 杧 杧 杯 柸 柸 桥 橋 橋 橋 橋 橋

いみ・ことば

①はし。石橋。鉄橋。橋げた（橋の板をささえるもの）。歩道橋。陸橋。

つかいかた

▼歩道橋をわたる。
▼橋をかける。

くわしくわかる

危ない橋をわたる 危険な手段を取る。**石橋をたたいてわたる** 用心に用心を重ねて物事を行う。**橋をわたす** 二人の間に入って、仲を取り持つ。

6画 次

おん ジ・《シ》
くん つぐ・つぎ

書き順：丶 冫 冫 冫 次 次 次

いみ・ことば

①つぎ。二番目。次回。次号。次週。次女。次席。次点。次男。次々。
②順番。順序。式次。次元。次第。順次。席次。目次。
③回数を表す言葉。一次試験。

つかいかた

▼次回の予告。
▼次のバスに乗る。

6画 死

おん シ
くん しぬ

書き順：一 厂 歹 歹 歹 死

いみ・ことば

①しぬ。急死。死因。死活（死ぬか生きるか）。死期。死去。死後。死者。死体。死別。死亡。生死。病死。
②役に立たない。死角。死語。死蔵。
③命がけ。死守。死力。必死。

つかいかた

▼死因を調べる。
▼虫が死んでいる。

くわしくわかる

九死に一生を得る ぎりぎりの危険な状態から助かる。**起死回生** 今にも失敗しそうな物事を立て直すこと。

3年

氷

5画

書き順：丨 亅 汁 氺 氷

おん　ヒョウ
くん　こおり・《ひ》

いみ・ことば

①こおり。こおる。かき氷。氷砂糖。樹氷(霧などが枝や葉についてこおったもの)。製氷。氷河。氷結。氷山。氷雪。氷点(水がこおり始める、氷がとけ始める温度)。流氷。

つかいかた

▼オホーツク海の流氷。
▼イチゴ味のかき氷。

くわしくわかる
氷山の一角　表面に現れていることは、全体の一部分にすぎないことのたとえ。

炭

9画

書き順：丨 山 山 屵 屵 岸 炭 炭 炭

おん　タン
くん　すみ

いみ・ことば

①すみ。木を蒸し焼きにして作った燃料。炭俵。炭火。炭焼き。木炭。練炭。
②せきたん。採炭。石炭。炭鉱。炭田。
③たんそ。炭酸。炭水化物。炭素。

つかいかた

▼炭酸飲料を飲む。
▼炭火で焼いた肉。

物

8画

書き順：丿 𠂉 牛 牜 牜 牞 物 物

おん　ブツ・モツ
くん　もの

いみ・ことば

①もの。着物。見物。小物。作物。品物。植物。食物。書物。生物(せいぶつ・なまもの)。建物。動物。荷物。物価。物資。物質。物体。物理。宝物(ほうもつ・たからもの)。本物。名物。物置。
②人がら。人物。俗物。
③事がら。禁物。物語。物事。物知り。
④なんとなく。物悲しい。物足りない。

特別な読み方　果物。

つかいかた

▼動物園に行く。
▼忘れ物をしない。
▼貨物列車。

3年

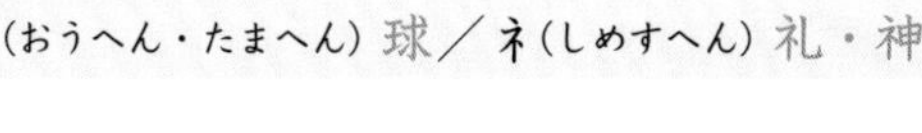

球　11画

おん　キュウ
くん　たま

書き順：一　丁　王　王　王一　玎　玎　玗　玗　球　球

いみ・ことば

❶たま。ボール。まるいもの。気球。球形。球根。打球。地球。電球。投球。
❷ボールを使った競技。球技。水球。卓球。庭球（テニスのこと）。野球。
❸野球のこと。球児。球場。球団。

つかいかた

▼ユリの球根。
▼球を拾う。

くわしくわかる　**全力投球**　すべての力を出して物事に取り組むこと。

礼　5画

おん　レイ・《ライ》
くん　―

書き順：丶　ラ　ネ　ネ　礼

いみ・ことば

❶儀式や作法。決まったルール。儀礼。失礼。無礼。礼儀。礼節。礼装。礼服。礼法。
❷感謝の気持ちを表す言葉。謝礼。返礼。礼金。礼状。
❸尊敬の気持ちを表す動作。礼賛。礼拝（らいはい・れいはい）。
❹あいさつ。敬礼。朝礼。目礼。

つかいかた

▼お礼の言葉。
▼返礼品をもらう。

神　9画

おん　シン・ジン
くん　かみ・《かん》・《こう》

書き順：丶　ラ　ネ　ネ　ネ　初　祁　祁　神

いみ・ことば

❶かみ。氏神。神宮。神社。神仏。神話。天神。
❷不思議な。神業。神聖。神通力。神童（非常に優れた才能を持つ子供）。神秘。
❸こころ。失神。神経。精神。

★特別な読み方　お神酒。神楽。
都道府県名…神奈川県。

つかいかた

▼精神を集中させる。
▼神社に参拝する。
▼学業の神様。

3年

福 13画

おん フク
くん —

書き順：、 ラ ネ ネ 礻 礻 礻 礻 礻 福 福 福 福

いみ・ことば

①幸せ。幸い。幸福。至福。祝福。福祉。福の神。福引き。福袋。福利。

★都道府県名…福井県。福岡県。福島県。

つかいかた

▼みんなから祝福される。

▼幸福な暮らし。

くわしくわかる

残り物には福がある 最後に残った物には、意外に価値のある物があるということ。

者 8画

おん シャ
くん もの

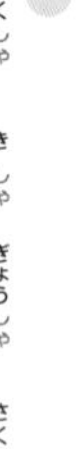

書き順：一 十 土 耂 耂 者 者 者

いみ・ことば

①人。医者。学者。記者。業者。作者。他者。著者。読者。働き者。筆者。役者。若者。悪者。

②事がら。後者。前者。二者。両者。

つかいかた

▼新聞記者。

▼クラスの人気者。

特別な読み方

猛者。

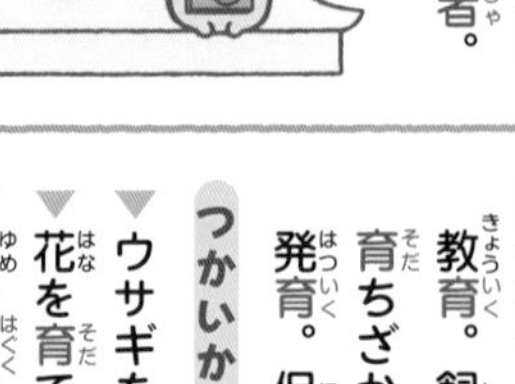

くわしくわかる

早い者勝ち 人より先んじた者が利益を得ること。

育 8画

おん イク
くん そだつ・そだてる・はぐくむ

書き順：丶 亠 亠 云 云 育 育 育

いみ・ことば

①そだつ。そだてる。育児。育成。教育。飼育。成育。生育。育ちざかり。体育。知育。発育。保育。養育。

つかいかた

▼ウサギを飼育する。

▼花を育てる。

▼夢を育む。

くわしくわかる

寝る子は育つ よく寝る子は健康で、元気に育っていく。

申

5画

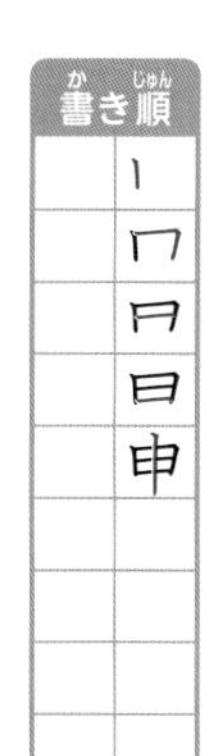

おん《シン》
くん もうす

書き順
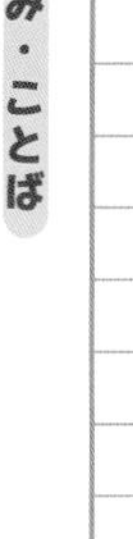

いみ・ことば

❶もうす。目上の人にいう。申告。申請。答申。内申書。申し入れ。申し開き（弁解すること）。申し分ない（文句を言う点がない）。申し訳。

つかいかた

▼旅行を申しこむ。
▼申し訳ございません。

由

5画

おん ユ・ユウ・《ユイ》
くん 《よし》

書き順
丨 冂 巾 由 由

いみ・ことば

❶わけ。よりどころ。経由。事由。由緒。由来。理由。
❷したがう。自由。

つかいかた

▼地名の由来を調べる。
▼理由を説明する。
▼自由に遊ぶ。

くわしくわかる
自由自在 思いのままにできるようす。

界

9画

おん カイ
くん ―

書き順
丨 冂 罒 田 田 甲 毘 界 界

いみ・ことば

❶区切り。境界。限界。
❷区切られた範囲。社会。外界。学界。業界。芸能界。視界。自然界。政界。世界。他界（死後の世界。死ぬこと）。

つかいかた

▼がまんの限界。
▼世界一周旅行。

くわしくわかる
漢字の成り立ち 「田（田んぼ）」と「介（二つに分ける）」を組み合わせて、田と田の境目を表しました。

3年

畑　9画

おん　―
くん　はた・はたけ

書き順：丶 丷 火 火 灯 炯 畑 畑 畑

いみ・ことば

❶はた。はたけ。段々畑。田畑（てんぱた・たはた）。
畑仕事。畑作。花畑。麦畑。
❷専門とする分野。技術畑。畑違い。

つかいかた

▼畑作が盛んだ。
▼野菜を作る畑。

くわしくわかる　**漢字の成り立ち**「田（田んぼ）」と「火」で、雑草を焼いて作物を作る焼き畑を表しました。水を張る水田に対し、日本で作られた漢字です。

病　10画

おん　ビョウ・《ヘイ》
くん　《やむ》・やまい

書き順：丶 亠 广 广 疒 疔 疔 疠 病 病

いみ・ことば

❶やまい。看病。急病。仮病。持病。
重病。大病。病院。病害。病気。
病後。病根。病死。病室。病弱。
病状。病的。病人。病名。病歴。
万病。

つかいかた

▼病院に行く。
▼病が治る。

くわしくわかる　**病は気から**　病気は気の持ちようで良くも悪くもなるということ。

発　9画

おん　ハツ・《ホツ》
くん　―

書き順：フ ヌ ヌ' 癶 癶 癸 癸 発 発

いみ・ことば

❶はっする。放つ。発音。発言。発射。
発砲。反発。連発。
❷起こる。始める。再発。発火。発行。
発生。発想。発電。発作。発足。
❸ひらく。明らかにする。開発。告発。
発覚。発見。発表。発明。
❹出かける。始発。出発。発車。発送。
❺さかん。活発。発育。発達。発展。
❻うつものを数える言葉。一発。百発。

つかいかた

▼電車が出発する。
▼宝物を発見する。

12画 登

おん トウ・ト
くん のぼる

書き順 フ ヲ ヺ 癶 癶 癶 癸 登 登 登 登 登

いみ・ことば

①のぼる。登頂。登山。
②高い地位につく。登用。
③出かける。現れる。
④書類にする。登校。登場。登庁。登記。登録。

つかいかた

▼登校する時間。
▼家族で登山する。
▼木に登る。

くわしくわかる

登竜門 出世するためにこえなければいけない関門。

5画 皮

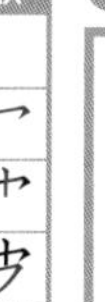

おん ヒ
くん かわ

書き順 ノ 厂 广 皮 皮

いみ・ことば

①動物や植物のかわ。果皮。毛皮。樹皮。皮下。皮革。皮膚。表皮。
②表面。うわべ。化けの皮。皮相。皮肉。

つかいかた

▼皮肉を言う。
▼バナナの皮をむく。

くわしくわかる

皮切り 物事の最初。最初のおきゅうが皮を切るように痛いことから。**皮肉** 遠回しに相手のいやがることを言うこと。

5画 皿

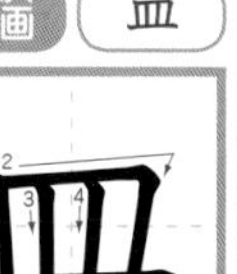

おん ―
くん さら

書き順 丨 冂 冂 冋 皿

いみ・ことば

①さら。食べ物などを入れる器。受け皿。絵皿。大皿。小皿。
②さらに似た形のもの。灰皿。

つかいかた

▼皿を洗う。
▼大皿に盛り付ける。

くわしくわかる

目を皿にする 目を大きく見開いて、おどろいたり、何かを探したりする。

9画 県

県

おん ケン
くん ―

書き順

いみ・ことば

①けん。地方公共団体の一つ。県営。県下。県政。県知事。県庁。県道。県民。県立。都道府県。

つかいかた

▼県の財政。
▼県庁所在地。
▼県立高校。

くわしくわかる

日本には、一つの都（東京都）、一つの道（北海道）、二つの府（大阪府・京都府）、四十三の県があります。

9画 相

相

おん ソウ・《ショウ》
くん あい

書き順

いみ・ことば

①姿。有様。形相。真相。手相。人相。面相。様相。

②おたがいに。相性。相手。相棒。相愛。相応。相関。相対的。相談。相当。

③大臣のこと。外相。首相。

④連続する。相続。

特別な読み方 相撲。

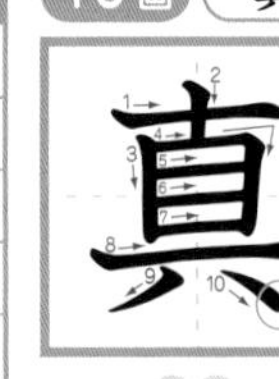

つかいかた

▼先生に相談する。
▼ゲームの対戦相手。

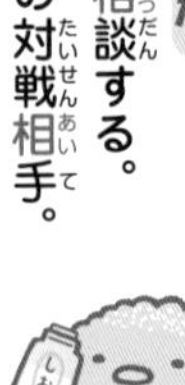

10画 真

真

おん シン
くん ま

書き順

いみ・ことば

①本当の。写真。真意。真価。真実。真情。真相。真理。

②まったくの。ちょうど。純真。真紅。真空。真顔。真心。真正面。真っ暗。真っ黒。真っ最中。真っ白。真夏。真昼。真冬。真水。真夜中。真ん中。

特別な読み方 真面目。真っ赤。真っ青。

つかいかた

▼真相をさぐる。
▼真ん中に立つ。

くわしくわかる

真に受ける 本気にする。本当だと思いこむ。

3年

12画 短

おん タン
くん みじかい

書き順

いみ・ことば

❶みじかい。短気。短時間。短縮。短針。短文。気短。最短。短歌。短期。

❷足りない。短所。短編。短命。長短。手短。

つかいかた

▼短縮授業。

▼短いくつ下。

くわしくわかる

一長一短 良いところもあれば、悪いところもあるということ。長所があれば短所もあるということ。

9画 研

おん ケン
くん《とぐ》

書き順

いみ・ことば

❶とぐ。みがく。研磨。

❷きわめる。研究。研修。

つかいかた

▼夏休みの自由研究。

▼新入社員の研修。

くわしくわかる

漢字の成り立ち 「石」と「开（平らにする）」を組み合わせて、石で平らにする、みがくという意味を表しました。

11画 祭

おん サイ
くん まつる・まつり

書き順

いみ・ことば

❶神や先祖をまつる。祭日。祭礼。祝祭。

❷行事。もよおしもの。音楽祭。芸術祭。祭典。七夕祭り。夏祭り。ひな祭り。文化祭。雪祭り。

つかいかた

▼音楽の祭典。

▼神様を祭る。

▼夏祭りに行く。

くわしくわかる

後の祭り 手遅れであること。**お祭りさわぎ** うかれてにぎやかにさわぐこと。

3年

秒

9画

おん　ビョウ
くん　——

書き順：一 二 千 千 禾 利 利 秒 秒

いみ・ことば

❶時間や角度などの単位。
秒針。秒速。秒読み。毎秒。

つかいかた

▼時計の秒針。
▼一分一秒を争う。
▼秒速五メートル。

くわしくわかる

秒読み　残り時間を秒単位で読み上げること。また、期限が目前に差しせまっていること。

究

7画

おん　キュウ
くん　《きわめる》

書き順：丶 丶 宀 穴 穴 究 究

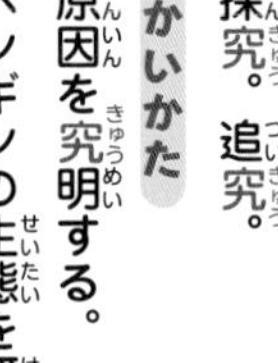

いみ・ことば

❶きわめる。深く調べて明らかにする。
究極。究明。研究。探究。追究。

つかいかた

▼原因を究明する。
▼ペンギンの生態を研究する。

くわしくわかる

「探究」は、物事を深く調べて本質を明らかにすること。「探求」は、あるものを手に入れようと探し求めることです。

章

11画

おん　ショウ
くん　——

書き順：章 丶 亠 亣 立 产 音 音 音 音 章

いみ・ことば

❶文や音楽などの区切り。
楽章。憲章（重要なことを定めた決まりの宣言書）。章句。章節。序章。文章。

❷しるし。
印章。記章。校章。腕章。

つかいかた

▼文章を書く。
▼校章をぼうしにつける。

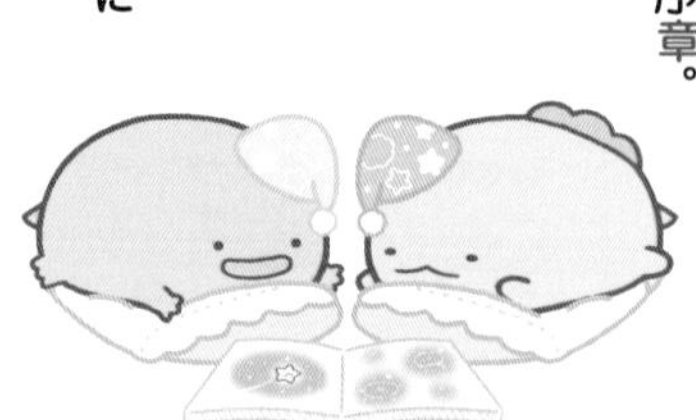

童
12画

おん ドウ
くん 《わらべ》

書き順：亠 亠 立 产 音 音 音 音 音 童 童 童

いみ・ことば

❶子供。学童。児童。神童（非常に優れた才能を持つ子供）。童顔。童心。童謡。童話。

つかいかた

▼児童館で遊ぶ。
▼童話を読む。

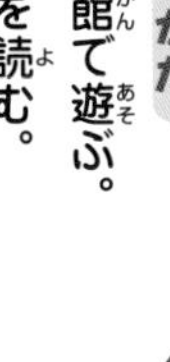

くわしくわかる
「童」一文字でも、子供のことを表します。「童歌」などに使われます。

第
11画

おん ダイ
くん ―

書き順：ノ 𠂉 ⺮ ⺮ 𥫗 竹 竺 笃 笃 第 第

いみ・ことば

❶順番。順序。式次第。第一位。第一印象。第一人者。第一線。第三者（その問題について、関係のない人）。第六感（直感のこと）。
❷試験。及第。落第。

つかいかた

▼人気商品の第一位。
▼試験に落第する。

くわしくわかる
手当たり次第 手にふれるものすべて、あれこれ考えず、かたっぱしから。

笛
11画

おん テキ
くん ふえ

書き順：ノ 𠂉 ⺮ ⺮ 𥫗 竹 竺 笛 笛 笛 笛

いみ・ことば

❶ふえ。草笛。口笛。鼓笛隊。縦笛。横笛。
❷合図のために鳴らす音。汽笛。警笛。

つかいかた

▼笛の練習をする。
▼電車の警笛。

くわしくわかる
笛吹けども踊らず ある人が先頭に立って働きかけても、だれも言うとおりにならないことのたとえ。

3年

12画 等

書き順
等 等

おん トウ
くん ひと(しい)

いみ・ことば

①ひとしい。同じ。
均等。対等。等身大。
同等。等分。平等。

②順位。一等。下等。
高等。上等。等級。
特等。優等生。

③仲間。…など。…たち。
国語や算数等。

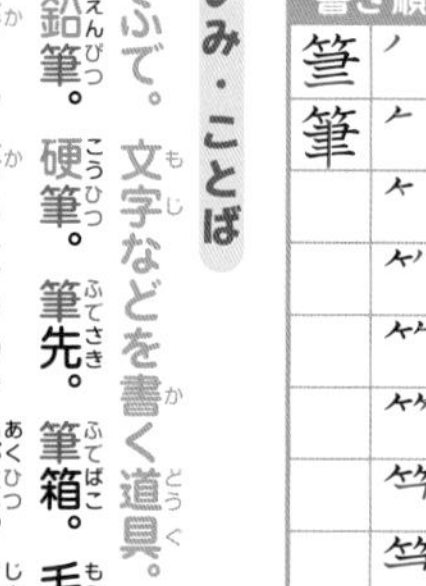

つかいかた

▼均等に分ける。
▼チーズやバター等の乳製品。
▼重さが等しい。

12画 筆

書き順
筆 筆

おん ヒツ
くん ふで

いみ・ことば

①ふで。文字などを書く道具。絵筆。
鉛筆。硬筆。筆先。筆箱。毛筆。

②書く。書いたもの。悪筆。直筆。
自筆。絶筆(生前、最後に書いたもの)。
達筆。肉筆。筆圧。筆記。筆算。
筆者。筆順。筆跡。筆談。筆無精。

つかいかた

▼筆圧が強い。 ▼新しい筆箱。

くわしくわかる

弘法も筆の誤り どんな名人でも失敗することがあるということのたとえ。

15画 箱

書き順
箱 箱 箱 箱 箱

おん ―
くん はこ

いみ・ことば

①はこ。入れ物。空き箱。木箱。重箱。
巣箱。宝箱。玉手箱。貯金箱。箱代。
百葉箱。筆箱。弁当箱。

つかいかた

▼箱の中に入れる。
▼貯金箱を開ける。

くわしくわかる

重箱の隅をつつく 細かいことばかり取り上げてうるさく文句を言う。**箱入り** 箱に入っていること。人目にふれさせず大切にすること。

3年

級

9画

おん キュウ
くん ―

書き順：く 幺 幺 糸 糸 糸 紉 級 級

いみ・ことば

❶順序。程度。段階。
階級。下級。高級。
上級。初級。進級。
中級。等級。

❷クラス。
学級。級友。同級生。

つかいかた

▼次の学年に進級する。
▼同級生の友達。

くわしくわかる
「一級品」は、非常に優れているもののことです。

終

11画

おん シュウ
くん おわる・おえる

書き順：く 幺 幺 糸 糸 糸 糹 紁 終 終 終

いみ・ことば

❶おわり。おわる。
終業。終結。終止。終戦。終息。
終着。終点。終電。終末。終了。
最終。始終。終演。

❷おわりまでずっと。
終身。終生。終夜。
終始。終日。

つかいかた

▼アニメの最終回。
▼授業が終わる時間。

くわしくわかる
終始一貫 考えや態度が最初から最後までずっと変わらないこと。

緑

14画

おん リョク・《ロク》
くん みどり

書き順：く 幺 幺 糸 糸 糸 紀 紀 紀 絹 緑 緑 緑 緑

いみ・ことば

❶みどり。
新緑。万緑。緑地。
緑茶。緑化。
黄緑。常緑。

つかいかた

▼緑茶を飲む。
▼緑色のスカート。

くわしくわかる
緑のカーテン 気温を下げるために、窓の外など建物の周りにゴーヤや朝顔をはわせたもの。

練 14画

おん レン
くん ね-る

書き順 〈 幺 幺 糸 糸 糸 紅 絎 絔 絙 緬 紳 練 練

いみ・ことば

❶ねる。こねる。練り製品。

❷きたえる。訓練。洗練。熟練。試練。鍛練。練習。

つかいかた

▼ピアノの練習をする。

▼クッキーの生地を練る。

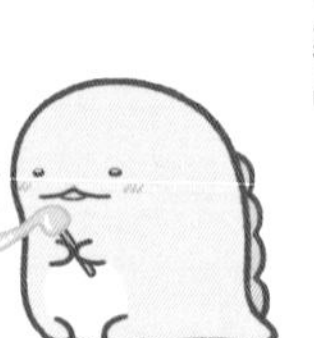

くわしくわかる 「洗練」は、文章やふるまいを、上品で美しいものにみがきあげることです。

羊 6画

おん ヨウ
くん ひつじ

書き順 丶 丷 䒑 兰 羊

いみ・ことば

❶ひつじ。牧羊。綿羊（毛を取るための羊）。羊皮紙。羊毛。

つかいかた

▼羊毛のセーター。

▼羊が群れる。

くわしくわかる **羊頭狗肉** 見せかけは立派だが、実際には粗悪なものを売ることのたとえ。羊の頭を看板に掲げながら、狗肉（犬の肉）を売るという意味。

美 9画

おん ビ
くん うつく-しい

書き順 丶 丷 䒑 䒑 兰 兰 羊 美 美

いみ・ことば

❶うつくしい。きれい。美意識。美化。美術。美術館。美人。美容。優美。

❷よい。立派。美談。美点。美徳。

❸おいしい。美食。美味。

❹ほめる。賛美。賞美。

つかいかた

▼美容院に行く。

▼美しい景色。

くわしくわかる **有終の美を飾る** 物事を最後までやりとげ、立派な成果をあげる。

3年

着

12画

おん　チャク・《ジャク》
くん　きる・きせる・つく・つける

書き順：丶 丷 䒑 䒑 兰 兰 关 芏 芏 着 着 着

いみ・ことば

①きる。身につける。厚着。薄着。上着。重ね着。着がえ。着心地。着物。下着。着衣。着用。水着。
②つく。つける。愛着。接着。先着。着色。着目。定着。密着。
③行きつく。着順。着水。着席。着地。着任。着陸。到着。
④落ちつく。決着。着実。着々。落着。
⑤とりかかる。着手。着工。

つかいかた

▼飛行機が着陸する。▼コートを着る。
▼自分の席に着く。

習

11画

おん　シュウ
くん　ならう

書き順：㇆ ㇆ ㇆ 习 习 羽 羽 羽 習 習 習

いみ・ことば

①ならう。くり返して身につける。演習。学習。自習。実習。習字。習得。習い事。復習。予習。練習。
②ならわし。習慣。習性。常習。風習。

つかいかた

▼漢字を学習する。
▼習い事を始める。

くわしくわかる

習うより慣れろ　人から教えてもらうより、実際に練習や経験を重ねたほうが、しっかりと身につく。

血

6画

おん　ケツ
くん　ち

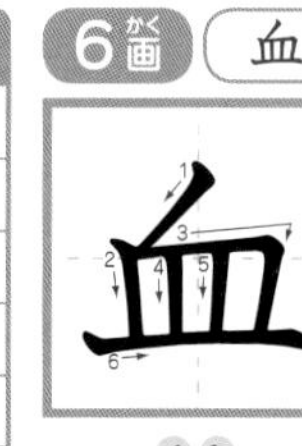

書き順：丿 𠂉 𠂉 血 血 血

いみ・ことば

①ち。血圧。血液。血管。血行。血色。血相。採血。出血。血の気。鼻血。貧血。輸血。
②ちのつながり。血縁。血族。血統。
③はげしい。血気。血眼。熱血。

つかいかた

▼血液を検査する。
▼指先から血が出る。

くわしくわかる

血が通う　人間的な温かさがある。**血がさわぐ**　気持ちが高ぶって心がおどる。

表

8画

おん ヒョウ
くん おもて・あらわす・あらわれる

書き順：一 十 キ 圭 声 耒 表 表

いみ・ことば

❶おもて。表書き。地表。表紙。表面。表裏（ひょうり・おもてうら）。

❷あらわす。外に出す。公表。代表。発表。表記。表現。表示。表情。

❸ひょう。わかりやすく整理して書かれたもの。一覧表。時間割り表。時刻表。図表。年表。

つかいかた

▼電車の時刻表。
▼千円札の表。
▼気持ちを表す。

詩

13画

おん シ
くん ―

書き順：、 亠 ㇔ 言 言 言 言 言 計 詰 詰 詩 詩

いみ・ことば

❶し。感じたことなどを、リズムのある言葉に表したもの。漢詩。詩歌（しいか・しか）。詩作。詩集。詩情。詩人。自由詩。定型詩（短歌や俳句などの、一定の決まりのある詩）。

つかいかた

▼詩を書く。▼詩集を読む。

くわしくわかる

短歌・俳句・詩などをまとめて「詩歌（しいか・しか）」といいます。

談

15画

おん ダン
くん ―

書き順：、 亠 ㇔ 言 言 言 言 言 言 訁 訟 訟 談 談 談

いみ・ことば

❶話す。語る。会談。歓談。懇談会。座談会。相談。対談。談義。談議。談笑。談話。筆談。密談。面談。

❷話。縁談。怪談。冗談。美談。余談。

つかいかた

▼先生と面談する。

くわしくわかる

物は相談 困ったときは一人で考えこまず、人に相談したほうが良いということ。

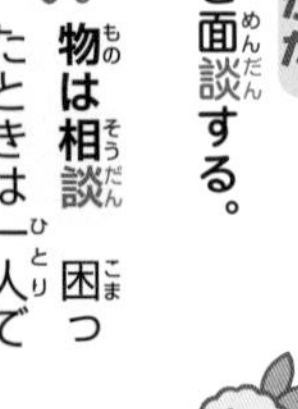

3年

15画 調

おん チョウ
くん しらべる・《ととのう》・《ととのえる》

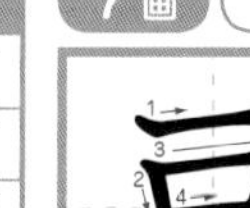

書き順

いみ・ことば

①ととのう。ととのえる。調印。調合。調整。調節。調達。調度。調味料。調理。調和。

②しらべる。調査。調書。

③具合。様子。快調。強調。口調。好調。順調。体調。調子。不調。

つかいかた

▼野菜を調理する。

▼漢字の意味を調べる。

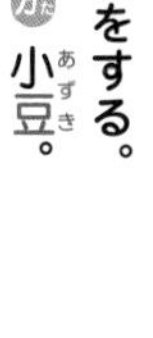

くわしくわかる

調子に乗る　仕事などが順調に進む。思い上がる。

7画 豆

おん トウ・ズ
くん まめ

書き順

いみ・ことば

①まめ。枝豆。大豆。豆乳。納豆。

②小さいものを表す言葉。豆知識。豆電球。豆本。

つかいかた

▼豆乳を使った料理。

▼大豆を食べる。

▼豆まきをする。

特別な読み方　小豆。

くわしくわかる

はとが豆鉄砲を食ったよう　いきなりのことにおどろいて、目を見開いている様子。

9画 負

おん フ
くん まける・まかす・おう

書き順

いみ・ことば

①おう。背おう。負荷。負傷。負担。

②たよりにする。自負。抱負。

③まける。根負け。勝負。負け戦。

つかいかた

▼負担を軽くする。

▼試合で負ける。

▼赤ちゃんを背負う。

くわしくわかる

負けるが勝ち　場合によっては相手に勝ちをゆずったほうが、結果的には自分の勝ちにつながるということ。

3年

10画 起

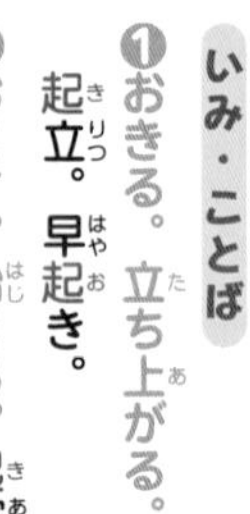

おん キ
くん お（きる）・お（こる）・お（こす）

書き順：一 + 土 キ キ 走 走 起 起 起

いみ・ことば

❶おきる。立ち上がる。起床。起用。起立。早起き。
❷おこす。始まる。起案。起業。起工。起動。発起。
❸始まり。起因。起源。起点。

つかいかた

▼朝礼で起立する。
▼朝七時に起きる。

くわしくわかる
一念発起 やろうと決めた物事に、熱心に打ちこむこと。

13画 路

おん ロ
くん じ

書き順：丨 口 口 早 早 足 足 足 趵 趵 路 路 路

いみ・ことば

❶みち。家路。街路樹。帰路。航路。進路。水路。線路。旅路。通路。道路。路上。路線。路面。
❷すじみち。経路。理路。

つかいかた

▼電車の路線図。
▼家路につく。

くわしくわかる
真実一路 真心を持ち、それをつらぬいて生きていくこと。

7画 身

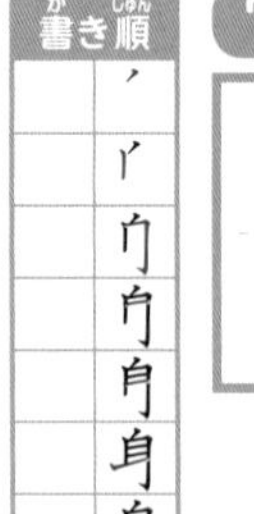

おん シン
くん み

書き順：′ 丨 门 自 自 身 身

いみ・ことば

❶からだ。心身。身体。身長。全身。長身。病身。変身。身動き。身軽。身近。
❷なかみ。黄身。白身。刀身。
❸自分。自身。身上。単身。独身。保身。身勝手。身の上話。身元。
❹地位や立場。出身。身分。立身。

つかいかた

▼身長を測る。
▼卵の黄身。

転　11画

おん　テン
くん　ころがる・ころげる・ころがす・ころぶ

書き順：一　厂　冂　百　百　亘　車　車　斬　転　転

いみ・ことば

❶ころがる。ぐるぐる回る。
回転。空転。自転車。転回。運転。

❷ころぶ。横転。転倒。転落。

❸変わる。移る。
移転。転移。転化。
転機。転記。転居。
転勤。転校。転職。
転送。転任。転用。

つかいかた

▼友達が転校する。
▼小石が転がる。
▼道路で転ぶ。

軽　12画

おん　ケイ
くん　かるい・《かろやか》

書き順：一　厂　冂　百　百　亘　車　車　軒　軽　軽　軽

いみ・ことば

❶かるい。重さや程度が少ない。
軽減。軽傷。軽重。軽度。軽量。軽快。

❷気がるな。手がるな。
軽食。軽装。軽口。気軽。

❸考えが浅い。軽挙。軽率。軽薄。

❹かるく見る。見下す。軽視。

つかいかた

▼軽率な行動。
▼ランドセルが軽い。

農　13画

おん　ノウ
くん　―

書き順：丨　冂　冂　冊　曲　曲　曲　曲　曲　農　農　農　農

いみ・ことば

❶田畑を耕す。作物を作る。
農園。農家。
農業。農耕。
農作物。
農場。農村。
農地。農民。
酪農。

つかいかた

▼広い農園。
▼農作物を出荷する。
▼農地を耕す。

3年

酒 10画

おん シュ
くん さけ・さか

書き順 丶 氵 氵 氵 汀 汀 沔 洒 酒 酒

いみ・ことば

❶さけ。飲酒。梅酒。禁酒。酒場。酒屋。地酒。酒席。酒蔵（しゅぞう）（さかぐら）。清酒。日本酒。洋酒。料理酒。

特別な読み方 お神酒。

つかいかた

▼お酒売り場。▼料理酒を入れる。

くわしくわかる **漢字の成り立ち** 部首は酒つぼを意味する「酉（ひよみのとり）」です。それに「氵（水）」を組み合わせて、「さけ」を表しました。

配 10画

おん ハイ
くん くばる

書き順 一 丆 丆 万 两 西 酉 酉 酉⁷ 酉⁷ 配

いみ・ことば

❶くばる。割り当てる。集配。心配。手配。配管。配給。配信。配水。配線。配送。配属。配達。配置。配当。配備。配布。配分。配列。分配。

❷組み合わせる。配合。配色。

❸したがえる。支配。配下。

つかいかた

▼動画を配信する。
▼プリントを配る。

重 9画

おん ジュウ・チョウ
くん え・おもい・かさねる・かさなる

書き順 一 二 千 千 肯 盲 亩 重 重

いみ・ことば

❶おもさ。重心。重量。重力。体重。

❷程度がひどい。重傷。重体。重病。

❸落ち着いている。自重。重厚。

❹おもんじる。大切にする。貴重。重視。重大。重点。重要。尊重。

❺かさねる。重箱。重複。二重。

特別な読み方 十重二十重。

★都道府県名…三重県。

つかいかた

▼体重を量る。▼話が重複する。
▼二重まぶた。▼荷物が重い。
▼折り紙を重ねる。

3年

13画 鉄

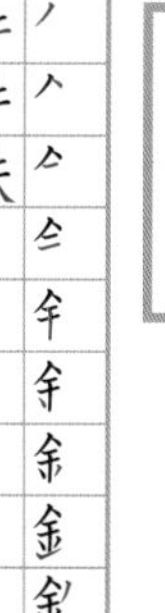

おん テツ
くん ―

書き順：ノ 𠆢 𠂉 𠂎 牟 牟 余 金 金 金 鉅 鉄 鉄

いみ・ことば

❶てつ。砂鉄。製鉄。鉄橋。鉄筋。鉄鋼。鉄骨。鉄製（てつせい）。鉄道。鉄分。鉄棒。鉄砲。

❷かたくて強い。鉄人。鉄則。鉄壁。

❸「鉄道」の略。私鉄。地下鉄。電鉄。

つかいかた

▼鉄骨の建物。▼地下鉄に乗る。

くわしくわかる

鉄は熱いうちに打て 物事は実行する時期が大切で、素直な若い時や、熱意のある時が良いということ。

14画 銀

おん ギン
くん ―

書き順：ノ 𠆢 𠂉 𠂎 牟 牟 余 金 金 金 釘 釘 鉬 銀

いみ・ことば

❶ぎん。銀貨。金銀。銀製。水銀。

❷ぎん色。ぎんのように美しいもの。銀河。銀世界。銀幕（映画のこと）。

❸お金。銀行。

つかいかた

▼銀色の折り紙。

▼銀行に行く。

12画 開

おん カイ
くん ひらく・ひらける・あく・あける

書き順：丨 冂 戸 門 門 門 門 門 門 門 閂 開

いみ・ことば

❶ひらく。開花。開場。開閉。開放。開門。公開。展開。満開。

❷きりひらく。ほり起こす。開運。開拓。開通。開発。文明開化。未開。

❸始める。開演。開会。開館。開始。開店。開幕。再開。

つかいかた

▼図書館の開館時間。

▼店が開く。▼ドアを開ける。

くわしくわかる

開口一番 口を開いて話し始めるとすぐに。

3年

集

12画

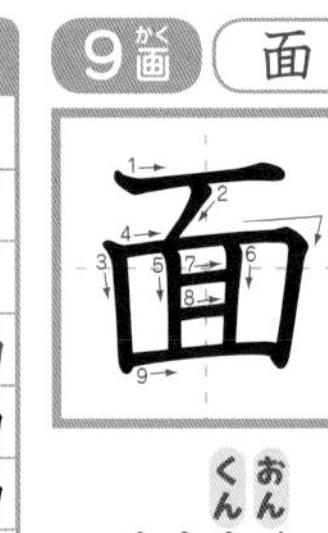

おん シュウ
くん あつまる・あつめる・《つどう》

書き順 ノ亻亻'亻'' 什 什 隹 隹 隹 隼 集 集

いみ・ことば

❶あつめる。
採集。集荷。集金。集計。収集。集大成。集中。集配。集約。募集。

❷あつまる。つどう。
群集。集会。集結。集合。集団。集落。

❸あつめたもの。
画集。詩集。全集。特集。文集。

つかいかた

▼クラス全員が集合する。
▼シールを集める。

面

9画

おん メン
くん《おも》・《おもて》・《つら》

書き順 一 ア 丆 丙 而 而 而 面 面

いみ・ことば

❶顔。
顔面。赤面。洗面。対面。面会。面接。

❷めん。
仮面。能面。

❸おもて。外側。
地面。水面。表面。面積。路面。

❹向き。方向。場合。
局面。正面。側面。直面。方面。

❺平らなもの。
画面。紙面。図面。

特別な読み方 真面目。

つかいかた

▼面積を計算する。
▼難問に直面する。

飲

12画

おん イン
くん のむ

書き順 ノ 𠆢 今 今 今 今 食 食 飠 飣 飲 飲

いみ・ことば

❶のむ。
飲酒。飲食。飲用。飲料。飲み水。飲み物。

つかいかた

▼冷たい飲料水。
▼ジュースを飲む。
▼飲み物を注文する。

3年

16画 館

おん カン
くん やかた

書き順：ノ 𠆢 亽 今 今 今 𩙿 𩚃 𩚃 𩚃 飠 飠 飠 館 館 館

いみ・ことば

❶やかた。大きな建物。
会館。開館。館長。公民館。体育館。図書館。博物館。美術館。閉館。別館。本館。洋館。来館。

❷やどや。旅館。

つかいかた

▼体育館に集まる。
▼図書館で本を借りる。

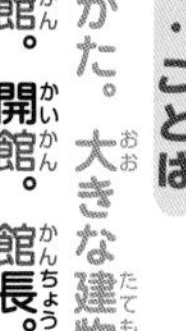

18画 題

おん ダイ
くん ―

書き順：丨 口 日 日 旦 早 早 早 是 是 是 題 題 題 題 題 題 題

いみ・ことば

❶見出し。内容を表す言葉。
題材。題字。題名。題目。副題。主題。

❷考えや答えを求められている事がら。
課題。宿題。出題。問題。例題。

❸中心となる事がら。
議題。話題。

つかいかた

▼作文の題を考える。
▼宿題を終わらせる。

くわしくわかる
無理難題　解決不能な、無理な言いがかり。

14画 駅

おん エキ
くん ―

書き順：丨 厂 冂 F 冃 馬 馬 馬 馬 馬 馬 馸 駅 駅

いみ・ことば

❶えき。駅員。駅長。駅ビル。駅弁。駅前。各駅。終着駅。停車駅。無人駅。

❷旅人がとまる集落。駅伝。

つかいかた

▼駅で待ち合わせる。
▼各駅に停車する。

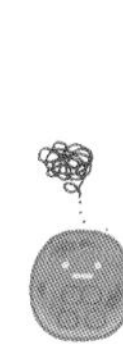

くわしくわかる
「駅伝」は「駅伝競走」の略。馬が宿場町で次の馬に荷物をわたすように、たすきを受けわたしながらリレーします。

12画　歯

音　シ
訓　は

書き順

丨	𠁣
⺊	歯
𠂉	
止	
𣥂	
𣥂	
𣥂	
𣥂	
𣥂	
𣥂	

いみ・ことば

❶は。
永久歯。歯科。
歯石。乳歯。
歯医者。歯形。
歯型。歯並び。
虫歯。

❷はのような形の物。
歯車。

つかいかた

▼乳歯がぬけた。
▼歯が痛い。
▼歯医者に行く。

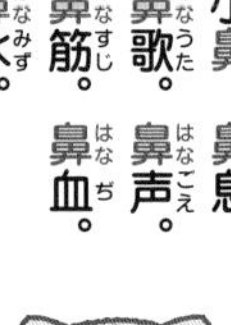

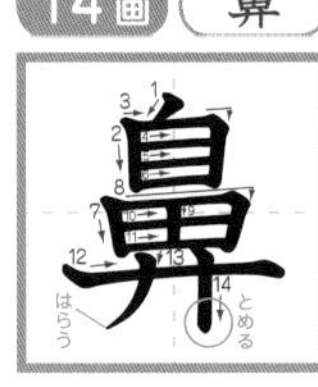

14画　鼻

音《ビ》
訓　はな

書き順

ノ	畠
丿	畠
白	鼻
白	鼻
自	
自	
自	
畠	
畠	
畠	

いみ・ことば

❶はな。
小鼻。鼻息。
鼻歌。鼻声。
鼻筋。鼻血。
鼻水。
目鼻立ち。

つかいかた

▼鼻がつまる。
▼鼻水が出る。

数の四字熟語②

【十】

十中八九　おおかた。ほとんど。

十人十色　好みや性質は人によってちがう。

十年一昔　十年もたてば昔のことに感じられるほど、世の中の変化が激しいことのたとえ。

【百】

百発百中　矢や弾丸がすべて命中すること。計画や予想がすべて当たること。

【千と万】

一日千秋　非常に待ち遠しく、時が長く感じられること。

森羅万象　この世のすべての物や現象。

千客万来　客が次々と来ること。

千差万別　様々なちがいがあること。

千変万化　様々に変化すること。

四年生で習う漢字 202字

4画　不 232　井 232　夫 249　欠 277　氏 278

5画　以 233　付 233　令 238　加 242　功 243　包 244　司 246　失 250　辺 264　必 267　末 272　未 272　札 274　民 278

6画　争 232　仲 233　伝 234　兆 239　共 239　印 245　各 246　好 250　成 268　灯 279　老 282　衣 289

7画　位 234　佐 234　低 235　児 239　兵 240　冷 240　初 241　別 241　利 241　努 243　労 243　完 252　岐 254　希 255　折 259　沖 259　芸 263　阪 266　改 269　束 273　材 275　求 279　良 288　臣 294

8画　例 235　典 240　刷 242　協 244　卒 245　参 246　周 247　固 248　奈 250　季 251　官 252　岡 253　底 256　府 256　径 257　泣 259　治 260　法 260　英 263　芽 263　念 267　果 273　松 275　牧 281　的 283　阜 295

9画　信 235　便 236　勇 244　城 248　変 249　建 257　単 258　浅 260　茨 264　昨 271　栄 273　栃 275　祝 282　省 283　約 286　要 289　軍 293　飛 297　香 298

10画　候 236　借 236　倉 238　孫 251　害 252　差 254　席 255　帯 255　徒 257　浴 261　連 265　郡 266　挙 269　料 270　案 274　梅 276　残 278　特 282　笑 285　訓 290

11画　健 237　側 237　副 242　唱 247　埼 248　崎 254　康 256　巣 258　清 261　菜 264　陸 266　敗 269　望 272　梨 274　械 276　産 283　票 284　貨 292　鹿 299

12画　博 245　媛 251　富 253　滋 261　満 262　達 265　隊 267　散 270　景 271　最 271　極 276　焼 279　然 280　無 280　給 287　結 287　街 289　覚 290　賀 292　量 294　飯 296　順 296

13画　働 237　塩 249　愛 268　戦 268　照 280　置 285　節 286　続 287　群 288　試 291　辞 293

14画　察 253　徳 258　漁 262　旗 270　熊 281　種 284　管 286　説 291　関 295　静 296

15画　億 238　器 247　潟 262　選 265　標 277　熱 281　縄 288　課 291　輪 293　養 298

16画　機 277　積 284　録 294

18画　観 290　類 297　験 298

19画　鏡 295　願 297

20画　競 285　議 292

不　4画

おん　フ・ブ
くん　――

書き順　一 ア 不 不

いみ・ことば

①…でない。…しない。不安。不安定。不意。不意打ち。不運。不可。不可能。不完全。不規則。不器用。不幸。不公平。不在。不思議。不正。不足。不通。不等号。不便。不満。不明。不毛。不要。

つかいかた

▼音信不通になる。
▼不規則な生活。

くわしくわかる　**不言実行**　文句を言わず、するべきことを実行すること。

争　6画

おん　ソウ
くん　あらそう

書き順　ノ ク 久 刍 刍 争

いみ・ことば

①あらそう。たたかう。言い争い。競争。戦争。争議。争奪。争点。争乱。争論。闘争。論争。

つかいかた

▼戦争はしない。
▼優勝を争う。

くわしくわかる　**一刻を争う**　わずかの時間もむだにできないほど、急がなくてはいけない。

井　4画

おん　《セイ》・《ショウ》
くん　い

書き順　一 二 ナ 井

いみ・ことば

①いど。井戸。井戸水。
②「井」のような形。いげた。天井。
③人が住んでいるところ。市井。
★都道府県名…福井県。

つかいかた

▼古い井戸。
▼福井県の産業。

くわしくわかる　**井の中のかわず**　見聞がせまく、広い世界を知らないこと。「かわず」はカエルのこと。「大海を知らず」と続けることも。

5画 以

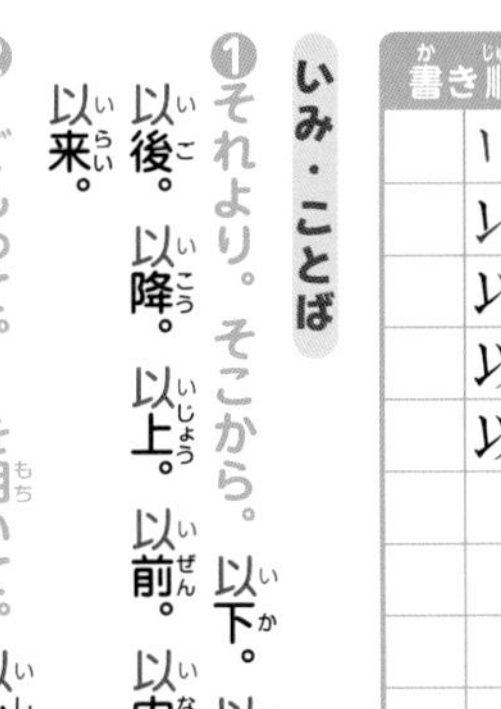

おん イ
くん ―

書き順 丨 レ レ' ㇾソ 以

いみ・ことば

❶それより。そこから。以下。以外。以後。以降。以上。以前。以内。以来。

❷…でもって。…を用いて。以心伝心。

つかいかた

▼三年生以下の学年。
▼関係者以外立ち入り禁止。

くわしくわかる

「以上」「以下」は、その数をふくみ、「未満」は、ふくみません。**以心伝心** 言葉にしなくても、気持ちが通い合うこと。

5画 付

おん フ
くん つける・つく

書き順 ノ 亻 仁 付 付

いみ・ことば

❶つける。つく。くっつく。受付。付け根。日付。付加。付近。付設。付属。付着。付録。

❷あたえる。寄付。給付。交付。納付。配付。

★「受付」「日付」は送り仮名をつけません。

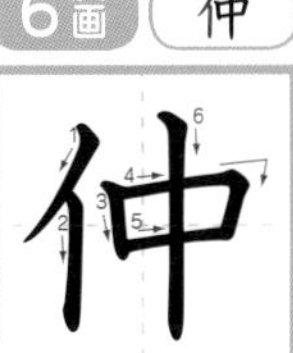

つかいかた

▼雑誌の付録。
▼プリントを配付する。

くわしくわかる

付和雷同 自分の意見を持たず、他人に同調すること。

6画 仲

おん《チュウ》
くん なか

書き順 ノ 亻 亻 仂 仲 仲

いみ・ことば

❶なか。なかだち。人と人との間がら。仲介。仲裁。仲立ち。仲直り。仲間。仲良し。

❷まんなか。仲秋。仲春。

特別な読み方 仲人。

つかいかた

▼友達と仲直りする。
▼仲良しなグループ。

6画 伝

おん デン
くん つたわる・つたえる・つたう

書き順 ノ 亻 仁 仁 伝 伝

いみ・ことば

①つたえる。つたわる。遺伝。駅伝。宣伝。伝言。伝授。伝承。伝説。伝染。伝達。伝統。伝票。伝聞。伝来。伝令。

②人の一生を記したもの。自伝。伝記。

特別な読み方 手伝う。伝馬船（荷物を運ぶ小さな木の船）。

つかいかた

▼伝言ゲーム。
▼先祖から伝わる宝物。
▼結果を伝える。

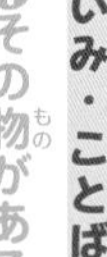

7画 位

おん イ
くん くらい

書き順 ノ 亻 亻 仁 什 位 位

いみ・ことば

①その物がある場所。位置。水位。方位。

②くらい。身分。王位。下位。各位。首位。順位。上位。地位。優位。

③数や量の基準。一の位。十の位。単位。

つかいかた

▼徒競走で一位になる。
▼十の位を計算する。

くわしくわかる
興味本位 おもしろいと思いさえすれば良いという考え。

7画 佐

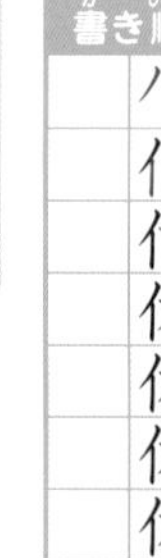
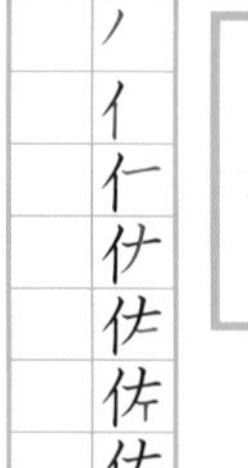
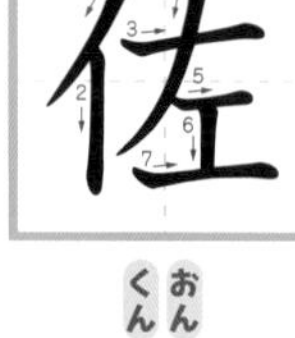

おん サ
くん ―

書き順 ノ 亻 仁 什 佐 佐 佐

いみ・ことば

①たすける。佐幕（江戸時代末に幕府に味方したこと）。補佐。

②昔の軍隊や自衛隊などの階級の一つ。佐官。海佐。空佐。少佐。大佐。中佐。陸佐。

★都道府県名…佐賀県。

つかいかた

▼社長を補佐する。
▼佐賀県にある干潟。

4年

7画 低

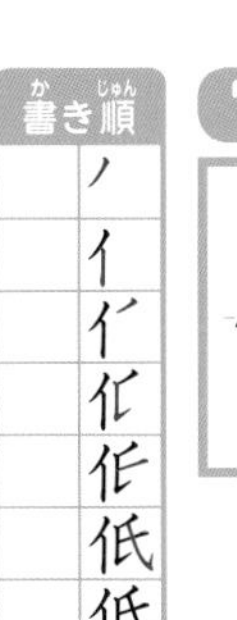

おん テイ
くん ひくい・ひくめる・ひくまる

書き順：ノ 亻 亻 仁 仾 低 低

いみ・ことば

①高さや程度がひくい。高低。最低。低温。低音。低学年。低気圧。低級。低空。低姿勢。低調。

②下げる。下がる。低下。低減。

つかいかた

▼低学年の教室。
▼気温が低い。
▼声を低めて話す。

くわしくわかる
平身低頭 体をかがめ、頭を下げて、おそれ入ったり謝ったりすること。

8画 例

おん レイ
くん たとえる

書き順：ノ 亻 亻 仃 仮 仮 例 例

いみ・ことば

①たとえ。参考になる見本。一例。異例。実例。前例。適例。特例。文例。用例。例示。例題。例文。

②いつもどおり。習わし。慣例。定例。例会。例大祭。例年。

③決まり。条例。例外。

つかいかた

▼計算の例題を解く。
▼例えを出して説明する。

くわしくわかる
例によって例のごとし いつもどおりで、変化がない。

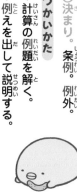

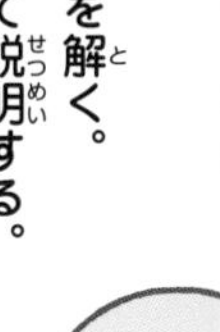

9画 信

おん シン
くん ―

書き順：ノ 亻 亻 仁 仨 信 信 信 信

いみ・ことば

①しんじる。本当だと思う。確信。自信。信仰。信者。信条。信心。信任。信念。信用。信頼。不信。

②うそのないこと。まこと。信義。背信。

③知らせ。便り。往信。音信。受信。信号。送信。通信。電信。返信。

つかいかた

▼メールを送信する。
▼母の言葉を信じる。

9画　便

おん　ベン・ビン
くん　たより

書き順
ノ　亻　亻'　亻'　亻'　亻'　亻'　便　便

いみ・ことば

①都合が良い。簡便。便乗。不便。便利。

②たより。知らせ。航空便。宅配便。船便。郵便。

③お通じ。はいせつ物。小便。大便。便器。便所。便通。便秘。

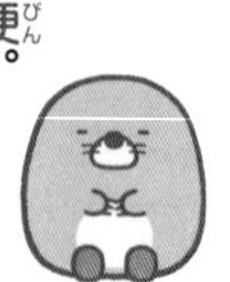

つかいかた

▼交通の便が良い。▼宅配便が届く。

▼友達から便りが届く。

くわしくわかる

風の便り　どこからともなく伝わってくるうわさ。

10画　候

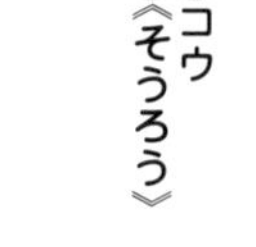

おん　コウ
くん　《そうろう》

書き順
ノ　亻　亻　亻　亻　亻　亻　亻　候　候

いみ・ことば

①時や季節の移り変わり。気候。時候。兆候。天候。

②待つ。待ち受ける。候補。

③文末の「です・ます」の古い言い方。

候文（「です・ます」の代わりに「候」と書く、古い手紙の文体）。

つかいかた

▼天候が変化する。

▼選挙に立候補する。

4年

10画　借

おん　シャク
くん　かりる

書き順
ノ　亻　亻　亻　亻　亻　亻　借　借　借

いみ・ことば

①かりる。貸し借り。借り手。借り物。借財（借金のこと）。借地。借家。借用。借金。拝借（「借りる」のへりくだった言い方）。

つかいかた

▼借用許可をもらう。

▼消しゴムを借りる。

くわしくわかる

猫の手も借りたい　だれでもいいから手伝って欲しいほど、いそがしい。

健

11画

おん ケン
くん《すこやか》

書き順：ノ 亻 亻 亻 亻 亻 亻 亻 律 健 健

いみ・ことば

①すこやか。元気。健康。健在。健勝。健全。保健。
②さかんに。よく…する。健闘。

つかいかた

▼健康を保つ。
▼保健室で休む。

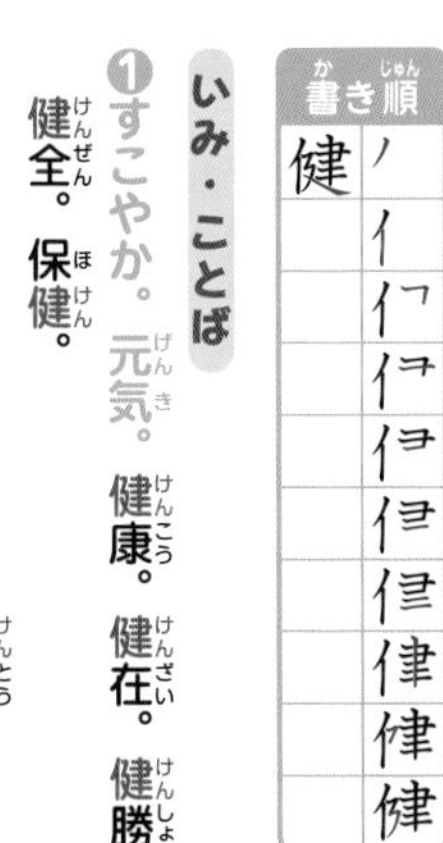

側

11画

おん ソク
くん がわ

書き順：ノ 亻 亻 仴 仴 伹 伹 俱 俱 側 側

いみ・ことば

①がわ。ものの一面。内側。裏側。表側。片側。側面。外側。左側。右側。両側。
②かたわら。そば。側近。

つかいかた

▼箱の側面。
▼右側通行。

くわしくわかる
「側近」は、地位の高い人のそばで働く人のことです。

働

13画

おん ドウ
くん はたらく

書き順：ノ 亻 亻 亻 亻 佰 佰 侢 俥 俥 偅 働 働

いみ・ことば

①はたらく。仕事をする。実働。重労働。働き口。働き盛り。働き手。働き者。労働。

つかいかた

▼一日の労働時間。
▼会社で働く。

くわしくわかる
漢字の成り立ち 「亻（人）」と「動（うごく）」を組み合わせて「はたらく」という意味を表した漢字です。日本で作られた漢字で、「国字」といいます。

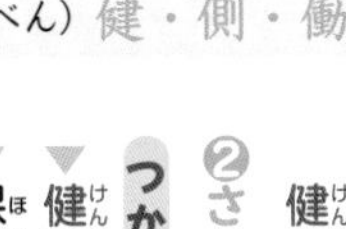

15画 億

おん オク
くん —

書き順	
ノ	倍
亻	倍
亻'	億
亻亠	億
亻立	億
亻音	
亻音	
倍	
倍	
倍	

いみ・ことば

❶数の「おく」。万の一万倍。
一億円。一億人。

❷数が非常に大きいこと。
億万長者（大金持ちのこと）。巨億。

つかいかた

▼一億人の人口。
▼億万長者になる。

5画 令

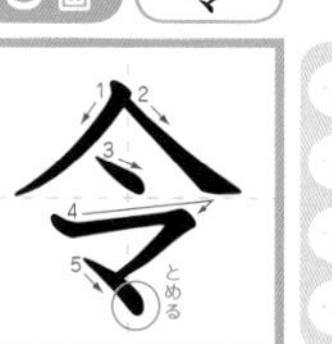

おん レイ
くん —

書き順
ノ
人
亼
今
令

いみ・ことば

❶言いつけ。
号令。指令。命令。令状。

❷決まり。
政令。法令。

❸他人の家族を敬って言う言葉。
令嬢。令息。

❹よい。美しい。
令月。令名。

つかいかた

▼王様の命令。
▼日直が号令をかける。

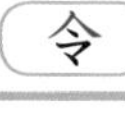

10画 倉

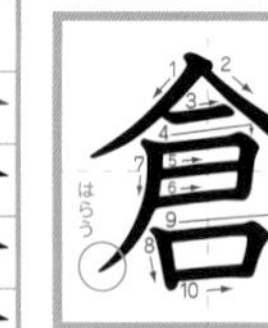

おん ソウ
くん くら

書き順
ノ
人
亼
今
今
今
舎
舎
倉
倉

いみ・ことば

❶くら。穀物などをしまっておく建物。
穀倉。米倉。船倉。倉庫。

つかいかた

▼野菜を貯蔵する倉庫。
▼米を倉にしまう。

くわしくわかる

「倉」は、おもに穀物をしまう建物、「蔵」は、大事な物をしまう建物のことです。

4年

6画 兆

おん チョウ
くん《きざす》・《きざし》

書き順
丿 丬 㓁 兆 兆 兆

いみ・ことば

❶何かが始まろうとするきざし。前ぶれ。
吉兆。前兆。兆候。予兆。

❷数の「ちょう」。
億の一万倍。一兆円。十兆円。

つかいかた
▼百兆円の国家予算。
▼大雨の前兆。
▼かぜの兆候。

7画 児

おん ジ・《ニ》
くん ——

書き順
丨 𠃊 𠃊 旧 旧 児 児

いみ・ことば

❶子供。育児。園児。児童。小児科。
女児。男児。乳児。幼児。

❷若い男性。球児。風雲児。

特別な読み方　稚児。
★都道府県名…鹿児島県。

つかいかた
▼幼児用のおもちゃ。
▼鹿児島県にある火山。

くわしくわかる
「風雲児」とは、世の中が大きく変わるとき、それをチャンスに活躍する人物のこと。

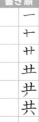

6画 共

おん キョウ
くん とも

書き順
一 十 廾 廾 共 共

いみ・ことば

❶ともに。いっしょに。
共演。共学。共感。
共通。共通語。
共同。共有。公共。
共倒れ。共働き。

つかいかた
▼友達の意見に共感する。
▼共働きの家庭。

くわしくわかる
共存共栄　二つ以上のものが、争うことなく、共に生存し、共に栄えること。

4年

7画 兵

兵

おん ヘイ・ヒョウ
くん ―

書き順 ノ 亻 斤 斤 丘 乒 兵

いみ・ことば

❶へい。戦う人。軍人。水兵。敵兵。兵役。兵士。兵隊。兵力。歩兵。

❷戦争。兵法(へいほう)。兵火(戦争や、それによって起きる火事)。兵器。

★都道府県名…兵庫県。

つかいかた

▼おもちゃの兵隊。▼兵庫県の港。

くわしくわかる

生兵法は大けがのもと いいかげんな知識や技術にたよると、かえって大失敗するということのたとえ。

8画 典

典

おん テン
くん ―

書き順 丨 冂 巾 冊 曲 曲 典 典

いみ・ことば

❶もとになる書物。漢字辞典。教典。国語辞典。古典。字典。出典。百科事典。

❷手本。決まり。典型。法典。

❸行事。儀式。祭典。式典。祝典。

つかいかた

▼漢字辞典で調べる。

▼式典に参加する。

くわしくわかる

「事典」は事がら、「辞典」は言葉、「字典」は文字を、まとめて解説したものです。

7画 冷

冷

おん レイ
くん つめたい・ひえる・ひや・ひやす・ひやかす・さめる・さます

書き順 丶 冫 冫 冫 冷 冷 冷

いみ・ことば

❶つめたい。温度が低い。寒冷。冷夏。冷害。冷気。冷却。冷水。冷蔵庫。冷凍。冷房。

❷落ち着いている。冷厳。冷静。冷戦(国と国が武器を用いないで対立すること)。

❸気持ちがつめたい。冷血。冷笑。

つかいかた

▼冷静に考える。

▼冷たいジュース。

▼傷口を冷やす。

▼スープが冷める。

初 7画

おん ショ
くん はじめ・はじめて・はつ・《うい》・《そめる》

書き順 丶 ラ ネ ネ ネ 初 初

いみ・ことば

①はじめ。最初。初夏。初期。初級。
初秋。初春（はつはる）初心者。
初代。初段。初冬。初等。
初日。初歩。当初。

②はじめて。
初演。初対面。初恋。
初舞台。初孫。初耳。
初詣。初雪。初夢。

つかいかた

▼本の最初のページ。
▼初めて行く場所。
▼初日の出を見る。

別 7画

おん ベツ
くん わかれる

書き順 丨 口 口 号 另 別 別

いみ・ことば

①わかれる。死別。送別会。別居。

②くべつする。わける。学年別。区別。
クラス別。個別。差別。識別。性別。
選別。大別。判別。分別。分別。

③他の。別記。別口。別件。別行動。
別冊。別室。別人。別名。

④普通と異なる。
格別。特別。別格。
別世界。別段。

つかいかた

▼色で区別する。
▼友達と公園で別れる。

利 7画

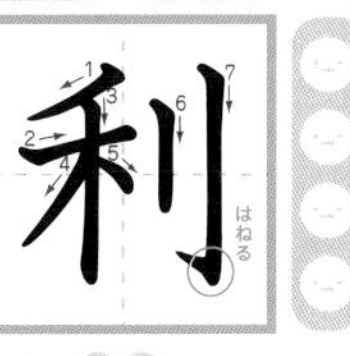

おん リ
くん 《きく》

書き順 ノ 二 千 千 禾 利 利

いみ・ことば

①するどい。かしこい。鋭利。利口。
利発。

②都合が良い。便利。有利。利器。
利己。利点。利便。利用。

③お得。もうけ。金利。
権利。勝利。不利。
利益。利害。利権。
利子。利息。利率。

特別な読み方 砂利。

つかいかた

▼クーポンを利用する。
▼利口な犬。

4年

刷　8画

おん　サツ
くん　する

書き順：コ　コ　尸　尸　吊　吊　刷　刷

いみ・ことば

❶こすりつけて写す。
色刷り。印刷。
縮刷。増刷。

❷きれいにする。
刷新（悪いところを取ってまったく新しくすること）。

つかいかた

▼本を印刷する。
▼制度を刷新する。
▼学級新聞を刷る。
▼多色刷りの版画。

副　11画

おん　フク
くん　―

書き順：一　一　戸　戸　戸　畐　畐　畐　畐　副　副

いみ・ことば

❶付きそって助ける。
副会長。副社長。副題。副委員長。
副読本。副部長。

❷付け加える。
副産物。副業。副作用。

❸ひかえ。
副収入。副賞。
正副（本物とひかえ）。副本。

つかいかた

▼副読本を読む。　▼副会長になる。

くわしくわかる

「副産物」とは、何かを生産するとき、目的とする生産物のほかに得られる別の産物。

加　5画

おん　カ
くん　くわえる・くわわる

書き順：フ　カ　カ　加　加

いみ・ことば

❶くわえる。足して増やす。
加減。加工。加算。
加速。加熱。加筆。
増加。追加。付加。

❷くわわる。仲間に入る。
加勢。加担。加入。
加盟。参加。

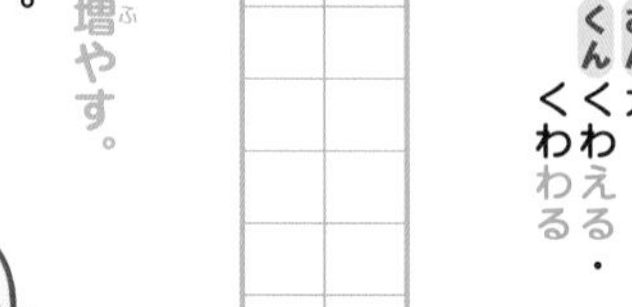

つかいかた

▼写真を加工する。
▼試験管を加熱する。
▼砂糖を加える。
▼グループに加わる。

功 5画

おん コウ・《ク》
くん ―
書き順 一 丅 工 玎 功

いみ・ことば

①手がら。成しとげた仕事。功績。
功名(手がらを立てて有名になること)。功労。成功。

②ききめ。功徳(人のためになる善行)。
奏功(目標どおりの結果になること)。

つかいかた

▼作戦が成功する。
▼大きな功績をあげる。

くわしくわかる
けがの功名 失敗や何気なくした言動が、思わぬ成功をもたらすこと。

努 7画

おん ド
くん つとめる
書き順 く 女 女 奴 奴 努 努

いみ・ことば

①つとめる。力をつくす。
努力。努力家。

つかいかた

▼目標に向けて努力する。
▼勉学に努める。

くわしくわかる
「努める」は、力いっぱい行うこと、「務める」は、役目を行うこと、「勤める」は、仕事を行うことです。

労 7画

おん ロウ
くん ―
書き順 丶 丷 ⺍ 𰀁 学 労

いみ・ことば

①働く。骨折り。勤労。苦労。功労。
徒労。労苦。労作。労働。労力。

②つかれる。過労。心労。疲労。

③ねぎらう。いたわる。慰労。

つかいかた

▼労働時間を短くする。
▼難しい宿題に苦労する。

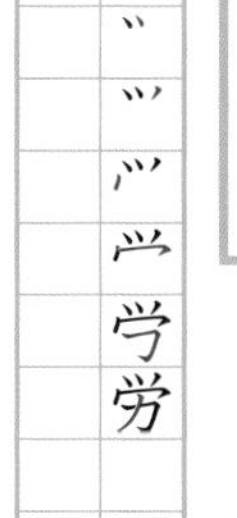
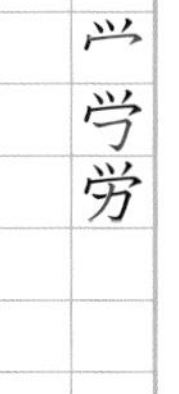

くわしくわかる
労多くして功少なし 苦労したわりには成果が少ないこと。

4年

勇　9画

おん　ユウ
くん　いさむ

書き順：フ　マ　マ　丙　丙　函　函　勇　勇

いみ・ことば

❶いさましい。おそれずに立ち向かう心。 武勇。勇敢。勇気。勇士。勇者。勇退（若い人のために、自分から仕事などをやめること）。勇名。

つかいかた

▼勇気を出す。
▼勇ましい姿。

くわしくわかる
勇み足　勢いに乗ってやりすぎたために失敗すること。

包　5画

おん　ホウ
くん　つつむ

書き順：ノ　勹　勹　匀　包

いみ・ことば

❶つつむ。小包。包み紙。包装。
❷取り囲む。包囲。包帯。包容力。
●その他の言葉。包丁。

★「小包」は送り仮名をつけません。

つかいかた

▼包装紙を選ぶ。
▼プレゼントを包む。
▼小包を受け取る。

協　8画

おん　キョウ
くん　―

書き順：一　十　十　ナ　ナカ　协　協　協

いみ・ことば

❶力や調子を合わせる。協会。協賛。協調。協同。協力。協和。
❷話し合って意見を合わせる。協議。協定。協約。

つかいかた

▼クラス全員で協力する。
▼協調性に欠ける人。

くわしくわかる
不協和音　同時にひびく音が調和しない不安定な和音のこと。転じて、意見がそろわず調和しない関係のたとえ。

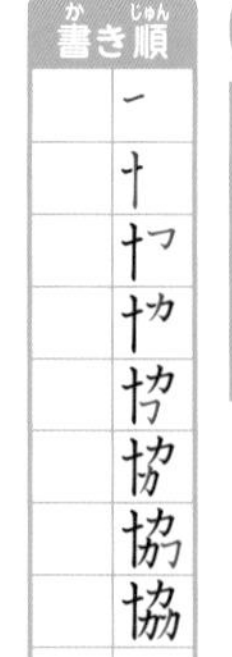
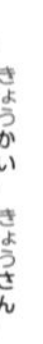

4年

卒

8画

卒

おん ソツ
くん ―

書き順
亠 亠 亠 亣 亣 亣 卒 卒

いみ・ことば

❶位の低い兵士。従卒。兵卒。

❷終わる。卒園。卒業。

❸突然。急に。卒然。卒倒。

つかいかた

▼卒園のお祝い。

▼小学校を卒業する。

くわしくわかる

「卒論」は「卒業論文」の略。卒業研究をまとめて教授に提出するもの。「新卒」は、その年に新しく学校を卒業した人。

博

12画

博

おん ハク・《バク》
くん ―

書き順
一 十 ｔ 忄 怙 怙 怙 恒 悑 悑 博 博

いみ・ことば

❶はば広い。広く通じている。博愛。博学。博士。博識。博物館。博覧会。

❷「博覧会」の略。宇宙博。万博。

❸かけごと。賭博。博徒。

特別な読み方 博士。

つかいかた

▼博物館に行く。

▼漢字博士。

くわしくわかる

博学多才 知識が豊かで、多くの才能を持っていること。

印

6画

印

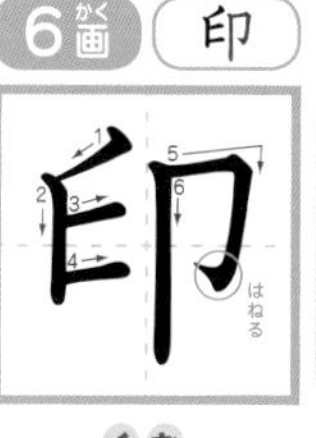

おん イン
くん しるし

書き順
ノ 𠂆 𠂉 ⺊ 𠮛 印

いみ・ことば

❶しるし。旗印。目印。矢印。

❷いん。はんこ。印鑑。押印。消印。実印。

❸版で刷る。印画紙。印刷。印字。印象。

つかいかた

▼実印をおす。

▼矢印を書く。

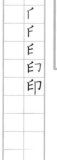

参　8画

おん　サン
くん　まいる

書き順：ㄙ ム 厶 亼 夅 𠫓 参 参

いみ・ことば

❶加わる。仲間に入る。参加。参画。参観。参戦。参入。参列。
❷神社やお寺などにおまいりする。参賀。参道。参拝。墓参り。宮参り。
❸比べる。つき合わせる。参考。参考書。参照。
❹目上の人のところへ行く。参上。持参。日参。
❺負ける。降参。

つかいかた

▼授業参観日。
▼お寺にお参りする。

司　5画

おん　シ
くん　——

書き順：𠃌 ㇆ 𠮛 司 司

いみ・ことば

❶つかさどる。仕事などを受け持つこと。行司（相撲で勝敗を判定する人）。宮司。司会。司書。司法。司令。上司。

つかいかた

▼発表会の司会を務める。
▼図書館の司書になりたい。

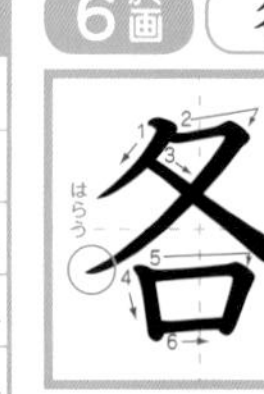

各　6画

おん　カク
くん　《おのおの》

書き順：ノ ク 夂 夂 各 各

いみ・ことば

❶おのおの。それぞれ。各位。各員。各自。各種。各所。各人。各地。各様。各論。各国。

つかいかた

▼各地の天気。
▼お弁当は各自で用意する。

くわしくわかる

各人各様　人によってやり方がちがうこと。人それぞれ。同じ意味に「十人十色」。

4年

8画 周

周

おん シュウ
くん まわり

書き順：丿 冂 冂 円 円 円 周 周

いみ・ことば

❶まわり。円周。外周。周囲。周辺。
❷広く行きわたる。周知。周到。
❸めぐる。周期。周航。周年。周遊。

つかいかた

▼校庭を一周走る。
▼家の周りを散歩する。

くわしくわかる
用意周到　用意が十分行き届いて、準備が足りないことがない様子。

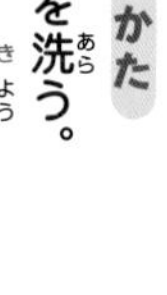

15画 器

器

おん キ
くん《うつわ》

書き順：丨 口 口 口 吅 吅 吅 哭 哭 哭 哭 哭 器 器 器

いみ・ことば

❶うつわ。入れ物。花器。器物。食器。土器。容器。
❷才能や能力。器用。器量。大器。
❸道具。楽器。器械。機器。器具。器材。消火器。武器。兵器。
❹体の中であるはたらきをする組織。器官。呼吸器。臓器。

つかいかた

▼食器を洗う。
▼手先が器用。

11画 唱

唱

おん ショウ
くん となえる

書き順：丨 口 口 口 吅 吅 吅 吅 唱 唱 唱

いみ・ことば

❶となえる。暗唱。唱和。提唱。復唱。
❷歌う。歌唱。合唱。唱歌。独唱。熱唱。輪唱。

つかいかた

▼合唱コンクール。
▼お経を唱える。

4年

固

8画

おん　コ
くん　かためる・かたまる・かたい

書き順　丨 冂 冃 冋 冏 固 固 固

いみ・ことば

❶かたい。かためる。固形。固守。固体。固定。
❷態度を変えない。頑固。強固。固持。固辞（固く辞退すること）。
❸もとから。固有。

特別な読み方　固唾（緊張したときに口内にたまるつば）。

つかいかた

▼家具を固定する。
▼雪をふみ固める。
▼絵の具が固まる。
▼固い約束。

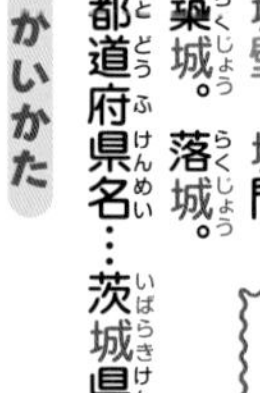

城

9画

おん　ジョウ
くん　しろ

書き順　一 十 土 圹 圻 坂 城 城 城

いみ・ことば

❶しろ。敵を防ぐための建物。宮城。古城。城下町。城主。城壁。城門。築城。落城。

★都道府県名…茨城県。宮城県。

つかいかた

▼歴代の城主を調べる。
▼戦国時代の城。
▼茨城県の湖。
▼宮城県の海産物。

埼

11画

おん　—
くん　さい

書き順　一 十 土 圹 圹 圹 圹 埣 埣 埼 埼

いみ・ことば

❶さき。陸地の突き出たところ。犬吠埼（千葉県にあるみさき）。
❷「埼玉」の略。埼京線（埼玉と東京を結ぶ路線）。

★都道府県名…埼玉県。

つかいかた

▼埼京線に乗る。
▼埼玉県を走る電車。

4年

13画 塩

おん エン
くん しお

書き順：一 十 土 圴 圹 圻 垆 坧 坮 塩 塩 塩 塩

いみ・ことば

❶しお。塩害。塩田。塩分。岩塩。塩気。食塩。

❷化学的な物質。塩酸。塩素。

つかいかた

▼塩分をひかえる。

▼塩をかけて食べる。

くわしくわかる
手塩にかける　自らいろいろと世話をして、大切に育てる。

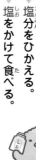

9画 変

おん ヘン
くん かわる・かえる

書き順：丶 亠 十 亣 亦 亦 亦 夾 変

いみ・ことば

❶かわる。かえる。一変。急変。変化（へんか・へんげ）。変革。変形。変更。変色。変身。変装。変動。不変。

❷かわった出来事。事件。異変。事変。政変。本能寺の変。

❸かわっている。普通ではない。大変。変異。変質。変人。変則。

つかいかた

▼葉の色が変化する。

▼水温が変わる。

▼考え方を変える。

4画 夫

おん フ・《フウ》
くん おっと

書き順：一 二 夫 夫

いみ・ことば

❶おっと。夫婦。夫妻。

❷一人前の男の人。夫人（他人の妻のていねいな呼び方）。

❸働く人。漁夫。水夫。農夫。

●その他の言葉。工夫。

つかいかた

▼社長夫人。

▼夫と妻。

くわしくわかる
創意工夫　これまでになかった新しい考え方で、工夫をこらしていろいろやってみること。

4年

5画 失

おん シツ
くん うしなう

書き順 ノ ⺈ 仁 生 失

いみ・ことば

①うしなう。なくす。遺失物。失意。失格。失業。失効。失神。失速。失点。失念。失望。失明。失礼。焼失。損失。紛失。流失。

②まちがい。あやまち。過失。失言。失策。失笑。失態。失敗。

つかいかた

▼失敗した料理。

▼チャンスを失う。

8画 奈

おん ナ
くん ―

書き順 一 ナ 大 太 李 奈 奈 奈

いみ・ことば

①リンゴの種類の一つ。

②どうして。どうしようか。奈辺（「どのあたり」の意味）。

●その他の言葉。奈落（地獄のこと）。

★都道府県名…神奈川県。奈良県。

つかいかた

▼神奈川県に住んでいる。

▼奈良県のお寺。

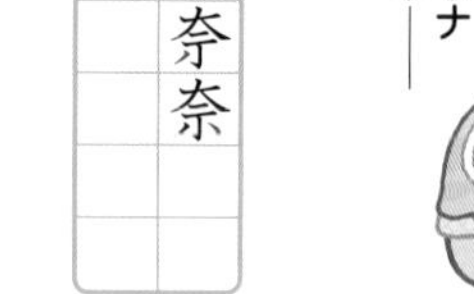
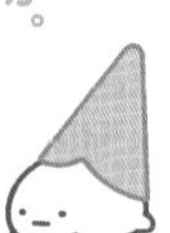

くわしくわかる

奈落の底 物事のどん底。ぬけ出すことのできない、どうしようもない状態。

6画 好

おん コウ
くん このむ・すく

書き順 く 女 女 女' 好 好

いみ・ことば

①このむ。すき。愛好。好意。好奇心。好物。

②良い。このましい。好感。好機。好人物。好調。好都合。好天。好評。好例。絶好。良好。

③親しい。友好。

つかいかた

▼大好物のケーキ。

▼読書を好む。

▼みんなから好かれる。

くわしくわかる

好きこそ物の上手なれ 好きなことが上達の条件だ。

12画 媛

おん《エン》
くん ―

いみ・ことば

①ひめ。美しい女性。才媛。

★都道府県名…愛媛県。

つかいかた

▼愛媛県の温泉。

▼愛媛県産のミカン。

8画 季

おん キ
くん ―

いみ・ことば

①きせつ。春、夏、秋、冬それぞれの期間。雨季。夏季。季語。季節。四季。秋季。春季。冬季。年季。

つかいかた

▼季節が変わる。

▼俳句の季語。

くわしくわかる

「年季」とは、昔使われていた、一年を単位とした労働期間。「年季が明ける」「年季が入る（修行を積んで手慣れている）」のように使います。

10画 孫

おん ソン
くん まご

いみ・ことば

①まご。血筋を受けつぐもの。

初孫（ういまご・はつまご）。子孫。ひ孫。孫の手（背中をかく道具）。孫娘。

つかいかた

▼子孫を残す。

▼孫と遊ぶ。

くわしくわかる

弟子の弟子を「孫弟子」、他の本から引用している内容を、元の本を調べずにそのまま使うことを「孫引き」と言います。

4年

完

7画

音 カン
訓 —

書き順：丶 丷 宀 宀 宀 宇 完

いみ・ことば

❶全部そろっている。欠けたところがない。完熟。完勝。完全。完治。完敗。完備。完璧。

❷終わらせる。完結。完工。完済。完成。完走。完投。完了。未完。

つかいかた

▼完全に仕上げる。

▼作品が完成する。

くわしくわかる

完全無欠 完全で欠点がないこと。**完全燃焼** 完全に燃えること。力を出し切ること。

官

8画

音 カン
訓 —

書き順：丶 丷 宀 宀 宁 宁 官 官

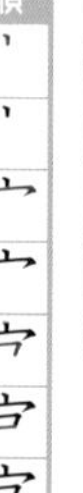
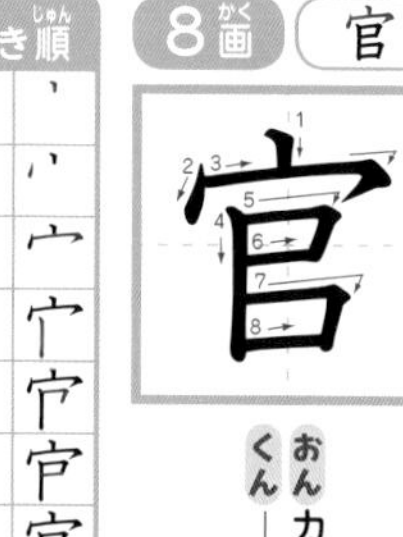

いみ・ことば

❶役所。官公庁。官舎。官庁。官報。

❷役人。外交官。教官。警察官。自衛官。事務官。長官。

❸体の中であるはたらきをする部分。器官。五官。

つかいかた

▼消化器官。

▼外交官になる。

害

10画

音 ガイ
訓 —

書き順：丶 丷 宀 宀 宇 宇 宔 害 害 害

いみ・ことば

❶そこなう。傷つける。害虫。危害。殺害。実害。傷害。損害。無害。有害。

❷災い。干害。公害。災害。水害。冷害。

❸さまたげる。じゃまをする。障害。妨害。

つかいかた

▼災害に備える。

▼有害なガス。

くわしくわかる

一利一害 良い点もあるが、悪い点もあるということ。

4年

12画 富

おん フ・《フウ》
くん とむ・とみ

書き順

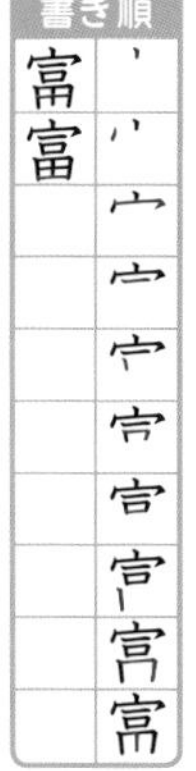

いみ・ことば

① 豊か。財産が多い。 貧富。富強。富国。豊富。

★都道府県名…富山県。

つかいかた

▼食料が豊富にある。
▼才能に富む。
▼巨万の富を築く。
▼富山県にあるダム。

くわしくわかる

一富士、二鷹、三なすび 初夢に見ると縁起が良いと言われるものを順に並べた言葉。

14画 察

おん サツ
くん ―

いみ・ことば

① 細かく調べる。 観察。警察。考察。視察。診察。

② 思いやる。おしはかる。 察知。推察。明察。

つかいかた

▼朝顔を観察する。
▼人の気持ちを推察する。

くわしくわかる

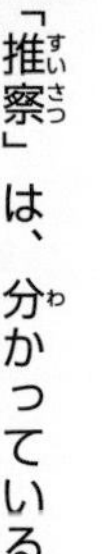

「推察」は、分かっていることをもとに、予想して判断することです。相手を敬って言うときは「明察」を使います。

8画 岡

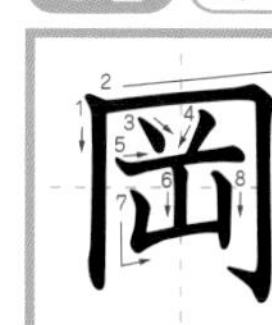

おん ―
くん おか

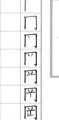

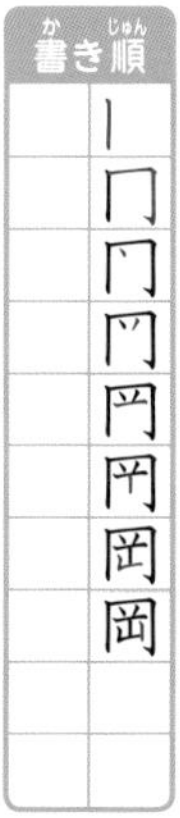

いみ・ことば

① おか。小さい山。

★都道府県名…岡山県。静岡県。福岡県。

つかいかた

▼岡山県にある城。
▼静岡県産のお茶。
▼福岡県に行く新幹線。

くわしくわかる

岡目八目 当事者よりも、そばで見ている人のほうが正しく判断ができるものだ。

4年

岐　7画

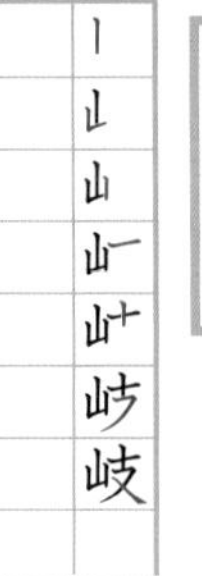

おん《キ》
くん ―

書き順：丨 山 山 山 岐 岐 岐

いみ・ことば

❶分かれ道。
岐路。多岐。分岐。

★都道府県名…岐阜県。

つかいかた

▼岐阜県の磁器。
▼岐阜県出身の武将。

くわしくわかる
多岐亡羊　方法が多すぎて、どれを選んだら良いのか迷う様子。

崎　11画

おん ―
くん さき

書き順：丨 山 山 山 山 山 山 岭 峪 崎 崎（崎）

いみ・ことば

❶さき。陸地の突き出たところ。
観音崎（神奈川県にあるみさき）。

★都道府県名…長崎県。宮崎県。

つかいかた

▼長崎県にある教会。
▼宮崎県産のマンゴー。

くわしくわかる
江戸の敵を長崎で討つ　意外な場所や、道理に合わない理由で、昔のうらみの仕返しをすることのたとえ。

差　10画

おん サ
くん さす

書き順：丶 丷 䒑 䒑 兰 羊 差 差 差 差

いみ・ことば

❶ちがい。数や量などのへだたり。
格差。誤差。差異。差別。時差。

❷さし引いた残り。
差益。差額。

❸さす。入れる。
差し入れ。水差し。指差す。

特別な読み方　差し支える。

つかいかた

▼身長に差がある。
▼差別化をはかる。
▼光が差しこむ。

4年

希

7画

おん キ
くん ―

書き順
ノ ㄨ 㐅 产 产 斉 希

いみ・ことば

❶願う。望む。
希求。希望。

❷少ない。まれ。
希少。古希(七十歳のこと)。

❸まばら。うすい。
希薄。

つかいかた

▼希望する進路。
▼希少な生き物。

くわしくわかる
希少価値　数や量がとても少ない、または手に入りにくいことから生まれる価値。

席

10画

おん セキ
くん ―

書き順
丶 亠 广 庐 庐 座 座 座 庤 席

いみ・ことば

❶すわる場所。
相席。運転席。客席。空席。欠席。座席。出席。退席。着席。同席。別席。

❷会場。
会席。酒席。

❸成績などの順位。
首席。席次。

特別な読み方
寄席。

つかいかた

▼自分の席に着く。
▼学校を欠席する。

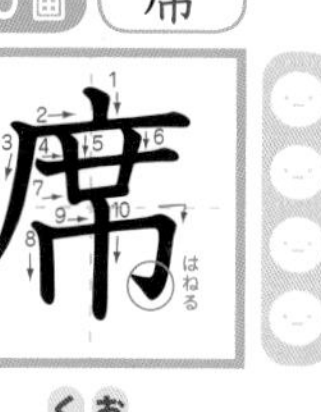

帯

10画

おん タイ
くん おびる・おび

書き順
一 十 卄 卅 卌 卌 卌 带 帯 帯

いみ・ことば

❶おび。物のまわりに巻く細長いもの。
帯止め。眼帯。包帯。

❷おびる。身につける。持つ。
所帯。帯出(持ち出すこと)。帯電。携帯。

❸同じような状態の地域。
火山帯。寒帯。世帯。地帯。熱帯。一帯。温帯。

つかいかた

▼工業地帯が広がる。
▼丸みを帯びる。
▼着物の帯を結ぶ。

くわしくわかる
帯に短し、たすきに長し　中途半端で役に立たない。

4年

底

8画

おん テイ
くん そこ

書き順：丶 亠 广 广 庀 庀 底 底

いみ・ことば

❶そこ。いちばん下。海底。川底。底意地。底力。底値。谷底。底辺。底面。底面積。

つかいかた

▼海底を調査する船。
▼プールの底。

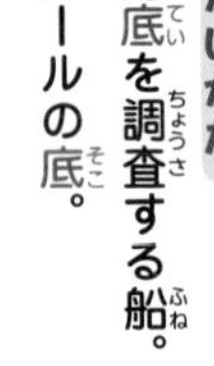

くわしくわかる
底が浅い 内容に深みがない。**底をつく** あったものが全部なくなる。

府

8画

おん フ
くん ―

書き順：丶 亠 广 广 庁 庁 府 府

いみ・ことば

❶役所。国府。政府。内閣府。幕府。
❷中心となるところ。学府。
❸地方公共団体の一つ。首府(首都のこと)。大阪府。京都府。都道府県。府知事。府庁。府立。

つかいかた

▼長く続いた幕府。
▼大阪府の世界遺産。

康

11画

おん コウ
くん ―

書き順：丶 亠 广 户 户 庐 庐 康 康 康 康

いみ・ことば

❶体が丈夫。健康。不健康。
❷おだやか。安康。小康。

つかいかた

▼健康な体。
▼不健康な生活。

くわしくわかる
健康は富に勝る どれだけお金持ちでも健康のほうが大切だ。**小康を保つ** 病気などの悪化が治まって、少し良い状態が続く。

4年

建　9画

おん　ケン・《コン》
くん　たてる・たつ

書き順

いみ・ことば

①たてる。建設。建造。建築。再建。建て売り。建具。建物。
②新しくつくる。建国。
③意見を言う。申し立てる。建議。建白。
★「建具」「建物」は送り仮名をつけません。

つかいかた

▼建設中のマンション。
▼家を建てる。
▼高層ビルが建つ。

径　8画

おん　ケイ
くん　—

書き順

いみ・ことば

①小道。径路。小径。
②円の差しわたし。円の中心を通る直線。口径。直径。半径。

つかいかた

▼円の直径を測る。
▼目的地までの径路。

くわしくわかる

「径路」は、「経路」と書くこともあります。「経路」には、小道という意味のほかに、物事がたどる道筋という意味もあります。

徒　10画

おん　ト
くん　—

書き順

いみ・ことば

①歩く。徒競走。徒歩。
②教えを受ける人。弟子。仲間。生徒。徒弟。徒党。暴徒。信徒。
③何も持っていない。素手。徒手。
④役に立たない。徒食（働かないでぶらぶらすること）。徒労。

つかいかた

▼駅まで徒歩五分。
▼中学校の生徒。

くわしくわかる

徒党を組む　仲間が集まって悪事をたくらむこと。

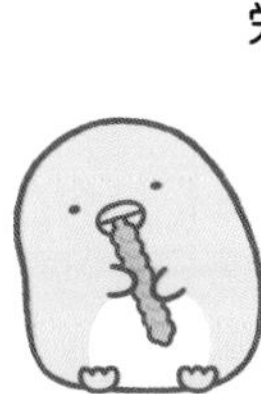

4年

徳　14画

おん　トク
くん　―

書き順：徳

いみ・ことば

❶立派な行い。悪徳。人徳。道徳。徳育。美徳。不徳。

❷得をする。利益。徳用。

★都道府県名…徳島県。

つかいかた

▼道徳の教科書。

▼徳用パックのおかし。

くわしくわかる

「徳用」とは、値段が安いわりには量が多かったり役に立ったりすること。「得用」とも書きます。

単　9画

おん　タン
くん　―

書き順：単

いみ・ことば

❶ひとり。一つ。単一。単価。単眼。単色。単身。単独。単発。単品。

❷ひとまとまり。単位。単元。単語。

❸あっさりしている。変化がない。簡単。単純。単調。

つかいかた

▼英単語を覚える。

▼ポテトを単品で注文する。

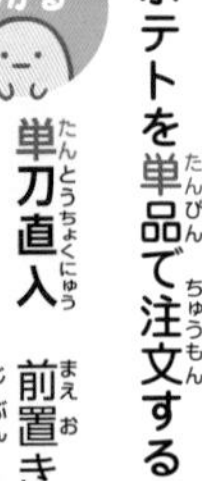

くわしくわかる

単刀直入　前置きなどがなく、すぐに自分の話の本題や要点に入ること。

巣　11画

おん　《ソウ》
くん　す

書き順：巣

いみ・ことば

❶す。生き物のすみか。空き巣。帰巣本能。巣立つ。巣作り。巣箱。古巣。

つかいかた

▼小鳥の巣箱を作る。

▼小学校を巣立つ。

くわしくわかる

「帰巣本能」とは、動物がすみかからはなれても、もどって来る生まれつきの能力。**蜂の巣をつついたよう**　大さわぎになって収まらない様子。

7画 折

折

おん セツ
くん おる・おり・おれる

書き順：一 ナ オ 才 扩 扩 折

いみ・ことば

❶おる。おれまがる。
折れ目。曲折。骨折。右折。左折。折り紙。指折り。

❷分ける。
折半。

❸その時。
折々。折節。時折。

つかいかた

▼足を骨折した。
▼画用紙を二つに折る。
▼時折メールが届く。
▼棒が折れる。

くわしくわかる

折り目正しい 作法をわきまえて礼儀正しい様子。

7画 沖

沖

おん《チュウ》
くん おき

書き順：丶 冫 氵 氵 沪 沪 沖

いみ・ことば

❶岸から遠くはなれた海。
沖合。沖合漁業。

★都道府県名…沖縄県。

つかいかた

▼船が沖に出る。
▼海がきれいな沖縄県。

くわしくわかる

漁業には、「遠洋漁業（世界の海で行う漁業）」、「沖合漁業（日本の海域で行う漁業）」、「沿岸漁業（岸の近くで行う漁業）」、「養殖業」などがあります。

8画 泣

泣

おん《キュウ》
くん なく

書き順：丶 冫 氵 氵 汁 汁 泣 泣

いみ・ことば

❶なく。なみだを流す。
泣き声。泣き言。泣き虫。泣き笑い。感泣。号泣。もらい泣き。

つかいかた

▼泣いている子供。
▼泣き言を言う。

くわしくわかる

泣いても笑っても どのようにしてみても。物事が最終段階にあることのたとえ。**泣く子もだまる** 泣いている子が泣きやむほどおそろしい。

治

8画

おん ジ・チ
くん おさめる・おさまる・なおる・なおす

書き順
丶 冫 氵 氵厶 汁 汁 治 治

いみ・ことば

①おさめる。整える。
自治。政治。退治。
治安。治水。
統治。法治。

②病気がなおる。なおす。
全治。湯治。不治。完治。

つかいかた
▼全治一か月のけが。
▼政治家の発言。
▼国を治める。
▼病気を治す。

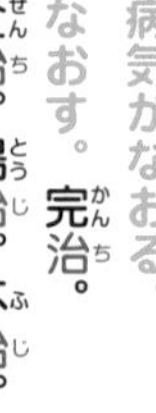
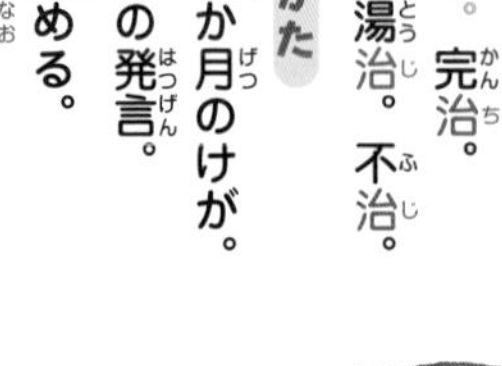

法

8画

おん ホウ・《ハッ》・《ホッ》
くん ――

書き順
丶 冫 氵 汁 汁 注 法 法

いみ・ことば

①決まり。おきて。
違法。憲法。合法。司法。寸法。
文法。法規。
法則。法律。

②やり方。手立て。
作法。製法。
戦法。方法。用法。

③仏の教え。
説法。法師。法事。法要。

つかいかた
▼計算の法則。
▼英語の文法を勉強する。

浅

9画

おん 《セン》
くん あさい

書き順
丶 冫 氵 氵 汀 浐 浅 浅 浅

いみ・ことば

①あさい。水が少ない。
浅瀬。深浅。遠浅。

②考えや知識が足りない。
浅はか。浅学。浅見。

③色がうすい。
浅黒い。浅緑。

つかいかた
▼浅いプールで遊ぶ。
▼浅はかな考え。

くわしくわかる
浅い川も深く渡れ　どんなに簡単なことでも、注意深く行ったほうが良い。

4年

10画 浴

浴

おん ヨク
くん あびる・あびせる

書き順：丶 冫 氵 氵 沙 浴 浴 浴 浴 浴

いみ・ことば

❶水などをあびる。ふろに入る。
海水浴。入浴。水浴び。浴室。浴場。
❷日光などをあびる。森林浴。日光浴。

特別な読み方 浴衣。

つかいかた

▼浴室をそうじする。
▼水を浴びる。
▼質問を浴びせる。

くわしくわかる
「浴びる」「浴びせる」は、「批判を浴びる」「質問を浴びせる」など、言動にも使います。

11画 清

清

おん セイ・《ショウ》
くん きよい・きよまる・きよめる

書き順：丶 冫 氵 氵 氵 氵 沣 清 清 清 清

いみ・ことば

❶きよい。すんでいる。
清音（「゛」や「゜」のつかない、すんだ音）。
清潔。清純。清浄。清貧。清流。
❷きれいにする。始末する。
清算。清書。清掃。
❸さわやか。
清楚。清涼。

特別な読み方 清水。

つかいかた

▼清流にすむ魚。
▼身を清める。
▼清らかな気持ち。

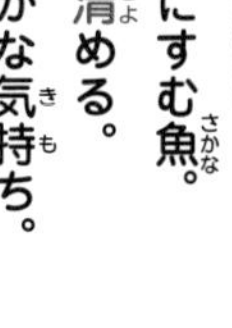

12画 滋

滋

おん《ジ》
くん —

書き順：丶 冫 氵 氵 氵 氵 洋 洋 滋 滋 滋 滋

いみ・ことば

❶うるおす。栄養になる。
滋雨。滋味。滋養。
★都道府県名…滋賀県。

つかいかた

▼滋賀県のお土産。
▼滋賀県の大きな湖。

くわしくわかる
漢字の成り立ち　「氵（水）」の横に「艹（草）」「𢆶（二つの糸）」を組み合わせて、植物がしげる、うるおすという意味になりました。

4年

12画 満

おん マン
くん みちる・みたす

書き順：丶 冫 氵 氵一 汁 汁 洪 洪 洪 満 満 満

いみ・ことば

❶みちる。いっぱいになる。満員。満月。満潮。満腹。満了。未満。
❷足りる。十分である。円満。不満。満足。満点。
❸全部。満開。満身。満面。
❹ある数になる。満十歳。

つかいかた

▼テストで満点をとる。
▼潮が満ちる。▼おなかを満たす。

くわしくわかる
満を持す 十分に準備をして機会が来るのを待つ。

14画 漁

おん ギョ・リョウ
くん ―

書き順：丶 冫 氵 氵 氵 汋 汋 洎 洎 渔 渔 漁 漁 漁

いみ・ことば

❶魚をとる。漁獲。漁業。漁港。漁場。漁船。漁村。漁夫。禁漁。大漁。漁師。

つかいかた

▼漁船が沖に出る。
▼漁師の仕事。

くわしくわかる
漁夫の利 両者が争っている間に、関係のない者が利益を横取りすることのたとえ。

15画 潟

おん ―
くん かた

書き順：丶 冫 氵 氵 氵 泊 泊 泊 泊 泊 潟 潟 潟 潟 潟

いみ・ことば

❶かた。遠浅の海。潮が引くと出てくるところ。干潟。
★都道府県名…新潟県。

つかいかた

▼干潟で遊ぶ。
▼新潟県は米どころ。

4年

芸 7画

おん ゲイ
くん ―

書き順：一 十 艹 艹 芏 芸 芸

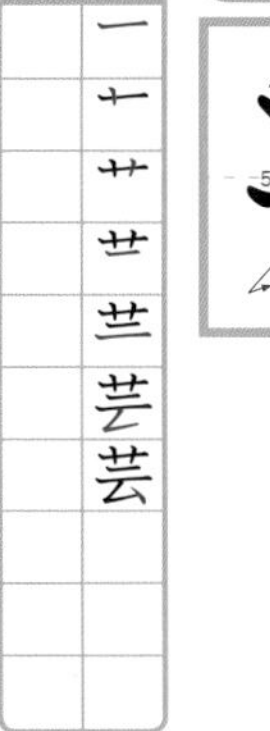

いみ・ことば

❶身につけたわざや学問。
学芸。曲芸。芸事。芸術。芸人。芸能。芸風。芸名。工芸。手芸。多芸。武芸。文芸。

❷草木を育てる。
園芸。農芸。

つかいかた

▼芸術家になる。
▼伝統工芸品の食器。

くわしくわかる
芸は身を助ける 何か芸事を身につけていると、お金に困ったときに助けになる。

英 8画

おん エイ
くん ―

書き順：一 十 艹 艹 芇 苎 茓 英

いみ・ことば

❶すぐれる。
英気。英才。英断。英知。英雄。

❷イギリスのこと。
英会話。英語。英国。英文。英訳。英和辞典。

つかいかた

▼英語を習う。
▼英知を集める。

くわしくわかる
英気を養う すぐれた能力を出せるように、十分な休養を取る。

芽 8画

おん ガ
くん め

書き順：一 十 艹 艹 芈 芏 芽 芽

いみ・ことば

❶草木のめ。
新芽。麦芽。発芽。芽生え。若芽。

❷物事の始まり。
萌芽。

つかいかた

▼種を発芽させる。
▼草木が芽生える。

くわしくわかる
芽が出る 世の中に認められる。**芽をつむ** これから大きくなりそうな人や物事を、小さいうちに取り除く。

茨　9画

くん いばら
おん ―

書き順：一 十 廾 艹 艹 艹 茨 茨 茨

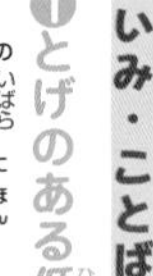

いみ・ことば

❶とげのある低い木。
野茨（日本のノバラの代表的品種）。
花茨（花のさいているイバラ）。
❷植物のとげ。茨の道。
★都道府県名…茨城県。

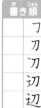

つかいかた

▼茨城県産のレンコン。
▼茨城県の大仏。

くわしくわかる
茨の道　とげの生えている茨の道を歩くように、困難の多い人生のたとえ。

菜　11画

おん サイ
くん な

書き順：一 十 廾 艹 艹 艹 芯 芯 苹 苹 菜

いみ・ことば

❶な。なっぱ。
青菜。菜園。菜食。
山菜。白菜。
水菜。野菜。
❷おかず。
主菜。前菜。
総菜。副菜。
❸アブラナのこと。
菜種。菜の花。

つかいかた

▼お総菜を買う。
▼野菜ジュースを飲む。

辺　5画

おん ヘン
くん あたり・べ

書き順：フ 刀 刃 辺 辺

いみ・ことば

❶あたり。近く。
近辺。この辺。周辺。あの辺。
身辺。窓辺。水辺。海辺。岸辺。
❷図形をつくる線。
平行四辺形。
底辺。二等辺三角形。
❸果て。国境。
辺境。辺地。

つかいかた

▼平行四辺形。
▼辺りを見回す。
▼海辺で遊ぶ。

4年

10画 連

おん レン
くん つらなる・つらねる・つれる

書き順

いみ・ことば

❶つらなる。続く。一連。関連。連休。
連結。連合。連載。連日。連勝。
連想。連続。連帯。連動。連発。
連名。連絡。

❷ひきつれる。仲間。常連。連行。
連中(れんじゅう・れんちゅう)。

❸「連合」「連盟」の略。国連。陸連。

つかいかた

▼車両を連結させる。
▼山が連なる。
▼リストに名前を連ねる。
▼子供を連れて歩く。

12画 達

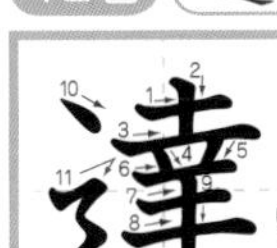

おん タツ
くん ―

書き順

いみ・ことば

❶届く。行き着く。速達。達成。調達。
到達。配達。

❷優れている。物事をよく知っている。
上達。達者。達人。達筆。発達。

❸知らせ。通達。伝達。

特別な読み方 友達。

つかいかた

▼目標を達成する。
▼同じクラスの友達。

くわしくわかる
上意下達 上の人の命令を下の人に通じさせること。

15画 選

おん セン
くん えらぶ

書き順

いみ・ことば

❶えらぶ。えらばれたもの。人選。
選挙。選考。選手。選出。選択。
選定。選抜。選別。当選。入選。
予選。落選。

つかいかた

▼リレーの選手。
▼班長に選ばれる。

くわしくわかる
弘法は筆を選ばず 本当の名人は、道具に文句を言わずに使いこなして、立派な作品を作るものだ。

4年

郡

10画

おん　グン
くん　―

書き順：フ ヨ ヨ 尹 尹 君 君 君 君 郡

いみ・ことば

1. 都道府県の下にある区画。郡部。

つかいかた

▼郡部に住む。

くわしくわかる

「郡」は都道府県の一部分で、いくつかの町や村をまとめたもの。地理上の分け方で、知事や市区町村長のような首長はいません。

阪

7画

おん　《ハン》
くん　―

書き順：⁊ 阝 阝 阝 阝 阪 阪

いみ・ことば

1. さか。さかみち。
2. 「大阪」の略。帰阪。京阪（京都と大阪のこと）。阪神（大阪と神戸のこと）。

★都道府県名…大阪府。

つかいかた

▼大阪名物のたこ焼き。

くわしくわかる

「郡」の部首「阝（おおざと）」は、もとの形は「邑」で「むら」の意味です。「阪」の部首「阝（こざとへん）」は、もとの形は「阜」で「おか」の意味です。

陸

11画

おん　リク
くん　―

書き順：⁊ 阝 阝 阝 阝 阝 阝 阝 陸 陸 陸

いみ・ことば

1. りく。水におおわれていない部分。
上陸。大陸。着陸。内陸。陸上。陸地。陸路。陸橋。離陸。

つかいかた

▼陸で暮らす生き物。
▼陸上部に入る。

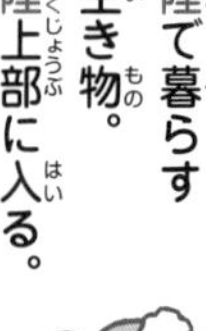

4年

12画 隊

おん タイ
くん ―

書き順

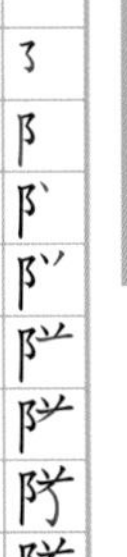
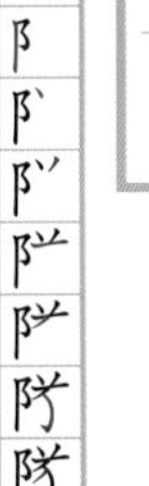
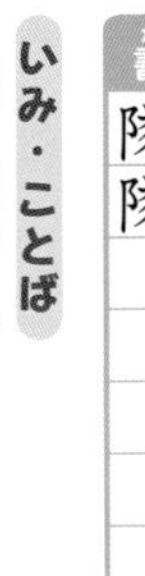

いみ・ことば

❶同じ目的を持った人の集まり。
楽隊。救急隊。軍隊。自衛隊。隊員。隊長。探検隊。部隊。兵隊。レスキュー隊。

❷きちんと並んだもの。
横隊。縦隊。隊形。隊列。編隊。

つかいかた

▼レスキュー隊が出動する。
▼外国の軍隊。

5画 必

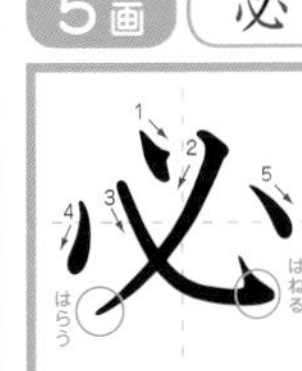

おん ヒツ
くん かならず

書き順

いみ・ことば

❶かならず。
必見。必殺。必死。必至。必需品。必勝。必然。必着。必読。必要。

つかいかた

▼必要な物をそろえる。
▼必ず宿題を終わらせる。

くわしくわかる
「必死」は、命がけの心持ちで全力をつくすこと。「必至」は、必ずそうなる、そうなることがさけられないことです。

8画 念

おん ネン
くん ―

書き順

いみ・ことば

❶強く思う。
記念。残念。信念。専念。断念。念願。念頭。

❷気をつける。
入念。念入り。

❸心をこめて唱える。
念仏。念力。

つかいかた

▼残念な結果になる。
▼念入りにそうじする。

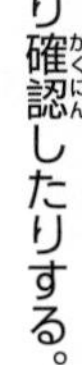
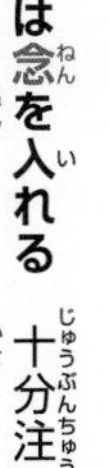

くわしくわかる
念には念を入れる 十分注意する。**念をおす** 重ねて注意したり確認したりする。

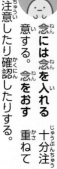

4年

13画 愛

おん アイ
くん ―

書き順：一 ⺍ ⺍ ⺍ 爫 爫 爫 爫 爫 爫 㤅 愛 愛

いみ・ことば

❶いとしく思う。
愛児。愛情。愛着。最愛。純愛。親愛。博愛。友愛。恋愛。

❷大切に思う。
愛護。愛国。自愛。

❸気に入っている。愛犬。愛好。
愛好家。愛車。愛読。愛用。

★都道府県名…愛知県。愛媛県。

つかいかた

▼母の愛情を感じる。
▼愛犬と散歩する。

6画 成

おん セイ・《ジョウ》
くん なる・なす

書き順：丿 厂 万 成 成 成

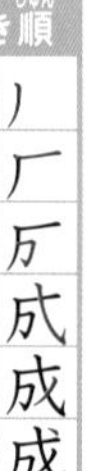

いみ・ことば

❶なす。なしとげる。完成。賛成。
成果。成功。成績。成立。達成。

❷つくりあげる。結成。合成。作成。
成育。成熟。成人。

❸育つ。育成。成虫。成長。成年。未成年。養成。

❹…からなる。成分。

つかいかた

▼成績が上がる。
▼経営が成り立つ。
▼羊が群れを成す。

くわしくわかる

なせば成る　やる気があれば、必ずなしとげられる。

13画 戦

おん セン
くん 《いくさ》・たたかう

書き順：丶 丷 ⺍ 㓁 ⺍ 当 当 単 単 単 戦 戦 戦

いみ・ことば

❶たたかう。たたかい。応戦。合戦。
観戦。休戦。苦戦。決戦。作戦。終戦。戦火。戦記。戦後。戦国。戦車。戦場。戦前。戦争。戦略。戦力。対戦。内戦。反戦。

❷おそれてふるえる。戦慄。

つかいかた

▼作戦を練る。
▼敵と戦う。

くわしくわかる

「戦前」「戦後」は、よく、第二次世界大戦の前と後の意味で使われます。

挙 10画

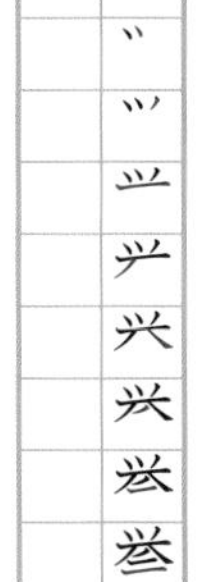

おん キョ
くん あげる・あがる

書き順：丶 丷 ⺍ ⺍ 𠂉 兴 兴 𢌬 𢌬 挙

いみ・ことば

①あげる。挙手。
②取りあげる。選挙。枚挙。列挙。
③行う。快挙。挙行。挙式。挙動。

つかいかた

▼挙手して質問する。
▼結婚式を挙げる。

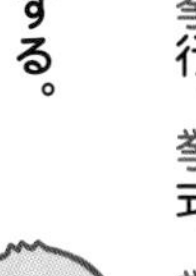

くわしくわかる

一挙一動　一つひとつの動き。**挙げ句の果て**　最後の最後に。「挙げ句の果て」は、良くない結果になる場合に使われることが多いようです。

改 7画

おん カイ
くん あらためる・あらたまる

書き順：㇆ コ 己 己' 己ㄅ 改 改

いみ・ことば

①あらためる。新しくする。改革。改行。改元（年号を改めること）。改修。改心。改正。改善。改装。改造。改築。改定。改名。改良。
②調べる。改札。

つかいかた

▼改札口で待ち合わせる。
▼やり方を改める。
▼年が改まる。

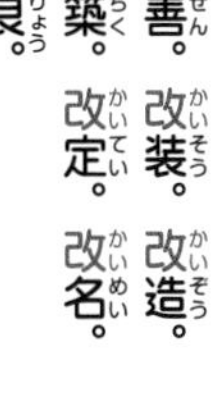

4年

敗 11画

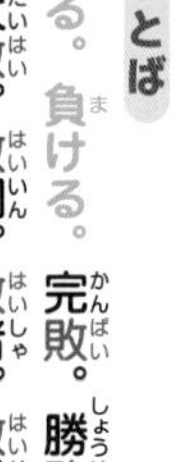

おん ハイ
くん やぶれる

書き順：丨 冂 月 月 目 貝 貝 貝' 貝ㇰ 貝ケ 敗

いみ・ことば

①やぶれる。負ける。完敗。勝敗。全敗。大敗。敗因。敗者。敗戦。敗退。敗北。不敗。
②しくじる。失敗。

つかいかた

▼敗者復活戦。
▼試合に敗れる。

くわしくわかる

失敗は成功のもと　失敗しても、原因を反省して方法を改めれば、かえって成功に近づくことになる。

散

12画

おん　サン
くん　ちる・ちらす・ちらかす・ちらかる

書き順：一 十 廾 艹 𠁥 昔 昔 背 背 背 散 散

いみ・ことば

❶ちる。ちらかる。ばらばらになる。
解散。拡散。散会。散在。散財。散水。散髪。散布。散乱。退散。発散。分散。

❷気まま。しばられていない。
散策。散歩。

つかいかた

▼駅で解散する。
▼ストレスを発散する。
▼花が散る。
▼どなり散らす。
▼散らかった教室。

料

10画

おん　リョウ
くん　――

書き順：丶 丷 䒑 半 米 米 米 米 料 料

いみ・ことば

❶もとになるもの。
衣料。飲料。原料。材料。食料。資料。飼料。燃料。肥料。料理。

❷支払う代金。
給料。送料。入場料。無料。有料。料金。

❸おしはかる。考える。
思料。

つかいかた

▼会議の資料を配る。
▼料理が得意。

旗

14画

おん　キ
くん　はた

書き順：丶 亠 方 方 方 方 方 方 旂 旂 旃 旃 旗 旗

いみ・ことば

❶はた。
旗手。校旗。国旗。手旗信号。旗揚げ（新しく事を始めること）。旗色（戦いや試合の成り行き）。万国旗（ばんこくき）（ばんこっき）。

つかいかた

▼日本の国旗。
▼旗をふる。
▼こちらの旗色が悪い。

くわしくわかる

白旗をあげる　負けを認める。戦争中に降伏するときに白旗をふることから。「星条旗」は、アメリカ合衆国の旗、「日章旗」は日の丸の旗のことです。

12画 景

景

おん ケイ
くん ―

書き順

いみ・ことば

①けしき。遠景。近景。景観。景勝。殺風景。絶景。全景。風景。夜景。

②様子。景気。光景。情景。

③そえる。景品。景物。

特別な読み方 景色。

つかいかた

▼展望台から夜景を見る。

▼景気が回復する。

▼山頂からの景色。

くわしくわかる

「景品」は、その場を盛り上げるおまけ、「景物」は、季節を盛り上げる風物のことです。

9画 昨

昨

おん サク
くん ―

書き順

いみ・ことば

①一つ前の。一昨日。昨日。昨年。昨晩。昨夜。

②昔。昨今（近ごろ。このごろ）。

特別な読み方 昨日。

つかいかた

▼昨年の思い出。

▼昨日のニュース。

くわしくわかる

「昨日」は、「昨日」の少し改まった言い方です。「一昨日」は、昨日の昨日、つまり、おとといのことです。「おととい」とも読みます。

12画 最

最

おん サイ
くん もっとも

書き順

いみ・ことば

①もっとも。いちばん。最愛。最悪。最強。最近。最古。最後。最期。最高。最終。最初。最小。最少。最上。最小限。最新。最前。最善。最前線。最多。最大。最大限。最短。最中。最長。最低。最適。最良。

特別な読み方 最寄り。

つかいかた

▼最終のバスに乗る。

▼最近のニュース。

▼日本で最も古いお寺。

4年

望　11画

おん　ボウ・《モウ》
くん　のぞむ

書き順

いみ・ことば

❶遠くをながめる。
望遠鏡。望郷。一望。展望。

❷のぞむ。願う。
失望。志望。絶望。願望。希望。待望。熱望。野望。有望。要望。欲望。

❸人気。評判。
信望。人望。

つかいかた

▼要望に応える。
▼富士山を望む。
▼望みがかなう。

末　5画

おん　マツ・《バツ》
くん　すえ

書き順

いみ・ことば

❶すえ。はし。
端末。本末。末端。

❷終わりのほう。
巻末。期末。結末。月末。始末。週末。末っ子。年末。幕末。末期（まっき・まつご）。末日。末席。末代。末尾。

❸粉。細かいもの。
粉末。

つかいかた

▼物語の結末。
▼三人兄弟の末っ子。

くわしくわかる

本末転倒　基本的で大切なことと、どうでもいいことを取りちがえること。

未　5画

おん　ミ
くん　——

書き順

いみ・ことば

❶まだ…しない。まだ…でない。
未開。未解決。未確認。未完成。未経験。未決。未熟。未成年。未知。未定。未満。未明（夜明け前）。未来。未練。

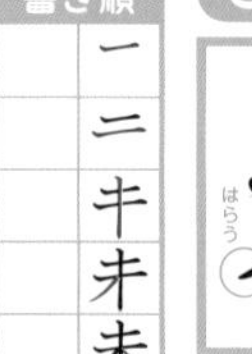
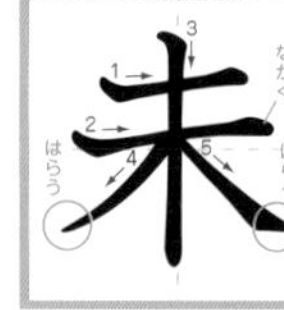

つかいかた

▼十才未満の人。
▼未知の生物。

くわしくわかる

「未満」は、その数をふくみません。前代未聞　今までに聞いたことがないようなこと。

束 7画

おん ソク
くん たば

書き順: 一 𠃍 𠃌 百 申 束 束

いみ・ことば

①たばねる。一つにまとめる。結束。札束。束髪。花束。
②たばねたものを数える言葉。一束。
③自由でない。制限する。束縛。約束。

つかいかた

▼約束を守る。
▼かみの毛を束ねる。

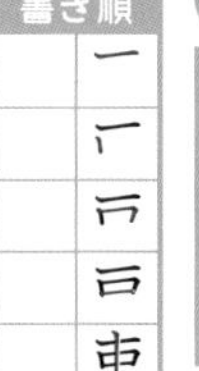

くわしくわかる　「結束」は、同じ志を持つ仲間が団結するという意味もあります。二束三文　数が多くても値段の安いもの。

果 8画

おん カ
くん はたす・はてる・はて

書き順: 丨 冂 日 日 旦 甲 果 果

いみ・ことば

①くだもの。木の実。果実。果樹。果肉。青果(野菜と果物)。
②あとに残ったもの。原因からできたもの。因果。結果。効果。成果。
③思い切りがよい。果断。
特別な読み方　果物。

つかいかた

▼良い結果になる。▼役割を果たす。
▼つかれ果てる。▼世界の果て。

くわしくわかる　果報は寝て待て　幸運はあせらずに待ったほうが良い。

栄 9画

おん エイ
くん さかえる・《はえ》・《はえる》

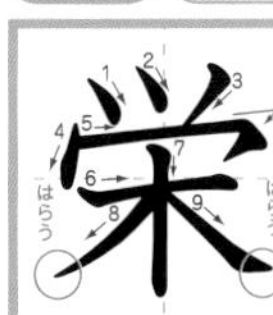

書き順: 丶 丷 ⺍ ⺍ 䒑 丗 学 栄 栄

いみ・ことば

①さかえる。さかんになる。栄華。栄枯。栄養。共栄。繁栄。
②ほこりに思うこと。ほまれ。栄冠。栄光。栄達。栄転。栄誉。光栄。

つかいかた

▼栄養のバランスを考える。
▼町が栄える。

くわしくわかる　栄枯盛衰　世の中のものは栄えたりおとろえたりするものだということ。

案

10画

おん アン
くん ―

書き順：丶 丷 宀 宀 安 安 安 宰 案 案

いみ・ことば

❶考え。案外。原案。考案。思案。代案。提案。答案。発案。名案。議案。

❷下書き。考えを書いた書類。図案。草案。法案。立案。

●その他の言葉。案件。案内。

つかいかた

▼良い案がうかぶ。▼駅まで案内する。

くわしくわかる
案ずるより産むがやすし あれこれ考えているより、実行してみると意外と簡単なものだ。

梨

11画

おん ―
くん なし

書き順：一 二 千 千 禾 利 利 利 梨 梨 梨

いみ・ことば

❶なし。バラの木の仲間。洋梨。

★都道府県名…山梨県。

つかいかた

▼あまい梨を食べる。▼山梨県から見る富士山。

くわしくわかる
梨のつぶて 投げた石（つぶて）のように、まったく返事のないこと。「梨」と「無し」をかけています。

札

5画

おん サツ
くん ふだ

書き順：一 十 才 木 札

いみ・ことば

❶ふだ。小さい板や紙に文字などをかいたもの。切り札（トランプで最も強い札。とっておきの手段）。立て札。名札。値札。表札。

❷紙のお金。一万円札。五千円札。札束。千円札。

❸切符。検札。改札。出札。

つかいかた

▼千円札で買い物する。▼名札をつける。

4年

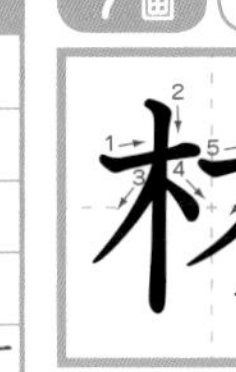

材　7画

おん　ザイ
くん　—

書き順：一 十 才 木 村 村 材

いみ・ことば

❶工作や建築などで使う木。角材。材木。製材。木材。
❷もとになるもの。画材。機材。教材。材質。材料。取材。素材。題材。
❸能力。役に立つもの。逸材。人材。

つかいかた

▼工作で使う材料。
▼やわらかい材質。

くわしくわかる
適材適所　その人の能力や性質にふさわしい仕事や地位につけること。

松　8画

おん　ショウ
くん　まつ

書き順：一 十 才 木 朴 朴 松 松

いみ・ことば

❶まつ。まつの木。門松。松竹梅。松の内。松葉。松葉杖。松林。松原。松ぼっくり。松虫。

つかいかた

▼松竹梅の図がら。
▼門松をかざる。

くわしくわかる
「松の内」は、正月の松かざりがある期間。元旦から七日までが多いのですが、地域によってちがいます。

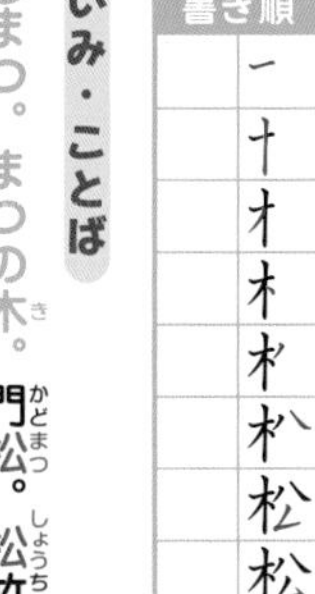

栃　9画

おん　—
くん　とち

書き順：一 十 才 木 朾 杤 杤 栃 栃

いみ・ことば

❶とち。とちの木。栃の実。栃もち。
★都道府県名…栃木県。

つかいかた

▼栃木県のイチゴ。

4年

10画 梅

おん バイ
くん うめ

書き順：一 十 才 木 朩 朾 杧 梅 梅 梅

いみ・ことば

❶うめ。うめの木。
梅見。紅梅。松竹梅。梅酒。梅干し。梅林。白梅。

❷うめの実が熟する時期の長雨。
入梅（梅雨に入ること）。
梅雨（ばいう）。梅雨前線。

特別な読み方
梅雨（つゆ）。

つかいかた
▼梅雨前線が北上する。
▼梅の花がさく。

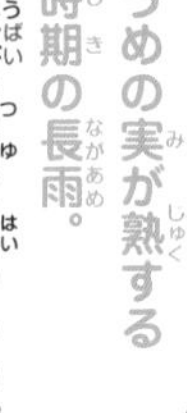

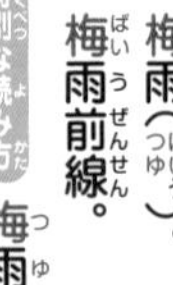

11画 械

おん カイ
くん ―

書き順：一 十 才 木 朩 杧 杧 枛 械 械 械

いみ・ことば

❶道具。しかけ。
器械。機械。

つかいかた
▼本を印刷する機械。
▼器械体操。

くわしくわかる
「器械」は、動力のない簡単なしかけ（楽器、消火器など）、「機械」は、動力のある複雑なしかけ（飛行機、印刷機など）のときに使います。

12画 極

おん キョク・《ゴク》
くん 《きわめる》・《きわまる》・《きわみ》

書き順：一 十 才 木 朩 朾 朾 柯 柯 柯 極 極

いみ・ことば

❶きわめる。
究極。極限。極力。

❷地球や電極のはし。
極地。極東。電極。南極。北極。

❸きわめて。これ以上ない。
極度。極力。極悪。極暑。極上。極秘。極楽。極寒。至極。

つかいかた
▼南極のペンギン。

4年

15画 標

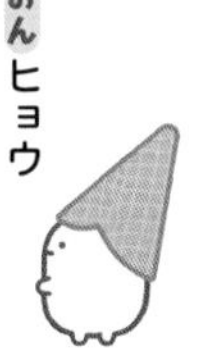

おん ヒョウ
くん ―

書き順：一 十 才 木 木一 木亓 木声 木西 木覀 標

いみ・ことば

❶目印。目当て。
座標。指標。
商標（商品のトレードマーク）。
道標（道しるべ）。
標記。標語。
標高（海面からの高さ）。
標識。標準。
目標。

❷お手本。
標本。

つかいかた
▼今年の目標。

16画 機

おん キ
くん 《はた》

書き順：一 十 才 木 木' 木幺 木幺 木丝 木幺幺 木丝丝 機

いみ・ことば

❶仕組み。からくり。
機器。機具。機構。機材。機能。機械。機関。
飛行機。

❷動き出すきっかけ。
危機。時機。待機。動機。機運。機会。

❸心の動き。機嫌。機転。

❹大切なところ。機密。

❺飛行機のこと。
機体。機長。機内。機首。機上。旅客機。

つかいかた
▼大きな機械。
▼録画機能があるテレビ。

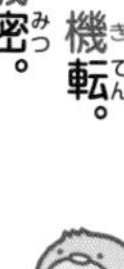

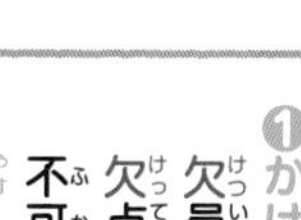

4画 欠

おん ケツ
くん かける・かく

書き順：ノ ク ケ 欠

いみ・ことば

❶かける。足りない。
欠員。欠陥。欠損。
欠点。欠番。欠落。
不可欠。補欠。

❷休む。出るのをやめる。
欠勤。欠航。欠場。
欠席。出欠。病欠。

つかいかた
▼かぜをひいて欠席する。
▼食器が欠ける。
▼欠くことができない人。

4年

10画 残

書き順：一 ア 歹 歹 歹 歼 残 残 残 残

おん ザン
くん のこる・のこす

いみ・ことば

❶のこる。のこす。売れ残り。残額。残業。残金。残暑。残雪。残像。残高。残念。残飯。残務。残留。

❷ひどい。傷つける。残酷。残忍。無残。

特別な読み方　名残。

つかいかた

▼残念に思う。

▼売れ残りの商品。

▼夕飯を残す。

くわしくわかる　**残念無念**　とても残念なこと。「残念」の強調。

4画 氏

書き順：ノ 厂 氏 氏

おん シ
くん《うじ》

いみ・ことば

❶名字。氏名。姓氏。

❷うじ。血のつながった仲間。氏神。氏子。源氏。氏族。平氏。

❸名前の下につけて、尊敬の気持ちを表す言葉。小林氏。両氏。

つかいかた

▼氏名を記入する。

くわしくわかる　**氏より育ち**　家がらや血筋よりも、どう育てられたかのほうが大切だ。

5画 民

書き順：コ ョ 巳 巳 民

おん ミン
くん《たみ》

いみ・ことば

❶たみ。ふつうの人。区民。県民。国民。市民。住民。人民。町民。都民。農民。民家。民間。民衆。民主主義。民族。民話。

つかいかた

▼古い民家。

▼住民の意見を聞く。

くわしくわかる　「民主主義」とは、一般の人々が、自分たちで、自分たちのために政治を行うという考え方。

7画 求

おん キュウ
くん もとめる

書き順：一 十 才 才 求 求 求

いみ・ことば

①ほしいと願う。もとめる。求愛。求職。求人。求心力。請求。探求。追求。要求。欲求。

つかいかた

▼求人広告を見る。
▼助けを求める。

くわしくわかる
「求心力」とは、回っている物体の中心に向かって働く力のこと。その人を中心にしてやっていこうとする力のことも意味します。

6画 灯

おん トウ
くん《ひ》

書き順：丶 丷 火 火 灯 灯

いみ・ことば

①あかり。懐中電灯。外灯。街灯。消灯。点灯。電灯。灯火。灯台。灯油。

つかいかた

▼消灯する時間。
▼照明を点灯する。
▼灯台の明かり。

くわしくわかる
灯台下暗し 身近なことはかえって気がつきにくいということのたとえ。火をともした台のすぐ下は暗いことから。

12画 焼

おん《ショウ》
くん やく・やける

書き順：丶 丷 火 火 灯 灶 炷 炷 炷 焙 焼 焼

いみ・ことば

①やく。やける。延焼。焼却。焼香。焼失。全焼。燃焼。半焼。日焼け。焼き物。夕焼け。

つかいかた

▼きれいな夕焼け。
▼魚が焼ける。

くわしくわかる
焼け石に水 わずかの努力や助けがあっても、効果がないことのたとえ。

4年

12画 然

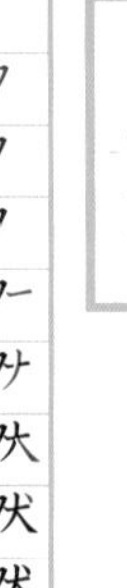

書き順

おん ゼン・ネン
くん —

いみ・ことば

①そうである。そのまま。
偶然。自然。天然。当然。必然。未然。

②…らしい様子。
公然。全然。同然。突然。平然。歴然。

つかいかた

▼自然豊かな町。
▼天然の温泉に入る。

12画 無

書き順

おん ム・ブ
くん ない

いみ・ことば

①ない。
有無。無愛想。無器用。無事。
無難。無礼。無意識。無意味。無益。
無害。無関心。無期限。無休。
無気力。無限。無言。無罪。
無残。無視。無人。無責任。
無断。無知。無敵。無能。
無名。無用。無理。
無料。無力。

つかいかた

▼年中無休のお店。
▼無事に帰宅する。
▼消しゴムが無い。

13画 照

書き順

おん ショウ
くん てる・てらす・てれる

いみ・ことば

①てらす。光を当てる。
照射。照明。
照り返し。日照。
日照り。

②てらし合わせる。
参照。照会。照合。
照準。対照。

つかいかた

▼日照時間が短い。
▼日が照る。
▼ライトで照らす。
▼ほめられて照れる。

4年

14画 熊

おん ―
くん くま

書き順：𠃋 厶 𠂉 台 肙 肙 肙 肙 能 能 能 能 熊 熊 熊 熊

いみ・ことば

❶くま。穴熊。熊手（落ち葉などをかき集める道具）。白熊。北極熊。

★都道府県名…熊本県。

つかいかた

▼白熊の親子。

▼熊本県産のスイカ。

くわしくわかる

「熊手」は、落ち葉などをかき集める道具です。「運をかき集める」という意味で、かざりをつけて縁起物としても使われています。

15画 熱

おん ネツ
くん あつい

書き順：一 十 土 夫 夫 坴 坴 坴 坴 埶 埶 埶 埶 埶 熱

いみ・ことば

❶あつい。温度が高い。加熱。熱気。熱帯。熱湯。熱量（カロリーのこと）。

❷体温。高熱。発熱。平熱。

❸夢中になる。集中する。情熱。熱意。熱血。熱心。熱戦。熱中。熱弁。熱望。

つかいかた

▼熱を出す。

▼熱いお湯を注ぐ。

くわしくわかる

熱しやすく冷めやすい　すぐに熱中するが、同様にすぐにあきてしまうものだ。

8画 牧

おん ボク
くん 《まき》

書き順：丿 ⺊ 牛 牛 牛 牧 牧 牧

いみ・ことば

❶牛・馬・羊などを放し飼いにする。放牧。牧場（ぼくじょう）（まきば）。牧草。遊牧。

❷教え導く。牧師。

つかいかた

▼広い牧場。

▼遊牧民の住居。

くわしくわかる

漢字の成り立ち

「牛（うし）」と、「攵（むちを持つ）」を合わせて、牛を追うことを表しました。

4年

10画 特

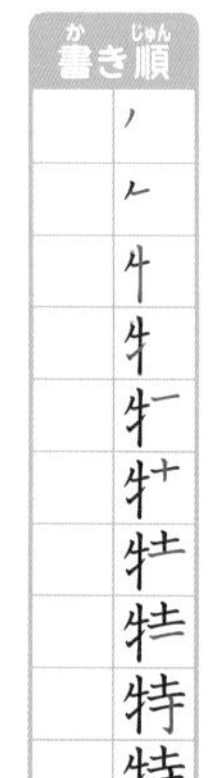

おん トク
くん ―

書き順 ノ 𠂉 牛 牛 牛 牛 牛 牛 特 特

いみ・ことば

❶とりわけ。特異。特集。特賞。特色。特技。特製。特産。特設。特質。特大。特長。特典。特等席。独特。特定。特別。特報。特命。特有。特例。特急。特許。特訓。特権。特効薬。

つかいかた

▼特技はピアノです。

▼地域の特色。

9画 祝

おん シュク・《シュウ》
くん いわう

書き順 丶 ラ ネ ネ ネ 礻 礼 祀 祝

いみ・ことば

❶いわう。いのる。祝賀。祝祭日。祝辞。祝日。祝典。祝電。祝福。

特別な読み方 祝詞。

つかいかた

▼入学式で祝辞を述べる。

▼誕生日を祝う。

くわしくわかる 「祝祭日」は、国が定めた祝日と祭日。現在は祭日がなくなり、「国民の祝日」といいます。

6画 老

おん ロウ
くん おいる・《ふける》

書き順 一 十 土 耂 老 老

いみ・ことば

❶年を取る。老い先（老人の、これから先の人生）。敬老。長老。養老。老化。老眼。老後。老人。老体。老年。

❷経験を積んでいる。老成。老練。

特別な読み方 老舗。

つかいかた

▼老人に席をゆずる。

▼年老いた犬。

くわしくわかる **少年老いやすく学成り難し** 年月は速く過ぎるので、若いうちから時間をむだにせず学問に打ちこんだほうが良い。

4年

産

11画

おん サン
くん う・む・うまれる・《うぶ》

書き順：丶 亠 ⺅ 立 产 产 产 产 産 産 産

いみ・ことば

❶うむ。うまれる。安産。産着。産毛。産声。産湯。産院。産後。産婦人科。産卵。出産。

❷作り出す。国産。産業。産出。産地。産物。水産。生産。特産。物産。名産。

❸うみ出されたものやお金。財産。資産。破産。不動産。

特別な読み方　土産。

つかいかた

▼野菜の産地。
▼カメが卵を産む。
▼子牛が産まれる。

的

8画

おん テキ
くん まと

書き順：丿 亻 白 白 白 的 的 的

いみ・ことば

❶まと。目当て。射的。的確。的中。標的。的外れ。目的。

❷…のような。…の性質をもった。一方的。意欲的。科学的。具体的。劇的。現実的。公的。合理的。国際的。私的。消極的。積極的。知的。人間的。

つかいかた

▼的外れな意見。
▼積極的に発言する。

くわしくわかる　**的を射る**　大事な点をおさえる。急所をつく。

省

9画

おん セイ・ショウ
くん《かえりみる》・はぶく

書き順：亅 小 小 少 少 省 省 省 省

いみ・ことば

❶ふり返って考える。自省。省察。内省。反省。

❷たずねる。帰省。

❸はぶく。簡単にする。省略。省力化。

❹国の役所。外務省。省庁。文部科学省。

つかいかた

▼悪い態度を反省する。
▼説明を省略する。
▼外務省の大臣。
▼手間を省く。

4年

11画 票

おん ヒョウ
くん ―

書き順：一 ｜ 冖 ｜ 亓 ｜ 覀 ｜ 覀 ｜ 覀 ｜ 覀 ｜ 票 ｜ 票 ｜ 票 ｜ 票

いみ・ことば

❶用件などを書いた紙。書き付け。
調査票。伝票。

❷選挙などに使う札。
一票。開票。投票。得票。白票（白紙で投票した札）。票決。

つかいかた

▼宅配便の伝票。
▼選挙の開票結果。

14画 種

おん シュ
くん たね

書き順：丿 ｜ 二 ｜ 千 ｜ 禾 ｜ 禾 ｜ 禾 ｜ 禾 ｜ 禾 ｜ 秆 ｜ 稍 ｜ 稍 ｜ 稍 ｜ 種 ｜ 種

いみ・ことば

❶たね。種子。種まき。

❷もとになるもの。種明かし。話の種。

❸仲間。区分。変わり種。種族。種別。種目。種類。

❹しゅ。生物を分類する単位。
雑種。品種。変種。

つかいかた

▼本の種類が多い。
▼タンポポの種。

くわしくわかる

命あっての物種　命が何よりも大切だということ。

16画 積

おん セキ
くん つむ・つもる

書き順：丿 ｜ 二 ｜ 千 ｜ 禾 ｜ 禾 ｜ 禾 ｜ 秆 ｜ 秆 ｜ 秸 ｜ 秸 ｜ 秸 ｜ 秸 ｜ 積 ｜ 積 ｜ 積 ｜ 積

いみ・ことば

❶つむ。つみかさねる。集積。積雪。積年。積乱雲。積極的。蓄積。積み木。山積み。

❷広さ。大きさ。体積。面積。容積。

❸かけ算の答え。三と三の積は九。

つかいかた

▼三角形の面積。
▼積み木で遊ぶ。
▼雪が降り積もる。

くわしくわかる

ちりも積もれば山となる
小さなことでも、決しておろそかにしてはいけない。

4年

競
20画

おん キョウ・ケイ
くん 《きそう》・《せる》

書き順：丶 亠 亣 立 立 产 音 音 竞 竞 竸 竸 竸 竸 竸 竸 竸 竸 竸 競

いみ・ことば

①争う。きそう。
競泳。競演。競技。競争。競走。競歩。競馬。

つかいかた

▼競泳の選手。
▼競馬場に行く。

くわしくわかる
「競争」は勝ち負けを競うこと、「競走」は決まった長さを走って速さを競うことです。

置
13画

おん チ
くん おく

書き順：丨 冂 冂 罒 罒 罒 罒 罒 罒 罒 置 置 置

いみ・ことば

①すえつける。おく。
安置。位置。置き去り。置物。設置。装置。配置。放置。物置。

②取りあつかう。
処置。

★「置物」「物置」は、送り仮名をつけません。

つかいかた

▼パソコンを設置する。
▼荷物を置く。

くわしくわかる
一目置く 自分より優れていることを認める。**気が置けない** 気をつかわず、心から打ち解けられる。

笑
10画

おん 《ショウ》
くん わらう・《えむ》

書き順：丿 𠂉 𥫗 𥫗 𥫗 竹 竺 竺 笑 笑

いみ・ことば

①わらう。
大笑い。苦笑。談笑。ほほ笑む。冷笑。笑い声。笑い話。

特別な読み方 笑顔。

つかいかた

▼テレビを見て笑う。
▼笑い話をする。

くわしくわかる
笑う門には福来たる 笑いがあふれている家には、幸運がやってくる。

4年

13画 節

おん セツ・《セチ》
くん ふし

書き順

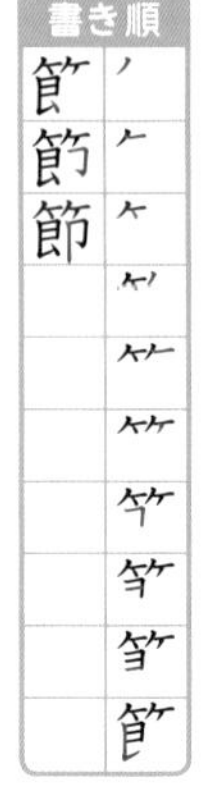

いみ・ことば

❶ふし。区切り。関節。季節。節句。節分。節穴。節目。
❷けじめ。節操。節度。礼節。
❸むだを省く。節水。節制。節電。節約。調節。
❹メロディー。音節。節回し。
❺時。おり。時節。当節。

つかいかた

▼寒い季節。
▼人生の節目。

14画 管

おん カン
くん くだ

書き順

いみ・ことば

❶くだ。細長いつつの形をしたもの。管楽器。気管。血管。試験管。水道管。土管。配管。
❷責任をもつ。取りしまる。管制。管理。所管。保管。

つかいかた

▼書類を保管する。
▼管で水を流す。

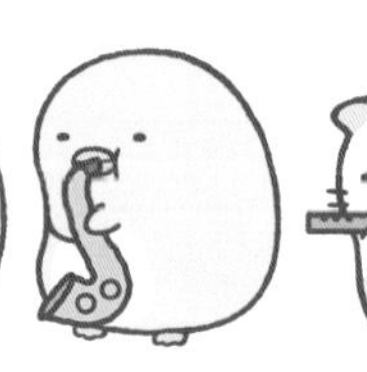

4年

9画 約

おん ヤク
くん —

書き順

いみ・ことば

❶取り決め。解約。条約。先約。約束。予約。
❷縮める。簡単にまとめる。簡約。倹約。集約。節約。要約。
❸だいたい。おおよそ。約一時間。
❹算数で、同じ数で割ること。約数。約分。

つかいかた

▼お店を予約する。
▼目的地まで約一時間。

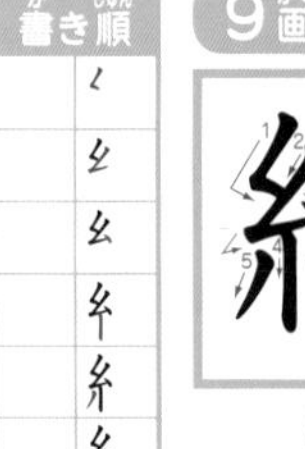

給

12画

おん　キュウ
くん　―

書き順

いみ・ことば

①おぎなう。足りるようにする。
給水。給湯。
給油。補給。

②あたえる。配る。
給食。給付。給料。
供給。支給。配給。

③給料のこと。
月給。時給。日給。

つかいかた

▼給食当番になる。
▼塩分を補給する。

結

12画

おん　ケツ
くん　むすぶ《ゆう》・《ゆわえる》

書き順

いみ・ことば

①つなぐ。むすぶ。
結び目。連結。結合。直結。

②一つにまとまる。
結晶。結成。結束。団結。結婚。結社。結集。

③しめくくる。
結局。結末。完結。結果。
結論。終結。

④組み立てる。結構。

つかいかた

▼全員が団結する。
▼リボンを結ぶ。

くわしくわかる

一致団結　一つの目標に向かって協力すること。

続

13画

おん　ゾク
くん　つづく・つづける

書き順

いみ・ことば

①つづく。雨続き。勤続。継続。後続。
持続。接続。相続。続出。続々。
続発。続編。続報。続行。
存続。陸続き。連続。

つかいかた

▼事件が続発する。
▼雨の日が続く。
▼好きな物を食べ続ける。

くわしくわかる

継続は力なり　どんなことでも、続けていくことが成功につながることになる。

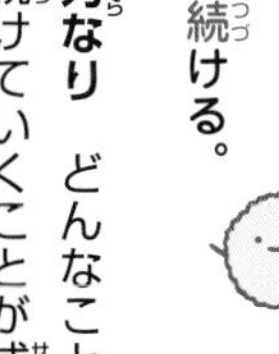

4年

15画 縄

おん《ジョウ》
くん なわ

書き順：く 幺 幺 糸 糸 糸 紀 紀 紀 紀 紀 紀 縄 縄 縄

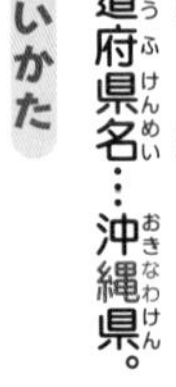

いみ・ことば

①なわ。布などを細長くより合わせたもの。

縄文。縄とび。縄ばしご。縄張り。縄目。

★都道府県名…沖縄県。

つかいかた

▼縄とびで遊ぶ。

▼沖縄県の水族館。

くわしくわかる

一筋縄では行かない 普通のやり方では成功しないということ。

13画 群

おん グン
くん むれ・むれる・むら

書き順：フ ヨ ヨ 尹 尹 君 君 君 君 君 群 群 群

いみ・ことば

①むれ。集まり。仲間。

魚群。群衆。群集。群生。群島。群落（多くの村）。大群。抜群。

★都道府県名…群馬県。

つかいかた

▼アリの大群。

▼白鳥の群れ。

▼新商品に人が群がる。

▼群馬県の名産品。

くわしくわかる

群を抜く 多くの中で飛び抜けて優れている。「抜群」とも言います。

7画 良

おん リョウ
くん よい

書き順：丶 ㇉ ㇋ ㇌ 自 良 良

いみ・ことば

①よい。

改良。最良。消化不良。善良。優良。良好。良識。良質。良心。

特別な読み方 野良。

★都道府県名…奈良県。

つかいかた

▼品種を改良する。

▼成績が良い。

4年

12画 街

おん ガイ・《カイ》
くん まち

書き順：彳 彳 彳 彳 彳 彳 往 往 往 街 街 街

いみ・ことば

①まち。にぎやかな通り。街道。街灯。街頭。街路樹。市街地。商店街。街角。街並み。

つかいかた

▼商店街を歩く。
▼街角のお店。

くわしくわかる 「街」は店などが並ぶにぎやかな通りや場所、「町」は人が住んでいるところのことです。

6画 衣

おん イ
くん 《ころも》

書き順：丶 亠 亡 衣 衣 衣

いみ・ことば

①服。着物。衣装。衣食住。衣服。衣料。衣類。衣替え。脱衣所。着衣。白衣。羽衣。

特別な読み方 浴衣。

つかいかた

▼衣類を洗う。
▼お医者さんの白衣。

くわしくわかる **馬子にも衣装** だれでも身なりを整えれば立派に見えるということのたとえ。ほめ言葉ではありません。

9画 要

おん ヨウ
くん かなめ・《いる》

書き順：一 一 冂 冂 冂 西 西 要 要

いみ・ことば

①かなめ。大事なところ。重要。主要。要因。要件。要所。要人。要素。要点。要約。要領。
②求める。強要（強引に求めること）。所要時間。必要。不要。要求。要注意。要望。

つかいかた

▼要点をまとめて話す。
▼チームの要。

くわしくわかる 「所要」は必要とすること。「所用」は使うこと、用事の意味があります。

4年

覚　12画

音　カク
訓　おぼえる・さます・さめる

書き順　覚

いみ・ことば

①感じる。感覚。視覚。触覚。聴覚。味覚。
②おぼえる。覚え書き。見覚え。
③心を決める。覚悟。自覚。不覚。
④起きる。覚醒。
⑤明らかになる。発覚。

つかいかた

▼不正が発覚する。
▼漢字を覚える。　▼目を覚ます。

くわしくわかる
前後不覚　前後も分からないほど正気を失うこと。

観　18画

音　カン
訓　―

書き順　観

いみ・ことば

①ながめる。詳しく見る。観客。観劇。観光。観察。観衆。観賞。観戦。観測。観覧。参観。静観。
②ものの見方。考え方。観点。観念。客観。主観。先入観。達観。悲観。楽観。
③見える様子。外観。景観。美観。

つかいかた

▼植物を観察する。
▼京都を観光する。

訓　10画

音　クン
訓　―

書き順　訓

いみ・ことば

①教え。家訓。教訓。訓示（上の人が下の人に教えさとすこと）。訓辞（教えさとす言葉）。訓練。特訓。
②くん。漢字の意味に日本語を当てはめた読み方。音訓。訓読。訓読み。

つかいかた

▼防災訓練。
▼漢字を訓読みする。

くわしくわかる
上の字を音読み、下の字を訓読みするものを「重箱読み」、逆を「湯桶読み」と言います。

4年

13画 試

試

おん　シ
くん　こころみる・《ためす》

書き順
丶 亠 亠 言 言 言 言 言 訁 訁 訂 試 試

いみ・ことば

❶こころみる。ためす。
試合。試運転。試供品。試験。試食。試練。力試し。

❷試験のこと。
入試。追試。模試。

つかいかた

▼試験を受ける。
▼説得を試みる。

くわしくわかる
物は試し　何事もやってみないと分からないので、最初からあきらめず、実際に試してみるべきだ。

14画 説

説

おん　セツ・《ゼイ》
くん　とく

書き順
丶 亠 亠 言 言 言 言 言 訁 訁 訁 訁 說 說 説

いみ・ことば

❶とく。よく分かるように話す。
演説。解説。図説。説教。説得。説明。

❷意見。考え。
一説。学説。仮説。諸説。通説。定説。論説。

❸話。物語。
小説。説話。伝説。

つかいかた

▼説明をよく聞く。
▼教えを説く。

15画 課

課

おん　カ
くん　——

書き順
丶 亠 亠 言 言 言 言 言 訁 訁 訂 訂 誯 課 課

いみ・ことば

❶割り当てる。
課外。課税。課題。課程。課目。日課。放課後。

❷仕事の区分。
課長。人事課。総務課。

つかいかた

▼課外授業。
▼放課後、図書室に行く。

くわしくわかる
「放課後」は決められた課業から解放された後のこと。その日の授業が終わった後のことです。

4年

議

20画

おん　ギ
くん　―

書き順

いみ・ことば

❶話し合う。
会議。議案。議員。議会。議決。議席。議題。議長。協議。議論。決議。討議。

❷意見。考え。
異議。不思議。

つかいかた

▼会議に出席する。
▼ルールについて議論する。

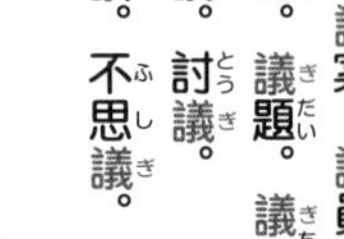

くわしくわかる

「不思議」は「不可思議」の略で、仏の知恵や力は人間では計り知れない、という意味から来ています。

貨

11画

はねる

おん　カ
くん　―

書き順

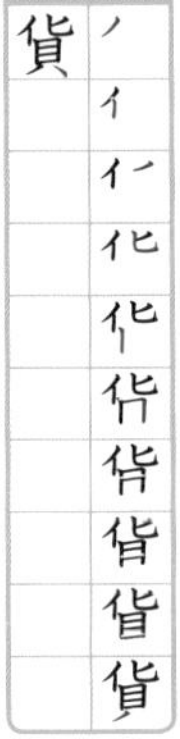

いみ・ことば

❶荷物。
貨物。雑貨。百貨店。

❷お金。
外貨。貨幣。金貨。銀貨。硬貨。通貨。銅貨。

つかいかた

▼雑貨屋の店先。
▼貨物列車。

くわしくわかる

「貨」の部首は「貝（かい・こがい）」です。昔、貝がお金の代わりだったことから、この部首の漢字は、お金に関係するものが多くなっています。

賀

12画

おん　ガ
くん　―

書き順

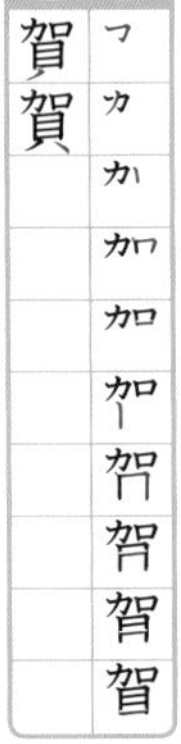

いみ・ことば

❶祝う。
賀春。賀正。参賀。祝賀。年賀状。

★都道府県名…
佐賀県。滋賀県。

つかいかた

▼年賀状を書く。
▼新年の祝賀会。
▼佐賀県の工芸品。
▼滋賀県にある城。

4年

軍 9画

おん　グン
くん　―

書き順

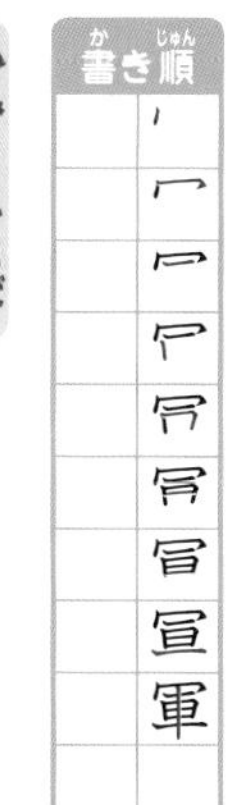

いみ・ことば

①兵士の集まり。海軍。空軍。軍医。軍人。軍勢。軍隊。軍団。軍手。進軍。大軍。敵軍。陸軍。
②戦争。軍事。軍備。従軍。

つかいかた

▼将軍の命令。
▼イギリスの海軍。

くわしくわかる

軍配を上げる　勝利の判定をすること。相撲で勝った力士を、行司が軍配（うちわ形の道具）で指し示したことから。

輪 15画

おん　リン
くん　わ

書き順

いみ・ことば

①わ。わっか。首輪。五輪。車輪。花輪。指輪。輪投げ。
②もののまわり。輪郭。
③かわるがわる。輪唱。輪読。
④車輪や花の数を数える言葉。一輪挿し。一輪車。三輪車。

つかいかた

▼一輪車に乗る。
▼犬の首輪。

くわしくわかる

「五輪」は、オリンピックのこと。五つの輪は、五つの大陸を表しています。

辞 13画

おん　ジ
くん　《やめる》

書き順

いみ・ことば

①言葉。文章。お世辞。訓辞。賛辞。辞書。辞典。祝辞。送辞。答辞。
②やめる。辞意。辞職。辞退。辞任。辞表。

つかいかた

▼漢字辞典を開く。
▼参加を辞退する。

くわしくわかる

「送辞」は卒業式で在校生が卒業生を送る言葉、「答辞」はそれに対する卒業生代表の言葉です。

4年

量

12画

おん　リョウ
くん　はかる

書き順

いみ・ことば

❶重さや大きさなど。
軽量。重量。小量。少量。
水量。数量。大量。多量。
分量。容量。

❷重さや大きさなどを
はかる。
計量。測量。

❸力の大きさ。うでまえ。
器量。技量。度量。力量。

❹考える。
裁量。推量。

つかいかた

▼水の量が多い。
▼体重を量る。

臣

7画

おん　シン・ジン
くん　―

書き順

いみ・ことば

❶家来。
家臣。重臣。
臣下。大臣。
忠臣。

つかいかた

▼王様の家臣。
▼大臣に任命する。

くわしくわかる

忠臣は二君に仕えず　忠実な家来は、一度主君を決めたら、別の主君に仕えたりはしない。

録

16画

おん　ロク
くん　―

書き順

いみ・ことば

❶書き記す。音声や画像などを残しておく。
記録。採録。収録。
登録。録音。録画。

❷書き記したもの。
議事録。語録。
住所録。備忘録
(忘れた時に備えるメモ帳)。付録。目録。

つかいかた

▼試合の結果を記録する。
▼アニメを録画する。

19画　鏡

おん　キョウ
くん　かがみ

書き順：ノ　𠆢　今　𠂉　牟　余　金　金　金　金　鉒　鉒　鉒　鉒　鉒　鉒　鉒　鏡　鏡

いみ・ことば

❶かがみ。鏡台。三面鏡。手鏡。反射鏡。万華鏡。

❷レンズ。顕微鏡。双眼鏡。望遠鏡。虫眼鏡。

特別な読み方　眼鏡。

つかいかた

▼望遠鏡をのぞく。

▼鏡を見る。

▼眼鏡をかける。

くわしくわかる
お正月の「鏡もち」は、昔の丸い鏡が名前の由来です。

14画　関

おん　カン
くん　せき・かかわる

書き順：丨　𠂆　𠃌　𠃍　門　門　門　門　門　門　閂　閂　関　関

いみ・ことば

❶かかわる。関係。関心。関知。関連。相関。

❷出入り口。人や物の出入りを調べるところ。関西。関東。関門。玄関。税関。関所。難関。

❸つなぎ目。関節。機関。

つかいかた

▼交通機関を利用する。

▼関所があった場所。

▼命に関わる病気。

8画　阜

おん　フ
くん　―

書き順：ノ　亻　𠂆　户　白　自　㠯　阜

いみ・ことば

❶おか。台地。丘阜（小高いおかのこと）。

★都道府県名…岐阜県。

つかいかた

▼岐阜県の伝統工芸品。

▼岐阜城の天守閣。

4年

静
14画

おん　セイ・《ジョウ》
くん　しず・しずか・しずまる・しずめる

書き順：一 十 キ 主 丰 青 青 青 青 青 靜 静 静 静

いみ・ことば

①しずまる。動かない。
安静。静止。静電気。
静物。静物画。静養。
平静。冷静。

②しずか。音がしない。
静寂。静粛。

★都道府県名…静岡県。

つかいかた

▼ベッドで安静にする。
▼冷静に判断する。
▼授業中は静かにする。
▼気持ちを静める。

飯
12画

おん　ハン
くん　めし

書き順：ノ 𠆢 今 今 今 今 𩙿 食 食 飠 飣 飯 飯

いみ・ことば

①ごはん。食事。
朝飯。釜飯。残飯。
炊飯。赤飯。にぎり飯。冷やご飯。
冷や飯。昼飯。麦飯。焼き飯。
夕飯（ゆうはん／ゆうめし）。

つかいかた

▼お赤飯を食べる。
▼にぎり飯を作る。

くわしくわかる

朝飯前　とても簡単なこと。

同じ釜の飯を食う　いっしょに生活をする。

冷や飯を食う　冷たくあしらわれる。

順
12画

おん　ジュン
くん　――

書き順：ノ 川 川 川 川 川 川 順 順 順 順 順

いみ・ことば

①従う。
従順。順応。

②うまく進む。
順当。順風。不順。順境。順調。

③決まりに従った並び。
順位。順序。順番。
順不同（決まりのない順番で並んでいること）。
順路。席順。背の順。
手順。筆順。道順。

つかいかた

▼漢字の筆順を覚える。
▼順番を守る。

4年

類 18画

おん ルイ
くん たぐい

書き順

いみ・ことば

①同じ仲間。衣類。種類。書類。親類。人類。同類。分類。類別。
②似ているもの。類義語。類型。類語。類似。類書。類推。

つかいかた

▼絵本の種類が多い。
▼野菜の類い。

くわしくわかる

類いまれ 似たものがめったにない。**類がない** 比べるものがない。**類は友を呼ぶ** 似た者は自然と集まる。

願 19画

おん ガン
くん ねがう

書き順

いみ・ことば

①ねがい。たのむ。願書。願望。志願。宿願。念願。悲願。

つかいかた

▼念願の夢がかなう。
▼無事を願う。

くわしくわかる

他力本願 他人をたよって当てにすること。**願ったりかなったり** 願っていたことがそのとおりになること。

飛 9画

おん ヒ
くん とぶ・とばす

書き順

いみ・ことば

①とぶ。飛行。飛行機。飛来。
②とびちる。とび上がる。飛び石。飛び入り。飛び込み。飛散。飛躍。

つかいかた

▼飛行機に乗る。
▼鳥が飛んでいく。

くわしくわかる

飛んで火に入る夏の虫 自ら危険なことに関わること。**飛ぶ鳥を落とす勢い** 勢いがとても盛んな様子。

4年

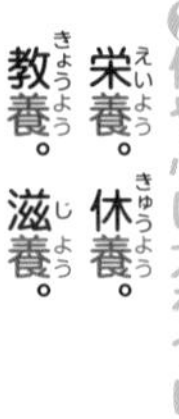

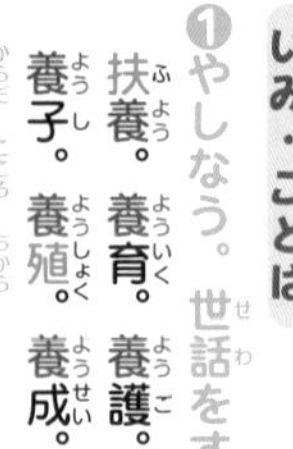

養

15画

おん ヨウ
くん やしなう

書き順：丶 丷 䒑 䒒 ⺷ 美 美 ⺶ 養 ... 養

いみ・ことば

❶やしなう。世話をする。

扶養。養育。養護。養蚕。

養子。養殖。養成。

❷体や心に力をつける。

栄養。休養。

教養。滋養。

静養。養生。

養分。

つかいかた

▼教養を身につける。

▼豊富な栄養。

▼家族を養う。

香

9画

おん《コウ》・《キョウ》

くん か・かおり・かおる

書き順：一 二 千 千 禾 禾 香 香 香

いみ・ことば

❶かおり。香辛料。香水。香油。

香料。線香。残り香。

★都道府県名…香川県。

つかいかた

▼バラの花が香る。

▼香川県のうどん。

くわしくわかる

漢字の成り立ち 「禾（黍の省略）」と「日（甘いの字が変化）」を合わせて、きびの香ばしいにおいから「よいにおい」の意味を表しています。

験

18画

おん ケン・《ゲン》

くん ——

書き順：丨 冂 冂 冃 冃 馬 馬 馬 馬 馬 馯 馯 駘 駘 驗 驗 驗 験

いみ・ことば

❶ためす。確かめる。経験。験算。

試験。実験。受験。体験。

❷効き目。効験。霊験。

つかいかた

▼理科の実験。

▼体験学習。

くわしくわかる

「効験」は薬などの効き目。「霊験」は神仏の力のことです。

鹿

11画

おん —
くん しか・か

書き順
鹿

いみ・ことば

①しか。大鹿。鹿の子。子鹿。日本鹿。

★都道府県名…鹿児島県。

つかいかた

▼鹿の親子。

▼鹿児島県産のサツマイモ。

くわしくわかる

「鹿の子」は鹿の子供のことで、さらに、その背中に見られるまだら模様のことを指します。編み物の「鹿の子編み」、染め物の「鹿の子しぼり」、和菓子の「鹿の子」などがあります。

都道府県名を覚えましょう

都道府県名は、大人になってもずっと使う大切な知識です。47都道府県すべてを、ていねいに覚えましょう。

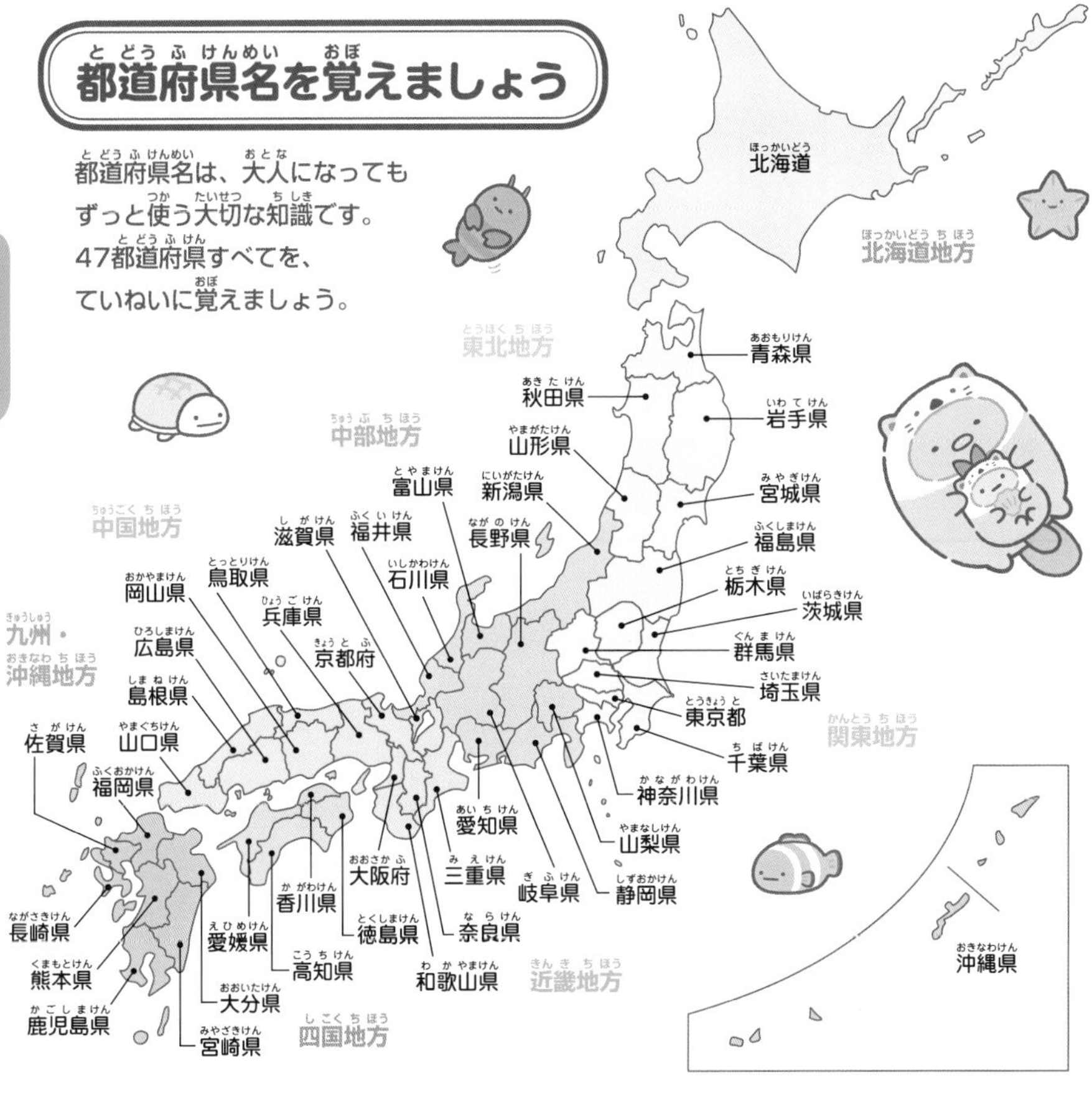

北海道地方
北海道

東北地方
青森県
秋田県
岩手県
山形県
宮城県
福島県

関東地方
栃木県
茨城県
群馬県
埼玉県
東京都
千葉県
神奈川県

中部地方
新潟県
富山県
石川県
福井県
長野県
山梨県
岐阜県
静岡県
愛知県

近畿地方
滋賀県
京都府
兵庫県
大阪府
三重県
奈良県
和歌山県

中国地方
鳥取県
岡山県
広島県
島根県
山口県

四国地方
香川県
徳島県
愛媛県
高知県

九州・沖縄地方
福岡県
佐賀県
長崎県
熊本県
大分県
宮崎県
鹿児島県
沖縄県

特別な読み方をする言葉

二つ以上の漢字を組み合わせたり、漢字とひらがなを組み合わせたりすることで、普通の音読みや訓読みにない、特別な読み方をする言葉があります。小学校で習わない特別な読み方も、読めると楽しいので、読んでみましょう。

★小学校で習う読み方

明日	あす
大人	おとな
母さん	かあさん
河原・川原	かわら
昨日	きのう
今日	きょう
果物	くだもの
今朝	けさ
景色	けしき
今年	ことし
清水	しみず
上手	じょうず
七夕	たなばた
一日	ついたち
手伝う	てつだう
父さん	とうさん
時計	とけい
友達	ともだち
兄さん	にいさん
姉さん	ねえさん
博士	はかせ
二十日	はつか
一人	ひとり
二人	ふたり
二日	ふつか
下手	へた
部屋	へや
迷子	まいご
真面目	まじめ
真っ赤	まっか
真っ青	まっさお
眼鏡	めがね
八百屋	やおや

★小学校で習わない読み方

小豆	あずき
海女・海士	あま
硫黄	いおう
意気地	いくじ
田舎	いなか
息吹	いぶき
海原	うなばら
乳母	うば
浮気	うわき
笑顔	えがお
叔父・伯父	おじ
乙女	おとめ
叔母・伯母	おば
お神酒	おみき
母屋・母家	おもや
神楽	かぐら
河岸	かし
風邪	かぜ
固唾	かたず
仮名	かな
蚊帳	かや
玄人	くろうと
心地	ここち
居士	こじ
早乙女	さおとめ
雑魚	ざこ
差し支える	さしつかえる
五月	さつき
早苗	さなえ
五月雨	さみだれ
時雨	しぐれ
竹刀	しない
老舗	しにせ
芝生	しばふ
三味線	しゃみせん
砂利	じゃり
数珠	じゅず
白髪	しらが
素人	しろうと
師走	しわす・しはす
数寄屋・数奇屋	すきや
相撲	すもう
草履	ぞうり
山車	だし
太刀	たち
立ち退く	たちのく
足袋	たび
稚児	ちご
築山	つきやま
梅雨	つゆ
伝馬船	てんません
投網	とあみ
十重二十重	とえはたえ
読経	どきょう
仲人	なこうど
名残	なごり
雪崩	なだれ
野良	のら
祝詞	のりと
二十・二十歳	はたち
波止場	はとば
日和	ひより
吹雪	ふぶき
土産	みやげ
息子	むすこ
猛者	もさ
紅葉	もみじ
木綿	もめん
最寄り	もより
八百長	やおちょう
大和	やまと
弥生	やよい
浴衣	ゆかた
行方	ゆくえ
寄席	よせ
若人	わこうど

※中学校、高校で習う特別な読み方のうち、一つでも小学校で習う漢字が入っている言葉をのせました。

五年生で習う漢字 193字

- **3画**：久 302　士 316
- **4画**：仏 302　支 334　比 340
- **5画**：刊 307　可 310　句 310　史 310　圧 312　布 319　弁 320　犯 329　旧 335　永 340　示 346
- **6画**：仮 302　件 303　任 303　再 307　因 311　団 312　在 313
- **7画**：似 303　余 306　判 307　告 311　囲 312　均 315　序 320　快 322　技 324　防 331　応 333　志 333　条 336　災 341　状 342
- **8画**：価 304　制 308　効 308　妻 316　居 318　往 321　性 323　招 324　河 326　述 329　易 336　枝 337　武 339　毒 340　版 341　肥 343　舎 354　非 365
- **9画**：保 304　則 308　厚 309　型 313　独 329　逆 330　迷 330　限 332　故 334　政 334　査 337　祖 342　紀 350
- **10画**：個 304　修 305　容 317　師 319　造 330　桜 337　格 338　殺 339　能 343　脈 343　留 344　益 345　破 345　粉 349　素 349　耕 353　航 354　財 362
- **11画**：停 305　務 309　基 313　堂 314　婦 317　寄 317　常 319　張 321　得 321　情 323　採 324　授 325　接 325　液 326　混 327　険 332　救 335　断 335　現 342　率 344　略 344　眼 345　移 347　経 350　術 354　規 355　許 356　設 356　責 359　貧 360
- **12画**：備 305　喜 311　報 314　属 318　復 322　営 322　提 325　減 327　測 327　過 331　検 338　税 347　程 347　絶 350　統 351　証 357　評 357　象 359　貸 360　費 360　貿 361　貯 363
- **13画**：勢 309　墓 314　夢 316　幹 320　損 326　準 328　禁 346　罪 348　義 353　解 356　豊 359　資 361　鉱 364　飼 365
- **14画**：像 306　境 315　増 315　慣 323　演 328　適 331　際 332　態 333　構 338　歴 339　複 348　精 349　総 351　綿 351　製 355　酸 363　銅 364　雑 365　領 366
- **15画**：導 318　潔 328　暴 336　確 346　編 352　賛 361　質 362　賞 362
- **16画**：燃 341　築 348　衛 355　輸 363　興 364
- **17画**：績 352　講 357　謝 358
- **18画**：織 352　職 353　額 366
- **19画**：識 358
- **20画**：護 358

久　3画

おん　キュウ・《ク》
くん　ひさしい

書き順　ノ　ク　久

いみ・ことば

①ひさしい。時間が長い。永久。永久歯。久遠（時がいつまでも続くこと。遠い昔）。持久。持久走。耐久。久しぶり。久々。

つかいかた

▼持久走の練習をする。
▼久しぶりに会う友達。

くわしくわかる

永久不変　いつまでも、どれだけ時間がたっても変わらないこと。

仏　4画

おん　ブツ
くん　ほとけ

書き順　ノ　イ　仏　仏

いみ・ことば

①ほとけ。仏教。成仏。大仏。念仏（仏の名を唱えること）。仏閣。仏教。仏事。仏前。仏像。仏門。仏様。
②フランスのこと。仏和辞典。

つかいかた

▼大きな仏像。
▼仏様を拝む。

くわしくわかる

知らぬが仏　知らなければおだやかでいられる。**仏の顔も三度**　温和な人でもいやなことを何度もされると腹を立てる。

仮　6画

おん　カ・《ケ》
くん　かり

書き順　ノ　イ　仁　仮　仮　仮

いみ・ことば

①かり。かりの。仮設。仮説。仮定。仮眠。仮住まい。仮ぬい。
②にせの。本当ではない。仮死。仮装。仮面。仮病。

特別な読み方　仮名。

つかいかた

▼仮説を立てる。
▼仮の話をする。
▼送り仮名を覚える。

くわしくわかる

「仮名」は「かめい」と読むと、本名でない仮の名前のこと。

件

6画

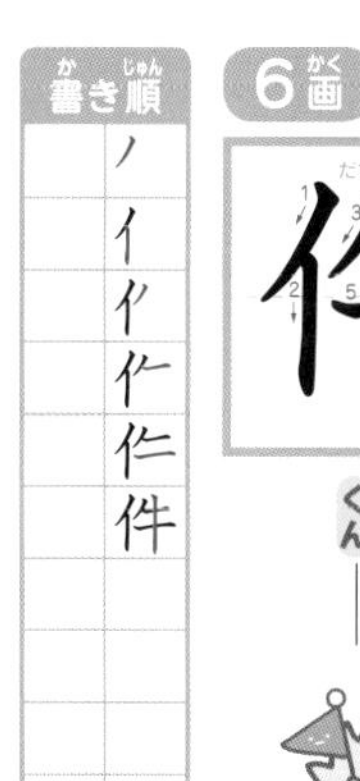

おん　ケン
くん　―

書き順　ノ　亻　仁　仵　件

いみ・ことば

①事がら。案件。件名。事件。条件。物件。別件。用件。
②事がらを数える言葉。一件。件数。

つかいかた

▼用件を伝える。
▼数件の事故が発生する。

くわしくわかる
一件落着　問題となっていた物事が解決し、決着すること。

任

6画

おん　ニン
くん　まかせる・まかす

書き順　ノ　亻　仁　仟　任

いみ・ことば

①つとめにつく。新任。任期。任命。解任。辞任。責任。担任。適任。委任。
②まかせられた役目。つとめ。任務。
③思いどおりにさせる。一任。信任。任意。放任。

つかいかた

▼新しい担任の先生。
▼買い物を任せる。

くわしくわかる
自由放任　思うままにやらせること。

似

7画

おん　《ジ》
くん　にる

書き順　ノ　亻　亻　仆　似　似

いみ・ことば

①にる。疑似。近似。酷似。相似。空似。似合う。似顔絵。似通う。類似。

つかいかた

▼父の似顔絵をかく。
▼色が似ている。

くわしくわかる
他人の空似　血がつながっていないのに、顔つきなどが似ていること。
似たり寄ったり　たいしたちがいがないこと。

5年

価

8画

おん カ
くん《あたい》

書き順：ノ 亻 仁 仃 伒 価 価 価

いみ・ことば

①値打ち。安価。価格。価値。高価。時価。単価（品物の一つあたりの値段）。定価。特価。評価。物価。

つかいかた

▼高価な本を買う。
▼評価が高い。

くわしくわかる

過小評価 物事の価値を実際よりも小さく見積もること。逆は「過大評価」。

保

9画

おん ホ
くん たもつ

書き順：ノ 亻 亻 亻 仁 伻 保 保 保

いみ・ことば

①たもつ。持ち続ける。確保。保安。保温。保健。保持。保守。保身。保存。保有。保養。保留。

②守る。世話をする。保育。保護。

③引き受ける。保管。保険。保釈。保証。保障。

つかいかた

▼通っていた保育園。
▼温度を保つ。

個

10画

おん コ
くん ―

書き順：ノ 亻 亻 们 们 個 個 個 個 個

いみ・ことば

①一人の。一つの。個々（一つひとつ。それぞれ）。個室。個人。個性。個体。個展。個別。別個。

②物を数える言葉。一個。個数。数個。

つかいかた

▼個性をのばす。
▼消しゴムが三個。

くわしくわかる

漢字の成り立ち 「亻（人）」と「固（かたい）」を合わせて、独立した一人ひとりの人間を表しました。のちに、数を数える単位になりました。

5年

10画 修

おん シュウ・《シュ》
くん おさめる・おさまる

書き順

いみ・ことば

①おさめる。学んで身につける。
修学。修行。修業（しゅうぎょう）（学問などを身につけること）。修得。修養。修了。修練。

②直す。整える。修正。修整。修繕。修復。修理。補修。

つかいかた

▼自転車を修理する。 ▼学業を修める。

くわしくわかる

武者修行 学問や芸事、技術の修行のため、故郷からはなれること。

11画 停

おん テイ
くん —

書き順

いみ・ことば

①止まる。とどまる。停止。停車。停滞。停留所。

②やめる。中止する。調停（間に入って争いをやめさせること）。停学。停職。停戦。停電。

つかいかた

▼バスが停車する。 ▼停電に備える。

12画 備

おん ビ
くん そなえる・そなわる

書き順

いみ・ことば

①そなえる。用意する。完備。警備。守備。準備。常備。整備。設備。装備。備考。備品。備忘録（忘れたときに備えるメモ帳）。不備。予備。

つかいかた

▼遠足の準備をする。 ▼災害に備える。 ▼風格が備わる。

くわしくわかる

備えあれば憂いなし 普段から準備しておけば、いざというときに心配がいらない。

5年

像　14画

おん　ゾウ
くん　―

書き順

いみ・ことば

❶姿。形。映像。画像。実像。全身像。想像。

❷かたどったもの。胸像。自画像。石像。銅像。仏像。

つかいかた

▼武将の銅像。

▼テレビの映像がきれい。

くわしくわかる

想像を絶する　想像できる範囲を、はるかにこえている。

余　7画

おん　ヨ
くん　あまる・あます

書き順

いみ・ことば

❶あまり。あまる。余暇。余計。余震。余生。余地。余波。余白。余分。余命。余力。

❷他の。別の。余技（専門以外に身につけた技）。余興。余罪。余談。余念。

つかいかた

▼クッキーを余分に焼く。

▼給食が余る。

くわしくわかる

余すところなく　残らず全部。

余念がない　他のことを考えず、あることに熱中する。

数え方の漢字

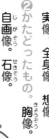

ものによって、数えるときの呼び名が異なります。数え方を正しく覚えましょう。

◆**人**（人・名など）　人は「人」で数えます。クラスの人数など名前を書き出すことができる場合は「名」で数えます。

◆**動物**（匹・頭・羽）　動物は「匹」で数えます。ゾウなどの大きな動物は「頭」、鳥は「羽」で数えます。ウサギを「羽」と数えることもあります。

◆**魚など**（匹・尾・枚・杯など）　生きている魚は「匹」で数えます。食材として使われる魚は「尾」、平たく切られた魚は「枚」で数えます。イカは「杯」で数えます。

◆**車**（台・輪）　自動車や自転車は「台」で数えます。車輪は「輪」で数えます。

◆**電車**（両・本・台）　車両は「両」で数えます。電車の運行数は「本」や「台」で数えます。

◆**飛行機**（機・便）　飛行機やヘリコプターは「機」で数えます。交通手段として数えるときは「便」で数えます。

5年

6画 再

おん サイ・サ
くん ふたたび

書き順 一 冂 冂 丙 再 再

いみ・ことば

①ふたたび。もう一度。再演。再会。再開。再起。再建。再現。再考。再三。再出発。再生。再度。再読。再発。再来。再来月。再来週。再来年。

つかいかた

▼動画を再生する。
▼再来年は中学生。
▼再び友達に出会う。

くわしくわかる
再三再四 くり返し。何度も何度も。

5画 刊

おん カン
くん ―

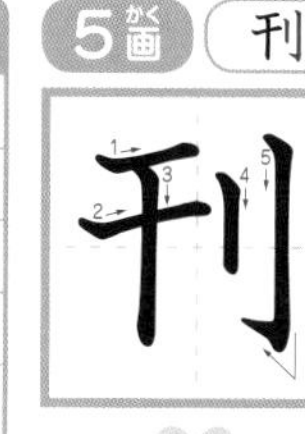

書き順 一 二 干 刊 刊

いみ・ことば

①本などを出版する。刊行。季刊。休刊。月刊。週刊。新刊。創刊。朝刊。日刊。復刊。未刊。夕刊。

つかいかた

▼漢字辞典を刊行する。
▼新刊の本を買う。

くわしくわかる
漢字の成り立ち 「刂（刀）」と「干（けずる）」を組み合わせて、木や竹に字をほって印刷し、出版することを表しました。

7画 判

おん ハン・バン
くん ―

書き順 丶 丷 ⺷ 兰 半 判 判

いみ・ことば

①はっきりさせる。区別する。審判。判然。判断。判定。判読。判別。判明。評判。
②さばく。判定する。裁判。判決。判事。判例。批判。
③はんこ。印。印判。三文判。判子。
④紙や本の大きさ。A4判。新書判。
⑤昔の金貨。大判。小判。

つかいかた

▼適切に判断する。
▼B5判のノート。

5年

制

8画　制

おん　セイ
くん　—

書き順

いみ・ことば

①取り決める。ルール。制定。制度。制服。体制。

②おさえる。やめさせる。規制。強制。自制。制圧。制限。制裁。制止。制約。統制。

③つくる。制作。編制。

つかいかた

▼入場を制限する。▼制服を着る。

くわしくわかる

先んずれば人を制す　人よりも先に物事を行えば、有利な立場に立つことができる。

則

9画　則

おん　ソク
くん　—

書き順

いみ・ことば

①決まり。規則。原則。校則。四則計算。鉄則。反則。変則。法則。

つかいかた

▼規則を守る。▼反則で減点される。

くわしくわかる

「四則計算」とは、足し算、引き算、かけ算、割り算の四つの計算のこと。加減乗除。

効

8画　効

おん　コウ
くん　きく

書き順

いみ・ことば

①きく。ききめがある。効き目。効果。効能。効用。効率。効力。特効薬。無効。薬効。有効。

つかいかた

▼有効期限が過ぎる。▼薬が効いて熱が下がる。

くわしくわかる

漢字の成り立ち　「力（ちから）」と「交（しぼる）」を合わせた字。力をしぼり出して結果を出すことから、「効き目」の意味を表すようになりました。

5年

11画 務

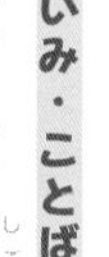

おん ム
くん つとめる・つとまる

書き順 ｱ ﾏ ヌ 予 矛 矛 矛 矜 矜 務 務

いみ・ことば

❶つとめ。仕事。義務。急務。業務。勤務。事務。職務。任務。用務員。

つかいかた

▼事務仕事をする。

▼学級委員を務める。

くわしくわかる

「努める」は、力いっぱい行うこと、「務める」は、役目を行うこと、「勤める」は、仕事を行うことです。

13画 勢

おん セイ
くん いきおい

書き順 一 十 土 圭 夫 坴 坴 坴 埶 埶 勢 勢 勢

いみ・ことば

❶いきおい。威勢。権勢。勢力。優勢。

❷ありさま。様子。運勢。形勢。姿勢。情勢。大勢。

❸人の集まり。大勢。軍勢。勢ぞろい。総勢。多勢。

つかいかた

▼強い勢力の台風。

▼雨の勢いが増す。

くわしくわかる

多勢に無勢 少人数で大勢に立ち向かっても勝ち目がないこと。**破竹の勢い** 勢いが激しく、とどめられない様子。

9画 厚

おん《コウ》
くん あつい

書き順 一 厂 厂 戸 戸 戸 戸 厚 厚

いみ・ことば

❶あつい。あつみがある。厚紙。厚着。厚手。重厚。濃厚。

❷心がこもっている。温厚。厚意。厚情。手厚い。

❸豊かにする。厚生。

❹あつかましい。厚顔。

つかいかた

▼人の厚意に感謝する。

▼厚手のセーター。

▼厚い紙を切る。

5年

可

5画

おん カ
くん ―

書き順：一 丁 ｢ 可 可

いみ・ことば

❶良い。許される。可決。可否。許可。認可。不可。

❷できる。可視。可燃。可能。可能性。不可能。

つかいかた

▼入場を許可する。

▼優勝の可能性が高い。

くわしくわかる

可もなく不可もない　良くもなければ悪くもない。**生半可**　不十分であること。

句

5画

おん ク
くん ―

書き順：ノ 勹 勺 句 句

いみ・ことば

❶文章や詩のひと区切り。慣用句。禁句。句点（文章の「。」のこと）。句読点。語句。文句。

❷「俳句」の略。句会。句集。名句。

つかいかた

▼文の終わりの句点。

▼俳句をつくる。

くわしくわかる

「慣用句」は、二つ以上の言葉がまとまって本来とは別の意味を持つようになったものです。「油を売る」は、なまけることで、油は売っていません。

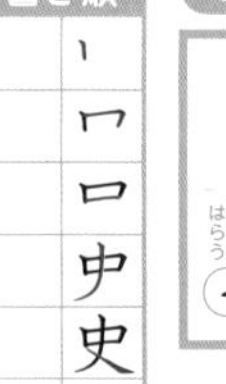

史

5画

おん シ
くん ―

書き順：丶 口 口 史 史

いみ・ことば

❶れきし。史学。史実。史上。史料。世界史。日本史。文学史。歴史。

❷文章や記録にたずさわる人。史官。

つかいかた

▼日本史の勉強をする。

▼史上初の記録。

くわしくわかる

歴史はくり返す　過去に起こったことは、その後にもくり返し起こる。古代ローマの歴史家の言葉。

5年

告　7画

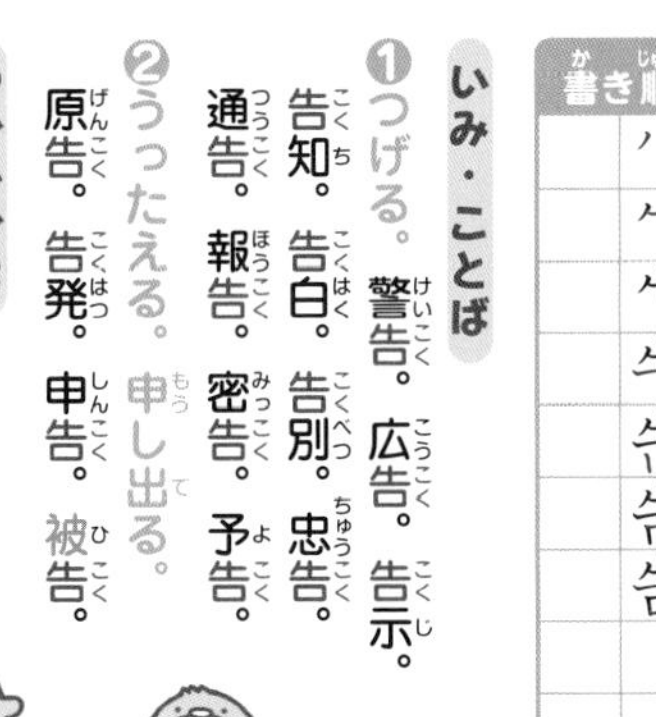

おん コク
くん つげる

書き順：ノ　ケ　牛　生　牛　告　告

いみ・ことば

①つげる。警告。広告。告示。告知。告白。告別。忠告。通告。報告。密告。予告。

②うったえる。申し出る。原告。告発。申告。被告。

つかいかた

▼先生に報告する。
▼映画の予告。

くわしくわかる
「告別」は、別れを告げることですが、おもに死んだ人との別れに対して使われます。

喜　12画

おん キ
くん よろこぶ

書き順：一　十　士　吉　吉　吉　吉　吉　壴　壴　喜　喜

いみ・ことば

①よろこぶ。歓喜。喜劇。喜色。悲喜。

つかいかた

▼優勝に歓喜する。
▼弟を喜ばせる。

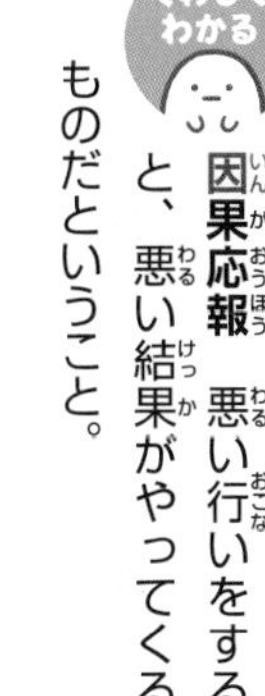

くわしくわかる
喜色満面　喜びが顔にあふれていること。**悲喜こもごも**　悲しむ気持ちと喜ぶ気持ちを代わる代わる味わうこと。

因　6画

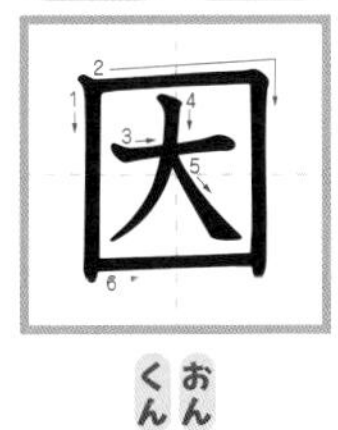

おん イン
くん《よる》

書き順：丨　冂　冂　冃　因　因

いみ・ことば

①物事の起こり。因果。因業。因縁。起因。原因。勝因。敗因。要因。

②よる。もとづく。因習。

つかいかた

▼事故の原因を調べる。
▼成功の要因。

くわしくわかる
因果応報　悪い行いをすると、悪い結果がやってくるものだということ。

5年

団 6画

音 ダン・《トン》
訓 —

書き順

いみ・ことば

❶まるい。団子。
❷集まり。楽団。球団。劇団。集団。退団。団員。団結。団体。団地。団長。入団。

つかいかた

▼お団子を食べる。
▼集団で下校する。
▼クラスの団結。

くわしくわかる
大団円 演劇などで、最終的にめでたく終わること。

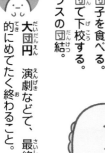

囲 7画

音 イ
訓 かこむ・かこう

書き順

いみ・ことば

❶かこむ。囲炉裏。範囲。包囲。
❷まわり。胸囲。周囲。

つかいかた

▼池の周囲。
▼番号を丸で囲む。
▼家の周りをへいで囲う。

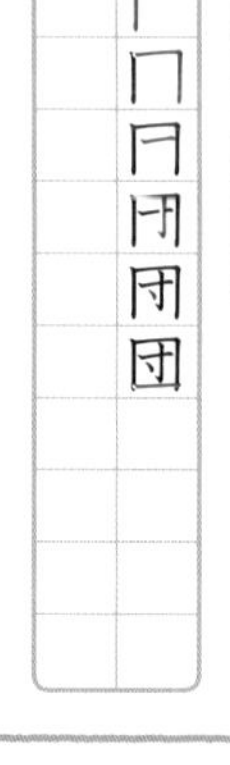
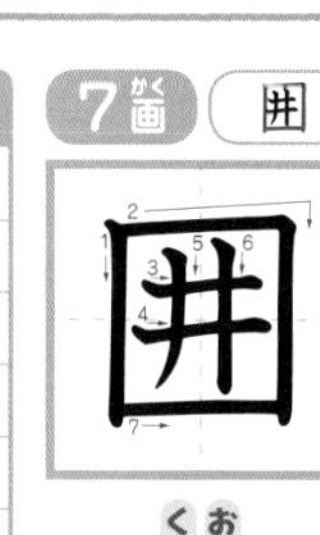

圧 5画

音 アツ
訓 —

書き順

いみ・ことば

❶おす。おさえる。圧巻。圧縮。圧勝。圧倒。圧力。重圧。弾圧。
❷おさえつける力。水圧。電圧。風圧。気圧。血圧。

つかいかた

▼風の圧力を受ける。
▼電圧を測定する。

くわしくわかる
「圧巻」は、書物や演劇で、最も優れた部分のことです。

5年

在

6画

おん ザイ
くん ある

書き順: 一 ナ オ 右 在 在

いみ・ことば

①ある。いる。健在。現在。在位。在学。在京。在庫。在校。在室。在住。在職。在宅。在中。在来。在留。所在。存在。滞在。駐在。不在。

②田舎。都会からはなれた土地。近在。在所。

つかいかた

▼在庫が多い。
▼学校の在り方を考える。

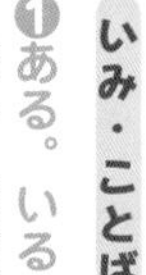

型

9画

おん ケイ
くん かた

書き順: 一 二 チ 开 开 刑 刑 型 型

いみ・ことば

①もとになる形。型紙。原型。定型。模型。類型。

②手本。模範となるもの。典型。

③種類。形や性質で分けたもの。大型。血液型。小型。新型。

つかいかた

▼典型的な日本人。
▼クッキーの型。

くわしくわかる

「形」は物の形、「型」はもとになる決まった形の意味。

基

11画

おん キ
くん 《もと》・《もとい》

書き順: 一 十 廾 廾 甘 甘 苴 其 其 其 基

いみ・ことば

①もと。土台。基幹。基金。基準。基礎。基地。基調。基点。基本。

②すえつけられたものを数える言葉。一基。

つかいかた

▼公園にベンチが五基ある。
▼基本の問題。

11画 堂

堂

おん ドウ
くん ―

書き順: 丨 丨丨 丷 ⺌ 尚 尚 尚 尚 尚 堂 堂

いみ・ことば

❶大きな建物。一堂。議事堂。講堂。食堂。
❷神や仏をまつる建物。お堂。金堂。聖堂。本堂。
❸立派な様子。堂々。

つかいかた

▼国会議事堂を見学する。
▼堂々と発表する。

くわしくわかる
一堂に会する 大勢が一つの場所に集まる。**正々堂々** 態度が正しく立派な様子。

12画 報

報

おん ホウ
くん《むくいる》

書き順: 一 十 土 キ 去 去 圭 幸 幸 郣 郣 報

いみ・ことば

❶むくいる。お返し。仕返し。報恩。報復（仕返しをすること）。
❷知らせる。警報。広報。情報。速報。通報。電報。報告。報知器。報道。予報。

つかいかた

▼情報を集める。
▼大雨警報が発令される。

13画 墓

墓

おん ボ
くん はか

書き順: 一 十 廾 廾 苎 苎 苜 苜 昔 莫 莫 莫 墓 墓

いみ・ことば

❶はか。墓場。墓参り。墓穴（ぼけつ）（はかあな）。墓参（墓参りのこと）。墓石（ぼせき）（はかいし）。墓前。墓地。墓標。

つかいかた

▼共同墓地。
▼お墓参りをする。

くわしくわかる
墓穴をほる 不利な状態になる原因を自分で作る。

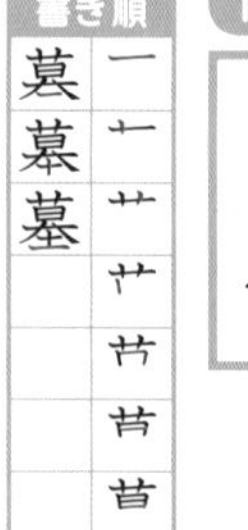

5年

均

7画

おん キン
くん —

書き順: 一 十 土 圴 均 均 均

いみ・ことば

❶ならす。等しくする。
均一。均質。均整。
均等。平均。

つかいかた

▼ケーキを均等に分ける。
▼百円均一の商品。

くわしくわかる
機会均等 平等な権利や扱いをあたえること。「均一」は、質や量がすべて同じこと。「均質」は、ある物質のどの部分を取っても性質が同じこと。

境

14画

おん キョウ・《ケイ》
くん さかい

書き順: 一 十 土 圹 圹 垆 垆 培 培 培 境 境 境 境

いみ・ことば

❶さかい。境界。境内。県境(けんざかい)。国境(くにざかい)。境目。
❷ところ。ある場所。
異境。環境。秘境。辺境。
❸状態。様子。
逆境(不幸な身の上)。境地。苦境。順境(めぐまれた身の上)。心境。

つかいかた

▼境界線を引く。
▼東京都と神奈川県の境。

増

14画

おん ゾウ
くん ます・ふえる・ふやす

書き順: 一 十 土 圹 圹 圹 垳 垳 垳 增 増 増 増 増

いみ・ことば

❶ふえる。急増。増加。増強。増減。
増産。増収。増進。増税。増設。
増大。増長。増築。倍増。

つかいかた

▼人口が増加する。
▼水かさが増す。
▼体重が増える。
▼仲間を増やす。

くわしくわかる
「増長」とは、つけあがって態度が大きくなること、次第に状態がひどくなることを意味します。

5年

3画 士

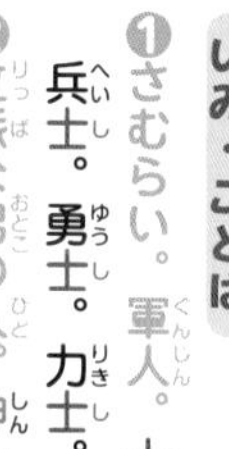

おん シ
くん ―

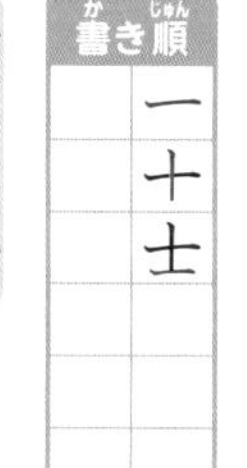

書き順 一 十 士

いみ・ことば

❶さむらい。軍人。士官。戦士。武士。兵士。勇士。力士。
❷立派な男の人。紳士。名士。
❸資格や技術を持つ人。運転士。栄養士。操縦士。弁護士。保育士。

特別な読み方 海士。居士（家で修行する仏教徒の男性）。博士。

つかいかた

▼力士の土俵入り。
▼地元の名士。
▼保育士になりたい。
▼博士が実験をする。

13画 夢

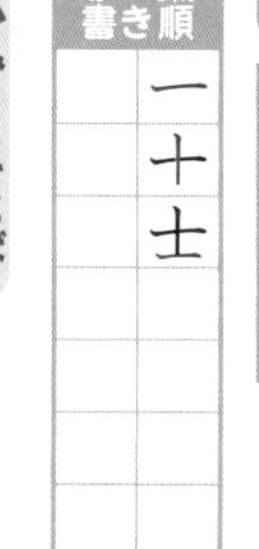

おん ム
くん ゆめ

書き順 一 十 艹 艹 芇 芇 苎 苎 苎 苎 苎 萬 夢 夢

いみ・ことば

❶ゆめ。悪夢。初夢。正夢。夢想。夢中。夢心地。夢物語。

つかいかた

▼読書に夢中になる。
▼将来の夢。

くわしくわかる

無我夢中 物事に熱中して、自分のことを忘れている状態。
夢のまた夢 夢の中で見る夢。現実感がないことのたとえ。

8画 妻

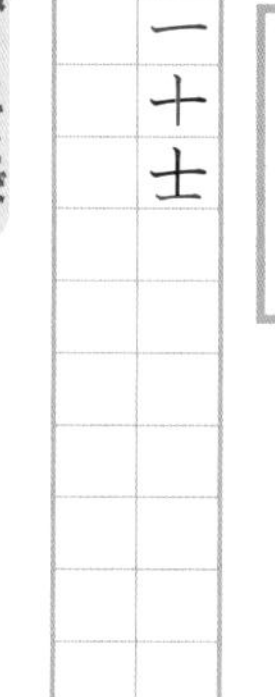

おん サイ
くん つま

書き順 一 ㇖ ㇖ ㇖ 圭 妻 妻 妻

いみ・ことば

❶つま。愛妻。妻子。妻帯者。夫妻。

つかいかた

▼愛妻弁当を持って行く。
▼妻や子供と暮らす。

くわしくわかる

漢字の成り立ち 「屮（かんざし）」と「⺕（手）」と「女」を組み合わせて、かんざしに手をそえている女性から、妻の意味を表すようになりました。

5年

11画 婦

おん フ
くん ―

書き順：婦

いみ・ことば

①女の人。婦女。婦女子。婦人。
②妻。主婦。新婦。夫婦。

つかいかた

▼主婦の仕事。
▼新婦のドレス。

くわしくわかる
夫婦げんかは犬も食わない 夫婦はけんかしてもすぐ仲直りするから、放っておけば良い。**似た者夫婦** 性格や好みが似ている夫婦。

10画 容

おん ヨウ
くん ―

書き順：容

いみ・ことば

①物を入れる。中身。容器。容積。容量。収容。内容。
②許す。受け入れる。許容。容認。
③姿。様子。容姿。容色。美容。容体（ようたい）（ようだい）。容貌。理容。
④たやすい。容易。

つかいかた

▼美容院に行く。
▼本の内容を聞く。

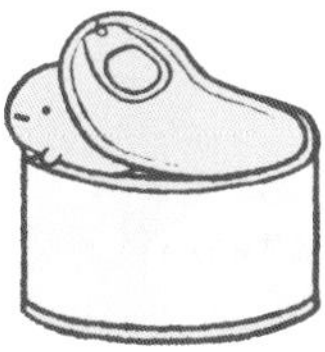

11画 寄

おん キ
くん よる・よせる

書き順：寄

いみ・ことば

①よる。たよる。寄港。寄宿。寄生。寄り道。
②与える。送る。寄進（神社や寺に寄付すること）。寄付。
③集める。客寄せ。寄せ書き。
●その他の言葉。年寄り。

特別な読み方 数寄屋。最寄り。寄席。

つかいかた

▼横浜港に寄港する。
▼書店に立ち寄る。
▼机を窓側に寄せる。

5年

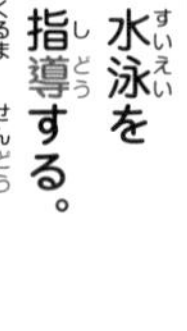

15画 導

おん ドウ
くん みちびく

書き順

いみ・ことば

❶みちびく。指導。先導。導入。補導。誘導。

❷電気や熱を通す。伝導。導火線。導線（電気を通すための針金）。導体（電気や熱を通しやすいもの）。

つかいかた

▼水泳を指導する。

▼車で先導する。

▼導火線に火をつける。

8画 居

おん キョ
くん いる

書き順

いみ・ことば

❶いる。住む。居心地。居所。居残り。居間。居留守（家にいないふりをすること）。居住。同居。別居。

❷住まい。住居。新居。転居。入居。

特別な読み方 居士。

つかいかた

▼新しい住居。

▼居間に家族が集まる。

くわしくわかる

長居は無用・長居は禁物 長く居ると迷惑なので早く帰ったほうが良い。**虫の居所が悪い** 機嫌が悪い。

12画 属

おん ゾク
くん ——

書き順

いみ・ことば

❶仲間。金属。属性。

❷くっつく。つき従う。帰属。所属。直属。配属。付属。

つかいかた

▼金属の部品。

▼チームに所属する。

くわしくわかる

生き物の分類は「界・門・綱・目・科・属・種」と分かれます。人間は、動物界・脊索動物門・哺乳綱・サル目・ヒト科・ヒト属・ヒト（種）です。

5年

5画 布

おん フ
くん ぬの

書き順：ノ ナ 𠂇 右 布

いみ・ことば

①ぬの。財布。布切れ。布地。布目。布巾。布団。毛布。

②広める。公布。配布。布教。布告。

③一面に並べる。散布。分布。

つかいかた

▼農薬を散布する。

▼布をぬい合わせる。

くわしくわかる

石に布団は着せられず 親が死んでからでは孝行できない。「石」は墓石のこと。

10画 師

おん シ
くん ―

書き順：丿 亻 𠂉 户 ḙ 自 𠂤 𠂤 𠂤 師

いみ・ことば

①先生。導く人。恩師。講師。師事（先生として、その教えを受けること）。師弟。師範。

②資格や技術を持った人。医師。看護師。技師。教師。調理師。美容師。漁師。

③軍隊。戦。師団。

特別な読み方 師走。

つかいかた

▼医師の資格を取る。

▼講師の先生。

▼ピアニストに師事する。

11画 常

おん ジョウ
くん つね・《とこ》

書き順：常 丨 ⺌ 𭕄 ⺍ 冖 㐅 㐅 尚 尚 常

いみ・ことば

①いつも。常温。常時。常習。常設。常態。常任。常備。常用。常連。常々。

②普通。特別ではない。異常。常識。常人。正常。通常。日常。非常。平常。

つかいかた

▼電車が平常どおりに運行している。

▼常に暖かい部屋。

くわしくわかる

日常茶飯事 日々のありふれたこと。よくあること。

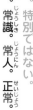

13画 幹

おん カン
くん みき

書き順
一 十 𠂇 古 古 吉 吉 直 卓 卓 𠦝 𠦝 幹 幹 幹

いみ・ことば

❶木のみき。幹と枝。幹事。幹線。幹部。基幹。根幹。主幹。新幹線。
❷もと。大事な部分。

つかいかた

▼新幹線に乗る。
▼太い幹を登る。

7画 序

おん ジョ
くん ―

書き順
、 亠 广 户 庐 庌 序

いみ・ことば

❶順番。順序。序列。秩序。
❷初め。糸口。序曲。序言。序章。序説。序の口。序盤。序文。序幕。序論。

つかいかた

▼順序どおりに並べる。
▼暑さはまだ序の口。

くわしくわかる

「序の口」とは、物事が始まったばかりであるということ。すもうのいちばん下の位という意味もあります。

5画 弁

おん ベン
くん ―

書き順
ㄙ ㄙ 𠫔 弁 弁

いみ・ことば

❶論じる。熱弁。弁護。弁護士。弁舌。弁論。
❷はっきりさせる。弁解。弁別。弁明。
❸役立てる。用にあてる。弁償。弁当。
❹液体や気体の流れを調節するもの。安全弁。弁膜。
❺方言。関西弁。東北弁。
❻花びら。花弁。

つかいかた

▼お弁当を食べる。
▼弁論大会に参加する。

5年

張

11画

おん チョウ
くん はる

書き順：¬ コ 弓 弓' 弓" 弓F 弓F 弓Ĕ 弓E 弓E 張

いみ・ことば

❶はる。ひっぱる。
張力（たがいに引き合う力）。緊張。出張。張り紙。

❷大きくする。広げる。
拡張。誇張。膨張。

❸言いはる。
主張。

●その他の言葉
張本人（事件や悪事の原因になった人）。

つかいかた

▼意見を主張する。
▼テントを張る。

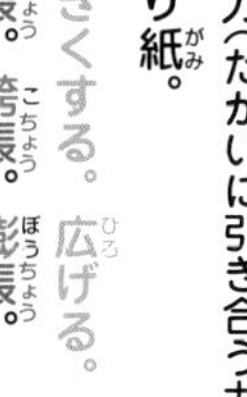

往

8画

おん オウ
くん ―

書き順：ノ 彡 彳 彳' 彳' 彳' 彳' 往

いみ・ことば

❶行く。目的に向かって進む。
往生（死ぬこと）。往生際（死ぬ間際）。往信。往診。往復。往来。往路。

❷時間が過ぎる。
往時。往年。

つかいかた

▼家と駅を往復する。
▼車の往来がはげしい。

くわしくわかる

右往左往　うろたえて行ったり来たりすること。**往生際が悪い**　あきらめが悪い。

得

11画

おん トク
くん える・《うる》

書き順：ノ 彡 彳 彳' 彳' 彳' 彳' 彳' 彳' 彳' 得

いみ・ことば

❶自分のものにする。
所得。得意。得点。得票。得手。収得。

❷もうける。
損得。得策。得失。不得手。役得。

❸わかる。さとる。
説得。体得。得心。納得。心得。

つかいかた

▼話を聞いて納得する。
▼知識を得る。

くわしくわかる

一挙両得　一つのことをして二つの利益を得ること。**水を得た魚**　得意分野でいきいきする。

5年

12画 復

おん フク
くん ―

書き順 ノ ノ 彳 彳 彳 彳 彳 彳 彳 復 復 復

いみ・ことば

❶もとにもどる。
往復。回復。復調。復路。復活。復帰。
❷もとにもどす。
修復。復元。復旧。復興。
❸くり返す。
復習。復唱。反復。
❹仕返しする。
報復。

つかいかた

▼体力が回復する。
▼復習問題を解く。

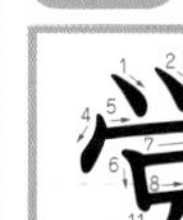

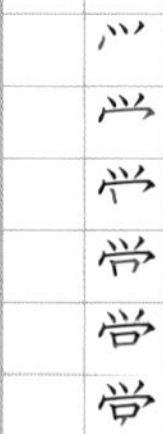

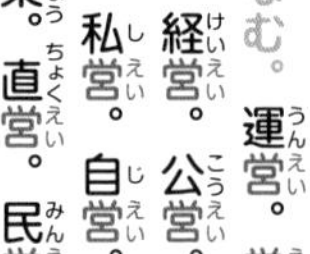

12画 営

おん エイ
くん いとなむ

書き順 丶 丷 ⺍ ⺍ 𰀁 𰀁 𰀁 営 営 営 営 営

いみ・ことば

❶いとなむ。
営利。経営。運営。営業。
国営。私営。自営。公営。
自営業。直営。民営。
❷つくる。
設営。造営。
❸軍隊のいるところ。とりで。
陣営。兵営。
夜営。野営。

つかいかた

▼お店の営業時間。
▼カフェを営む。

7画 快

おん カイ
くん こころよい

書き順 丶 丷 忄 忄 忄 快 快

いみ・ことば

❶こころよい。気分が良い。
快感。快挙。快勝。快晴。快調。快活。
快適。快楽。軽快。痛快。不快。
❷速い。
快走。快速。快足。
❸病気やけがが治る。
快復。快方。全快。

つかいかた

▼快適な部屋。
▼快く引き受ける。

くわしくわかる
快刀乱麻を断つ　複雑な問題を見事に解決する。

5年

性

8画　性

おん　セイ・《ショウ》
くん　―

書き順：丶 ⺖ 忄 忄 忙 性 性 性

いみ・ことば

❶ 生まれつきの心。相性。感性。気性。個性。根性。習性。性分。性格。性質。知性。適性。人間性。本性。理性。

❷ ものの特質。アルカリ性。安全性。急性。酸性。性能。中性。毒性。

❸ 男女の区別。異性。女性。性別。男性。同性。両性。

つかいかた

▼おだやかな性格。

▼高性能のカメラ。

情

11画　情

おん　ジョウ・《セイ》
くん　なさけ

書き順：丶 ⺖ 忄 忄 忄 忄 忄 情 情 情 情

いみ・ことば

❶ 心の働き。気持ち。愛情。感情。純情。情熱。心情。表情。

❷ なさけ。思いやり。温情。同情。人情。薄情。非情。無情。友情。

❸ ありさま。様子。事情。実情。情況。情景。情勢。情報。内情。

つかいかた

▼友情を深める。

▼情けをかける。

くわしくわかる

情けは人のためならず
良いことをしたら自分にも良い報いがある。

慣

14画　慣

「母」としない

おん　カン
くん　なれる・ならす

書き順：丶 ⺖ 忄 忄 忄 忄 忄 忄 忄 慣 慣 慣 慣 慣

いみ・ことば

❶ なれる。習わし。慣行。慣習。慣性。慣用。慣用句。慣例。習慣。

つかいかた

▼勉強の習慣を身につける。

▼新しいクラスに慣れる。

くわしくわかる

漢字の成り立ち
「忄（こころ）」と「貫（つらぬく）」を合わせて、同じことをくり返して慣れることを表しました。

5年

7画 技

技

おん ギ
くん 《わざ》

書き順：一 十 扌 扌 扩 抆 技

いみ・ことば

❶わざ。うで前。

演技。技師。技術。技能。球技。競技。技量。実技。得意技。特技。

つかいかた

▼特技は料理です。
▼球技大会に参加する。

くわしくわかる

至難の技 実現することがとても困難であること。「至難の業」とも書きます。

8画 招

招

おん ショウ
くん まねく

書き順：一 十 扌 扣 扨 扨 招 招

いみ・ことば

❶まねく。呼び寄せる。

招来。手招き。招き猫。招集。招待。

つかいかた

▼係の人を招集する。
▼友達を家に招く。

くわしくわかる

招かれざる客 呼ばれていない客という意味。喜ばれていない、来て欲しくない人物のこと。

11画 採

採

おん サイ
くん とる

書き順：一 十 扌 扌 扌 扩 扩 扠 扠 採 採

いみ・ことば

❶とる。とり入れる。

採決。採血。採光。採算。採取。採集。採寸。採点。採否。採用。採録。

つかいかた

▼テストの採点。
▼木の実を採る。

くわしくわかる

漢字の成り立ち 「扌（手）」と「采（つみ取る）」を組み合わせた字です。手でつみ取るという意味を表します。

11画 授

授

おん ジュ
くん 《さずける》・《さずかる》

書き順：一 十 扌 扩 扩 扩 扩 扩 护 护 授

いみ・ことば

①さずける。あたえる。
授受（授けることと受けること。受けわたし）。授賞。授乳。授与。

②教える。
教授。授業。伝授。

つかいかた

▼賞品を授受する。
▼図工の授業。

くわしくわかる
同じ読み方ですが、「授賞」は賞を授けることで、「受賞」は賞を受け取ることです。

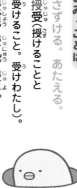

11画 接

接

おん セツ
くん 《つぐ》

書き順：一 十 扌 扌 扩 扩 扩 拉 拴 接

いみ・ことば

①つなぐ。
間接。接岸。接合。接骨。接種。接触。接する。接線。接続。接地。接着。接点。直接。

②近づく。
接近。接戦。密接。

③出会う。人と会う。
応接。接客。接見。接待。面接。

つかいかた

▼予防接種を受ける。
▼台風が接近する。
▼人と接する。

12画 提

提

おん テイ
くん 《さげる》

書き順：一 十 扌 扌 扣 押 押 担 捍 捍 提 提

いみ・ことば

①さげる。手に持つ。
提携。手提げ。

②差し出す。
前提。提案。提起。提供。提言。提示。提出。提唱。

つかいかた

▼宿題を提出する。
▼やり方を提案する。

13画　損

おん　ソン
くん　《そこなう》・《そこねる》

書き順　一 十 扌 扌 扌 扌 扌 捐 捐 捐 損 損 損

いみ・ことば

❶そこなう。こわれる。
欠損。損害。損傷。破損。

❷利益を失う。
損益。損失。損得。

つかいかた

▼車体が損傷する。
▼損得を考える。

くわしくわかる
損して得取れ　今は損をしても、後で利益を得られれば良い。
短気は損気　短気を起こすと自分が損をする。

8画　河

おん　カ
くん　かわ

書き順　丶 冫 氵 氵 汀 沪 沪 河

いみ・ことば

❶大きなかわ。
運河。河岸（かがん・かわぎし）。河口。河川。銀河。山河。大河。氷河。

特別な読み方　河岸。河原。

つかいかた

▼運河を利用する
▼氷河期の生き物。

くわしくわかる
「河岸」は、「かがん・かわぎし」と読むと、川の岸辺のことですが、「かし」と読むと、川の岸にある魚市場という意味も出てきます。

11画　液

おん　エキ
くん　——

書き順　丶 冫 氵 氵 汁 汁 汸 汸 液 液 液

いみ・ことば

❶水のような状態のもの。
胃液。液化。液晶。液状。液体。血液。原液。樹液。乳液。

つかいかた

▼血液を検査する。
▼液状ののり。

くわしくわかる
漢字の成り立ち　「氵（水）」と「夜（間をおいて続く）」を組み合わせて、したたり落ちる水分を表しました。

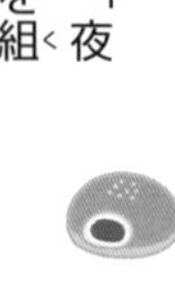

5年

混

11画

おん コン
くん まじる・まざる・まぜる・こむ

書き順：丶 氵 氵 氵ㇼ 氵日 氵旦 氵旦 氵昆 氵昆 混 混

いみ・ことば

❶まじる。まぜる。混交。混合。混在。混成。混声合唱。混線。混然。混同。混入。混乱。混ぜご飯。

❷こみ合っている。混雑。

つかいかた

- 店の中が混雑する。
- 絵の具を混ぜる。
- 電車が混んでいる。

くわしくわかる **公私混同** 私的な利害のために公的なことを利用すること。

減

12画

おん ゲン
くん へる・へらす

書き順：丶 氵 氵 氵 氵厂 氵厂 氵FF 氵F 氵厉 氵厉 減 減

いみ・ことば

❶へる。へらす。軽減。減額。減産。減少。減税。減速。減退。減点。減量。節減。増減。半減。

❷引き算。加減（足し算と引き算）。減算。

つかいかた

- 人口が減少する。
- 体重が減る。
- 荷物を減らす。

くわしくわかる **減らず口をたたく** 負けおしみや言い訳を言うこと。

測

12画

おん ソク
くん はかる

書き順：丶 氵 氵 氵ㇼ 氵冂 氵月 氵目 氵目 氵貝 氵貝 測 測

いみ・ことば

❶道具などを使って物をはかる。観測。計測。測定。測量。目測。

❷おしはかる。予想する。推測。不測。予測。

つかいかた

- 気象を観測する。
- 身長を測る。

くわしくわかる 「計る」は時間や数、「量る」は重さや容積、「測る」は長さや高さなどを調べるときに使います。

5年

準 13画

音 ジュン
訓 ―

書き順
丶 冫 氵 汁 汁 汴 汻 淮 淮 淮 準 準 準

いみ・ことば

❶目安。手本。基準。規準。準拠(基準にすること)。照準。水準。標準。
❷用意する。準備。
❸あるものに次ぐ。準急。準決勝。準優勝。

つかいかた

▼採点の基準を決める。
▼遠足の準備をする。

くわしくわかる
「基準」は、比べるときのよりどころとなるもの。「規準」は社会・道徳的に手本となるもの。

演 14画

音 エン
訓 ―

書き順
丶 冫 氵 氵 氵 氵 氵 氵 氵 氵 演 演 演 演

いみ・ことば

❶広める。述べる。演説。講演。
❷技を見せる。演技。演芸。演劇。演奏。開演。共演。競演。公演。実演。終演。主演。出演。上演。助演。
❸実際に行う。演算。演習。

つかいかた

▼発表会の予行演習。
▼大統領が演説する。

潔 15画

音 ケツ
訓 《いさぎよい》

書き順
丶 冫 氵 氵 氵 汢 洯 洯 洯 洯 洯 潔 潔 潔 潔

いみ・ことば

❶いさぎよい。きよい。けがれがない。簡潔。潔白。高潔。純潔。清潔。不潔。

つかいかた

▼清潔なハンカチ。
▼簡潔に説明する。

5画 犯

おん ハン
くん 《おかす》

書き順：ノ 犭 犭 犯 犯

いみ・ことば

❶おかす。法を破る。
現行犯。犯行。犯罪。犯人。防犯。
❷法を破った人。
共犯。殺人犯。主犯。常習犯。
❸法を破った回数を数える言葉。
再犯。初犯。前科二犯。

つかいかた

▼防犯カメラ。
▼犯人をつかまえる。

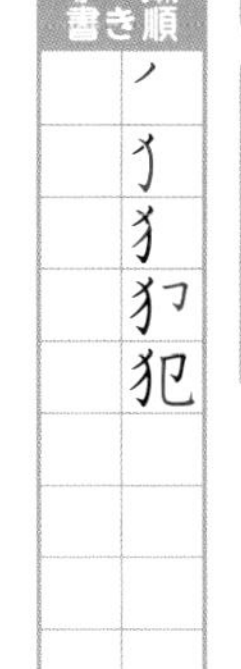

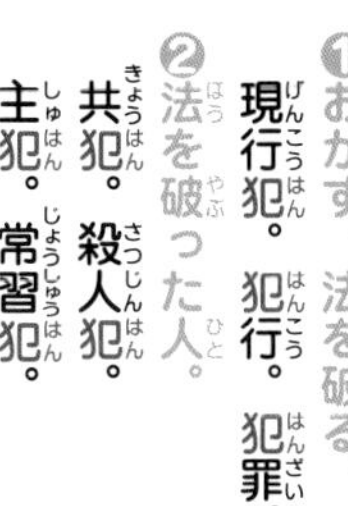

9画 独

おん ドク
くん ひとり

書き順：ノ 犭 犭 犭 犭 犭 犭 独 独

いみ・ことば

❶ひとり。自分だけ。孤独。単独。
独学。独裁。独自。独身。独占。
独善（自分だけが正しいという考え）。
独走。独断。独特。独立。独力。
独り言。
❷ドイツのこと。独語。独文学。

つかいかた

▼単独で行動する。▼独り言を言う。

くわしくわかる

独立独歩 他人の力にたよらず、自分の信じる道を進むこと。

8画 述

おん ジュツ
くん のべる

書き順：一 十 才 木 朮 朮 述 述

いみ・ことば

❶のべる。言う。書き表す。記述。
供述。口述。後述。述語。前述。
著述。論述。

つかいかた

▼答えを記述する。
▼意見を述べる。

くわしくわかる

漢字の成り立ち 「朮（筋道）」と「⻌（行く）」を合わせた字。筋道から外れず行くことから転じて、「のべる」という意味で使われるようになりました。

9画 逆

おん ギャク
くん さか・さからう

書き順：丶 丷 䒑 䒑 屰 屰 逆 逆 逆

いみ・ことば

❶さかさま。逆効果。逆算。逆上（かっとすること）。逆接。逆転。逆風。逆流。逆境（不幸な身の上）。逆行。逆上がり。逆さま。逆立ち。逆手。

❷さからう。逆臣。反逆。

つかいかた

▼日にちを逆算する。
▼逆上がりの練習。
▼流れに逆らう。

くわしくわかる
逆手に取る 相手の攻撃を利用して反撃する。

9画 迷

おん《メイ》
くん まよう

書き順：丶 丷 䒑 半 米 米 米 迷 迷

いみ・ことば

❶まよう。わからなくなる。低迷。迷宮。迷信。迷走（進路が不規則なこと）。迷路。迷惑。

特別な読み方 迷子。

つかいかた

▼道に迷う。
▼デパートで迷子になる。

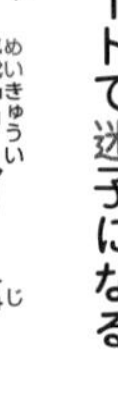

くわしくわかる
迷宮入り 事件の解決がつかないまま捜査が打ち切られること。

10画 造

おん ゾウ
くん つくる

書き順：ノ 𠂉 牛 生 牛 告 告 告 浩 造

いみ・ことば

❶つくる。改造。建造。構造。製造。創造。造花。造形。造船。荷造り。木造。

つかいかた

▼大きな船を造る。
▼木造の建物。

くわしくわかる
「作る」は、わりと小さなものをつくるとき、「造る」は、大きなものや大きな規模でつくるときに使います。

5年

過　12画

おん　カ
くん　すぎる・すごす・《あやまつ》・《あやまち》

書き順　丨 冂 冂 冂 冎 咼 咼 咼 咼 咼 過 過

いみ・ことば

①すぎる。時間がすぎる。通りすぎる。
過去。過程。経過。通過。

②度をこえる。過激。過言。過小。
過少。過信。過多。過大。過度。
過保護。過密。過労。超過。

③あやまち。過失。大過。

つかいかた

▼電車が通過する。
▼時間が過ぎる。　▼のんびりと過ごす。

くわしくわかる　台風一過　台風が通り過ぎること。その後の晴れた空。

適　14画

おん　テキ
くん　―

書き順　丶 亠 亣 产 产 产 产 商 商 商 商 適 適 適

いみ・ことば

①ちょうど良い。快適。最適。適応。
適温。適格。適合。適正。適性。
適切。適度。適当。適任。
適役。適用。適量。

つかいかた

▼適切な処置をする。
▼高学年に適した本。

くわしくわかる　適者生存　その環境に最も適した生物が生き残るという考え方。

防　7画

おん　ボウ
くん　ふせぐ

書き順　㇇ 了 阝 阝 阝 防 防

いみ・ことば

①ふせぐ。守る。消防。防衛。防音。
防火。防寒。防護。防災。防止。
防水。防犯。防風林。予防。

②土手。堤防。

つかいかた

▼病気の予防をする。
▼寒さを防ぐ。

くわしくわかる　「防風林」は、家や農地を風害から守るための木々。砂から守る林を「防砂林」、雪から守る林を「防雪林」といいます。

5年

限（9画）

おん ゲン
くん かぎる

書き順

いみ・ことば

❶かぎる。区切る。下限。期限。限界。権限。限定。限度。際限。上限。制限。無限。門限。

つかいかた

▼門限を守る。
▼数に限りがある。

くわしくわかる
「最小限」は、それ以上、小さくできない限度、「最大限」は、それ以上、大きくできない限度のことです。

険（11画）

おん ケン
くん けわしい

書き順

いみ・ことば

❶けわしい。あぶない。危険。険悪。冒険。保険。

つかいかた

▼険悪なムード。
▼険しい山道。

くわしくわかる
有名な唱歌「箱根八里」の「箱根の山は天下の険」は、「世の中でいちばん険しいところ」という意味です。

際（14画）

おん サイ
くん 《きわ》

書き順

いみ・ことば

❶きわ。はて。さかい。際限。窓際。水際。
❷つき合い。交際。国際。
❸そのとき。往生際。
❹ほど。際物。実際。間際。分際。

つかいかた

▼窓際の席になる。
▼実際にあった話。

くわしくわかる
手際が悪い 物事の進め方が下手である。**往生際が悪い** あきらめが悪い。

5年

応　7画

おん　オウ
くん　こたえる

書き順：亠 广 广 応 応 応

いみ・ことば

①こたえる。相手になる。
一応。応急。応接。応戦。応対。応答。呼応。対応。反応。

②ふさわしい。つりあう。
応用。応分。順応。相応。適応。

★「反応」「順応」の「応」は「ノウ」と読みます。

つかいかた

▼親切に対応する。
▼期待に応える。

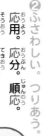

志　7画

おん　シ
くん　こころざす・こころざし

書き順：一 十 士 志 志 志 志

いみ・ことば

①こころざす。目指す。
志願。志向。志望。

②こころざし。心で決めた考え。
意志。初志。寸志（少しばかりのおくり物。心づけ）。大志。有志。立志。

つかいかた

▼意志を伝える。
▼教師を志す。
▼志をいだく。

態　14画

おん　タイ
くん　―

書き順：ム ム 台 台 台 台 能 能 能 能 態 態 態 態

いみ・ことば

①様子。ありさま。
悪態。形態。事態。失態。実態。状態。生態。態勢。態度。

つかいかた

▼落ち着いた態度。
▼動物の生態を調べる。

くわしくわかる

「悪態」は、にくまれ口のこと。使い方は「悪態をつく」「悪態の限りをつくす」など。「失態」は「失敗をした姿」。「失態を演じる」「失態をさらす」など。

5年

4画 支

支

おん シ
くん ささえる

書き順：一 十 ナ 支

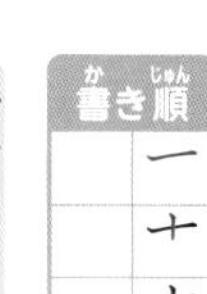

いみ・ことば

①ささえる。支持。支柱。支点。支配。
②枝分かれ。支局。支社。支線。支店。支部。支流。
③分けあたえる。お金をわたす。支給。支出。支払い。収支。
④とどこおる。さしつかえ。支障。
⑤えと。十二支。

特別な読み方 差し支える。

つかいかた

▼川の支流。
▼代金を支払う。
▼体を支える。

9画 故

故

おん コ
くん 《ゆえ》

書き順：一 十 十 古 古 古 古 故 故

いみ・ことば

①昔からの。古い。故郷。故国。故事。
②できごと。故障。事故。
③わざと。故意。
④死ぬ。故人。物故。

つかいかた

▼機械が故障した。
▼故意にぶつかる。

くわしくわかる

故事成語 昔、中国などで起こったできごとから生まれた言葉。「圧巻」（312ページ）、「漁夫の利」（262ページ）など。

9画 政

政

みぎうえへ

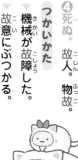

おん セイ・《ショウ》
くん 《まつりごと》

書き順：一 丅 下 正 正 正 正 政 政

いみ・ことば

①まつりごと。国をおさめる。王政。行政。国政。政界。政権。政策。政治。政党。政府。内政。
②ととのえる。家政。家政科。財政。

つかいかた

▼政治について勉強する。
▼財政が苦しい。

くわしくわかる

漢字の成り立ち 「攵（動作）」と「正（正しい）」を合わせて、正しい方向に導く仕事のことを表しました。

5年

救

11画

オン キュウ
くん すくう

書き順：一 十 才 才 求 求 求 求 求' 求ケ 救

いみ・ことば

①すくう。助ける。救援。救急車。救護。救済。救出。救助。救難。救命。

つかいかた

▼救急車を呼ぶ。
▼子犬を救う。

くわしくわかる

漢字の成り立ち 「攵（動作）」と「求（引き寄せる）」を合わせて、引き寄せて危険から助けることを表しました。

断

11画

おん ダン
くん 《たつ》・ことわる

書き順：丶 丷 ⺌ 半 米 米 𠃊 𫝼 断 断 断

いみ・ことば

①たつ。切りはなす。横断。切断。断食。断水。断絶。断層。断続。断念。断面。

②きっぱりと決まる。思い切ってする。決断。断言。断固。断行。

③ことわる。無断。

つかいかた

▼リンゴの断面。
▼さそいを断る。

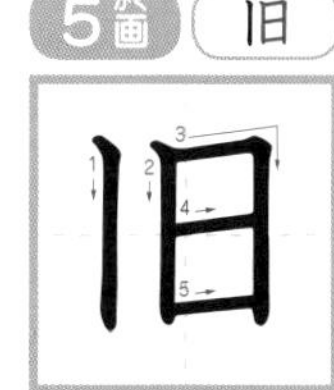

くわしくわかる

一刀両断 物事をすみやかに決断する様子。

旧

5画

おん キュウ
くん ―

書き順：丨 丨丨 旧 旧 旧

いみ・ことば

①もと。古い。旧家。旧館。旧式。旧字体。旧年。旧友。旧来。復旧。

②昔のこよみのこと。旧正月。旧盆。旧暦。

つかいかた

▼旧作の映画を見る。
▼線路の復旧作業。

くわしくわかる

「旧暦」とは、昔使われていたこよみです。「旧正月」は、だいたい一月下旬から二月中旬、「旧盆」は八月半ばです。

易　8画

易

おん　エキ・イ
くん　やさしい

書き順：丨 冂 日 日 尸 号 号 易

いみ・ことば

①やさしい。たやすい。
安易。簡易。
難易度。
平易。容易。

②かえる。とりかえる。
改易。交易。貿易。

③うらない。
易学。易者。易断。

つかいかた

▼外国と貿易する。
▼問題の難易度。
▼易しい説明文。

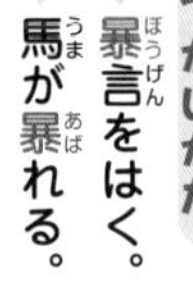

暴　15画

暴

おん　ボウ・《バク》
くん　《あばく》・あばれる

書き順：丨 冂 日 日 旦 早 早 昱 昱 㫟 㬥 㬥 暴 暴 暴

いみ・ことば

①あばく。さらす。
暴露。

②あばれる。あらあらしい。
横暴。強暴。暴漢。暴拳。
暴言。暴行。暴走。暴動。
暴風雨。暴力。暴論。乱暴。

③急に。暴発。暴落。

つかいかた

▼暴言をはく。
▼馬が暴れる。

くわしくわかる

暴飲暴食　むやみに飲んだり食べたりすること。

条　7画

条

おん　ジョウ
くん　――

書き順：ノ ク 夂 冬 冬 条 条

いみ・ことば

①すじ。道筋。条理。

②項目を一つずつ示した文。
条規。条件。条文。条約。条令。
条例。信条。

③細長い線。
星条旗(アメリカ合衆国の国旗。星と横線の旗)。鉄条網。

つかいかた

▼条件を提示する。
▼外国と条約を結ぶ。
▼一条の光。

5年

9画 査

査

おん サ
くん ―

書き順：一 十 才 木 木 杏 杳 杳 査

いみ・ことば

①調べる。監査。検査。考査。査察。査定。審査。捜査。探査。調査。

つかいかた

▼工場を査察する。
▼手荷物を検査する。

くわしくわかる

「監査」は、法律を守っているか、会社などを調べること。「考査」は、考えて調べること。また、学校の学力テストのこと。「査察」は、実際に現場で調査することです。

8画 枝

枝

おん《シ》
くん えだ

書き順：一 十 才 木 木 村 杪 枝

いみ・ことば

①えだ。
枝ぶり。小枝。枝葉(しようえだは)。

②分かれ出たもの。
枝道。

つかいかた

▼枝を切る。
▼道が枝分かれする。

くわしくわかる

枝葉末節 物事の本質からはずれた、小さなこと。どうでも良い細かいこと。

10画 桜

桜

おん《オウ》
くん さくら

書き順：一 十 才 木 木 木 杪 桜 桜 桜

いみ・ことば

①さくら。桜色。桜前線。桜吹雪。葉桜。八重桜。山桜。夜桜。

②さくらのような色。桜えび。桜貝。桜草。

つかいかた

▼桜の花びら。
▼桜が満開になる。

くわしくわかる

「桜前線」とは、地図上で、桜の開花日が同じ地点を結んだ線。南から北へ、低いところから高いところへ移動します。

5年

10画 格

格

おん カク・《コウ》
くん ―

書き順：一 十 才 木 木' 杪 枚 柊 格 格

いみ・ことば

❶決まり。基準。価格。格言。格式。格別。規格。合格。失格。別格。

❷位置づけ。地位や身分。格上げ。格差。格下げ。格段。格調。格安。格好。資格。人格。性格。品格。風格。

❸骨組み。骨格。体格。

つかいかた

▼合格の通知が届く。

▼格別おいしいアイス。

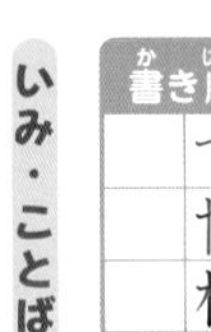

12画 検

検

おん ケン
くん ―

書き順：一 十 才 木 木' 木^ 朴 朴 枱 枱 検 検

いみ・ことば

❶調べる。検印。検温。検眼。検査。検索。検算。検出。検証。検定。検討。探検。点検。

❷取りしまる。検挙。検束。検問。

つかいかた

▼車両の点検をする。

▼道路で検問する。

14画 構

構

おん コウ
くん かまえる・かまう

書き順：一 十 才 木 木一 村 桝 桝 構 構 構 構 構 構

いみ・ことば

❶かまえる。組み立てる。仕組み。機構。結構。構図。構成。構想。構造。構築。身構える。

❷囲い。構外。構内。

つかいかた

▼建物の構造。

▼家を構える。

くわしくわかる

「心構え（心の準備）」「身構える（身を守る準備をする）」など、色々な言葉で使われます。**なりふり構わず** 他人にどう見られようが気にせず。

5年

武 8画

おん ブ・ム
くん ―

書き順：一 二 千 于 正 正 武 武

いみ・ことば

❶戦い。武器。武芸。武士。武将。武装。武力。文武。武者。
❷強い。勇ましい。武名。武勇。

つかいかた

▼武器を準備する。
▼武者人形をかざる。

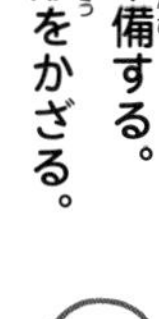

くわしくわかる
文武両道　文事と武事、転じて学問とスポーツの両方に優れていること。**武者ぶるい**　重大な場面で心が勇んで、体がふるえること。

歴 14画

おん レキ
くん ―

書き順：一 厂 厂 厅 厈 厍 厤 厤 厤 厤 厤 歴 歴 歴

いみ・ことば

❶年月を経る。通り過ぎる。学歴。経歴。職歴。来歴。略歴。歴史。歴代。
❷はっきりとしている。歴然。
❸次々に。歴任。歴訪。

つかいかた

▼地域の歴史を調べる。
▼歴代の校長先生。
▼歴然とした事実。

殺 10画

おん サツ・《サイ》・《セツ》
くん ころす

書き順：ノ メ メ 㐅 杀 杀 杀 杀 殺 殺

いみ・ことば

❶ころす。殺意。殺害。殺気。殺菌。殺傷。殺人。殺虫剤。自殺。他殺。必殺。
❷なくす。殺風景。相殺。抹殺。
❸動作の意味を強める言葉。殺到。殺伐。黙殺。

つかいかた

▼殺気を感じる。
▼害虫を殺す。

くわしくわかる
虫も殺さない　虫さえも殺せないほど、見かけがおとなしい様子。

5年

8画　毒

おん　ドク
くん　―

書き順：一　十　キ　主　丰　毐　毒　毒

いみ・ことば

①どく。体に害をあたえるもの。解毒。消毒。中毒。毒きのこ。毒草。毒物。毒薬。猛毒。有毒。

②人を傷つけるもの。害毒。毒気（どくけ どっけ）。毒舌。

つかいかた

▼手を消毒する。
▼毒きのこが生える。

くわしくわかる

「毒舌」は、ひどい悪口や皮肉のこと。「毒気」は、「毒気がある」「毒気を抜かれる」など、悪意という意味もあります。

4画　比

おん　ヒ
くん　くらべる

書き順：-　ヒ　比

いみ・ことば

①くらべる。背比べ。対比。等比。比較。比類。無比。

②割合。比重。比率。比例。

つかいかた

▼海と陸の比率。
▼大きさを比べる。

くわしくわかる

どんぐりの背比べ　とくに優れた者がいない状態で競い合っていることのたとえ。

5画　永

おん　エイ
くん　ながい

書き順：丶　ヲ　永　永　永

いみ・ことば

①ながい。いつまでも続く。永遠。永久。永久歯。永住。永世。永続。永年。永眠。

つかいかた

▼永久歯が生える。
▼永い年月を経る。

5年

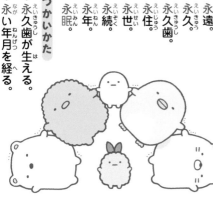

7画 災

音 サイ
訓《わざわい》

書き順

いみ・ことば

①わざわい。悪いできごと。
火災。災害。災難。震災。
人災。戦災。息災。
天災。被災。防災。

つかいかた

▼火災が発生する。
▼防災訓練を行う。

くわしくわかる

無病息災 病気にならず元気に暮らすこと。**災い転じて福となす** やっかいなことが、かえって幸福の原因になること。

16画 燃

音 ネン
訓 もえる・もやす・もす

書き順

いみ・ことば

①もえる。もやす。
燃焼。燃費。
燃料。不燃。
可燃。再燃。

つかいかた

▼船の燃料。
▼燃えるごみ。
▼落ち葉を燃やす。

くわしくわかる

「燃費」は「燃料消費率」の略。同じ量の燃料で長く走れる車は燃料費が安くなるので「燃費が良い」と言います。

8画 版

音 ハン
訓 ―

書き順

いみ・ことば

①印刷するために、文字や絵をほった板。
活版。かわら版。銅版。版画。
版木。木版。
②印刷する。再版。重版。出版。初版。
図版。絶版。版権。

つかいかた

▼版画をほる。
▼漢字辞典を出版する。

くわしくわかる

「かわら版」は、ねん土の板に絵や字をほって焼き、一枚ずつ刷ったもの。江戸時代の新聞です。

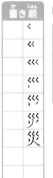

7画 状

状

おん ジョウ
くん ―

書き順：丨 丬 丬 丬 壯 状 状

いみ・ことば

❶姿。形。球状。形状。現状。実状。状況。症状。状態。病状。

❷手紙。書いたもの。賞状。招待状。年賀状。礼状。

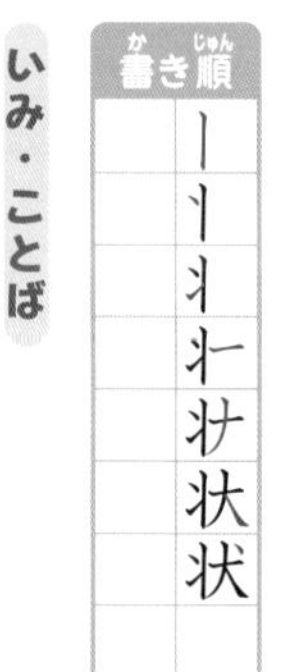

つかいかた

▼健康状態が良い。

▼賞状を受け取る。

くわしくわかる

現状打破 現在の状態を良い方向に打ち破ること。

11画 現

現

おん ゲン
くん あらわれる・あらわす

書き順：一 丁 千 王 到 玑 玥 珥 玥 珥 現

いみ・ことば

❶あらわれる。あらわす。現象。現像。再現。実現。出現。表現。

❷今。目の前にある。現役。現金。現行。現在。現実。現状。現代。現地。現場。現物。

つかいかた

▼現在の時刻。

▼練習の成果が現れる。

▼姿を現す。

くわしくわかる

頭角を現す 才能や知識が群を抜いていて目立つこと。

5年

9画 祖

祖

おん ソ
くん ―

書き順：、 ラ ネ ネ 礼 初 祁 祖 祖

いみ・ことば

❶家系のもと。先祖。祖国。祖先。

❷父母の親。祖父。祖父母。祖母。

❸物事を始めた人。開祖。元祖。教祖。始祖。

つかいかた

▼祖母と出かける。

▼先祖のお墓。

くわしくわかる

先祖伝来 先祖からその家に、代々伝わっている事がら。

10画 能

音 ノウ
訓 —

書き順：𠃋 ム ム 𠂢 𠂢 𠂢 𠂢 𠂢 𠂢 能

いみ・ことば

①できる。良くできる。
可能。能弁。万能。不能。

②働く力。
能率。能力。機能。技能。才能。知能。本能。

③効き目。作用。
効能。

④のう。日本の伝統芸能の一つ。
能楽。能面。

つかいかた

▼才能を生かす。
▼仕事の能率を上げる。

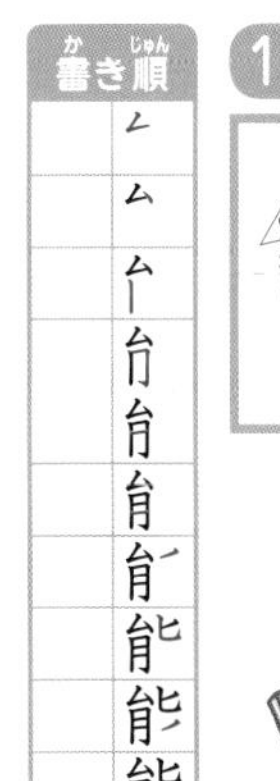

8画 肥

音 ヒ
訓 こえる・こえ・こやす・こやし

書き順：丿 刀 月 月 月 肌 肌 肥

いみ・ことば

①体がこえる。
肥大。肥満。

②土地がこえる。
肥沃。

③こやし。
肥だめ。堆肥。肥料。

つかいかた

▼肥満を予防する。
▼畑の肥やし。

くわしくわかる

天高く馬肥ゆる秋　秋は快適で空は高くすみわたり、馬もよく食べてたくましく育つ。

10画 脈

音 ミャク
訓 —

書き順：丿 刀 月 月 月 肵 肵 肵 脈 脈

いみ・ことば

①血が通る管。
静脈。動脈。

②みゃく。血液を送り出す心臓の動き。
平脈。脈動。脈拍。

③筋となってつながっているもの。
金脈。鉱脈。山脈。人脈。文脈。脈絡。葉脈。

つかいかた

▼脈が速い。
▼アルプス山脈。

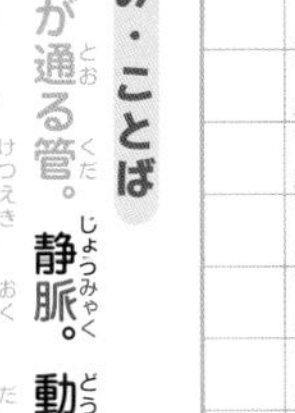

くわしくわかる

脈がある　見こみがある。可能性がある。反対の意味をもつ言葉は「脈がない」。

率 11画

おん《ソツ》・リツ
くん ひきいる

書き順：丶 亠 亠 玄 玄 玄 玄 泫 泫 泫 率

いみ・ことば

❶ひきいる。
引率。率先。統率。
❷すなお。率直。
❸軽々しい。軽率。
❹割合。程度。
円周率。確率。
効率。勝率。
能率。倍率。
百分率。比率。

つかいかた

▼雨が降る率が高い。
▼児童を率いる。

留 10画

おん リュウ・ル
くん とめる・とまる

書き順：丿 ⺈ 丘 卬 卯 卯 留 留 留 留

いみ・ことば

❶とどめる。とどまる。
居留守（家にいないふりをすること）。
書留。残留。停留所。留め金。
保留。留意。留学。
留置。留任。
留年。留守。
★「書留」には、
送り仮名をつけません。

つかいかた

▼健康に留意する。
▼一人で留守番をする。
▼ボタンを留める。

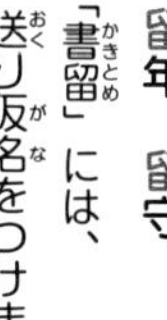

略 11画

おん リャク
くん ―

書き順：丨 冂 冊 冊 田 田 𠂊 畋 畧 略 略

いみ・ことば

❶はかる。考え。計略。策略。戦略。
❷簡単にする。簡略。省略。前略。
略語。略字。略式。略図。
❸うばい取る。攻略。侵略。略奪。

つかいかた

▼説明を省略する。
▼試合の戦略を練る。

くわしくわかる
漢字の成り立ち 「田（た）」と「各（区切る）」を合わせた字。一部を省く意味で「略す」「略する」とも使います。

益

10画

おん　エキ・《ヤク》
くん　—

書き順：丶 丷 䒑 产 关 关 谷 谷 谷 益

いみ・ことば

❶もうけ。得する。
減益。収益。増益。損益。利益。

❷役立つ。ためになる。
益虫。益鳥。公益。実益。無益。有益。

つかいかた

▼利益を上げる。
▼無益な戦い。

くわしくわかる
有害無益　害になるだけで、何の利益も得もないこと。

眼

11画

おん　ガン・《ゲン》
くん　《まなこ》

書き順：丨 冂 月 月 目 目ˉ 目ヨ 目ヨ 眼 眼 眼

いみ・ことば

❶まなこ。目。
開眼（かいがん）（かいげん）。眼科。眼球。眼帯。眼中。近眼。肉眼。

❷物事を見分ける力。
眼力（がんりき）（がんりょく）。

❸目のつけどころ。大切なところ。
眼目。主眼。着眼。

特別な読み方　眼鏡。

つかいかた

▼眼科に行く。
▼眼鏡をかける。

くわしくわかる
千里眼　遠くの事や人の心の中を見通す能力。**眼鏡にかなう**　目上の人に認められる。

破

10画

おん　ハ
くん　やぶる・やぶれる

書き順：一 ア 石 石 石 石 矿 矿 破 破

いみ・ことば

❶やぶる。こわす。
大破。難破。破壊。破損。破片。破滅。破裂。

❷だめになる。
破局。破産。破談。

❸敵を負かす。
打破。連破。論破。

❹し終わる。
走破。読破。突破。

❺決まりをやぶる。
破格。

つかいかた

▼小説を読破した。
▼約束を破る。

くわしくわかる
破顔一笑　顔をほころばせて、にっこりと笑うこと。

5年

15画 確

確

おん カク
くん たし**か**・たし**かめる**

書き順
一 厂 不 石 石 矿 矿 矿 矿 矿 矿 砩 碓 碓 確

いみ・ことば

①たしか。たしかめる。
確実。確証。確認。確約。確率。正確。的確。明確。

②かたい。しっかりしている。
確信。確定。確保。確立。確固。

つかいかた

▼正確な情報。
▼答えを確かめる。

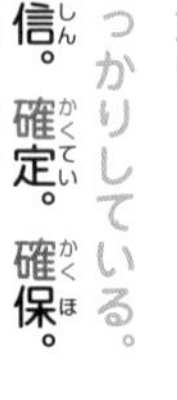

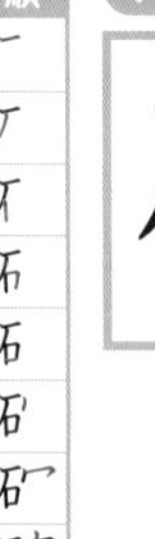

5画 示

示

おん ジ・《シ》
くん しめ**す**

書き順
一 二 亍 亓 示

いみ・ことば

①しめす。わかるように見せる。
暗示。教示。告示。指示。図示。提示。展示。表示。明示。例示。

つかいかた

▼絵を展示する。
▼お手本を示す。

くわしくわかる
意思表示 自分の意思をはっきりと示すこと。**自己暗示** 自分で強く思いこんだ内容を事実だと思うこと。

13画 禁

禁

おん キン
くん ——

書き順
一 十 才 木 木 村 林 林 林 埜 禁

いみ・ことば

①やめさせる。差し止める。
禁煙。禁句。禁止。禁酒。禁制。禁断。禁物。厳禁。解禁。

②とじこめる。
監禁。軟禁。

つかいかた

▼立ち入り禁止。
▼おしゃべりを禁じる。

くわしくわかる
油断は禁物 気をゆるめていると、思わぬ失敗をしてしまうものだ。常に気を引き締めておくのが良い。

5年

移 11画

移

おん イ
くん うつる・うつす

書き順：ノ 二 千 禾 禾 禾' 禾ク 移 移 移 移

いみ・ことば

①うつる。時間や場所が変わる。
移行。移住。移植。移築。移転。移動。移民。推移。転移。

つかいかた

▼机を移動させる。
▼となりの席に移る。

くわしくわかる
「移出」「移入」は、国内の他の地域と品物をやりとりすること。国をこえると「輸出」「輸入」といいます。

税 12画

税

おん ゼイ
くん ——

書き順：ノ 二 千 禾 禾 禾' 禾ソ 禾ソ 税 税 税 税

いみ・ことば

①国や市町村が、国民から集めるお金。
課税。関税。減税。国税。重税。住民税。消費税。所得税。税額。税関。税金。税収。税制。税理士。税率。増税。納税。免税店。

つかいかた

▼税金を納める。
▼消費税が上がる。

程 12画

程

おん テイ
くん《ほど》

書き順：ノ 二 千 禾 禾 禾口 禾口 程 程 程 程 程

いみ・ことば

①物事の度合い。音程。程度。程合い。
②決まり。課程。規程。日程。
③道のり。過程。工程。行程。射程。道程。旅程。

つかいかた

▼遠足の日程。
▼程度の高い問題。

くわしくわかる
程遠い 目標から、相当かけはなれている。**程よい** ちょうどよい。

5年

13画 罪

おん ザイ
くん つみ

書き順：丨 冂 罒 罒 罒 罘 罘 罘 罪 罪 罪 罪 罪

いみ・ことば

❶つみ。悪い行い。罪悪感。罪状。罪人。謝罪。重罪。大罪。罪作り。罪深い。罪滅ぼし。犯罪。無罪。有罪。余罪。

つかいかた

▼有罪の判決。▼相手に謝罪する。▼罪をつぐなう。

くわしくわかる

罪作り 純真な人をだまし苦しめること。**罪深い** 罪が重い。またはいくつも罪を重ねている。

14画 複

おん フク
くん —

書き順：丶 ラ ネ 衤 衤 衤 衤 衤 衤 衤 複 複 複 複

いみ・ことば

❶重ねる。重なる。重複（じゅうふく・ちょうふく）。複合。複雑。複数。複線。

❷同じ物をつくる。複写。複製。

つかいかた

▼複数のチームが集まる。▼名画を複製する。

くわしくわかる

「複」は「復」とまちがえやすいので注意しましょう。

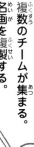

16画 築

おん チク
くん きずく

書き順：丿 𠂉 𠂉 ⺮ ⺮ ⺮ 竺 竺 竺 筑 筑 筑 筑 築 築 築

いみ・ことば

❶きずく。建物などをつくる。移築。改築。建築。構築。新築。増築。築城。築造。

特別な読み方

築山。

つかいかた

▼建築中のビル。▼お城を築く。

くわしくわかる

「築山」は、人工的に造られた山のこと。測量用に築かれたり、日本式の庭や、公園に築かれたりしています。

5年

粉

10画 粉

おん フン
くん こ・こな

書き順 … 粉

いみ・ことば

①こな。細かいつぶ。花粉。黄な粉。金粉。粉薬。粉々。粉みじん。粉ミルク。粉雪。小麦粉。受粉。製粉。パン粉。粉砕。粉末。

つかいかた

▼花粉症の薬。
▼小麦粉を混ぜる。
▼粉薬を飲む。

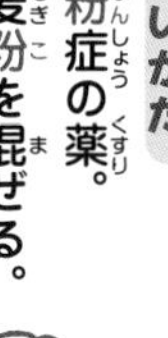

くわしくわかる

身を粉にする 苦労をいやがらずに力の限り働く。

精

14画 精

おん セイ・《ショウ》
くん ―

書き順 … 精

いみ・ことば

①余分なものを取りのぞく。精製。精選。精肉。精白。精米。精油。精練。

②くわしい。細かい。精細。精算。精通。精度。精読。精密。

③生命力のもと。たましい。精進。精一杯。精気。精勤。精根。精魂。精神。精神力。精力。無精。

つかいかた

▼精密検査を受ける。
▼精度の高いカメラ。
▼精神を集中する。

素

10画 素

おん ソ・《ス》
くん ―

書き順 … 素

いみ・ことば

①もと。もとになるもの。元素。酸素。色素。水素。素因。素材。

②ありのまま。かざらない。質素。素足。素顔。素性。素手。素直。素肌。素質。素朴。

③普段。素行。素養。平素。

特別な読み方 素人。

つかいかた

▼素材を生かした味付け。
▼水泳選手の素質。

5年

紀

9画

おん キ
くん ―

書き順：く 幺 幺 糸 糸 糸 糹 紀 紀

いみ・ことば

❶年代。とし。紀元。紀元前。二十一世紀。
❷順序よく書き記す。紀行文。
❸決まり。校紀。風紀。

つかいかた

▼紀元前の歴史。
▼風紀委員になる。

くわしくわかる

西暦は、キリストの生まれたとされる年を元年とする暦で、広く使われています。元年より前を「紀元前」といいます。

経

11画

おん ケイ・《キョウ》
くん へる

書き順：く 幺 幺 糸 糸 糸 糸 紀 経 経 経

いみ・ことば

❶縦糸。南北の線。経緯。経線。経度。西経。東経。
❷筋道をたどる。経過。経験。経由。経歴。経路。神経。
❸営む。治める。経営。経済。経費。経理。
❹仏の教えを書いた書物。お経。経典。経文。写経。

特別な読み方

読経。

つかいかた

▼電車の経路を調べる。
▼京都を経て広島に行く。

絶

12画

おん ゼツ
くん たえる・たやす・たつ

書き順：く 幺 幺 糸 糸 糸 糸 紹 絡 絶 絶 絶

いみ・ことば

❶たち切る。絶交。絶食。断絶。
❷たえる。なくなる。気絶。根絶。絶壁。絶望。絶無。絶命。絶滅。
❸かけはなれている。すばらしい。絶景。絶好。絶賛。絶世。絶対。絶大。絶頂。絶品。

つかいかた

▼約束は絶対に守る。
▼連絡が絶える。

くわしくわかる

絶体絶命 どうすることもできない様子。**想像を絶する** 想像をはるかにこえている。

5年

統　12画

おん　トウ
くん　《すべる》

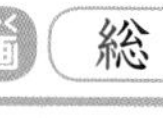

いみ・ことば

①まとめる。統一。統括。統計。統合。統制。統率。統治。
②ひと続き。系統。血統。正統。伝統。

つかいかた

▼天下を統一した武将。
▼伝統工芸品。

総　14画

おん　ソウ
くん　―

いみ・ことば

①一つにする。総括。総計。総合。総裁。総長。総務。内閣総理大臣。
②すべて。すっかり。総当たり。総意。総員。総会。総がかり。総画数。総額。総数。総勢。総出。総動員。総量。総力。総論。

つかいかた

▼得点を総合する。
▼漢字の総画数。

くわしくわかる

「総当たり」は参加した全部の相手と試合することです。

綿　14画

おん　メン
くん　わた

いみ・ことば

①わた。真綿。綿織物。綿花。綿糸。綿布。綿あめ。綿雲。綿毛。綿雪。
②細長く続く。綿々。連綿。
③細かい。綿密。

特別な読み方　木綿。

つかいかた

▼綿製のシャツを着る。
▼タンポポの綿毛。

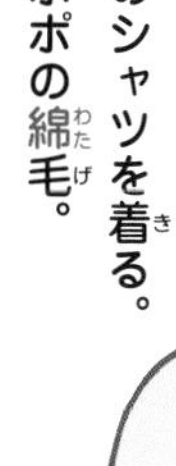

くわしくわかる

真綿で首をしめる　じわじわと苦しめる。**真綿に針を包む**　内心、悪意を持っている。

5年

15画 編

編

おん ヘン
くん あむ

書き順：糸 → 糹 → 紀 → 絅 → 編

いみ・ことば

①あむ。編み物。手編み。

②文章などをまとめる。編者。編集。

③順序よく組み立てる。再編。編曲。編成。編入。

④文章の区分。一編。後編。全編。前編。続編。短編。長編。本編。

つかいかた

▼漢字辞典を編集する。

▼セーターを編む。

17画 績

績

おん セキ
くん ―

書き順：糸 → 糹 → 綪 → 績

いみ・ことば

①つむぐ。紡績。

②仕事や勉強などの成果。業績。功績。実績。成績。

つかいかた

▼国語の成績が上がる。

▼業績を残す。

18画 織

織

おん〈ショク〉・シキ
くん おる

書き順：糸 → 糹 → 紵 → 織

いみ・ことば

①布をおる。布。織り目。織物。織機。手織り。羽織。機織り。

②組み立てる。組織。

★「織物」「羽織」は、送り仮名をつけません。

つかいかた

▼新しい組織をつくる。

▼手織りの布。

13画 義

おん ギ
くん ―

書き順：丶 丷 䒑 𦍌 ⺷ 兰 羊 ⺷ 羊 羊 義 義 義

いみ・ことば

①正しい行い。義務。義理。主義。信義。正義。大義。忠義。道義。

②意味。訳。意義。広義。講義。語義。定義。同義。名義。

③血のつながりがない。義父。義母。義眼。義歯。義手。義足。

④かわり。

つかいかた

▼正義のヒーロー。

▼義務教育を受ける。

くわしくわかる　**大義名分**　行動のよりどころになる正当な理由づけ。

10画 耕

おん コウ
くん たがやす

書き順：一 二 三 丰 耒 耒 耒 耒 耕 耕

いみ・ことば

①たがやす。休耕。耕運機。耕具。耕作。耕地。農耕。

つかいかた

▼耕具を使う。

▼畑を耕す。

くわしくわかる　**晴耕雨読**　晴れた日は畑を耕し、雨の日は家で読書をして暮らすこと。世間のわずらわしさにとらわれず、自由に生きる。

18画 職

おん ショク
くん ―

書き順：一 厂 F F 𠃊 耳 耳 耳 耳 耳 耳 職 職 職 職 職 職 職

いみ・ことば

①仕事。休職。求職。教職。公職。辞職。就職。職員。職員室。職業。職場。職務。退職。定職。天職。転職。内職。復職。本職。無職。役職。

②身につけた技術。職人。

つかいかた

▼職員室に入る。

▼工芸品をつくる職人。

くわしくわかる　**手に職をつける**　専門的な職業の能力を身につける。

5年

8画 舎

おん シャ
くん ―

書き順：ノ 入 亼 亽 全 全 舎 舎

いみ・ことば

①家。建物。駅舎。官舎。寄宿舎。牛舎。校舎。宿舎。庁舎。

特別な読み方 田舎。

つかいかた

▼工事中の校舎。
▼庁舎が移転する。

くわしくわかる

「舎」は、もともと「舍」と書かれていましたが、現在の形になりました。また部首は「へ（ひとやね）」や「口（くち）」とする辞典もあります。

10画 航

おん コウ
くん ―

書き順：ノ 亻 力 介 舟 舟 舟 舟 舫 航

いみ・ことば

①船や飛行機が進む。運航。寄航。帰航。欠航。航海。航空。航空機。航行。航程。航路。周航。出航。難航。密航。来航。

つかいかた

▼長い航海に出る。
▼飛行機が欠航する。

くわしくわかる

「難航」は、波風が強く、船がなかなか進まないこと。障害があって物事がはかどらないときにも使います。

11画 術

おん ジュツ
くん ―

書き順：ノ ク 彳 彳 什 犲 休 術 術 術 術

いみ・ことば

①技。身につけた力。医術。学術。技術。芸術。算術。美術。武術。

②手立て。方法。手術。話術。

③はかりごと。術策。術中。戦術。

つかいかた

▼美術館に行く。
▼技術をみがく。

くわしくわかる

「術中」は、相手のしかけたわなのこと。「術中におちいる」「術中にはまる」というように使います。

16画 衛

衛

おん　エイ
くん　―

書き順：ノ　ク　彳　彳'　彳ｰ　…　衛

いみ・ことば

❶まもる。衛生。後衛。護衛。自衛官。守衛。前衛。防衛。

❷回る。衛星。人工衛星。

つかいかた

▼衛生に気を付ける。

▼大臣を護衛する。

くわしくわかる　太陽のまわりを回る星が「惑星」です。「衛星」は、惑星のまわりを回る星のことです。

14画 製

製

おん　セイ
くん　―

書き順：ノ　ﾆ　ﾆ　午　…　製

いみ・ことば

❶品物をつくる。外国製。官製。再製。自家製。製菓。製材。製作。製糸。製紙。製図。製造。製鉄。製糖。製氷。製品。製粉。製法。製本。製薬。製油。手製。特製。日本製。木製。

つかいかた

▼日本製の商品。

▼部品を製造する。

11画 規

規

おん　キ
くん　―

書き順：一　二　キ　夫　夫l　…　規

いみ・ことば

❶決まり。規格。規準。規則。規定。規模。規約。規律。正規。法規。

❷正す。規正。規制。

❸ものさし。コンパス。定規。

つかいかた

▼規則を守る。

▼定規で長さを測る。

くわしくわかる　**例外のない規則はない**　どんな規則にも、それが当てはまらない事態が起こるので、例外はつきものだ。

解

13画

書き順：⺈ ⺈ ⺈ 角 角 角 角 角 角 解 解 解 解

おん　カイ・《ゲ》
くん　とく・とかす・とける

いみ・ことば

①ばらばらにする。ときほどく。
解体。解凍。解放。解剖。分解。解散。

②とき明かす。はっきりさせる。
解決。解説。解答。誤解。図解。理解。

③とりのぞく。
解禁。解除。解消。解約。解毒。解熱。和解。

つかいかた

▼説明をよく理解する。
▼計算問題を解く。
▼雪が解ける。

許

11画

書き順：丶 亠 亠 言 言 言 言 訁 訁 許 許

おん　キョ
くん　ゆるす

いみ・ことば

①ゆるす。認める。
特許。免許。許可。許諾。許容。

つかいかた

▼入場を許可する。
▼あやまちを許す。

くわしくわかる

「特許」とは、高度な技術を発明した人や会社に、国が一定の期間、その技術を使う権利を与えること。特許権。**免許皆伝**　武術や芸術の技術のすべてを、先生が弟子に伝えること。

設

11画

書き順：丶 亠 亠 言 言 言 言 訁 訁 設 設

おん　セツ
くん　もうける

いみ・ことば

①もうける。つくる。
開設。建設。新設。設営。設計。設定。設立。創設。増設。

②そなえつける。
常設。設置。設備。特設。

つかいかた

▼学校内の設備。
▼会場を設ける。

5年

証（12画）

証

おん ショウ
くん ―

書き順：、 亠 亖 言 言 言 言 訁 訂 訂 訐 証

いみ・ことば

❶明らかにする。確証。検証。考証。実証。証言。証拠。証人。証明。認証。論証。

❷あかし。学生証。許可証。証書。卒業証書。保証。免許証。

つかいかた

▼無実を証明する。

▼卒業証書を受け取る。

くわしくわかる

論より証拠 あれこれ話し合うより、証拠を示したほうがはっきりするということ。

評（12画）

評

おん ヒョウ
くん ―

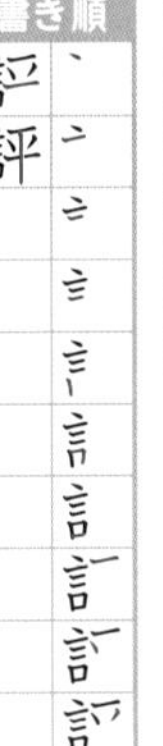

書き順：、 亠 亖 言 言 言 言 訁 訂 訂 訐 評

いみ・ことば

❶値打ちを決める。好評。書評。批評。評価。評定。評点。評判。評論。品評。風評（うわさ）。不評。

❷相談して決める。評議。評決。

つかいかた

▼テストの結果で評価する。

▼評判の良いお店。

くわしくわかる

「評定」は「ひょうじょう」と読むと、相談して決めるという意味になります。

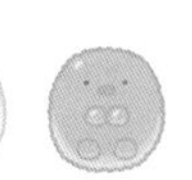

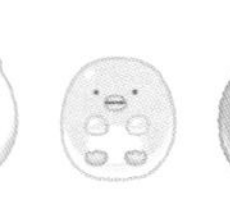

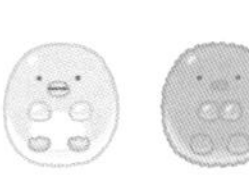

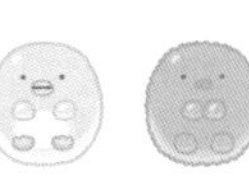

講（17画）

講

おん コウ
くん ―

書き順：、 亠 亖 言 言 言 言 訁 訁 訁 訁 講 講 講 講 講 講

いみ・ことば

❶わかるように話す。説明する。講演。講義。講座。講師。講習。講談。講堂。講話。

❷仲直りする。講和。

❸講義や講習の略。開講。休講。受講。

つかいかた

▼講習会に参加する。

▼講和条約を結ぶ。

くわしくわかる

「講義」を「講議」と書くのはまちがいです。

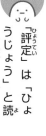

17画 謝

謝

おん シャ
くん 《あやまる》

書き順
、 亠 亠 亖 言 言 言 訁 訁 訃 訃 訵 訵 謝 謝 謝 謝

いみ・ことば

❶あやまる。謝罪。陳謝。
❷お礼をする。感謝。月謝。謝意。謝恩。謝辞（お礼の言葉）。謝礼。
❸断る。謝絶。面会謝絶。
❹かわる。代謝。

つかいかた

▼きちんと謝罪する。
▼両親に感謝する。

くわしくわかる
「謝意」は、感謝の気持ちと、謝る気持ちの両方の意味があります。

19画 識

識

おん シキ
くん ―

書き順
、 亠 亠 亖 言 言 言 言 言 言 訁 訁 訁 訁 訁 識 識 識 識

いみ・ことば

❶しる。考える。見分ける。意識。識別。認識。面識。良識。
❷見分ける力。常識。知識。学識。見識。識者。
❸目印。標識。博識。

つかいかた

▼種類を識別する。
▼道路の標識を見る。

くわしくわかる
不知不識　知らないうちに。気づかないうちに。知らず知らず。

20画 護

護

おん ゴ
くん ―

書き順
、 亠 亠 亖 言 言 言 言 言 言 訁 訁 訁 訁 訁 訁 護 護 護 護

いみ・ことば

❶守る。かばう。警護。護衛。護身。護送。守護。弁護。
❷世話をする。愛護。介護。看護。救護。保護。養護。

つかいかた

▼看護師になりたい。
▼子犬を保護する。

豊　13画

おん　ホウ
くん　ゆたか

書き順

いみ・ことば

❶ゆたか。たっぷりある。
豊富。豊満。豊漁。

❷作物がたくさん実る。
豊作。豊年。

つかいかた

▼豊富な知識。
▼自然豊かな土地。

くわしくわかる
豊年満作　作物が豊かに実って、たくさんとれること。

象　12画

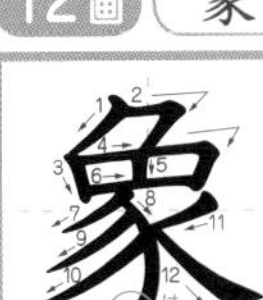

おん　ショウ・ゾウ
くん　―

書き順

いみ・ことば

❶ぞう。インド象。象牙。

❷形。姿。印象。気象。現象。事象。心象。対象。

❸形にする。象形。象形文字。象徴。

つかいかた

▼印象に残る本。
▼象の親子。

くわしくわかる
森羅万象　この世のすべての物や現象。「象形文字」は、物の形をかたどってできた文字のこと。「日」「月」「木」など。

責　11画

おん　セキ
くん　せめる

書き順

いみ・ことば

❶せめる。とがめる。
自責。責め苦。問責。

❷義務。しなければならないつとめ。
引責。重責。職責。責任。責任感。責務。

つかいかた

▼責任感をもって仕事をする。
▼お皿を割って責められる。

くわしくわかる
己を責めて人を責めるな　失敗を人のせいにせず、自分を反省せよ。徳川家康の言葉。

5年

11画 貧

おん《ヒン》・ビン
くん まずしい

書き順：丿 八 分 分 㣺 贫 贫 貧 貧 貧 貧

いみ・ことば

❶まずしい。貧富。貧乏。清貧。赤貧。貧苦。貧困。

❷足りない。貧血。貧弱。貧相。

つかいかた

▼貧血でたおれる。
▼貧しい暮らし。

くわしくわかる
器用貧乏 器用で色々なことがこなせるため、かえって大きな仕事がなしとげられないこと。

12画 貸

おん《タイ》
くん かす

書き順：ノ イ 仁 代 代 代 件 贷 貸 貸 貸 貸

いみ・ことば

❶かす。貸し借り。貸し切り。貸し手。貸本。貸間。貸家。貸借。貸与。賃貸。

★「貸本」「貸間」「貸家」は、送り仮名をつけません。

つかいかた

▼友達に本を貸す。
▼バスを貸し切る。

くわしくわかる
貸しを作る 人に金品を貸すこと。助けをほどこして、ありがたく思わせることを指すことが多くなっています。

12画 費

おん ヒ
くん《ついやす》・《ついえる》

書き順：一 コ 弓 弗 弗 弗 弗 弗 費 費 費 費

いみ・ことば

❶ついやす。使って減らす。消費。浪費。

❷何かをするために使うお金。会費。学費。経費。交通費。光熱費。雑費。実費。自費。出費。食費。費用。旅費。

つかいかた

▼時間を消費する。
▼片道の交通費。

5年

貿（12画）

おん ボウ
くん ―

書き順：ノ ㇀ 𠂉 𠂊 𠂋 𠂌 𠂍 貿 貿 貿 貿 貿

いみ・ことば

①売り買いする。商品を取り引きする。
貿易。貿易会社。貿易協定。貿易商。
貿易風。密貿易。

つかいかた

▼貿易協定を結ぶ。
▼貿易会社で働く。

くわしくわかる
「貿」は、「貿易」以外で使われることはまずありません。「貿易風」は赤道に向かってふく風のことで、昔、この風を利用して船で貿易していました。

資（13画）

おん シ
くん ―

書き順：丶 冫 冫 冫 次 次 次 咨 咨 資 資 資 資

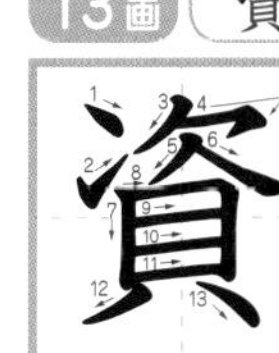

いみ・ことば

①もとで。もとになる物やお金。外資。
資金。資源。資材。資産。資本。
出資。資料。資力。投資。物資。
②生まれつき。役立つ素質。条件。
資格。資質。

つかいかた

▼資料を集める。
▼保育士の資格。

くわしくわかる
「外資」は、外国や外国人、外国系企業の資金のこと。

賛（15画）

おん サン
くん ―

書き順：一 二 ㇀ 夫 夫 夫 夫 扶 扶 扶 賛 賛 賛 賛 賛

いみ・ことば

①同じ考えである。協賛。賛意。賛助。
賛成。賛同。賛否。
②ほめる。賛辞。賛美。
賞賛。絶賛。

つかいかた

▼友達の意見に賛成する。
▼絶賛されているアニメ。

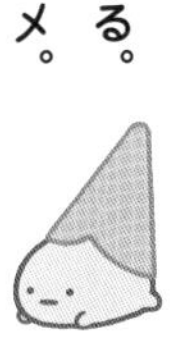

くわしくわかる
賛否両論 賛成と反対の両方の意見があって、まとまらないこと。**自画自賛** 自分で自分をほめること。

5年

15画 質

質

おん シツ・《シチ》・《チ》
くん ―

書き順	
ノ	斦
厂	斦
斤	質
斤	質
斤'	質
斤厂	
斤斤	
斦	
斦	
斦	

いみ・ことば

❶中身。内容。
実質。品質。物質。本質。

❷生まれつきもっているもの。
気質。性質。素質。体質。特質。

❸ありのまま。
実質。質素。

❹たずねる。問う。
質疑。質問。

つかいかた

▼品質を保証する。
▼先生に質問する。

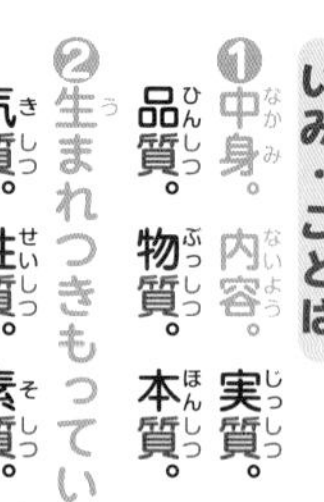

くわしくわかる
質疑応答 疑問点を質問し、それに応じて答えること。

15画 賞

賞

おん ショウ
くん ―

書き順	
'	尚
''	賞
'ﾉ'	賞
𭕄	賞
尚	賞
尚	
尚	
尚	
尚	
尚	

いみ・ことば

❶ほめる。
賞賛。賞状。賞罰。

❷ほうび。
受賞。授賞。賞金。賞品。特賞。入賞。副賞。

❸良さを味わう。
観賞。鑑賞。賞味。

つかいかた

▼ビンゴ大会の賞品。
▼プリンの賞味期限。

10画 財

財

おん ザイ・《サイ》
くん ―

書き順
｜
冂
月
月
目
貝
貝
貝一
貝寸
財

いみ・ことば

❶お金。値打ちのある品物。
財源。財産。財政。財布。家財。財務省。財力。散財。財宝。私財（個人の財産）。文化財。

つかいかた

▼財産を残す。
▼文化財を保護する。

くわしくわかる
一切合財（一切合切） 残らずすべて。同じ意味の言葉を重ねて強調したもの。

5年

12画　貯

貯

おん　チョ
くん　―

書き順

いみ・ことば

❶たくわえる。ためる。
貯水。貯水池。貯蔵。貯蓄。貯金。貯金箱。

つかいかた

▼貯金箱にお金を入れる。
▼ダムの貯水量。

くわしくわかる

「貯金」は郵便局にお金を預けるとき、「預金」は銀行にお金を預けるときに使います。

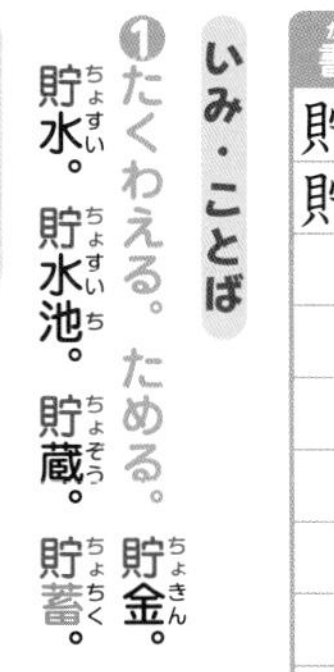

16画　輸

輸

おん　ユ
くん　―

書き順

いみ・ことば

❶運ぶ。移す。
運輸。空輸。密輸。輸血。輸出。輸送。輸入。

つかいかた

▼船で輸送する。
▼穀物を輸入する。

くわしくわかる

「輸」と「輪」とまちがいやすいので注意しましょう。

14画　酸

酸

おん　サン・
くん　《すい》

書き順

いみ・ことば

❶すっぱい。酸味。
❷酸性の物質。胃酸。塩酸。炭酸。硫酸。
❸酸素のこと。酸化。酸欠。
❹つらい。辛酸。

つかいかた

▼酸味のある果物。
▼炭酸飲料を飲む。

くわしくわかる

酸鼻を極める　とても痛ましい。**辛酸をなめる**　つらく苦しい目にあう。**酸っぱいぶどう**　負けおしみのたとえ。

16画 興

おん　コウ・キョウ
くん　《おこる》・《おこす》

書き順

いみ・ことば

❶おこる。盛んになる。興行。興業。興奮。興亡。再興。振興。復興。

❷おもしろみ。興味。即興。不興。遊興。余興。

つかいかた

▼町が復興した。

▼歴史に興味がある。

くわしくわかる

興が冷める　おもしろい気持ちがなくなる。**興に乗る**　おもしろくて夢中になる。**興味本位**　おもしろければいいこと。

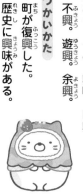

13画 鉱

おん　コウ
くん　―

書き順

いみ・ことば

❶ほり出したままの金属。あらがね。金鉱。鉱業。鉱山。鉱産物。鉱石。鉱泉。鉱毒。鉱物。鉱脈。採鉱。炭鉱。鉄鉱。鉄鉱石。

つかいかた

▼鉱物をほり出す。

▼原料になる鉱石。

14画 銅

おん　ドウ
くん　―

書き順

いみ・ことば

❶どう。あかがね。青銅。銅貨。銅器。銅山。銅線。銅像。銅板。銅メダル。分銅。

つかいかた

▼銅メダルをもらう。

▼武将の銅像。

くわしくわかる

「青銅」は、銅と錫などを合わせたもの。ブロンズ。「黄銅」は、銅と亜鉛を合わせたもの。しんちゅう。「白銅」は、銅とニッケルを合わせたものです。

14画 雑

おん ザツ・ゾウ
くん ―

書き順：ノ 九 九 卆 卆 杂 杂 杂 杂 杂 新 新 雑 雑

いみ・ことば

①いろいろなものが入り混じる。混雑。雑音。雑誌。雑種。複雑。乱雑。雑貨。

②いろいろな。こまごまとした。雑学。雑感。雑然。雑草。雑談。雑務。雑用。雑木林。雑煮。

③おおざっぱ。粗雑。

特別な読み方 雑魚。

つかいかた

▼雑草が生える。
▼雑木林を歩く。

くわしくわかる **悪口雑言** あれこれと人の悪口を言うこと。

8画 非

おん ヒ
くん ―

書き順：丿 ナ ヲ ヨ ヨ| ヨト 非 非

いみ・ことば

①正しくない。非行。非道。非礼。

②悪く言う。とがめる。非難。

③…でない。…とちがう。非公式。非常。非情。非常識。非公開。非売品。

つかいかた

▼非常階段を使う。
▼非売品のグッズ。

くわしくわかる **非の打ち所がない** 少しの欠点もなく、非難するところがない。

13画 飼

おん シ
くん かう

書き順：ノ 𠆢 今 今 今 今 𩙿 食 飠 飼 飼 飼 飼

いみ・ことば

①かう。動物にえさを与えて育てる。飼い犬。飼い主。飼い葉。飼育。飼料。放し飼い。羊飼い。

つかいかた

▼犬を飼う。
▼ウサギを飼育する。

くわしくわかる **飼い犬に手をかまれる** かわいがっていた者や信用していた者に、裏切られたり、歯向かわれること。

5年

領　14画

音　リョウ
訓　―

書き順：ノ　人　𠆢　今　令　令　令　領　領　領　領　領　領　領

いみ・ことば

❶治める。支配する。
占領。領域。
領海。領空。
領地。領土。
❷受け取る。
横領。受領。領収。
❸治める人。中心になる人。
首領。大統領。頭領。領事。
❹大切なこと。本領。要領。

つかいかた

▼日本の領土。
▼要領よく勉強する。

額　18画

音　ガク
訓　ひたい

書き順：丶　丶　宀　宀　灾　客　客　客　客　客　額　額　額　額　額　額　額　額

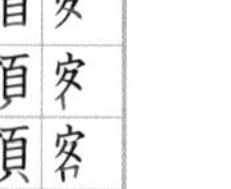

いみ・ことば

❶ひたい。おでこ。猫の額。富士額。
❷がく。絵などを入れてかざるもの。
額縁。
❸お金の分量。額面。金額。高額。
差額。残額。小額。全額。総額。
多額。低額。定額。半額。

つかいかた

▼金額を確かめる。
▼額をぶつける。

くわしくわかる
猫の額　場所がとてもせまいことのたとえ。

自○自○の四字熟語

一文字目と三文字目に「自」がつく四字熟語を、いくつ知っていますか？　たくさんあるので、クイズにして楽しむのも良いですね。

自画自賛　自分が自分の行いや作品をほめること。
自給自足　必要な食べ物などを、自分でまかなうこと。
自業自悔　自分でした失敗などを、自分でくやむこと。
自業自得　自分でした悪事の結果を、自分で受けること。
自作自演　自分で筋書きを作り、演じること。
自縄自縛　自分の行いや言ったことによって、身動きがとれなくなること。
自重自愛　自分で自分の体を、大切にすること。
自暴自棄　思い通りに物事が進まず、なげやりになること。
自問自答　自分で出した疑問に、自分で答えること。自分の心の声に耳をかたむけること。
自由自在　自分の思うようにできること。

六年生で習う漢字 191字

3画 亡 369 寸 382 己 386 干 386

4画 仁 369 収 375 尺 384 片 407

5画 冊 372 処 372 幼 387 庁 387 穴 414

6画 危 374 后 376 吸 377 存 379 宇 380 宅 380 机 403 灰 406 至 420 舌 420

7画 乱 368 卵 375 否 376 困 377 孝 380 批 389 忘 398 我 400 私 413 系 417

8画 並 368 乳 368 供 369 券 372 刻 373 呼 377 垂 378 宗 381 宙 381 宝 381 届 385 延 388 拡 389 担 390 拝 390 沿 392 若 394 忠 399 承 400 枚 403

9画 巻 375 奏 378 姿 379 宣 382 専 383 律 388 洗 392 派 393 退 396 映 401 染 403 段 406 泉 406 胃 408 背 408 肺 408 皇 411 看 412 砂 413 紅 417 革 430

10画 値 370 俳 370 俵 370 党 371 射 383 将 383 展 385 座 387 従 388 降 397 除 397 陛 398 恩 399 朗 402 株 404 班 407 胸 409 秘 414 純 418 納 418 蚕 421 討 423 針 428 骨 431

11画 域 378 密 382 捨 390 推 391 探 391 済 393 著 395 郷 396 郵 397 欲 405 脳 409 異 410 盛 412 窓 415 翌 419 視 422 訪 424 訳 424 閉 429 頂 430

12画 割 373 創 373 勤 374 善 376 尊 384 就 384 揮 391 敬 400 晩 402 棒 404 痛 411 補 415 筋 416 策 416 衆 421 裁 421 装 422 詞 424 貴 427

13画 傷 371 幕 386 源 393 蒸 395 暖 402 腸 409 腹 410 盟 412 署 415 絹 418 聖 420 裏 422 誠 425 賃 427 預 431

14画 層 385 障 398 暮 401 模 404 疑 411 磁 413 穀 414 誤 425 誌 425 認 426 銭 428 閣 429

15画 劇 374 潮 394 蔵 395 遺 396 敵 401 権 405 熟 407 諸 426 誕 426 論 427

16画 奮 379 操 392 激 394 憲 399 樹 405 糖 417 縦 419 鋼 429

17画 優 371 厳 389 縮 419 覧 423

18画 簡 416 臨 428 難 430

19画 臓 410 警 423

並　8画

おん《ヘイ》
くん なみ・ならべる・ならぶ・ならびに

書き順：丶 丷 丬 丷 并 并 並 並

いみ・ことば

①ならぶ。ならべる。並木。並行。並立。並列。町並み。
②普通。並製。人並み。例年並み。
★「町並み」「人並み」「例年並み」には、送り仮名をつけます。

つかいかた

▼並木道を歩く。
▼一列に並ぶ。

くわしくわかる
肩を並べる 実力や立場が対等である。**並外れる** 他と大きくちがう。けた外れである。

乱　7画

おん ラン
くん みだれる・みだす

書き順：丿 二 千 千 舌 舌 乱

いみ・ことば

①みだれる。混乱。散乱。波乱。乱雑。乱心。乱入。乱筆。乱暴。
②争い。戦争。戦乱。内乱。反乱。
③やたらに。むやみに。乱造。乱読。乱発。乱用。乱立。

つかいかた

▼反乱が起こる。
▼電車のダイヤが乱れる。▼列を乱す。

くわしくわかる
一心不乱 一つのことに集中して努力すること。

乳　8画

おん ニュウ
くん ちち・《ち》

書き順：丿 ⺈ ⺈ ⺈ 孚 孚 孚 乳

いみ・ことば

①ちち。ちぶさ。牛乳。授乳。乳製品。母乳。
②ちちを飲む時期。乳歯。乳児。乳幼児。
③ちちのような液。豆乳。乳液。乳白色。

特別な読み方

乳母。

つかいかた

▼牛乳を飲む。
▼牛の乳をしぼる。

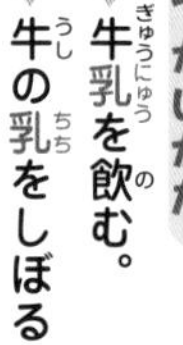

6年

3画 亡

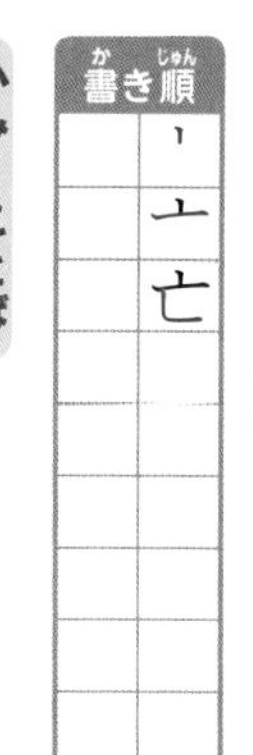
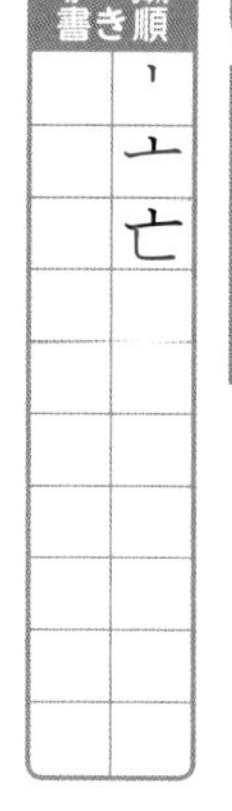

おん ボウ・《モウ》
くん 《ない》

書き順 亠 亡

いみ・ことば

❶ほろびる。なくなる。興亡。存亡。亡国。滅亡。
❷にげる。逃亡。亡命。
❸死ぬ。死亡。亡父。亡母。亡霊。

つかいかた

▼外国に亡命する。
▼死亡事故のニュース。

くわしくわかる
危急存亡 危険がせまっていて、生きるか死ぬかの瀬戸際にあるということ。

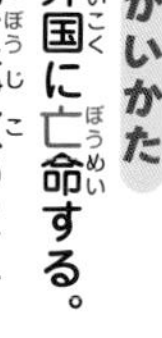

4画 仁

おん ジン・《ニ》
くん ―

書き順 ノ 亻 仁 仁

いみ・ことば

❶優しさ。思いやり。仁愛。仁義。仁術。仁政。仁徳。

つかいかた

▼仁徳にあふれる人。
▼仁愛の心。

くわしくわかる
医は仁術なり 医術はただの技術ではなく、思いやりをもって、分けへだてなく人をいつくしむ博愛の技である。

8画 供

おん キョウ・《ク》
くん そなえる・とも

書き順 ノ 亻 亻 什 供 供 供 供

いみ・ことば

❶そなえる。供物。供養。供え物。
❷差し出す。供応（お酒や食事でもてなすこと）。供給。供出。供与。提供。
❸おともする。供の者。
❹申し述べる。供述。自供。

つかいかた

▼情報を提供する。
▼お墓にお供えする。

くわしくわかる
子供は風の子 子供は寒風の中でも元気に遊ぶものだ。

6年

10画 値

値

おん チ
くん ね・《あたい》

書き順
ノ 亻 亻 什 什 佔 佰 值 値 値

いみ・ことば

❶ね。ねだん。
売値。価値。高値。
値上げ。値打ち。値下げ。
値段。値札。半値。安値。
❷数の大きさ。数値。
絶対値。平均値。

つかいかた

▼価値がある本。
▼洋服の値段。

くわしくわかる
値千金 とても大きな価値があるということ。

10画 俳

俳

おん ハイ
くん ―

書き順
ノ 亻 仆 付 付 付 俳 俳 俳 俳

いみ・ことば

❶役者。俳優。
❷俳句のこと。俳句。
俳号(俳人が使う名前)。
俳人。

つかいかた

▼映画に出演する俳優。
▼俳句をよむ。

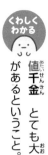

くわしくわかる
漢字の成り立ち 「亻(人)」と「非(そむき合う)」を組み合わせて、人とちがったおもしろいことをする人を表しました。

10画 俵

俵

おん ヒョウ
くん たわら

書き順
ノ 亻 仁 仕 佳 佳 佳 俵 俵 俵

いみ・ことば

❶たわら。
米や炭などを入れるふくろ。
米俵。炭俵。
土俵(相撲を取る場所)。
❷たわらを数える言葉。
米一俵。

つかいかた

▼神社にある土俵。
▼米俵をかつぐ。

くわしくわかる
土俵を割る 相撲で、土俵の外に出される。

6年

13画 傷

おん ショウ
くん きず・《いたむ》・《いためる》

書き順	
ノ	傷
亻	傷
亻	傷
仁	
作	
作	
伯	
伯	
但	
俱	

いみ・ことば

❶きず。けが。傷跡。傷口。軽傷。重傷。負傷。古傷。無傷。

❷きずつける。傷害。損傷。中傷（でたらめな悪口で名誉を傷つけること）。

❸心をいためる。感傷。傷心。

つかいかた

▼自転車が損傷する。

▼傷口を消毒する。

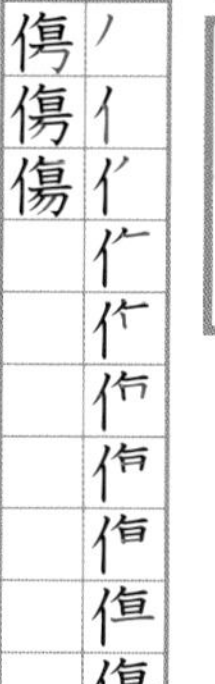

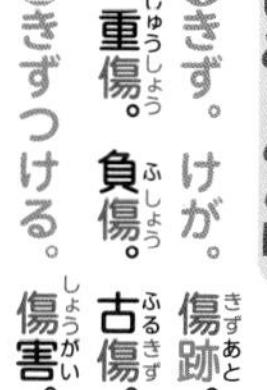

くわしくわかる

傷口に塩をぬる 悪い状態のうえに、さらに災難が重なる。

17画 優

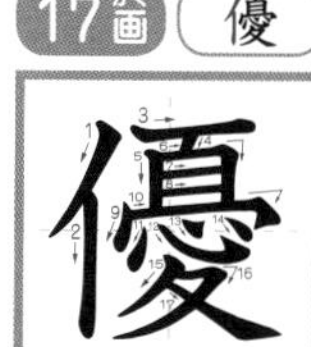

おん ユウ
くん 《やさしい》・《すぐれる》

書き順	
ノ	偊
亻	偊
亻	偊
亻	偊
们	優
佰	優
佰	優
佰	
佰	
佰	

いみ・ことば

❶やさしい。上品。優雅。優美。

❷すぐれる。優位。優秀。優勝。優勢。優等。優良。

❸特別に扱う。優遇。優先。優待。

❹役者。女優。声優。俳優。名優。

つかいかた

▼運動会で優勝した。

▼ドラマに出演している女優。

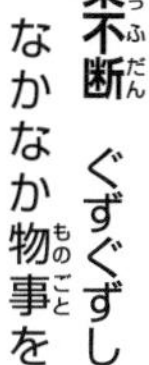

くわしくわかる

優柔不断 ぐずぐずして、なかなか物事を決められないでいること。

10画 党

おん トウ
くん ―

書き順
⺍
⺍
⺌
𰀁
𫜹
尚
尚
尚
党
党

いみ・ことば

❶仲間。悪党。残党。党派。徒党。

❷同じ考えの政治家の集まり。政党。党員。党首。野党。与党。

つかいかた

▼新しい政党。

▼国会で党首が話し合う。

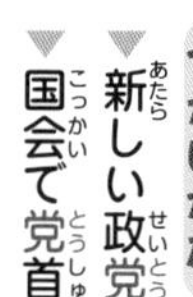

くわしくわかる

徒党を組む 同じ目的を持った仲間が集まること。おもに、悪い目的で集まる場合に使われます。

6年

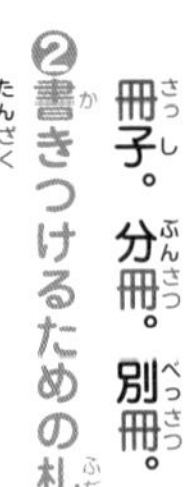
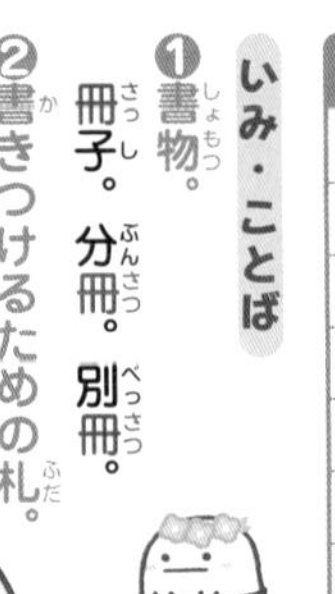
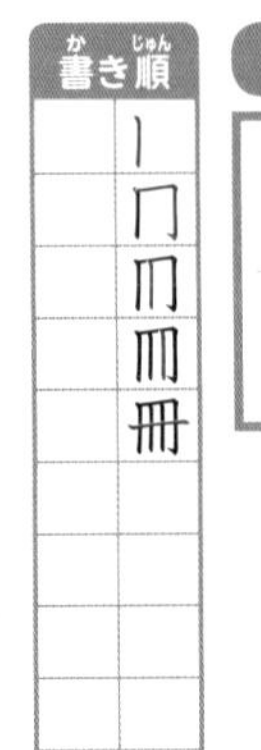
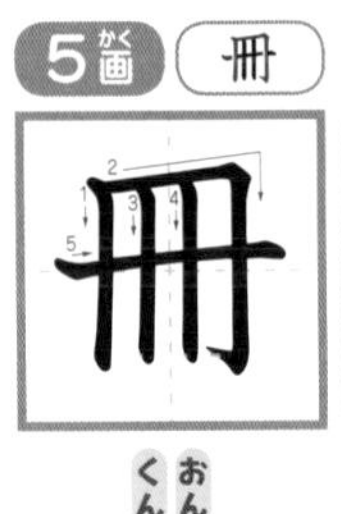

冊

5画　冊

おん　サツ・《サク》
くん　―

書き順：丨 冂 冂 冊 冊

いみ・ことば

①書物。冊子。分冊。別冊。

②書きつけるための札。短冊。

③書物などを数える言葉。一冊。冊数。数冊。

つかいかた

▼別冊の付録。

▼本を三冊読む。

処

5画　処

おん　ショ
くん　―

書き順：ノ ク 夂 夂 処

いみ・ことば

①始末する。処刑。処置。処分。処方。処理。善処。対処。

②場所。居処。

③一定の所にいる。住む。処世。

つかいかた

▼雑誌を処分する。

▼傷口を処置する。

くわしくわかる

出処進退　その職を続けるか、やめるかという身のふり方。「処世」は、世の中と関わってうまく生活していくこと。

券

8画　券

おん　ケン
くん　―

書き順：丶 丷 䒑 兰 关 关 券 券

いみ・ことば

①そのことを証明する書類。株券。金券。証券。商品券。旅券（パスポートのこと）。

②切符。チケット。回数券。券売機。乗車券。定期券。入場券。半券。

つかいかた

▼電車の乗車券。

▼商品券で買い物をする。

くわしくわかる

「巻」とまちがえやすいので、注意しましょう。

6年

8画　刻

おん　コク
くん　きざむ

書き順

いみ・ことば

①きざむ。小刻み。刻印。彫刻。

②時間。とき。一刻。刻一刻。刻限。刻々（こくこく／こっこく）。遅刻。定刻。

③ひどい。厳しい。刻苦。深刻。

つかいかた

▼深刻な問題。▼一刻を争う。

▼野菜を細かく刻む。

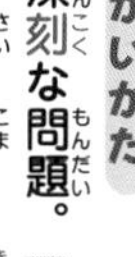
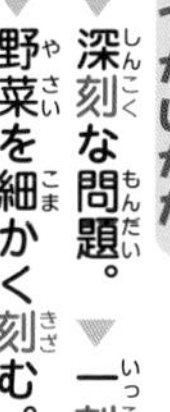

くわしくわかる

一刻千金　楽しい時間が、あっという間に過ぎ去ってしまうのをおしんで言う言葉。

12画　割

おん　《カツ》
くん　わる・わり・われる・《さく》

書き順

いみ・ことば

①わる。さく。割愛。時間割り。分割。役割。割り算。

②わりあい。割合。割高。割引。割安。

つかいかた

▼スイカを割る。

▼割高な商品。

▼お皿が割れる。

くわしくわかる

割に合わない　労力に対して、成果が良くないこと。**割を食う**　損をする。自分のほうが不利になる。

12画　創

おん　ソウ
くん　つくる

書き順

いみ・ことば

①初めてつくる。創案。創意。創刊。創業。創作。創始。創設。創造。創立。独創的。

②傷。創傷。絆創膏。

つかいかた

▼博物館を創設する。

▼文化を創る。

くわしくわかる

創意工夫　新しいことを考え出し、それを実現するための良い方法を色々考え出すこと。

6年

15画 劇

おん ゲキ
くん —

書き順：丨 ト 广 广 卢 卢 卢 虍 虍 虏 豦 豦 豦 豦 劇

いみ・ことば

❶しばい。演劇。観劇。喜劇。劇作家。劇場。劇団。人形劇。悲劇。

❷激しい。劇的。劇毒。劇薬。

つかいかた

▼人形劇を見る。

▼劇薬をあつかう。

くわしくわかる

「劇的」は、劇を見ているように、変化に富んで、強い印象や感動を呼び起こすという意味。

12画 勤

おん キン・《ゴン》
くん つとめる・つとまる

書き順：一 十 廾 廾 芇 苎 苎 苩 堇 堇 堇 勤

いみ・ことば

❶力をつくして働く。勤勉。精勤。

❷会社などにつとめる。勤続。勤務。勤労。欠勤。出勤。通勤。勤め先。転勤。夜勤。

つかいかた

▼電車で通勤する。

▼父の勤め先。

くわしくわかる

「努める」は、力いっぱい行うこと、「務める」は、役目を行うこと、「勤める」は、仕事を行うこと。

6画 危

おん キ
くん あぶない・《あやうい》・《あやぶむ》

書き順：ノ ク 㔾 产 危 危

いみ・ことば

❶あぶない。危機。危急。危険。

❷傷をつける。危害。

つかいかた

▼危険な山道。

▼道路で遊ぶのは危ない。

くわしくわかる

危機一髪　髪の毛一本ほどのわずかなちがいで危機におちいりそうな危ない状態。

6年

7画 卵

おん《ラン》
くん たまご

書き順

いみ・ことば

❶たまご。産卵。卵焼き。生卵。ゆで卵。卵黄。卵白。

❷一人前でない人。医者の卵。画家の卵。

つかいかた

▼ウミガメが産卵する。

▼卵焼きを食べる。

くわしくわかる

「卵」は、食材として使われるときや調理されているときは「玉子」と書くことがあります。

9画 巻

おん カン
くん まく・まき

書き順

いみ・ことば

❶まく。絵巻。腹巻き。巻き貝。巻き尺。巻物。

❷書物。圧巻。巻頭。巻末。下巻。上巻。全巻。

❸書物などを数える言葉。全七巻。第一巻。

つかいかた

▼全七巻のまんが。

▼のりを巻く。▼古い絵巻物。

くわしくわかる

「券」とまちがえやすいので、注意しましょう。

4画 収

おん シュウ
くん おさめる・おさまる

書き順

いみ・ことば

❶おさめる。集める。回収。吸収。収穫。収集。収納。収容。収録。

❷縮まる。収縮。

❸お金が入る。月収。収益。収支。収入。年収。領収書。

つかいかた

▼水分を吸収する。

▼箱の中に収める。

▼風が収まる。

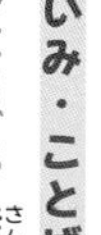

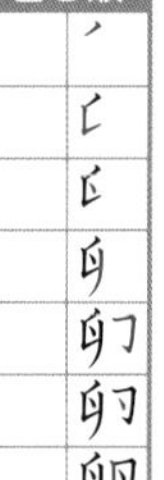
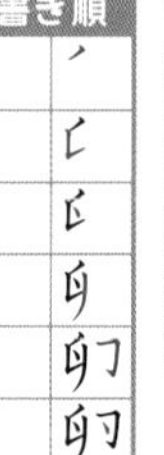
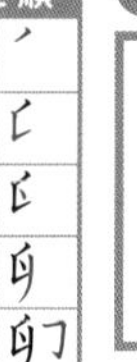
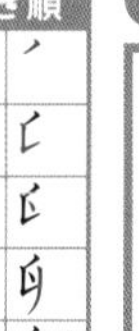

6年

后

6画

おん コウ
くん ―

書き順：一 厂 斤 斤 后 后

いみ・ことば

❶きさき。皇后。皇太后。上皇后。太皇太后。

つかいかた

▼皇后陛下のドレス。
▼皇太后の帯留め。

くわしくわかる

「皇后」は、天皇のきさき、「皇太后」は、先代の亡き天皇のきさき、「太皇太后」は、前の前の天皇のきさきのことです。「上皇后」は、退位した天皇のきさきのことです。

否

7画

おん ヒ
くん《いな》

書き順：一 ア 不 不 不 否 否

いみ・ことば

❶…ではない。否決。否定。否認。
❷上にくる言葉の反対の意味を表す。安否。可否。合否。賛否。成否。当否。

つかいかた

▼うわさ話を否定する。
▼安否を調べる。

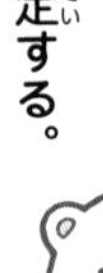

くわしくわかる

漢字の成り立ち 「不（打ち消し）」と「口（くち）」を組み合わせて、否定を表しました。

善

12画

おん ゼン
くん よい

書き順：丶 丷 䒑 䒑 兰 羊 羊 羊 羊 羊 善 善

いみ・ことば

❶よい。正しい。改善。最善。次善。善悪。善意。善行。善人。善良。独善。
❷うまく。善後策。善処。善戦。善用。
❸仲良くする。親善。

つかいかた

▼食生活を改善する。
▼善い行いをする。

くわしくわかる

善は急げ よいと思ったことは、迷わずすぐに実行に移したほうがよい。

6画 吸

おん キュウ
くん すう

書き順

いみ・ことば

❶すう。吸引。吸気。吸血。吸収。吸着。吸入。吸盤。呼吸。深呼吸。吸い物。

つかいかた

▼そうじ機の吸引力。
▼空気を吸う。

くわしくわかる
甘い汁を吸う 自分は苦労せずに、自分の地位や他人の力を利用して、利益を得ること。

8画 呼

おん コ
くん よぶ

書き順

いみ・ことば

❶息をはく。呼気。呼吸。深呼吸。
❷よぶ。呼応。点呼。呼び声。呼び出し。呼び名。連呼。

つかいかた

▼先生が点呼を取る。
▼名前を呼ぶ。

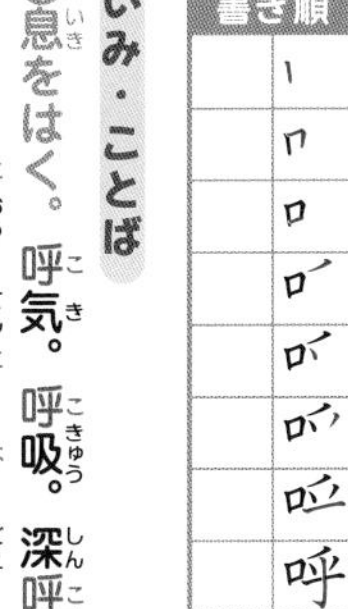

くわしくわかる
阿吽の呼吸 二人以上で協力して何かをするときの、おたがいの動きや気持ち。また、それがぴったりと合うこと。

7画 困

おん コン
くん こまる

書き順

いみ・ことば

❶こまる。くるしむ。困り者。困苦。困難。困惑。貧困。

つかいかた

▼困難を乗り越える。
▼忘れ物をして困る。

くわしくわかる
困苦欠乏 生活に必要なものが買えないほど、お金がなく、困り苦しむこと。

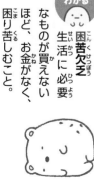

6年

垂 8画

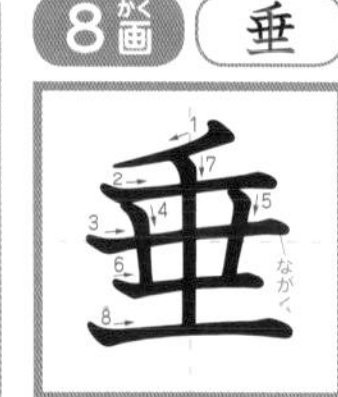

おん スイ
くん たれる・たらす

書き順：一 二 三 千 千 垂 垂 垂

いみ・ことば

❶たれる。たらす。
雨垂れ。懸垂。
垂線。垂直。
垂れ幕。

つかいかた

▼垂直に線を引く。
▼水が垂れる。

くわしくわかる
実るほど頭を垂れる稲穂かな 稲の穂が実ると垂れ下がるように、人間も、学問や人徳を深めていると、えらぶらない。

域 11画

おん イキ
くん ―

書き順：一 十 土 圹 圹 圻 垣 垣 域 域 域

いみ・ことば

❶さかい。範囲。域外。域内。音域。
海域。区域。空域。広域。水域。
聖域。全域。地域。流域。領域。

つかいかた

▼地域の歴史を調べる。
▼日本の海域。

くわしくわかる
「聖域」は、けがしてはいけない神聖な場所。またたは、手をふれてはいけない問題や分野。

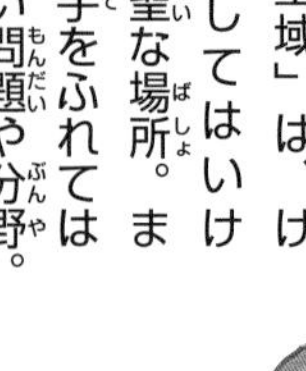

奏 9画

おん ソウ
くん《かなでる》

書き順：一 二 三 声 夫 夫 叁 奏 奏

いみ・ことば

❶かなでる。演奏。合奏。間奏。
吹奏楽。前奏。独奏。伴奏。
❷申し上げる。奏上。
❸成しとげる。結果を出す。
奏功。奏効。

つかいかた

▼楽器を演奏する。
▼クラス全員で合奏する。

くわしくわかる
功を奏する（奏功） 目的を成しとげる。成功する。「奏効」は効き目が現れること。

6年

16画 奮

音 フン
訓 ふるう

書き順
一 ナ 大 大 夲 夲 夲 夲 夲 奞 奞 奞 奮 奮 奮 奮

いみ・ことば

❶ふるう。ふるい立つ。
興奮。発奮。奮起。
奮戦。奮闘。奮発。

つかいかた
▼お年玉を奮発する。
▼勇気を奮う。

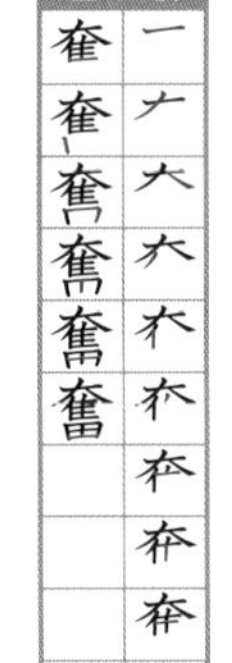

くわしくわかる
孤軍奮闘 味方の軍が助けに来ない状態で、必死に戦うこと。また、他人の手助けなく、難しい仕事をこなすため、一人で精一杯、努力すること。

9画 姿

音 シ
訓 すがた

書き順
丶 冫 冫 次 次 次 姿 姿 姿

いみ・ことば

❶すがた。
後ろ姿。姿勢。
晴れ姿。勇姿。
容姿。

つかいかた
▼姿勢を正す。
▼友達の姿を見かける。

くわしくわかる
立てばしゃくやく、座ればぼたん、歩く姿は百合の花
女性の動作やしぐさの美しさを、花にたとえてほめる言葉。

6画 存

音 ソン・ゾン
訓 ——

書き順
一 ナ オ 存 存 存

いみ・ことば

❶ある。生きている。
依存（いぞん）。
共存（きょうそん）。
現存（げんぞん）。実存。
生存。存在。存続。
存亡。存命。
❷思う。考える。異存。
一存。所存。存分。
❸たもつ。温存。保存。

つかいかた
▼現存する最古の仏像。
▼思う存分に遊ぶ。

6年

孝

7画

おん コウ
くん ―

書き順：一 十 土 耂 耂 孝 孝

いみ・ことば

❶親や祖先を大切にすること。
親孝行。親不孝。孝行。孝子。孝心。孝養。忠孝。不孝。

つかいかた

▼親孝行をする。
▼忠孝を重んじる。

くわしくわかる

親孝行したいときに親はなし 子供が、親のありがたみが分かる年になったときには、親は死んでいるものだ。若いときから親孝行するのが良い。

宇

6画

おん ウ
くん ―

書き順：丶 丶 宀 宀 宇 宇

いみ・ことば

❶空。宇宙。宇宙人。宇宙船。宇宙飛行士。
❷屋根。
❸心の広さ。気宇。
堂宇（寺や神社の建物）。

つかいかた

▼宇宙飛行士になりたい。
▼宇宙人が現れた。

くわしくわかる

気宇壮大 心や発想が並外れて大きく立派なこと。

宅

6画

おん タク
くん ―

書き順：丶 丶 宀 宀 宀 宅

いみ・ことば

❶家。住まい。帰宅。在宅。自宅。社宅。住宅。宅地。宅配便。別宅。

つかいかた

▼自宅の住所。
▼夕方に帰宅した。

くわしくわかる

「宅」一文字でも「家・住まい」のことを表します。「お宅は、どちらですか」「鈴木さん宅に集合する」というように使います。

6年

8画 宗

おん シュウ・《ソウ》
くん ―

書き順：丶 丷 宀 宀 宀 宇 宇 宗

いみ・ことば

❶神や仏の教え。改宗。宗教。宗徒。宗派。宗門。

❷おおもと。祖先。本家。宗家。宗匠。

つかいかた

▼宗教について勉強する。

▼宗派の異なるお寺。

くわしくわかる

「宗家」は、本家など中心になる家のこと。「宗匠」は、和歌、俳句、茶道などの先生のこと。

8画 宙

おん チュウ
くん ―

書き順：丶 丷 宀 宀 宀 宙 宙 宙

いみ・ことば

❶空。宇宙。宇宙人。宇宙船。宇宙飛行士。

❷空中。宙返り。宙づり。宙ぶらりん。

つかいかた

▼宙返りの練習。

▼体が宙にうく。

くわしくわかる

宙に迷う（**宙にうく**）　中途半端で落ち着かない。**宙を飛ぶ**　空中を飛ぶ。飛ぶように速く走る。**宙に舞う**　空中でおどるような動きをする。

8画 宝

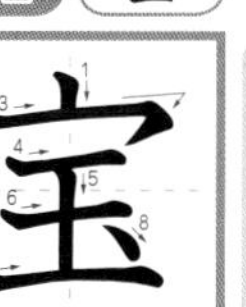

おん ホウ
くん たから

書き順：丶 丷 宀 宀 宀 宇 宝 宝

いみ・ことば

❶たから。大切なもの。家宝。国宝。子宝。財宝。宝船。宝玉。宝庫。宝石。宝物（ほうもつ・たからもの）。

❷便利なもの。重宝。

つかいかた

▼国宝に指定される。

▼宝物を見つける。

くわしくわかる

宝の持ちぐされ　すばらしい物や才能を持っているのに、それを使わないこと。

6年

9画 宣

宣

おん セン
くん —

書き順：丶 丷 宀 宀 宀 宁 宣 宣 宣 宣

いみ・ことば

❶広く知らせる。宣教師。宣言。宣告。宣誓。宣戦。宣伝。

つかいかた

▼新商品を宣伝する。
▼選手が引退を宣言する。

くわしくわかる

キリスト教や仏教で、宗教の教えを広めることを「布教」と言います。キリスト教の宗派により、「宣教」「伝道」という言葉もあります。

11画 密

密

おん ミツ
くん —

書き順：丶 丷 宀 宀 宀 宓 宓 宓 宓 密 密

いみ・ことば

❶ひそかに。こっそりと。機密。内密。秘密。密会。密航。密告。密談。密売。密輸。密漁。
❷びっしりつまる。密集。密度。密林。
❸すき間なくくっつく。親密。密室。密接。密着。密閉。
❹すきがない。細かい。厳密。精密。綿密。

つかいかた

▼東京都の人口密度。
▼住宅が密集している。

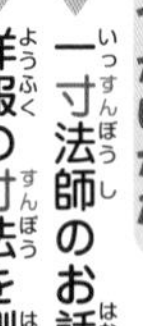

3画 寸

寸

おん スン
くん —

書き順：一 十 寸

いみ・ことば

❶尺貫法の、長さの単位。約3センチメートル。一寸法師。
❷長さ。原寸。採寸。寸法。
❸ほんのわずか。寸劇。寸志。寸前。寸分。

つかいかた

▼一寸法師のお話。
▼洋服の寸法を測る。

くわしくわかる

一寸の虫にも五分の魂 弱い者にも意地やほこりがあるということ。

6年

専

9画

おん　セン
くん　《もっぱら》

書き順

いみ・ことば

❶もっぱら。ただそれだけ。専業。専攻。専従。専心。専属。専任。専念。専門。専門家。専用。

❷ひとりじめにする。専横。専有。

つかいかた

▼勉強に専念する。
▼専門家の意見を聞く。

くわしくわかる

一意専心　わき目をふらずひたすら一つのことに集中すること。**独断専行**　自分で勝手に判断して行動すること。

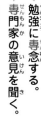

射

10画

おん　シャ
くん　いる

書き順

いみ・ことば

❶いる。矢を放つ。銃などをうつ。射撃。射殺。射手。射程。射的。発射。乱射。連射。

❷勢いよく出す。注射。直射。日射。日射病。反射。噴射。放射。放射線。

つかいかた

▼射的の景品。
▼日光が反射する。
▼矢を射る。

将

10画

おん　ショウ
くん　——

書き順

いみ・ことば

❶軍隊や集団を率いる人。主将（キャプテンのこと）。将軍。将校。将兵。大将。武将。名将。

❷これから…しようとする。将来。

つかいかた

▼戦国時代の武将。
▼将来の夢を発表する。

くわしくわかる

将を射んとせばまず馬を射よ　目的のものを手に入れるには、その周りのものから攻めるのが有効だ。

6年

12画 尊

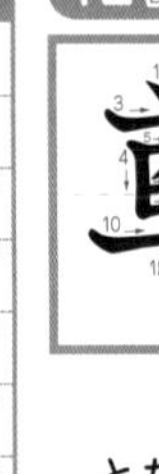

おん ソン
くん たっとい・とうとい・たっとぶ・とうとぶ

書き順
丶 丷 丷 䒑 产 㐬 酋 酋 酋 酋 尊 尊

いみ・ことば
❶とうとい。尊厳。尊属。尊大。
❷敬う。大切にする。尊敬。尊重。
❸相手を敬う気持ちを表す言葉。尊顔。尊父。

つかいかた
▼尊敬する人物。
▼祖先を尊ぶ。

くわしくわかる
唯我独尊　この世で自分だけが優れているとうぬぼれること。もともとは、お釈迦様が言ったとされています。

12画 就

おん シュウ・《ジュ》
くん《つく》・《つける》

書き順
丶 亠 亠 亡 古 亨 亨 京 京 京 就 就

いみ・ことば
❶つく。取りかかる。就学。就業。就航。就職。就寝。就任。就労。
❷成しとげる。成就。

つかいかた
▼姉の就職が決まる。
▼就学のお祝い。

くわしくわかる
大願成就　神仏にいのるなどして、大きな願いがかなうこと。「大」は「だい」と読むこともあります。

4画 尺

おん シャク
くん ——

書き順
㇇ コ 尸 尺

いみ・ことば
❶尺貫法の、長さの単位。約30センチメートル。尺八。
❷長さ。ものさし。尺度。縮尺。巻き尺。

つかいかた
▼巻き尺で長さを測る。

くわしくわかる
「尺八」は縦笛の一種です。長さが一尺八寸（約55センチメートル）であることから名づけられたとされています。

6年

届　8画

音　—
訓　とどける・とどく

書き順：届

いみ・ことば

①とどける。とどく。
届け先。無届け。

②とどけ。
役所や学校などに出す書類。
欠席届。婚姻届。出生届。

★書類の意味の「届」は、送り仮名をつけません。

つかいかた

▼忘れ物を届ける。
▼手紙が届く。
▼欠席届を提出する。

展　10画

音　テン
訓　—

書き順：展

いみ・ことば

①並べる。展示。展覧会。
②開く。広げる。親展。展開。展望。
③広がる。のびる。進展。発展。
④「展覧会」の略。個展。作品展。

つかいかた

▼博物館の展示室。
▼産業が発展する。

くわしくわかる

「親展」は、手紙や電報を、あて名の人自身に開けて読んでもらいたいときに、封筒に書く言葉。

層　14画

音　ソウ
訓　—

書き順：層

いみ・ことば

①重なり。高層。層雲。断層。
地層。低層。表層。

②地位などの区分。
階層。下層。若年層。
上層。年齢層。

つかいかた

▼高層ビルが建つ。
▼地層を調査する。

くわしくわかる

「階層」「下層」「上層」は、ビルやマンションでは、「重なり」の意味でも使われます。

6年

己　3画

おん　コ・《キ》
くん　《おのれ》

書き順　フ　コ　己

いみ・ことば

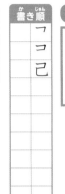

①おのれ。自分。克己心（自分の欲望をおさえる心）。利己（自分の利益だけ考えること）。自己。知己（知り合い）。

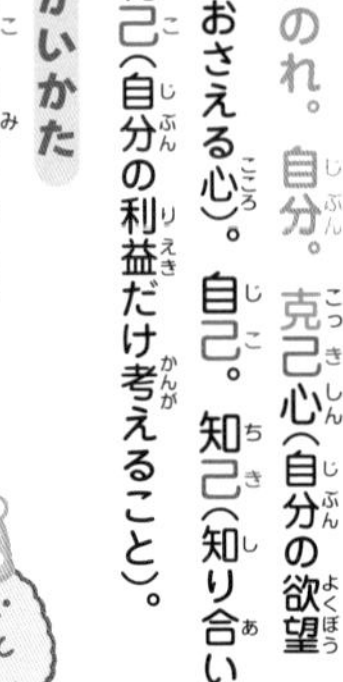

つかいかた

▼自己を見つめる。
▼利己的な考え。

くわしくわかる

自己満足　自分自身や自分の言動に、自分で満足すること。悪い意味で使われることが多く、他人の評価がそこまでではない場合に使われます。

幕　13画

おん　マク・バク
くん　―

書き順　一　十　艹　艹　芇　苜　苩　荁　莫　莫　莫　幕　幕

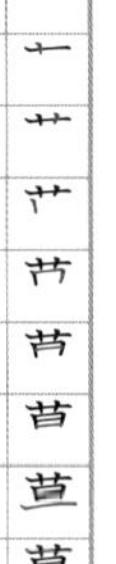

いみ・ことば

①まく。暗幕。黒幕。天幕。開幕。
②しばいのひと区切り。終幕。序幕。閉幕。
③将軍が政治を行う所。討幕。幕府。幕末。

つかいかた

▼オリンピックが開幕する。
▼幕末の歴史を勉強する。

くわしくわかる

幕が開く　物事が始まる。
幕を閉じる　物事を終わらせる。
幕が下りる　終わる。

干　3画

おん　カン
くん　ほす・《ひる》

書き順　一　二　干

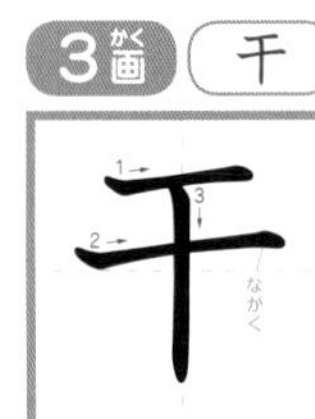

いみ・ことば

①ほす。かわかす。梅干し。干害。干拓。干潮。干満。干し草。
②かかわる。干渉。

つかいかた

▼干害の対策を考える。
▼タオルを干す。

くわしくわかる

「干す」には、仕事をあたえないで困らせるという意味もあります。

6年

幼

5画

おん ヨウ
くん おさない

書き順：く　幺　幺　幻　幼

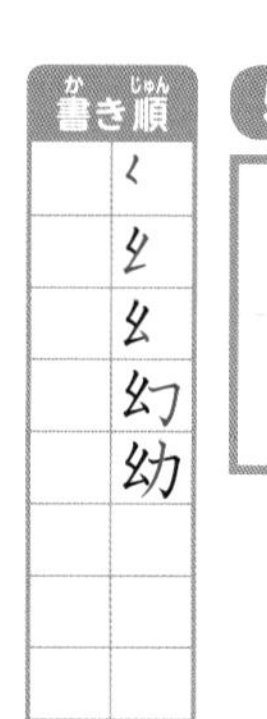

いみ・ことば

①おさない。
幼子。幼心。幼友達。
幼なじみ。
乳幼児。
幼児。
幼女。
幼少。
幼稚園。
幼虫。
幼年。

つかいかた

▼幼児用の絵本。
▼幼い妹と遊ぶ。

庁

5画

おん チョウ
くん ―

書き順：丶　亠　广　庁　庁

いみ・ことば

①役所。
官公庁。官庁。気象庁。
警視庁。県庁。消防庁。退庁。
庁舎。登庁。道庁。都庁。府庁。

つかいかた

▼都庁を見学する。
▼新しい庁舎が建つ。

くわしくわかる

「登庁」は、役人が役所に出勤することで、「退庁」は、役人が役所から退出することです。

座

10画

おん ザ
くん《すわる》

書き順：丶　亠　广　广　户　应　应　座　座　座

いみ・ことば

①すわる。
王座。上座。座席。
座談会。下座。正座。
②人が集まる席。
講座。
座興（場を盛り上げる出し物）。
③劇団や劇場。
一座。座長。
④星の集まり。
オリオン座。星座。

つかいかた

▼空いている座席。
▼夏の星座を調べる。

くわしくわかる

座が白ける その場のおもしろさがなくなる。

6年

8画 延

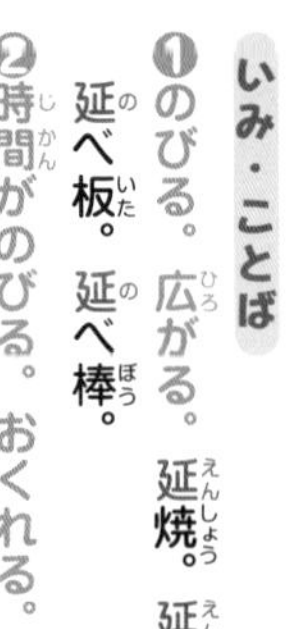

おん エン
くん のびる・のべる・のばす

書き順

いみ・ことば

①のびる。広がる。延焼。延長。延命。延べ板。延べ棒。
②時間がのびる。おくれる。延期。延滞。延着。順延。遅延。
③合わせた数。延べ日数。延べ人数。

つかいかた

▼遠足が延期になる。
▼授業時間が延びる。
▼三日間で延べ十時間も勉強した。

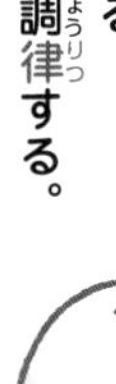

くわしくわかる

「順延」は、順ぐりに次の日に延ばすことです。

9画 律

おん リツ・《リチ》
くん ―

書き順

いみ・ことば

①決まり。一律。規律。不文律（文章になっていない決まり）。法律。律義。律令。
②音の調子。リズム。旋律。調律。律動。

つかいかた

▼規律を守る。
▼ピアノを調律する。

くわしくわかる

「律義」は、真面目で義理がたいことです。

10画 従

おん ジュウ・《ショウ》・《ジュ》
くん したがう・したがえる

書き順

いみ・ことば

①したがう。従軍。従者。従順。従心。従属。主従関係。追従。服従。
②たずさわる。従業員。従事。専従。
③…から。従来。

つかいかた

▼ホテルの従業員。
▼先生の指示に従う。
▼家臣を従える。

くわしくわかる

老いては子に従え 年を取ったら、子供の言うとおりにするのが良い。

6年

17画　厳

おん　ゲン・《ゴン》
くん　《おごそか》・きびしい

書き順

いみ・ことば

❶きびしい。はげしい。
厳格。厳寒。厳禁。厳守。
厳重。厳正。厳選。
厳冬。厳密。厳命。

❷おごそか。
威厳。尊厳。

つかいかた

▼厳重な警備。
▼厳密に調べる。

くわしくわかる

「厳か」は、立派で礼儀正しく、さわいだり近寄ったりしにくい様子のこと。

7画　批

おん　ヒ
くん　―

書き順

いみ・ことば

❶良い悪いを決める。
批准。批判。
批評。

つかいかた

▼作品を批評する。
▼批判的な意見。

くわしくわかる

「批准」は、外国と結んだ条約を国が正式に認めることや、その手続きのこと。

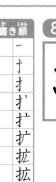

8画　拡

おん　カク
くん　―

書き順

いみ・ことば

❶ひろげる。
拡散。
拡声器。
拡大。
拡張。

つかいかた

▼拡大コピー。
▼うわさが拡散する。

くわしくわかる

漢字の成り立ち　「扌（手）」と「広（ひろい）」を合わせ、手で広げることを表しました。

8画 担

おん タン
くん 《かつぐ》・《になう》

書き順：一 十 扌 扎 扣 扣 扫 担

いみ・ことば

❶かつぐ。になう。荷担。担架。担当。担任。

❷受け持つ。引き受ける。負担。分担。

つかいかた

▼担任の先生。

▼日直の仕事を分担する。

くわしくわかる

「荷担」は、力をそえて味方をすることで「加担」とも書きます。「担架」は、二本の棒の間に布を張ったもので、病人やけが人を運ぶ道具。

8画 拝

おん ハイ
くん おがむ

書き順：一 十 扌 扌 扩 扫 拝 拝

いみ・ことば

❶おがむ。おじぎをする。参拝。拝礼。礼拝。

❷…させていただく。相手を敬う気持ちを表す言葉。拝観。拝啓。拝見。拝借。拝読。

つかいかた

▼お寺の拝観料。

▼手紙を拝読する。

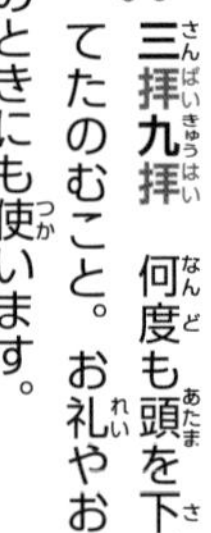

くわしくわかる

三拝九拝 何度も頭を下げてたのむこと。お礼やおわびのときにも使います。

11画 捨

おん シャ
くん すてる

書き順：一 十 扌 扌 扲 拎 拎 拴 捨 捨 捨

いみ・ことば

❶すてる。四捨五入。取捨。捨て身(命を捨てるような気持ちで全力で行うこと)。呼び捨て。

❷人に与える。喜捨。

つかいかた

▼四捨五入をして計算する。

▼ごみを捨てる。

くわしくわかる

捨てる神あれば拾う神あり 人から見捨てられることもあれば、助けられることもあるから、くよくよしないことだ。

推（11画）

おん　スイ
くん　《おす》

書き順

いみ・ことば

①おす。おしすすめる。推移。推挙。推進。推薦。

②おしはかる。推察。推測。推定。推理。推量。推論。類推。

つかいかた

▼計画を推進する。
▼推理小説を読む。

探（11画）

おん　タン
くん　《さぐる》・さがす

書き順

いみ・ことば

①さがす。探し物。探求。探究。探検。探索。探知。探偵。探訪。手探り。

つかいかた

▼ジャングルを探検する。
▼探し物が見つかる。

くわしくわかる　「探究」は、物事を深く調べて本質を明らかにすること。「探求」は、あるものを手に入れようと探し求めることです。

揮（12画）

おん　キ
くん　―

書き順

いみ・ことば

①ふるう。手をふる。指揮。指揮者。

②飛び散る。表に出す。揮発。揮発油。発揮。

つかいかた

▼オーケストラの指揮者。
▼実力を発揮する。

くわしくわかる　「揮発」は、普通の温度で液体から気体になることです。「揮発油」は、ガソリンやベンジンなど、揮発しやすい性質の油のこと。

16画　操

操

おん　ソウ
くん　《みさお》・《あやつる》

書き順

いみ・ことば

❶あやつる。思いどおりに動かす。
操り人形。操作。操縦。体操。

❷変わらない心。情操。節操。

つかいかた

▼飛行機を操縦する。

▼ラジオ体操。

くわしくわかる

節操がない　自分の考えを守ろうとする所がなく、言動が変わりやすいこと。「節操」とは、自分の信じる主張を守り通すこと。

8画　沿

おん　エン
くん　そう

書き順

いみ・ことば

❶そう。流れや道にそう。
海沿い。沿海。沿革（物事の移り変わり）。沿岸。沿線。沿道。道沿い。

つかいかた

▼私鉄の沿線。

▼海沿いの道を歩く。

9画　洗

洗

おん　セン
くん　あらう

書き順

いみ・ことば

❶あらう。洗い物。水洗。洗眼。洗顔。
洗剤。洗浄。洗濯。洗脳。洗髪。
洗面。洗練。水洗い。

つかいかた

▼洗練されたファッション。

▼食器を洗う。

くわしくわかる

足を洗う　悪い仲間とはなれる。悪い行いをやめる。

芋を洗うよう　狭い場所で多くの人が混み合う様子。

9画 派

おん ハ
くん ―

書き順 丶 冫 氵 氵 汀 沂 沂 派 派

いみ・ことば

❶分かれ出る。
一派。賛成派。
宗派。党派。
派生。反対派。
分派。流派。

❷さしむける。行かせる。
特派員。派遣。
派出所。派兵。

つかいかた

▼新たな問題が派生する。
▼反対派の意見を聞く。

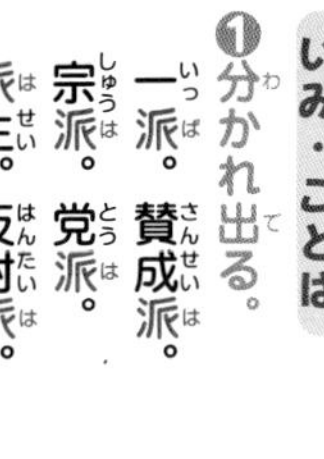

11画 済

おん サイ
くん すむ・すます

書き順 丶 冫 氵 氵 汁 汸 汶 浐 済 済 済

いみ・ことば

❶すむ。すます。
決済。返済。未済。完済。

❷救う。
救済。共済。経済。

つかいかた

▼困っている人を救済する。
▼気が済むまで遊ぶ。
▼食事を済ませる。

くわしくわかる

「経済」は、国や世の中を治めて国民を救うという意味の「経国済民」「経世済民」の四字熟語からできた言葉。

13画 源

おん ゲン
くん みなもと

書き順 丶 冫 氵 氵 沪 沥 沥 泝 泝 源 源 源 源

いみ・ことば

❶みなもと。物事の始まり。
起源。
源泉。源流。語源。根源。財源。
資源。水源。電源。熱源。

つかいかた

▼テレビの電源を入れる。
▼元気の源。

くわしくわかる

医食同源 日常の食生活に気を配ることが、病気の予防になるという考え方。

6年

15画 潮

おん チョウ
くん しお

書き順

いみ・ことば

①しお。海水。海水の満ち引き。親潮。干潮。黒潮。潮風。潮干狩り。潮流。引き潮。満潮。満ち潮。

②世の中の様子。潮時。思潮。風潮。

つかいかた

▼新しい時代の風潮。
▼潮風がふく。

くわしくわかる

「潮時」は、潮の満ち引きが起こる時刻。何かをするのに良い時。チャンス、という意味でも使われます。

16画 激

おん ゲキ
くん はげしい

書き順

いみ・ことば

①はげしい。過激。急激。激化(げきか)。激減。激戦。激増。激痛。激動。激突。激変。激務。激流。

②心を強く動かす。感激。激高(げきこう・げっこう)。激情。激怒。激励。

つかいかた

▼指先に激痛が走る。
▼激しい雨が降る。

くわしくわかる

「激する」は、物事が勢いづいたり、感情が高まったりする場合の両方に使います。

8画 若

おん《ジャク》・《ニャク》
くん わかい・《もしくは》

書き順

いみ・ことば

①わかい。若年。若気。若手。若葉。若者。老若男女。

②少し。若干。

特別な読み方 若人。

つかいかた

▼母は若く見える。
▼若者が集まる。

くわしくわかる

「若気」は、若い人の後先を考えない、勢いづいた気持ち。「若気の至り」「若気の過ち」のように使います。

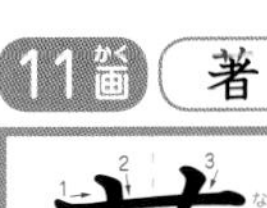

11画 著

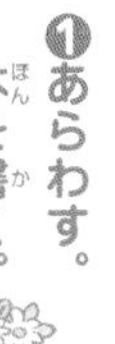

おん チョ
くん 《あらわす》・《いちじるしい》

書き順 一 十 廾 艹 芏 芏 芓 茡 著 著 著

いみ・ことば

❶あらわす。本を書く。
著作。著者。著述。著書。名著。

❷いちじるしい。目立つ。
顕著。著名。

つかいかた
▼著者のサイン。
▼著名な作家。

13画 蒸

おん ジョウ
くん 《むす》・《むれる》・《むらす》

書き順 一 十 廾 艹 芀 芛 茅 茏 茏 茏 蒸 蒸 蒸

いみ・ことば

❶むす。茶わん蒸し。蒸し器。
蒸し焼き。

❷湯気や熱気が立ち上る。蒸気。蒸発。
蒸留。蒸留水。水蒸気。蒸し暑い。

つかいかた
▼水分が蒸発する。
▼蒸気機関車の模型。

くわしくわかる
「蒸留」は、液体を熱して、出てきた蒸気を冷やして液にもどし、より純度の高い液体にすること。

15画 蔵

おん ゾウ
くん 《くら》

書き順 一 十 廾 芦 芦 芦 芦 芦 芦 芦 蔵 蔵 蔵 蔵 蔵

いみ・ことば

❶しまっておく。愛蔵。収蔵。所蔵。
蔵書。貯蔵。内蔵。無尽蔵（いくら取ってもなくならないこと）。冷蔵庫。

❷くら。大事な物をしまう建物。
穴蔵。酒蔵。土蔵。

つかいかた
▼図書館の蔵書。
▼冷蔵庫にジュースを入れる。

6年

9画　退

退

おん　タイ
くん　しりぞく・しりぞける

書き順

㇆	㇆	ヨ	巳	艮	艮	艮	退	退

いみ・ことば

❶しりぞく。引き下がる。引退。後退。辞退。早退。退位。退学。退去。退散。退避。退路。敗退。
❷いなくなる。やめる。退院。退会。退室。退場。退席。
❸追いはらう。撃退。退治。
❹おとろえる。減退。衰退。退化。

特別な読み方　立ち退く。

つかいかた

▼卒業生が退場する。
▼選手が現役を退く。
▼提案を退ける。

15画　遺

遺

おん　イ・《ユイ》
くん　―

書き順

丶	冂	口	中	虫	忠	冑	冑	貴	貴	貴	貴	遺	遺	遺

いみ・ことば

❶あとに残す。遺業。遺作。遺産。遺志。遺書。遺跡。遺族。遺伝。遺品。世界遺産。遺言。
❷なくす。置き忘れる。遺棄。遺失。遺失物。遺留。

つかいかた

▼世界遺産に登録される。
▼親から子に遺伝する。

くわしくわかる　「世界遺産」は、建造物、自然など、守らなければいけない世界共通の遺産のこと。

11画　郷

郷

おん　キョウ・《ゴウ》
くん　―

書き順

𠃋	幺	乡	乡	乡	乡	郷	郷	郷	郷	郷

いみ・ことば

❶ふるさと。いなか。帰郷。郷土。郷里。故郷。同郷。望郷。
❷場所。地域。温泉郷。理想郷。

つかいかた

▼郷土の歴史を調べる。
▼父の故郷に行く。

くわしくわかる　**郷に入っては郷に従え**　その土地では、その土地の習慣ややり方に合わせるのが良い。

6年

11画 郵

おん ユウ
くん ―

書き順：一 二 三 千 千 垂 垂 垂 垂 郵 郵

いみ・ことば

❶手紙などを配達する制度。郵送。
郵便。郵便局。郵便番号。

つかいかた

▼手紙を郵送する。
▼郵便番号を書く。

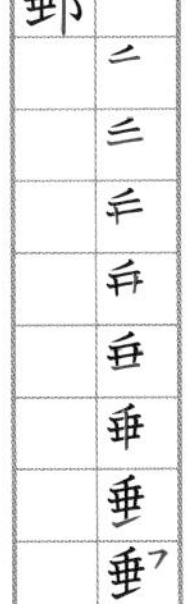

くわしくわかる

文字の成り立ち
「垂（旗がたれる）」と「阝（むら）」を合わせて、遠くの土地に情報を届ける中つぎをするところを表しました。

10画 降

おん コウ
くん おりる・おろす・ふる

書き順：ㇹ 阝 阝 阝 阝 阝 降 降 降 降

いみ・ことば

❶おりる。おろす。下降。降下。降車。
昇降口。乗り降り。
❷ふる。降雨。降水量。降雪。
❸負けて敵に従う。降参。降伏。投降。
❹それよりあと。以降。

つかいかた

▼夕方以降は家にいる。
▼電車から降りる。 ▼大雨が降る。

くわしくわかる

雨が降ろうが、やりが降ろうが どんな困難があっても、必ず決行する気持ちがある。

10画 除

おん ジョ・《ジ》
くん のぞく

書き順：ㇹ 阝 阝 阝 阝 阝 阝 除 除 除

いみ・ことば

❶のぞく。取りのぞく。解除。削除。
除外。除去。除雪。除幕。除夜。
❷割り算。加減乗除。除数。除法。

つかいかた

▼ロックを解除する。
▼不良品を取り除く。

くわしくわかる

「除夜」は、新しい年をむかえるため、古い年を除く日（除日）の夜の意味で、大みそかの夜のこと。「除数」は、割り算の、割る数のこと。

6年

10画 陛

おん ヘイ
くん ―

書き順

いみ・ことば

❶きざはし。宮殿の階段。転じて、天皇や皇后を敬う呼び方。陛下。

つかいかた

▼天皇陛下の公務。
▼陛下のお言葉を聞く。

くわしくわかる

「陛下」は、天皇と皇后、および天皇と皇后になったことがある皇族を尊敬して呼ぶ言葉。その他の皇族には「殿下」という尊敬の言葉を使います。

14画 障

おん ショウ
くん 《さわる》

書き順

いみ・ことば

❶さえぎる。じゃまをする。故障。支障。障害。保障。
❷仕切り。障子。障壁。

つかいかた

▼車が故障する。
▼障子に穴を開ける。

くわしくわかる

「障壁」は、仕切りにする壁のこと。転じて、さまたげ、じゃまという意味も持つようになりました。

7画 忘

おん 《ボウ》
くん わすれる

書き順

いみ・ことば

❶わすれる。度忘れ（とっさに思い出せないこと）。忘れ形見。忘れ物。忘却。忘年会。物忘れ。

つかいかた

▼宿題を忘れる。
▼忘れ物をしない。

くわしくわかる

「忘れ形見」は、思い出に残された記念の品物。とくに、亡くなった人の品物。また、親の死んだ後に残された子供のことも意味します。

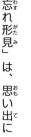

6年

忠

8画 忠

忠

おん チュウ
くん ―

書き順: 丨 口 口 中 中 忠 忠 忠

いみ・ことば

❶まごころ。相手を思う気持ち。忠言(忠告の言葉)。忠告。忠実。

❷主人につくす。忠義。忠勤。忠犬。忠臣。忠誠。忠節。

つかいかた

▼忠誠をちかう。

▼忠告に従う。

くわしくわかる

「忠犬」は、飼い主に忠実な犬。東京の渋谷駅に、亡くなった飼い主を10年間むかえに通った「忠犬ハチ公」が有名。

恩

10画 恩

恩

おん オン
くん ―

書き順: 丨 冂 冃 冃 因 因 因 恩 恩 恩

いみ・ことば

❶めぐみ。なさけ。恩返し。恩義。恩恵。恩師。恩賞。恩情。恩知らず。恩人。謝恩会。

つかいかた

▼命の恩人。

▼謝恩会の準備をする。

くわしくわかる

恩着せがましい 相手に感謝を強要する様子で厚かましい。**恩に着せる** ありがたがらせようとする。**恩に着る** ありがたいと思う。

憲

16画 憲

憲

おん ケン
くん ―

書き順: 丶 丷 宀 宀 宇 宇 宔 宔 害 害 害 害 憲 憲 憲 憲

いみ・ことば

❶社会の決まり。違憲。改憲。憲章。憲法。(国などが決めた重要な決まり)。合憲。立憲。

つかいかた

▼憲法を制定する。

▼立憲政治を行う。

くわしくわかる

「立憲」は、憲法を制定すること、「合憲」は、憲法に違反しないこと、「違憲」は、憲法に違反すること、「改憲」は、憲法を改正すること。

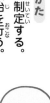

6年

7画 我

おん《ガ》
くん われ・《わ》

書き順：ノ　二　千　手　我　我　我

いみ・ことば

❶われ。自分。
自我。我が家。我慢。我先に。我欲。我ら。我流。我々。

つかいかた

▼我先ににげる。
▼我ながら良くできた。

くわしくわかる

我田引水　物事を、自分に利益があるように言ったりしたりすること。**我が物顔**　自分の物のようにふるまうこと。**我に返る**　はっきりと正気にもどる。**我を忘れる**　夢中になる。

8画 承

おん ショウ
くん《うけたまわる》

書き順：了　了　子　孑　手　手　承　承

いみ・ことば

❶うけたまわる。聞き入れる。承知。
承認。承服。了承。
❷受けつぐ。継承。伝承。

つかいかた

▼村のお祭りを伝承する。
▼無理を承知でお願いする。

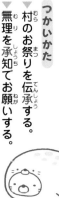

くわしくわかる

起承転結　物語の構成方法の一つ。「起」で話が始まり、「承」でその内容を受けて展開し、「転」で話を変化させ、「結」でしめくくります。

12画 敬

おん ケイ
くん うやまう

書き順：一　十　廾　艹　芍　芍　苟　苟　苟　敬　敬　敬

いみ・ことば

❶うやまう。敬愛。敬意。敬遠。敬具。
敬語。敬礼。敬老。失敬。尊敬。

つかいかた

▼敬語で話す。
▼年上の人を敬う。

くわしくわかる

「敬遠」は、苦手な人に、尊敬するふりをして、近づかないこと。「敬具」は、手紙の最後に、あいさつとして書く言葉のこと。

6年

敵（15画）

おん テキ
くん 《かたき》

書き順：丶 亠 ㇐ 产 产 产 产 商 商 商 商 商 商 商 敵

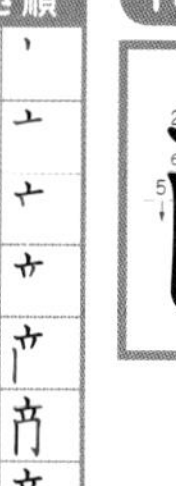

いみ・ことば

❶てき。戦う相手。強敵。好敵手（ライバルのこと）。宿敵（ずっと前からの敵）。敵対。敵地。天敵。無敵。

❷かたき。うらんでいる相手。親の敵。敵討ち。敵役。敵意。敵視。

つかいかた

▼敵のチーム。

▼強敵が現れる。

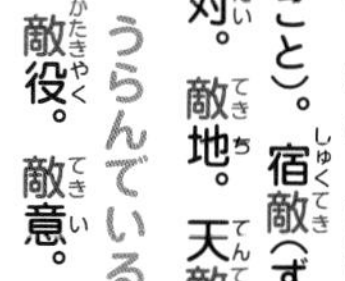

くわしくわかる

天下無敵　この世に相手になる者がいないほど強いこと。

暮（14画）

おん 《ボ》
くん くれる・くらす

書き順：一 十 艹 艹 艹 芦 苩 苩 莒 莫 莫 暮 暮 暮

いみ・ことば

❶日がくれる。薄暮。暮色。夕暮れ。

❷季節や年が終わる。お歳暮。暮秋。暮春。

❸くらす。生活する。一人暮らし。

つかいかた

▼日が暮れる。

▼海外で暮らす。

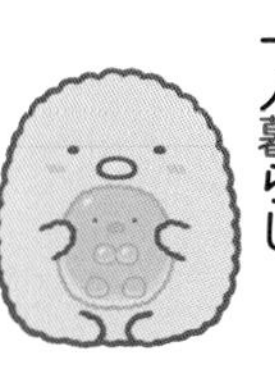

くわしくわかる

朝三暮四　言葉で人をうまくだますこと。

朝令暮改　命令や方針がよく変わること。

映（9画）

おん エイ
くん うつる・うつす・《はえる》

書き順：丨 冂 日 日 日' 日口 日口 映 映

いみ・ことば

❶うつる。光を当ててうつす。映画。映写。映像。上映。放映。

❷はえる。ひきたつ。反映。夕映え。

つかいかた

▼映画を見に行く。

▼鏡に姿を映す。

くわしくわかる

「写す」は、写真など形をそのままうつし取るとき、「映す」は、映像など光や影をうつし出すときに使います。

6年

12画 晩

おん バン
くん ──

書き順

いみ・ことば

❶ばん。日暮れ。 朝晩。今晩。昨晩。晩ご飯。毎晩。

❷時期がおそい。晩夏。晩秋。晩春。晩冬。晩年。

つかいかた

▼朝晩は気温が下がる。

▼晩ご飯を食べる。

くわしくわかる

大器晩成 優れた人は、年をとってから立派になる。「晩年」は、人生の終わりに近い時期のこと。

13画 暖

おん ダン
くん あたたか・あたたかい・あたたまる・あたためる

書き順

いみ・ことば

❶あたたかい。温暖。寒暖。暖色。暖冬。暖流。

❷あたためる。暖房。暖炉。

つかいかた

▼温暖な気候。 ▼部屋を暖める。

くわしくわかる

「暖かい」は「暖かい部屋」など反対の意味が「寒い」になるときに、「温かい」は「心が温かい」など反対の意味が「冷たい」になるときに使います。

10画 朗

おん ロウ
くん 《ほがらか》

書き順

いみ・ことば

❶ほがらか。明るく気持ちが良い。晴朗。明朗。朗報。朗々。

❷声がよく通る。朗詠。朗唱。朗読。

つかいかた

▼詩を朗読する。

▼朗報が届く。

くわしくわかる

明朗快活 明るく朗らかで、元気のある様子。「朗々」は、声などがすんでいて、はっきりと聞こえる様子。

6年

染（9画）

おん《セン》
くん そめる・そまる・《しみる》・《しみ》

書き順：丶 冫 氵 氿 氿 氿 卆 染 染

いみ・ことば

❶そめる。色をつける。
染色。染料。
染め粉。
染め物。
手染め。

❷うつる。
汚染。
感染。
伝染。

つかいかた

▼布を染める。
▼夕日で空が染まる。

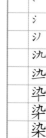

机（6画）

おん《キ》
くん つくえ

書き順：一 十 才 木 机 机

いみ・ことば

❶つくえ。
学習机。
机下。
机上。勉強机。

つかいかた

▼机の上に本を置く。
▼教室に机を並べる。

くわしくわかる

机上の空論 頭の中だけで考えた、実際には役に立たない理論。

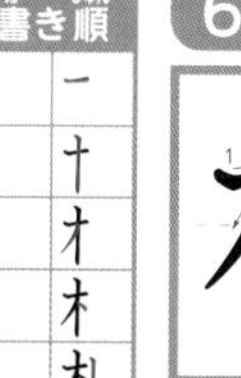

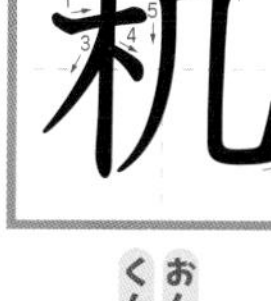

枚（8画）

おん マイ
くん ―

書き順：一 十 才 木 朩 朩 枚 枚

いみ・ことば

❶一つ一つ数える。枚挙。
❷うすい物を数える言葉。一枚。数枚。
大枚（多額のお金）。枚数。

つかいかた

▼プリントの枚数を数える。
▼十枚入りの折り紙。

くわしくわかる

大枚をはたく 多くの金額を支払うこと。
枚挙にいとまがない 数が多すぎてきりがない。

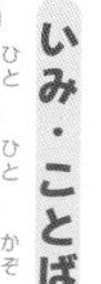
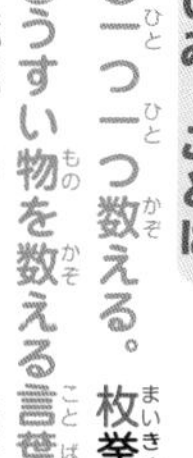
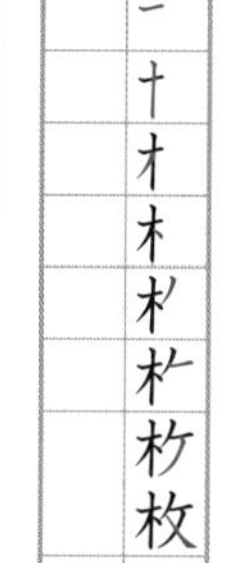

6年

10画 株

株

おん —
くん かぶ

書き順

いみ・ことば

❶木を切った残りの部分。植物の根元。
株分け。切り株。
❷地位や身分。頭株。親分株。
古株（その集団に古くからいる人）。
❸株式会社の資本。株価。
株券。株式。株主。

つかいかた

▼大きな切り株。

くわしくわかる
お株をうばう 人が得意とすることをまねして、その人以上にうまくやること。

12画 棒

棒

おん ボウ
くん —

書き順

いみ・ことば

❶ぼう。まっすぐ細長い物。金棒。
指揮棒。鉄棒。平行棒。綿棒。
❷まっすぐな線。縦棒。棒グラフ。
棒線。横棒。
❸変化がないこと。
棒立ち。棒読み。

つかいかた

▼鉄棒で遊ぶ。

くわしくわかる
足が棒になる 歩き続けや立ち続けで疲れる。**鬼に金棒** 強い者がさらに強くなる。

14画 模

模

おん モ・ボ
くん —

書き順

いみ・ことば

❶かた。手本。規模。模型。模範。
❷まねる。似せる。模擬。
模作。模写。模造。
❸かざり。模様。
❹手探りをする。
模索。

つかいかた

▼規模が大きい。
▼鉄道の模型を作る。

くわしくわかる
暗中模索 手がかりのない中で、いろいろ試すこと。

6年

15画 権

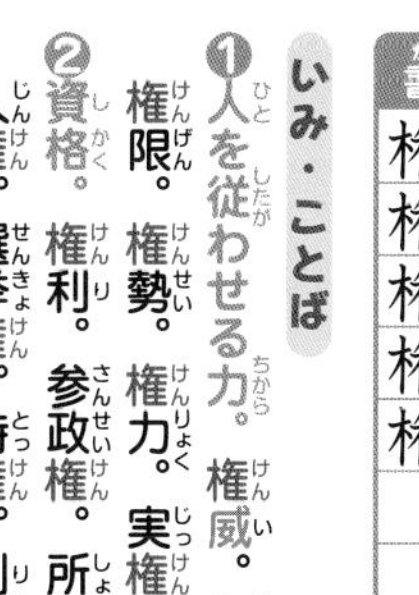

おん ケン・《ゴン》
くん ―

書き順
一 十 才 木 木' 朩 朩 栌 栌 栌 栌 栫 椊 権 権

いみ・ことば

❶人を従わせる力。権威。権益。権限。権勢。権力。実権。政権。

❷資格。権利。参政権。所有権。人権。選挙権。特権。利権。

❸間に合わせの。権化（あるものになりきった姿）。権現（仏が仮の姿でこの世に現れること）。

つかいかた

▼権利を主張する。

▼権力のある武将。

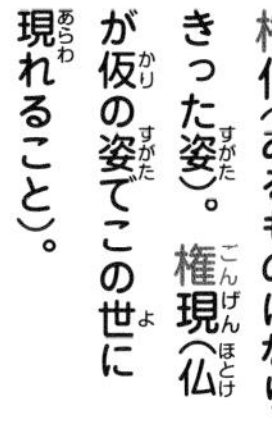

16画 樹

おん ジュ
くん ―

書き順
一 十 才 木 木 杧 杜 桂 桂 桔 桔 桔 桔 植 樹 樹

いみ・ことば

❶立ち木。街路樹。果樹。広葉樹。樹海。樹氷（こおった水分が木についたもの）。樹木。常緑樹。植樹。針葉樹。大樹。落葉樹。

❷打ち立てる。樹立。

つかいかた

▼校庭に植樹する。

▼新記録を樹立する。

くわしくわかる

寄らば大樹のかげ 同じたよるなら、力のある人が良いということ。

11画 欲

おん ヨク
くん 《ほっする》・《ほしい》

書き順
ノ ハ グ 父 父 谷 谷 谷' 谷' 欲 欲

いみ・ことば

❶ほしいと思う。ほしがる心。意欲。私欲。食欲。貪欲。物欲。無欲。欲張る。欲望。欲目（自分に都合の良いように判断すること）。欲求。

つかいかた

▼暑さで食欲がない。

▼意欲を出して勉強する。

くわしくわかる

欲を言えば 今のままでも不足はないが、さらに望むとすれば。

6年

段

9画

おん　ダン
くん　―

書き順：ノ　亻　亻　㇀　阝　阝　𠬤　段　段

いみ・ことば

①だん。石段。階段。
②区切り。格段。段階。段落。値段。別段。
③やり方。方法。算段。手段。段取り。
④書道や柔道などで、腕前を示す等級。初段。段位。有段者。

つかいかた

▼段差に注意する。
▼パンの値段が上がる。

泉

9画

おん　セン
くん　いずみ

書き順：′　㇀　白　白　白　皁　皃　泉　泉

いみ・ことば

①いずみ。水のわき出るところ。温泉。間欠泉（一定の時間ごとに吹き出す温泉）。源泉。鉱泉。泉水（庭の池。わき水）。冷泉。

つかいかた

▼温泉に入る。
▼清らかな泉。

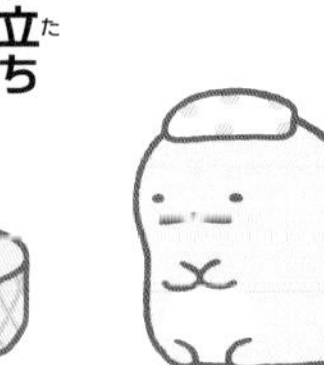

くわしくわかる

漢字の成り立ち
穴から細く水がわき出て流れている様子を表しています。

灰

6画

おん　《カイ》
くん　はい

書き順：一　厂　厂　灰　灰　灰

いみ・ことば

①はい。燃えかす。火山灰。石灰。灰色。灰皿。

つかいかた

▼たき火の灰が飛んでくる。
▼灰色の絵の具。

くわしくわかる

灰かぶり（**灰かぶり姫**）童話「シンデレラ」のことです。「シンデレラ」は、家事をやらされて灰まみれになっていたことから、ついたあだ名でした。

6年

熟（15画）

おん ジュク
くん 《うれる》

書き順：亠 亡 亨 亨 享 享 享 孰 孰 孰 孰 熟 熟 熟 熟

いみ・ことば

❶うれる。十分に実る。完熟。成熟。早熟。未熟。
❷にる。半熟。
❸なれる。円熟。習熟。熟達。熟練。
❹十分にする。じっくりと。熟視。熟睡。熟成。熟知。熟読。熟考。

つかいかた

▼半熟の目玉焼き。
▼熟したリンゴ。

片（4画）

おん 《ヘン》
くん かた

書き順：丿 ⺁ 𠂆 片

いみ・ことば

❶かたほう。二つのうちの一つ。片足。片一方。片側。片手。片方。片道。片面。
❷切れはし。一片。紙片。断片。破片。
❸少し。わずか。片手間。片時。片言（へんげん）（かたこと）。

つかいかた

▼片道の交通費。
▼片手で荷物を持つ。

くわしくわかる

「片言（へんげん）」は、わずかな言葉のこと。「片言（かたこと）」は、言葉がたどたどしい様子のこと。

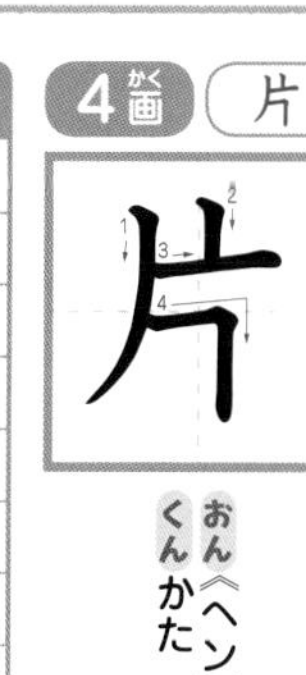

班（10画）

おん ハン
くん ―

みぎうえへ

書き順：一 T 王 王 王 玏 玏 玏 班 班 班

いみ・ことば

❶組み分けしたもの。グループ。救護班。給食班。登校班。班行動。班長。班別。

つかいかた

▼班ごとに発表する。
▼登校班の班長になる。

6年

9画 胃

おん イ
くん ―

書き順

いみ・ことば

①い。食べ物を消化する器官。胃液。
胃炎。胃カメラ。
胃散(胃の薬)。
胃酸(胃液にふくまれる酸)。
胃腸。胃袋。

つかいかた

▼胃が痛い。
▼胃カメラで検査をする。

くわしくわかる **漢字の成り立ち** 「田(胃袋の形)」と「月(肉体)」を合わせた字です。

9画 背

おん ハイ
くん せ・せい・《そむく》・《そむける》

書き順

いみ・ことば

①せなか。後ろ。背負う。背泳ぎ。
背中。背骨。背筋(はいきん/せすじ)。背景。
背後。背面。
②そむく。背信。背徳。背任。背反。
③せい。身長。上背。背比べ。背格好。

つかいかた

▼山を背景に写真をとる。
▼背がのびた。
▼友達と背比べをする。

くわしくわかる **背を向ける** 後ろを向く。また、逆らう。

9画 肺

おん ハイ
くん ―

書き順

いみ・ことば

①はい。呼吸する器官。心肺(心臓と肺)。
肺炎。肺活量。
肺臓(肺のこと)。

つかいかた

▼肺で呼吸する。
▼肺活量を測る。

くわしくわかる **漢字の成り立ち** 「月(肉体)」と、「市(ふたばが生える様子)」を合わせて、体内の二つに分かれた内臓を表しました。

6年

10画 胸

おん キョウ
くん むね・《むな》

書き順：丿 刀 月 月 肑 肑 肑 胸 胸 胸

いみ・ことば

①むね。胸囲。胸像。胸部。胸板。胸倉（衣服の胸の部分）。胸さわぎ（いやな予感がすること）。胸元。

②心の中。胸中。度胸。胸算用。

つかいかた

▼兄は度胸がある。

▼胸が苦しい。

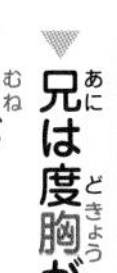
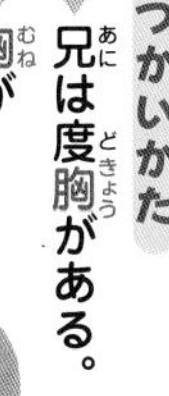

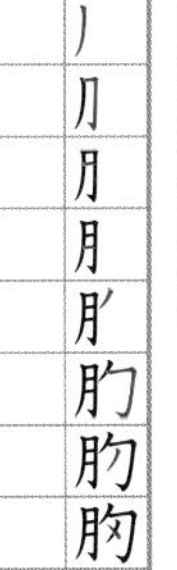

11画 脳

おん ノウ
くん ―

書き順：丿 刀 月 月 月' 月'' 月'' 月''' 脳 脳 脳

いみ・ことば

①のう。小脳。大脳。脳波。

②頭。頭の働き。頭脳。洗脳（相手の主義を変えて思いどおりにすること）。脳天。脳裏。

③中心となる人。かしら。首脳。

つかいかた

▼すぐれた頭脳の持ち主。

▼世界の首脳が集まる。

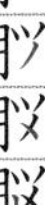

13画 腸

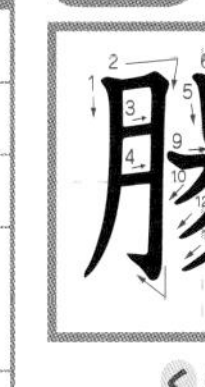

おん チョウ
くん ―

書き順：丿 刀 月 月 月' 月'' 月'' 月''' 月'''' 月'''' 腸 腸 腸

いみ・ことば

①ちょう。食べ物の栄養を取り入れる器官。胃腸。十二指腸。小腸。大腸。腸詰め（ソーセージのこと）。腸壁。直腸。盲腸。

つかいかた

▼胃腸薬を飲む。

▼大腸の検査をする。

くわしくわかる

断腸の思い

非常に悲しくつらい気持ちのたとえ。

6年

13画 腹

腹

おん フク
くん はら

書き順
丿	肓
刀	肓
月	腹
月	
月'	
月'	
肸	
肸	
肿	

いみ・ことば

❶はら。おなか。
空腹。腹巻き。
腹痛。腹部。
腹話術。腹筋。
満腹。

❷心の中。
腹案。腹心。腹蔵。

❸物の中ほどの部分。
山腹。船腹。中腹。

つかいかた

▼満腹になる。
▼腹巻きをつける。

19画 臓

臓

おん ゾウ
くん ―

書き順
丿	肝
刀	肝
月	肝
月	肝
月一	肝
月丆	臓
肝	臓
肝	臓
肝	臓
肝	

いみ・ことば

❶はらわた。体内にある器官。
肝臓。心臓。腎臓。臓器。
臓物。内臓。肺臓。

つかいかた

▼心臓の働き。
▼臓器を提供する。

くわしくわかる

心臓が強い　ずうずうしい。ものおじしない。「おとなしそうだが、心臓が強い」のように使います。

11画 異

異

おん イ
くん こと

書き順
異	丨
	冂
	冂
	田
	田
	田
	田
	巽
	巽
	異
	異

いみ・ことば

❶ことなる。ちがう。異義。異議。
異国。異常。異存。異動（仕事の地位や部署が変わること）。異論。

❷普通とちがう。異才。異質。異状。
異色。異物。異変。異様。特異。

つかいかた

▼異国の文化を学ぶ。
▼真実と異なる話。

くわしくわかる

異口同音　多くの人が同じことを言うこと。**大同小異**　ほとんど同じであること。

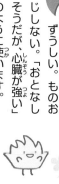

6年

14画 疑

おん ギ
くん うたがう

書き順：𠃌 𠃋 𠃋 𠃋 𠃋 𠃋 𠃋 𠃋 𠃋 𠃋 𠃋 𠃋 𠃋 疑

いみ・ことば

①うたがう。疑似(本物のように似ている)。疑心。疑点。疑念。疑問。疑惑。質疑。容疑。

つかいかた

▼疑問点を聞く。
▼犯人かと疑う。

くわしくわかる

質疑応答　疑問点を質問し、それに答えること。目を疑う　目の前のことが信じられない様子。

12画 痛

おん ツウ
くん いたい・いたむ・いためる

書き順：丶 亠 广 广 疒 疒 疒 疒 痌 痌 痛 痛

いみ・ことば

①いたい。いたむ。痛手。痛み止め。苦痛。激痛。頭痛。鎮痛。腹痛。
②心のいたみ。悩み。心痛。沈痛。悲痛。
③とても。非常に。痛快。痛感。痛恨。痛切。

つかいかた

▼頭痛に効く薬。
▼おなかが痛い。
▼足を痛める。

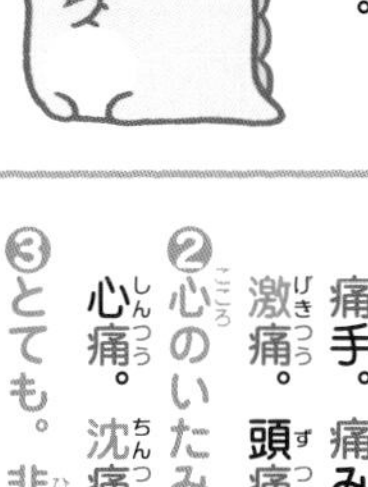

9画 皇

おん コウ・オウ
くん ――

書き順：丿 ⺈ 白 白 白 皁 皁 皇 皇

いみ・ことば

①みかど。天子。皇子。皇女(おうじょ)(こうじょ)。皇位。皇居。皇后。皇室。皇族。皇太后。皇太子。上皇。上皇后。天皇。法皇。

★「天皇」の「皇」は「ノウ」と読みます。

つかいかた

▼天皇の位につく。
▼皇室の行事。

くわしくわかる

「上皇」は、退位した天皇のこと。上皇のきさきが「上皇后」、先代の亡き天皇のきさきが「皇太后」です。

6年

11画 盛

盛

おん《セイ》・《ジョウ》・
くん もる・《さかる》・《さかん》

書き順：丿 厂 万 成 成 成 成 成 盛 盛 盛

いみ・ことば

❶もる。いっぱいにする。
盛り合わせ。盛りそば。
盛りだくさん。盛り土。
山盛り。

❷さかん。最盛期。
盛夏(夏のいちばん暑い時期)。盛大。
全盛。花盛り。
繁盛。

つかいかた

▼料理をお皿に盛りつける。
▼山盛りのご飯を食べる。

13画 盟

盟

おん メイ
くん ―

書き順：丨 冂 日 日 日) 明 明 明 明 明 明 盟 盟 盟

いみ・ことば

❶約束。ちかい。加盟。同盟。盟主。
盟約(固くちかった約束)。盟友(固くちかい合った友達)。連盟。

つかいかた

▼同盟を結ぶ。
▼国連に加盟する。

くわしくわかる

漢字の成り立ち　「明(あきらか)」と「皿(血の入った皿)」を組み合わせた字。血をすすりあって、心を明かして約束することを表しました。

9画 看

看

おん カン
くん ―

書き順：一 二 三 手 手 看 看 看 看

いみ・ことば

❶注意して見る。見守る。
看過(見過ごすこと)。看護。看守。
看破(見破ること)。
看板。看病。

つかいかた

▼看護師になりたい。
▼新しい店の看板。

くわしくわかる

漢字の成り立ち　「目」と「手」を合わせて、目の上に手をかざして遠くを見ることを表しました。

6年

9画 砂

おん　サ・《シャ》
くん　すな

書き順：一 ア 不 石 石 砂 砂 砂 砂

いみ・ことば

①すな。小さな石の粒。砂丘。砂金。砂鉄。砂糖。砂漠。砂時計。砂場。砂浜。土砂。

特別な読み方　砂利。

つかいかた

▼砂場で遊ぶ。
▼コーヒーに砂糖を入れる。

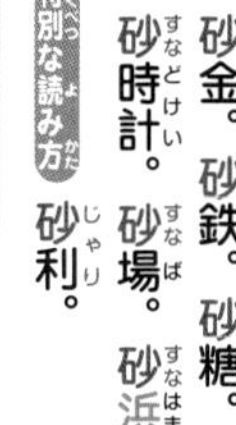

くわしくわかる

後足で砂をかける　裏切るだけでなく、去り際にさらに迷惑をかける。

砂をかむような　味わいやおもしろみがない。

14画 磁

おん　ジ
くん　―

書き順：一 ア 不 石 石 石 石 石 石 石 磁 磁 磁 磁

いみ・ことば

①じしゃく。鉄にくっつく性質。磁気。磁極。磁石。磁場（磁力が作用する空間）。磁力。方位磁針。

②焼き物。磁器。青磁。陶磁器。白磁。

つかいかた

▼磁石を使った実験。
▼磁器の産地。

くわしくわかる

「陶磁器」は、「陶器（土が原料）」と「磁器（石が原料）」を合わせたものを意味します。

7画 私

おん　シ
くん　わたくし・わたし

書き順：一 二 千 禾 禾 私 私

いみ・ことば

①わたくし。わたし。自分をさす言葉。公私。私案。私事（しじ・わたくしごと）。私情。私生活。私的。私服。私物。私用。私立。

②自分のためだけに。私心。私腹。私欲。

③ひそかに。私語。

つかいかた

▼私物に名前を書く。
▼私の誕生日。

くわしくわかる

私利私欲　自分の利益や欲求のために行動すること。

6年

10画 秘

秘

おん ヒ
くん 《ひめる》

書き順：ノ 二 千 禾 禾 禾 利 秘 秘 秘

いみ・ことば

❶ひめる。かくす。極秘。秘境。
秘策。秘術。秘蔵。秘伝。
秘宝。秘法。秘密。秘話。
❷はかり知れない。神秘。
❸お通じが悪い。便秘。

つかいかた

▼神秘的な景色。
▼秘策を練る。

くわしくわかる

秘中の秘　秘密の中でも、とくに大切な秘密のこと。

14画 穀

穀

おん コク
くん ―

書き順：一 十 土 声 声 声 壹 幸 幸 幸 穀 穀 穀 穀

いみ・ことば

❶こくもつ。
穀倉。
穀物。穀類。
五穀。雑穀。

つかいかた

▼穀物を育てる。
▼雑穀米を食べる。

くわしくわかる

「五穀」とは、米、麦、あわ、きび、豆の主要な五種類の穀物のこと。内容は、時代や地域によって一定していません。

5画 穴

穴

おん 《ケツ》
くん あな

書き順：丶 八 宀 穴 穴

いみ・ことば

❶あな。穴埋め。穴蔵。大穴。
落とし穴。毛穴。巣穴。節穴。
墓穴。ほら穴。横穴。

つかいかた

▼穴をほる。
▼穴場のレストラン。

くわしくわかる

穴があったら入りたい　身をかくしたいほどはずかしい。**穴をうめる**　足りないところを補う。**墓穴をほる**　身をほろぼす原因を自分から作る。

11画 窓

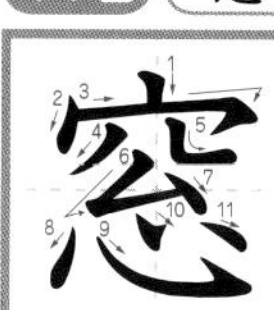

おん ソウ
くん まど

書き順：丶 ｀ 宀 穴 穵 空 穸 窓 窓 窓 窓

いみ・ことば

❶まど。車窓。出窓。天窓。窓ガラス。窓際。窓口。窓辺。

❷まどのある部屋。学窓。深窓（家のおく深いところ）。同窓。

つかいかた

▼同窓会に参加する。

▼教室の窓を開ける。

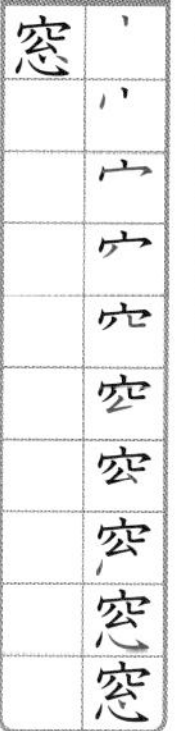

くわしくわかる

「深窓」は、大切に育てられるという意味もあります。「深窓の令嬢」「深窓に育つ」のように使います。

13画 署

おん ショ
くん ―

書き順：丶 冂 冖 罒 罒 罒 罕 罘 罗 罢 署 署 署

いみ・ことば

❶役所。警察署。署員。消防署。署長。税務署。

❷仕事の役割。部署。

❸名前を書き記す。自署。署名。連署。

つかいかた

▼消防署を見学する。

▼書類に署名する。

12画 補

おん ホ
くん おぎなう

書き順：丶 ラ ネ 衤 衤 衤 衦 袹 補 補 補 補

いみ・ことば

❶おぎなう。補給。補強。補欠。補修。補習。補充。補足。

❷助ける。補佐。補助。補聴器。補導。

❸助け役。見習い。警部補。候補。判事補。

つかいかた

▼ビルの補強工事をする。

▼水分を補う。

6年

筋 12画

おん キン
くん すじ

書き順: ノ ⺈ ⺮ ⺮ 竹 竹 竻 筋 筋 筋 筋 筋

いみ・ことば

❶きんにく。体のすじ。筋骨。筋肉。筋力。首筋。背筋(はいきん)(せすじ)。腹筋。
❷骨組み。物事の道理。大筋。筋書き。筋違い。筋道。血筋。本筋。道筋。
❸細長いもの。筋金。鉄筋。

つかいかた

▼筋肉をきたえる。
▼話し合いの道筋を立てる。

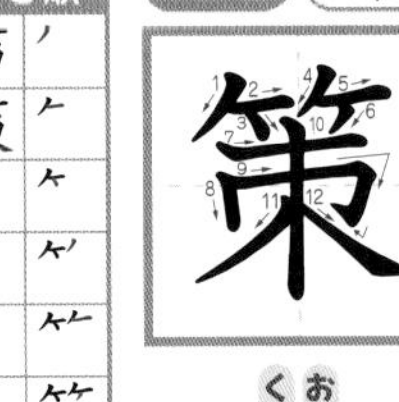

くわしくわかる

青筋を立てる ひどく怒る。
筋金入り 体や心が十分にきたえられている様子。

策 12画

おん サク
くん —

書き順: ノ ⺈ ⺮ ⺮ 竹 竹 竺 笁 笞 笧 策 策

いみ・ことば

❶考え。たくらみ。画策。策士(たくらみのうまい人)。策略。失策。政策。対策。得策。万策(すべての手段や方法)。秘策。方策。
❷むち。つえ。散策。

つかいかた

▼テストの対策を考える。
▼公園を散策する。

くわしくわかる

策士策におぼれる たくらみのうまい人は、それにたよりすぎて失敗するものだ。

簡 18画

おん カン
くん —

書き順: ノ ⺈ ⺮ ⺮ 竹 竹 竺 笁 笛 ... 簡

いみ・ことば

❶手紙。書簡。
❷手間を省く。むだがない。簡易。簡潔。簡素。簡単。簡約(簡単に要約すること)。簡略。

つかいかた

▼簡単に説明する。
▼大臣から書簡が届く。

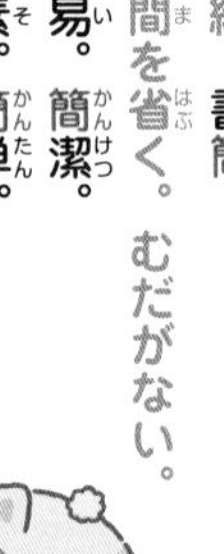

6年

16画 糖

おん トウ
くん ―

書き順：丶 丷 丬 米 米 米 米 粁 粁 粁 粔 粔 粧 糖 糖 糖

いみ・ことば

❶あまいもの。さとう。果糖。砂糖。製糖（砂糖をつくること）。糖質。糖度。糖分。ブドウ糖。

つかいかた

▼糖分が多い食べ物。
▼糖度が高い果物。

くわしくわかる 果糖とブドウ糖が結合するとショ糖（砂糖）、ブドウ糖とブドウ糖が結合すると麦芽糖になります。

7画 系

おん ケイ
くん ―

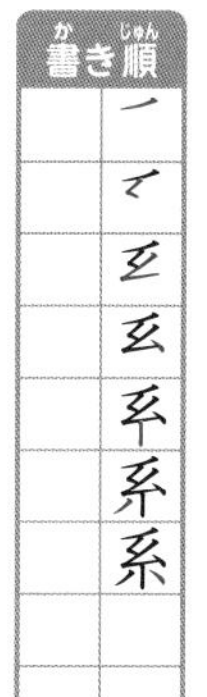

いみ・ことば

❶つながり。系統。系列。体系。大系。
❷血すじ。家系。系図。直系。日系。
❸つながりをもつもの。銀河系。山系。太陽系。文科系（文系）。理科系（理系）。

つかいかた

▼バスの系統を調べる。
▼家系図を見る。

9画 紅

おん コウ・《ク》
くん べに・《くれない》

書き順：く 幺 幺 糸 糸 糸 糸 紅 紅

いみ・ことば

❶くれない。あざやかな赤色。紅顔（若々しく血色がよい）。紅茶。紅潮。紅梅。紅白。紅葉。深紅。真紅。
❷顔につけるべに。口紅。ほお紅。

特別な読み方 紅葉（もみじ）。

つかいかた

▼紅白のぼうし。
▼口紅をつける。

くわしくわかる **花は紅柳は緑** 自然のあるがままが美しい様子。春の美しい景色を形容する言葉。

6年

純

10画

おん　ジュン
くん　―

書き順：く　幺　幺　糸　糸　糸　紅　紅　紅　純

いみ・ことば

❶まじりけがない。純金。純血。純粋。純正。純度。純白。単純。

❷けがれがない。純愛。純情。純真。清純。

つかいかた

▼純度の高い金。

▼純白のドレス。

くわしくわかる
単純明快　文章や話の筋道や内容が、単純で分かりやすい様子。

納

10画

おん　ノウ・《ナッ》・《ナ》・《ナン》・《トウ》
くん　おさめる・おさまる

書き順：く　幺　幺　糸　糸　糸　糸　紅　納　納

いみ・ことば

❶届けておさめる。差し出す。納期。納税。納入。納品。納付。返納。未納。

❷中におさめる。格納庫。収納。納戸。

❸受け入れる。納得。納涼。

❹終わりにする。仕事納め。納会。

つかいかた

▼キッチンの収納。

▼税金を納める。

絹

13画

おん　《ケン》
くん　きぬ

書き順：く　幺　幺　糸　糸　糸　糸　糹　糹　糹　絹　絹　絹

いみ・ことば

❶きぬ。蚕のまゆからとった糸。絹織物。絹ごし豆腐。絹糸（けんし・きぬいと）。

つかいかた

▼絹のブラウス。

▼絹織物の工場。

くわしくわかる
絹は、蚕のまゆからとった糸（蚕糸・生糸）で作られた布などの総称です。英語ではシルク。

16画 縦

おん ジュウ
くん たて

書き順
く 幺 幺 糸 糸 糸 糸 糸 糸 糸 糸 糸 糸 糸 糸 縦

いみ・ことば

①たて。縦横（じゅうおう・たてよこ）。縦走。縦隊。縦断。縦糸。縦書き。縦笛。

②思いのままにする。縦覧（自由に見ること）。操縦。放縦（思うままふるまうこと）。

つかいかた

▼飛行機を操縦する。

▼縦書きのノート。

くわしくわかる
「縦走」は、山脈などが縦に連なっていること。また、山を尾根伝いに歩くことです。

17画 縮

おん シュク
くん ちぢむ・ちぢまる・ちぢめる・ちぢれる・ちぢらす

書き順
く 幺 幺 糸 糸 糸 糸 糸 糸 糸 糸 糸 糸 縮 縮 縮 縮

いみ・ことば

①ちぢむ。小さくする。圧縮。恐縮。収縮。縮写。縮尺。縮小。縮図。短縮。濃縮。

つかいかた

▼半分のサイズに縮小する。

▼セーターが縮む。

▼寒さで縮こまる。

くわしくわかる
身の縮む思い おそろしさや緊張で、体が丸く、小さくなったように感じること。

11画 翌

おん ヨク
くん ―

書き順
翌

いみ・ことば

①次の。翌月。翌日。翌週。翌朝（よくちょう・よくあさ）。翌年（よくねん・よくとし）。翌晩。翌々日。

つかいかた

▼翌週の天気予報。

▼翌日の準備をする。

聖

13画

おん セイ
くん ―

書き順：一 丅 F F E 耳 耳 耳 耶 耶 聖 聖 聖

いみ・ことば

❶知恵が優れた、立派な人。聖賢。聖者。聖人。

❷清らか。けがれていない。神聖。聖域。聖歌。聖火。聖書。聖地。聖夜（クリスマスイブのこと）。大聖堂。

つかいかた

▼聖火リレーの走者。

▼フランスにある大聖堂。

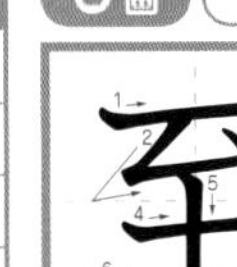

至

6画

おん シ
くん いたる

書き順：一 ㄈ ㄊ 즈 至 至

いみ・ことば

❶いたる。行き着く。夏至。冬至。必至。

❷非常に。この上なく。至急。至近。至高。至極（この上なく）。至上。至難。至福。

つかいかた

▼至福の一時。

▼目的地に至る。

くわしくわかる

至れり尽くせり サービスが行き届いて申し分ない。

「必至」は、必ずそうなること。

舌

6画

おん《ゼツ》
くん した

書き順：一 二 千 千 舌 舌

いみ・ことば

❶した。べろ。舌打ち。舌先。舌足らず。舌つづみ。猫舌。

❷話す。言葉。舌戦（言い争い）。毒舌。二枚舌。筆舌。弁舌。

つかいかた

▼舌足らずな話し方。

▼試合に負けて舌打ちをする。

くわしくわかる

舌が回る うまく話すことができる。**舌を巻く** 非常に感心する。**二枚舌** むじゅんしたことや、うそを言うこと。

6年

10画 蚕

おん サン
くん かいこ

書き順

いみ・ことば

①かいこ。
蚕業。蚕糸。
蚕食（片はしから少しずつ侵略すること）。
養蚕。

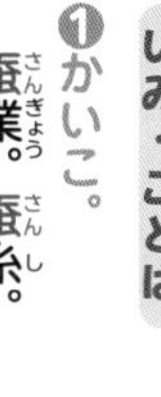

つかいかた

▼蚕糸業で栄えた地域。
▼蚕を育てる。

12画 衆

おん シュウ・《シュ》
くん ―

書き順

いみ・ことば

①たくさんの人。観衆。群衆。公衆。
衆議。衆人。衆知（多くの人々の知恵）。
大衆。聴衆。民衆。

つかいかた

▼広場に民衆が集まる。
▼アメリカ合衆国。

くわしくわかる
烏合の衆 まとまりのない、ただ寄り集まっただけの群衆。「烏」は、カラスのこと。

12画 裁

おん サイ
くん 《たつ》・さばく

書き順

いみ・ことば

①たつ。布を切る。裁断。
裁縫。断裁。洋裁。和裁。
②さばく。良いか悪いかを決める。
決裁。裁決。裁定。裁判。
裁量。制裁。
総裁（団体の長として全体を治める人）。
仲裁。
③様子。体裁。

つかいかた

▼布を裁断する。
▼罪を裁く。

6年

12画 装

装

おん ソウ・《ショウ》
くん 《よそおう》

書き順 丨 丬 丬 丬一 壮 壮 壮 壮 壯 装 装 装

いみ・ことば

❶よそおう。衣服を身につける。衣装。仮装。軽装。正装。装着。服装。武装。変装。洋装。礼装。和装。

❷かざる。装飾。装丁。包装。

❸備えつける。装置。装備。

つかいかた

▼ハロウィンの仮装。

▼登山用の装備。

くわしくわかる

馬子にも衣装 だれでも身なりを整えると立派に見える。悪い意味で使うので注意。

13画 裏

おん 《リ》
くん うら

書き順 丶 亠 亠 亩 亩 亩 亩 亩 亩 亩 裏 裏 裏

いみ・ことば

❶うら。後ろ。裏表。裏返し。裏方。裏側。裏切る。裏口。裏地。裏腹。裏目。屋根裏。裏面（りめん）（うらめん）。

❷内部。内側。裏話。胸裏。脳裏。

つかいかた

▼くつ下を裏返す。

▼校舎の裏側。

くわしくわかる

裏表のない 人が見ているときといないときで、ちがいがない。**裏をかく** 相手の予想とちがうことをして出しぬく。

11画 視

おん シ
くん ——

書き順 丶 ㇇ ネ ネ ネ 初 祁 祖 祖 袒 視

いみ・ことば

❶見る。監視。視界。視覚。視察。視線。視点。視野。視力。注視。直視。無視。

❷みなす。考える。軽視。重視。敵視。

❸目の働き。遠視。近視。乱視。

つかいかた

▼視力を測る。

▼相手のチームを敵視する。

くわしくわかる

白眼視 人を冷たい目つきで見ること。

17画 覧

おん ラン
くん —

書き順

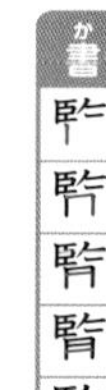

いみ・ことば

①よく見る。閲覧。回覧。観覧。展覧会。博覧会。遊覧船。

②全体の内容をまとめたもの。一覧表。便覧（べんらん）。要覧。

つかいかた

▼観覧車に乗る。

▼展覧会に出す作品。

くわしくわかる

「便覧」は、特定の分野のことを調べやすいように、簡潔にまとめた本。ハンドブック。「要覧」は、要点をまとめた文書。

19画 警

おん ケイ
くん —

書き順

いみ・ことば

①注意させる。用心する。警戒。警句。警告。警鐘。警笛。警報。

②取りしまる。警護。警察。警官。警察官。警備。自警。夜警。

つかいかた

▼大雨警報が出る。

▼ビルの警備員。

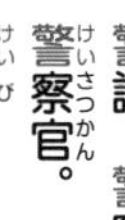

10画 討

おん トウ
くん《うつ》

書き順

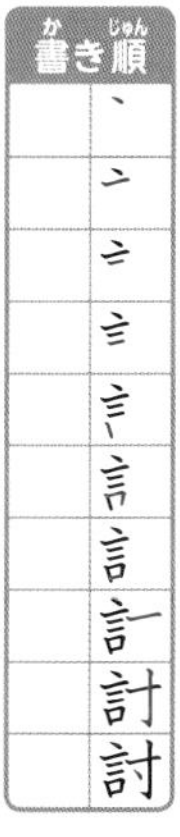

いみ・ことば

①うつ。やっつける。敵討ち。追討。討幕。討伐。

②調べる。検討。討議。討論。

つかいかた

▼班ごとに討議する。

▼検討を重ねる。

くわしくわかる

「敵討ち」は、主君や親、友人を殺した相手を討つこと。現在では、単に仕返しをする場合にも使われます。

6年

訪
11画

おん ホウ
くん 《おとずれる》・たずねる

書き順：訪

いみ・ことば

❶おとずれる。たずねる。
探訪（その場に行って実態をさぐること）。訪日。訪問。来訪。歴訪（あちこちを次々に訪れること）。

つかいかた

▼家庭訪問の日程。
▼友達の家を訪ねる。

訳
11画

おん ヤク
くん わけ

書き順：訳

いみ・ことば

❶やくす。他の言葉になおす。英訳。現代語訳。誤訳。通訳。翻訳。訳語。訳文。和訳。
❷わけ。理由。言い訳。内訳。申し訳。

つかいかた

▼日本語に訳す。
▼言い訳をする。

くわしくわかる

「申し訳」は、言い訳のこと。「申し訳ない」は、言い訳のしようがないという意味で、相手に謝る言葉。

詞
12画

おん シ
くん ―

書き順：詞

いみ・ことば

❶言葉。歌詞。作詞。
❷言葉の区分。形容詞。接続詞。代名詞。動詞。品詞。副詞。名詞。

特別な読み方　祝詞。

つかいかた

▼歌詞を覚える。
▼動詞の活用を勉強する。

くわしくわかる

「詞」は、メロディーにのって歌われる言葉、「詩」は、読んだり、朗読したりする言葉に使われることが多いようです。

6年

13画 誠

おん セイ
くん《まこと》

書き順

いみ・ことば

①まこと。うそのない心。
至誠。誠意。
誠実。忠誠。

つかいかた

▼誠実に対応する。
▼誠意を示す。

くわしくわかる

誠心誠意 真心をもって行うこと。「至誠」は、きわめて誠実なことです。

14画 誤

おん ゴ
くん あやまる

書き順

いみ・ことば

①あやまり。まちがい。誤解。誤差。
誤算。誤字。誤診。誤答。
誤読。誤報。誤訳。誤用。
錯誤。正誤。

つかいかた

▼誤字を見つける。
▼計算を誤る。

くわしくわかる

試行錯誤 何回もやってみて、次第に正解に近づいていくこと。**時代錯誤** 考え方や行動が時代に合っていないこと。

14画 誌

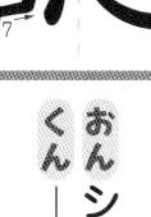

おん シ
くん ―

書き順

いみ・ことば

①書き記す。書きとめる。
雑誌。日誌。
②雑誌のこと。月刊誌。
誌上。誌面。週刊誌。

つかいかた

▼日直が日誌を書く。
▼雑誌を買う。

くわしくわかる

「誌上」「誌面」は、雑誌の記事がのっているページのこと。新聞紙の場合は、「紙上」「紙面」と使い分けます。

6年

14画　認

おん《ニン》
くん　みとめる

書き順
認（14画）

いみ・ことば

❶みとめる。許す。
公認。承認。認可。認証。認定。否認。認め印。黙認。容認。

❷見分ける。
確認。認識。認知。

つかいかた

▼失敗を認める。
▼認め印をおす。

15画　諸

おん　ショ
くん　—

書き順
諸（15画）

いみ・ことば

❶いろいろな。
諸君。諸兄。諸国。諸姉。諸氏。諸事。諸説。諸島。

つかいかた

▼歴史は諸説ある。
▼諸国を旅する。

くわしくわかる

「諸君」は、おもに男性が、対等か目下の多数の相手に親しみをこめて呼びかける言葉。「諸兄」「諸姉」は、多数の相手に尊敬の気持ちをこめて呼びかける言葉です。

15画　誕

おん　タン
くん　—

書き順
誕（15画）

いみ・ことば

❶生まれる。降誕。
生誕。誕生。誕生日。

つかいかた

▼お誕生日会を開く。
▼生誕百年のお祝い。

くわしくわかる

漢字の成り立ち　「旦（日がのぼる）」と同じ音のため、「生まれる」の意味で使われるようになりました。

6年

15画　論

おん　ロン
くん　―

書き順

いみ・ことば

❶筋道を立てて述べる。口論。討論。弁論。論外。論議。論証。論争。論文。論理。

❷意見や考え。異論。議論。結論。持論。正論。世論（せろん／よろん）。反論。理論。

つかいかた

▼弁論大会に参加する。
▼友達と口論になる。

くわしくわかる

論をまたない　論じる必要もなく明らかである。

12画　貴

おん　キ
くん　《たっと（い）》・《とうと（い）》・《たっと（ぶ）》・《とうと（ぶ）》

書き順

いみ・ことば

❶身分が高い。貴公子。貴人。貴族。貴婦人。高貴。

❷価値がある。貴金属。貴重。

❸相手を敬う気持ちを表す言葉。貴下。貴兄。貴国。貴社。

つかいかた

▼平安時代の貴族。
▼貴重品を預ける。

くわしくわかる

和をもって貴しとなす　みんな仲良く争わず、しっかり議論するのが良い。聖徳太子（厩戸皇子）の十七条の憲法の一文。

13画　賃

おん　チン
くん　―

書き順

いみ・ことば

❶人や物を使ったときにはらうお金。運賃。お駄賃。借り賃。賃上げ。賃金。賃借。賃貸。手間賃。電車賃。家賃。

つかいかた

▼バスの運賃。
▼賃貸のマンションに住む。

くわしくわかる

「賃貸」は、お金を取って貸すこと。反対は「賃借」で、お金をはらって借りることです。

6年

18画 臨

おん リン
くん 《のぞむ》

書き順
| 丨 | 𠃊 | 𠃊 | 臣 | 臣 | 臣 | 臣 | 臣 | 臣 | 臣 | 臣 | 臨 | 臨 | 臨 | 臨 | 臨 | 臨 | 臨 |

いみ・ことば

①のぞむ。面している。臨海。
②見下ろす。上に立つ。君臨。
③その場にいる。立ちあう。臨時。臨終(死に際)。臨場感。臨席。
④人が来ることを敬って言う言葉。光臨。降臨。来臨。

つかいかた

▼臨海学校に行く。
▼臨時の時間割り。

くわしくわかる
臨機応変 場合によって、適切な行動をとること。

10画 針

おん シン
くん はり

書き順
| ノ | 人 | 𠆢 | 今 | 全 | 金 | 金 | 金 | 針 | 針 |

いみ・ことば

①はり。はりのような形のもの。運針(針の運び方。並ぬい)。針葉樹。短針。長針。釣り針。針金。針仕事。針箱。秒針。方位磁針。待ち針。
②目指す方向。指し示すもの。指針。針路。方針。

つかいかた

▼時計の秒針。
▼針に糸を通す。

くわしくわかる
針小棒大 物事をおおげさに言うこと。

14画 銭

おん セン
くん 《ぜに》

書き順
| ノ | 人 | 𠆢 | 今 | 全 | 金 | 金 | 金 | 金 | 金 | 釒 | 銭 | 銭 | 銭 |

いみ・ことば

①お金。金銭。小銭。古銭。さい銭。銭湯。釣り銭。身銭(自分のお金)。
②お金の単位。一円の百分の一。一円二十銭。

つかいかた

▼銭湯に行く。
▼金銭感覚を身につける。

くわしくわかる
悪銭身につかず ぬすみやかけ事など、不正な手段で手に入れたお金は、むだに使って、すぐなくなってしまう。

6年

鋼　16画

おん　コウ
くん　《はがね》

書き順

いみ・ことば

①はがね。かたくした鉄。
鋼材。鋼鉄。製鋼。鉄鋼。

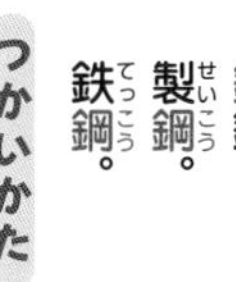

つかいかた

▼トラックで鋼材を運ぶ。
▼鋼鉄製の橋。
▼鉄鋼業で栄えた町。

閉　11画

おん　ヘイ
くん　とじる・《とざす》・しめる・しまる

書き順

いみ・ことば

①とじる。しめる。開閉。
閉口。閉門。密閉。
②終える。閉会。
閉館。閉店。閉幕。

つかいかた

▼図書館の閉館時間。
▼教科書を閉じる。
▼ドアを閉める。

くわしくわかる
「閉口」は、どうにもならず困ること。また、言い負かされて、言葉につまること。

閣　14画

おん　カク
くん　―

書き順

いみ・ことば

①立派な建物。高い建物。城閣。
天守閣。仏閣。
②政治を行う内閣の略。閣議。閣僚。
組閣。内閣。入閣。

つかいかた

▼天守閣を見学する。
▼閣議で決定する。

くわしくわかる
「閣僚」は、内閣を構成する大臣のこと。「閣下」は、「大統領閣下」など、君主以外の位の高い人を敬う呼び方です。

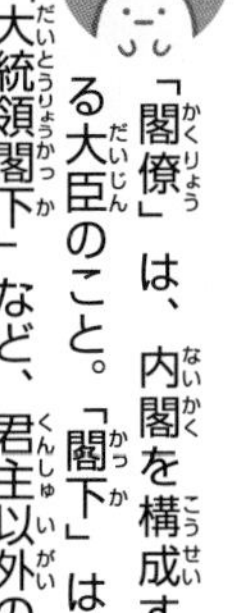

6年

18画　難

おん　ナン
くん　《かたい》・むずかしい

書き順：一　十　廾　廾　艹　芇　芇　苩　莫　莫　𦰩　𦰩　𦰩　𦰩　𦰩　𦰩　𦰩　難

いみ・ことば

❶むずかしい。困難。難易。難解。難関。難色。難題。難読。難問。万難。無難。

❷災い。苦しみ。苦難。災難。水難。難行。難破（船がこわれて動かなくなること）。難民。避難。

❸責め立てる。難点。非難。

つかいかた

▼困難を乗りこえる。

▼難しい問題。

くわしくわかる

難色を示す　賛成できないという難しい顔をすること。

9画　革

おん　カク
くん　《かわ》

書き順：一　十　廾　廾　廿　芇　芇　苩　革

いみ・ことば

❶かわ。なめしがわ。革ぐつ。皮革。

❷改まる。沿革（物事の移り変わり）。改革。革新。革命。変革。

つかいかた

▼革製品をあつかう店。

▼革新的な考え。

くわしくわかる

「革命」は、「フランス革命」のように、国の政治が根本的に変わること、「産業革命」のように、物事が急に発展、変革することを意味します。

11画　頂

おん　チョウ
くん　いただく・いただき

書き順：一　丁　丁　丁　丁　丁　頂　頂　頂　頂　頂

いみ・ことば

❶いただき。てっぺん。頂上。頂点。登頂。山頂。絶頂。

❷いただく。物をもらう。頂戴。

つかいかた

▼富士山の頂上。

▼プレゼントを頂く。

くわしくわかる

真骨頂　そのものが本来持っている姿。「真骨頂を発揮する」のように使います。

6年

13画　預

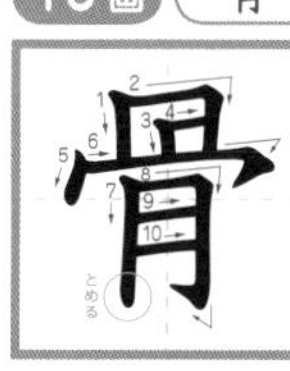

おん　ヨ
くん　あずける・あずかる

書き順

いみ・ことば

①あずける。あずかる。預金。
②あらかじめ。前もって。預言。

つかいかた

▼お年玉を預金する。
▼荷物を預ける。

くわしくわかる

「預金」は銀行に、「貯金」は郵便局にお金を預けるときに、よく使います。「預言」は、神の言葉を伝えること、「予言」は、未来を予測することです。

10画　骨

おん　コツ
くん　ほね

書き順

丨 冂 冂 冎 冎 冎 冎 骨 骨 骨

いみ・ことば

①ほね。遺骨。骨格。骨折。骨肉（血のつながりのある人）。接骨。背骨。白骨。
②組み立てるしんになるもの。鉄骨。骨組み。
③体。骨身。骨休め。老骨。
④強い心がまえ。気骨。反骨。

つかいかた

▼動物の骨格標本。
▼足の骨を折る。

くわしくわかる

骨を折る　苦労する。力をつくす。人の世話をする。

暦の知識

一月から十二月には、別の呼び名があります。

◆睦月（一月）　お正月に親戚が睦まじく集まる月。
◆如月（二月）　まだ寒いので衣（洋服）を更に着る月。「衣更着」とも書きます。
◆弥生（三月）　草木がいよいよ生いしげる月。「弥生月」が変化したといわれています。
◆卯月（四月）　卯の花が咲く月。
◆皐月（五月）　早苗（稲）を植える月。
◆水無月（六月）　水田に水を引く月。水の月。「無」は「の」の意味です。
◆文月（七月）　稲穂がふくらむ月。「穂含月」ともいいます。
◆葉月（八月）　木々の葉っぱが落ちる月。
◆長月（九月）　夜が長い月。
◆神無月（十月）　神様を祭る月。神の月。「無」は「の」の意味です。全国の神様が島根県にある出雲大社に集まり、各地の神様が留守にするので「神様が無い月」とも。
◆霜月（十一月）　霜が降りる月。
◆師走（十二月）　一年の終わりでいそがしく、師も走り回る月。「師」は僧侶のことです。

※由来には諸説あります。

すみっコぐらし
はじめての漢字辞典

編　者　主婦と生活社 学習参考書編集部
編集人　青木英衣子
発行人　倉次辰男
発行所　株式会社 主婦と生活社
〒104-8357　東京都中央区京橋 3-5-7
編集部　☎03-3563-5211
販売部　☎03-3563-5121
生産部　☎03-3563-5125
https://www.shufu.co.jp
製版所　株式会社 二葉企画
印刷所　大日本印刷株式会社
製本所　株式会社 若林製本工場
ISBN978-4-391-15338-5

装丁 ● bright light
編集協力 ● 株式会社 日本レキシコ
本文デザイン ● ニシ工芸株式会社
（小林友利香・西山克之）
学年漢字校正 ● 株式会社 鷗来堂
監修 ● サンエックス株式会社
（桐野朋子・坂本悠）

株式会社 主婦と生活社
編集 ● 遠藤純・堺香織・佐々郁子
販売 ● 武田賢二・島治香

カタカナ一覧表（いちらんひょう）

ナ	タ	サ	カ	ア
ニ	チ	シ	キ	イ
ヌ	ツ	ス	ク	ウ
ネ	テ	セ	ケ	エ
ノ	ト	ソ	コ	オ

パ	バ	ダ	ザ	ガ
ピ	ビ	ヂ	ジ	ギ
プ	ブ	ヅ	ズ	グ
ペ	ベ	デ	ゼ	ゲ
ポ	ボ	ド	ゾ	ゴ

れい

1 2 バ

1 2 パ